主　编：王志斌　罗小平　陈　荣

副主编：李　亮　胡　昕　李启娥

编　委（以姓氏笔画排序）

马　征　王　剑　王　格　王志斌　文　芳　邓卫权

仝仕胜　吕大伟　朱　勇　朱志强　刘　敬　刘宇川

刘志英　刘春明　刘查鑫　孙　红　孙　焱　严红玲

苏　华　巫文辉　李　政　李　亮　李启娥　李梁华

杨闽建　杨丽萍　肖　琪　吴正林　余振东　邹飞鹏

宋　涛　宋云翔　张　扬　张　静　张少坤　张文鹏

张金荣　张建伟　陈　荣　林　敏　林志文　欧阳小红

尚华萍　罗小平　罗赤平　金　勇　周丽英　郝　君

胡　昕　胡科生　胡晓晖　贺天津　袁　鹏　徐　浩

徐　铖　席岳峰　黄　艳　曹永臻　曹社华　符木红

章步霄　梁日尉　葛仁错　蒋　炜　喻俊华　曾志强

蔡　科　管小兰

高校体育理论与实践教程

GAOXIAO TIYU LILUN YU SHIJIAN JIAOCHENG

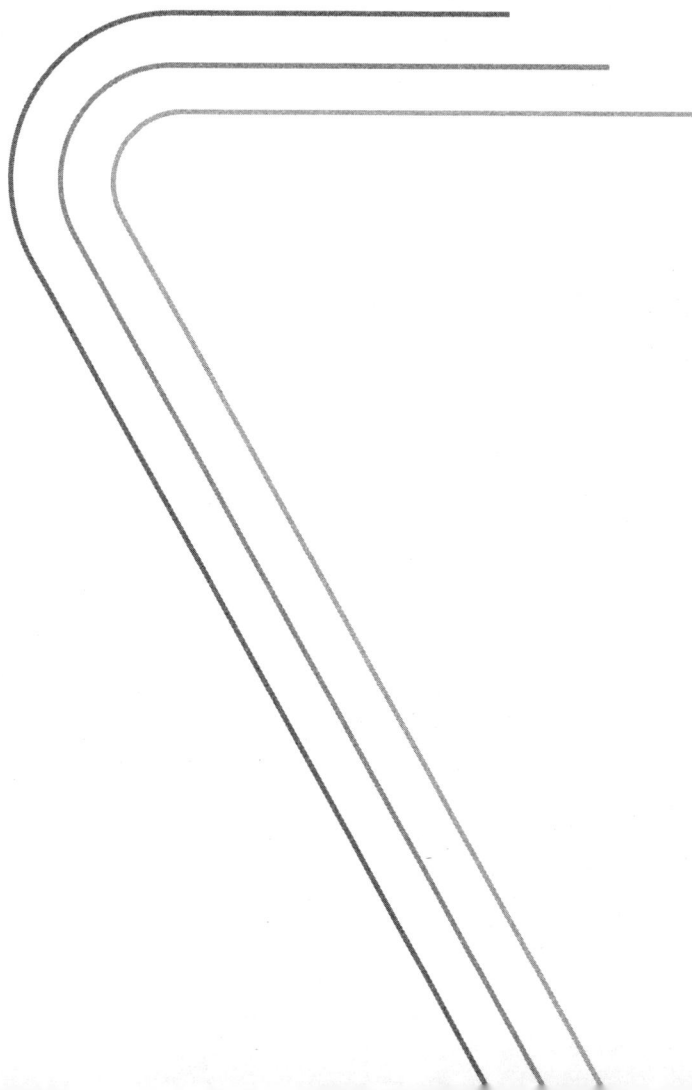

江西人民出版社
Jiangxi People's Publishing House
全国百佳出版社

2021 · 南昌

图书在版编目（CIP）数据

高校体育理论与实践教程／王志斌，罗小平，陈荣
主编. — 南昌：江西人民出版社，2021.7
ISBN 978 - 7 - 210 - 13368 - 1

Ⅰ. ①高… Ⅱ. ①王… ②罗… ③陈… Ⅲ. ①体育 -
高等学校 - 教材 Ⅳ. ①G807.4

中国版本图书馆 CIP 数据核字（2021）第 139484 号

高校体育理论与实践教程

主　　　编：王志斌　罗小平　陈　荣
副 主 编：李　亮　胡　昕　李启娥
策划编辑：游道勤
责任编辑：徐明德　陈　茜
出　　　版：江西人民出版社
发　　　行：各地新华书店
地　　　址：江西省南昌市三经路 47 号附 1 号
邮　　　编：330006
发行部电话：0791 - 86898801
编辑部电话：0791 - 88677352
网　　　址：www.jxpph.com
E - mail：95254804@ qq.com
2021 年 7 月第 1 版　　2021 年 7 月第 1 次印刷
开　　　本：787 毫米 × 1092 毫米　1/16
印　　　张：24.5
字　　　数：516 千字
ISBN 978 - 7 - 210 - 13368 - 1
赣版权登字—01—2021—453

定　　　价：39.00 元
承 印 厂：南昌市红星印刷有限公司
赣人版图书凡属印刷、装订错误,请随时向承印厂调换

前　言

"完全人格，首在体育"，为推进社会"体育脱贫"，树立"终身体育"的理念。为"传承体育文化，弘扬体育精神"，提高人民健康水平。大学体育与健康教育是密不可分的完整教育过程，是大学教育中不可缺少的课程，既是学校体育教育的终点，同时又是大学生实现终身体育的起点。推进健康中国建设，要坚持预防为主，推行健康文明的生活方式，营造绿色安全的健康环境，减少疾病发生，为实现"两个一百年"奋斗目标和中华民族伟大复兴的中国梦打下坚实的健康基础。我们结合学校体育工作实际和地方特色，实施主导与引导相结合、课内与课外相结合、竞技体育与群众体育相结合，广泛参考吸收众多前人的研究成果与经验，组织编写了这本《高校体育理论与实践教程》教材。

本教材分理论知识篇、竞技体育篇、休闲体育篇、课外体育活动篇、运动损伤与急救篇及体质健康篇，主要包括体育与健康概述、体育与健康心理学基础、体育卫生与健康、运动和营养、体育与健康锻炼原理与方法、田径、体操、三大球、三小球、武术、游泳、跆拳道、健身跑、健身跑、气排球、轮滑、课外体育活动、常见运动损伤的预防与急救处理和《国家学生体质健康标准》测试等内容。本教程由王志斌、罗小平、陈荣担任主编，李亮、胡昕、李启娥担任副主编，编写组成员都是高校体育专家和一线体育教师。全书编写分工如下：第一章（王志斌），第二章（罗小平、蔡科），第三章（陈荣、张文鹏），第四章（孙焱、朱志强、邹飞鹏），第五章（杨闯建、欧阳小红、张静），第六章（邓卫权、郝君、巫文辉、文芳、余振东），第七章（罗小平、黄艳、林志文、席岳峰），第八章（李亮、徐铖、马征、刘春明、蒋炜），第九章（宋涛、金勇、徐浩、孙红），第十章（王志斌、张建伟、喻俊华、罗赤平、全仕胜），第十一章（王剑、杨丽萍、王格），第十二章（刘志英、周丽英、肖琪、苏华、梁日尉），第十三（张扬、李政、刘查鑫、刘敬、张少坤），第十四章（贺天津、吕大伟、张金荣、符木红），第十五章（王格、宋涛、章步霄），第十六章（林敏、袁鹏、刘宇川），第十七章（巫文辉、胡晓晖、李梁华、曹永臻、严红玲），第十八章（李启娥、徐浩、余振东、孙红），第十九章（曹社华、罗赤平、尚华萍），第二十章（胡昕、胡科生、吴正林、宋云翔），第二十一章（葛仁锴、孙焱、罗小平、曾志强），第二十二章（徐浩、曹永臻、朱勇、管小兰）。全书由罗小平统稿，编委会成员进行了多次讨论和修改,同时得到了其他专家、同仁和朋友的关心与支持;在编写过程中,编写组参考了众多的专业书籍,在此对书籍作者一并致以衷心的感谢。由于参编人员水平所限,还有许多不妥之处,恳请广大读者给予批评指正。

编 者

2021 年 5 月

目 录

理论编 ………………………………………… 1

第一章 体育与健康概述 ………………………… 3
    第一节 体育与健康的概念 ………………… 3
    第二节 高校体育的地位与目标 …………… 4
    第三节 实施高校体育目标的基本要求 …… 6

第二章 体育与健康锻炼原理与方法 …………… 9
    第一节 体育锻炼对增强体质的作用 ……… 9
    第二节 体育锻炼的原则 …………………… 13
    第三节 体育锻炼的方法 …………………… 19
    第四节 体育锻炼方法的选择 ……………… 21

第三章 体育与健康心理学基础 ………………… 23
    第一节 高校学生心理健康标准 …………… 23
    第二节 影响心理健康的因素 ……………… 24
    第三节 高校学生常见心理疾病 …………… 25
    第四节 理想的心理健康状态 ……………… 26
    第五节 如何保持心理健康 ………………… 28
    第六节 体育运动是提高大学生心理健康水平的重要途径 …
    ……………………………………………… 29

第四章 体育卫生与健康 ………………………… 33
    第一节 体育运动的医务监督 ……………… 33
    第二节 生活制度的卫生 …………………… 35

第三节　运动与卫生 ……………………………………………… 36

第四节　女性的体育卫生 ………………………………………… 39

第五章　运动和营养 …………………………………………………… 41

第一节　人体基本营养成分 ……………………………………… 41

第二节　运动与营养成分 ………………………………………… 42

运动编 …………………………………………………………………… 45

第六章　田　径 ………………………………………………………… 47

第一节　走 ………………………………………………………… 47

第二节　跑 ………………………………………………………… 49

第三节　跳 ………………………………………………………… 58

第四节　掷 ………………………………………………………… 61

第七章　体　操 ………………………………………………………… 66

第一节　基本体操 ………………………………………………… 66

第二节　器械体操 ………………………………………………… 68

第三节　健美操 …………………………………………………… 76

第四节　排　舞 …………………………………………………… 94

第五节　体育舞蹈 ………………………………………………… 101

第八章　篮　球 ………………………………………………………… 110

第一节　篮球的基本技术 ………………………………………… 110

第二节　篮球的基本战术 ………………………………………… 121

第三节　篮球竞赛规则与裁判 …………………………………… 133

第九章　排　球 ………………………………………………………… 137

第一节　排球的基本技术 ………………………………………… 137

第二节　排球的基本战术 ………………………………………… 148

第三节　排球竞赛规则与裁判 …………………………………… 155

第十章　足　球 ………………………………………………………… 158

第一节　足球的基本技术 ………………………………………… 158

第二节　足球的基本战术 ………………………………………… 170

第三节　足球竞赛规则与裁判 …………………………………… 175

第十一章　乒乓球 …………………………………………… 181

　第一节　乒乓球的基本技术 ………………………………… 181

　第二节　乒乓球的基本战术 ………………………………… 190

　第三节　乒乓球竞赛规则与裁判 …………………………… 192

第十二章　羽毛球 …………………………………………… 196

　第一节　羽毛球的基本技术 ………………………………… 196

　第二节　羽毛球的基本战术 ………………………………… 203

　第三节　羽毛球竞赛规则与裁判 …………………………… 214

第十三章　网　球 …………………………………………… 218

　第一节　网球的基本技术 …………………………………… 218

　第二节　网球的基本战术 …………………………………… 232

　第三节　网球竞赛规则与裁判 ……………………………… 238

第十四章　武　术 …………………………………………… 240

　第一节　武术基本功 ………………………………………… 240

　第二节　初级长拳 …………………………………………… 244

　第三节　简化太极拳 ………………………………………… 253

第十五章　游　泳 …………………………………………… 272

　第一节　游泳的基本技术 …………………………………… 272

　第二节　游泳训练与竞赛 …………………………………… 283

　第三节　游泳竞赛规则与裁判 ……………………………… 285

第十六章　跆拳道 …………………………………………… 290

　第一节　跆拳道的基本技术 ………………………………… 290

　第二节　跆拳道训练与竞赛 ………………………………… 301

　第三节　跆拳道竞赛规则与裁判 …………………………… 307

休闲编 ………………………………………………………… 313

第十七章　健身跑 …………………………………………… 315

　第一节　健身跑的健身价值 ………………………………… 315

　第二节　健身跑的基本技术与练习方法 …………………… 316

第十八章　气排球 …………………………………………… 321

第一节　气排球的基本技术 ················· 321

第二节　气排球竞赛规则与裁判 ················· 321

第十九章　轮　滑 ················· 329

第一节　轮滑运动概述 ················· 329

第二节　轮滑的基本技术与练习方法 ················· 331

应用编 ················· 337

第二十章　课外体育活动 ················· 339

第一节　课外体育活动的组织形式 ················· 339

第二节　高校课外体育活动的特点 ················· 341

第三节　课外体育活动的实施与管理 ················· 342

第四节　高校体育社团 ················· 345

第五节　大型体育活动的策划与管理 ················· 350

第二十一章　常见运动损伤的预防与急救处理 ················· 357

第一节　运动损伤的分类 ················· 357

第二节　运动损伤产生的原因 ················· 358

第三节　运动损伤的预防 ················· 360

第四节　运动损伤的急救 ················· 361

第二十二章　《国家学生体质健康标准》测试 ················· 370

第一节　《国家学生体质健康标准》的内容和评价方法 ··· 370

第二节　《国家学生体质健康标准》测试的操作方法 ······· 377

参考文献 ················· 381

理 论 编

　　体育是伴随着人类社会的产生和发展而出现的一种文化现象。在人类历史的长河中体育扮演着非常重要的角色,体育与教育、政治、经济等社会文明的发展密不可分。简要了解体育的起源与发展、体育的概念、体育锻炼的原则和方法、体育与健康心理学等方面的知识,对于人们提高对体育的认识至关重要。

第一章

体育与健康概述

第一节　体育与健康的概念

　　体育作为一种社会现象,是随着人类社会发展中生产和生活的需要,逐步发展和演进的。在人类社会的发展中,体育的发展经历了一个由萌芽到发展的不断完善和提高的过程。

　　体育是人类生存发展的产物。体育作为教育的组成部分,肩负着向后代传授劳动技能和增强体能以及促进身体健康发展的功能。现代汉语词典将"体育"解释为:一是以"发展体力,增强体质"为主要任务的教育,通过参加各项运动来实现,如体育课。二是指体育运动。体育运动又解释为锻炼身体增强体质的各种活动,包括田径、体操、球类、游泳、武术、登山、射击、滑冰、滑雪、举重、摔跤、击剑、自行车等各种项目。

　　从历史上看,19世纪60年代由欧洲传入的"体育"(Physical Education)一词,其含义是指同维持和发展身体的各种活动有关联的一种教育活动。体育运动又是人类文化现象之一,包含着和平、健康与人性涵养等多元的属性。随着人类社会的不断进步和体育实践的日益丰富,出现了体育教育、竞技运动和身体锻炼三个既有区别又互为联系的内容,并逐渐形成与教育、文化相并列的新体系。原指体育教育的"体育"概念已不能涵盖具有相对独立体系的"竞技运动"和"身体锻炼"。

　　当今,从社会学的角度看,广义的体育概念是以发展身体、增强体质、促进健康为基本特征的教育过程和社会文化活动,它是一种特殊的社会现象,包含体育教育、竞技体育、社会体育和终身体育四个方面内容。

　　健康是指一个人在身体、精神和社会等方面都处于良好的状态。健康包括两个方面的内容:一是主要脏器无疾病,身体形态发育良好,体形均匀,人体各系统具有良好的生理功能,有较强的身体活动能力和劳动能力,这是对健康最基本的要求;二是对疾病的抵抗能力较强,能够适应环境变化,各种生理刺激以及致病因素对身体的作用。传统的健康观是"无病即健康",现代人的健康观是整体健康,世界卫生组织提出"健康不仅是躯体没有疾病,还要具备心理健康、社会适应良好和有道德"。因此,现代人的健康内容包括:躯体健康、心理健康、心灵健康、社会健康、智力健康、道德健康、环境健康等。健康是人的基本权利。健康是人生的第一财富。

第二节 高校体育的地位与目标

一、体育在高校教育中的地位

加强体育教育是高校体育的重要任务,体育教育的特点决定了高校体育的重要地位,通过体育课、课余运动训练、体育竞赛、课外体育锻炼等体育活动,融体育于教育之中,强化学生素质的培养,是高校体育改革的重要方向。

社会学家对体育进行研究时,指出体育是社会的缩影、社会的焦点、社会的折射,体育渗透进了社会的各个层次,体育发展水平是社会进步与人类文明程度的一个重要标志。高等学校体育作为体育的重要组成部分,在培养全面高素质的人才中所起的作用是其他教育形式所无法替代的。随着现代社会的高速发展,高校体育的社会地位也在不断地提高。

（1）在国家教育制度之中,体育课为必修课,并要求学生每天参加体育活动。

（2）通过体育的教育功能提高国民素质,体现了其在促进国家经济建设中的地位。

（3）高等院校体育在提高国民精神文明素质中的地位不可取代。

二、高校体育目标

高校体育的总体目标是指在大学阶段,通过体育实践和理论知识传授所要达到的预期结果。高等教育的目标是培养德、智、体全面发展的高级专门人才。这是高等教育遵循的总方向。高等院校体育学习的目标与高等院校教育的目标保持一致。大学体育学习的目标是了解体育与健康的基本知识;掌握自身从事体育活动的基本能力;理解体育活动在促进人类健康中的作用;形成健康的生活方式,并拥有健康的体魄。要达成以上目标,大学生在体育学习过程中,应有意识地做到以下要求:

1.掌握体育和健康的基本知识,提高体育活动的能力

大学生通过大学的体育学习,掌握体育健身的基本原理,并能运用这些知识和原理指导自身的体育锻炼,学会体育锻炼效果评价方法和身心健康的评价方法,把体育视为一种文化加以理解,培养自己的体育素养。还要注重提高自己的体育活动能力。体育活动能力的提高除了要掌握体育和健康的知识,还要学习一定的运动技术和体育锻炼的方法,形成一定的运动技能。要从增强体质的角度去学习运动技术,把运动技术看成是增强体质和提高健康水平的手段,把运动技术和体育锻炼方法的学习过程看成是增强体质、增进健

康、传播体育文化的过程。

2. 养成坚持锻炼身体的习惯,形成健康的行为生活方式

大学体育是中小学体育的继续。注重知识、能力和习惯的养成,既符合大学生的特点,也符合教育与发展的规律。对身体锻炼形成的感性认知,只有上升到对体育本质、身体运动规律等方面的理性认识,体育意识才能强化和持久,并形成终身体育观,才能成为大学生的终身财富,并在一生中享受体育带来的乐趣。大学体育应系统地学习和掌握体育卫生保健、身体锻炼的方法、健康生活的基本知识、不同运动对身心作用的特点以及在生活工作中需要的基本活动技能。这些知识和技能,不仅能促进大学生身心全面发展,建立终身体育观,同时使学生走向社会后,能根据工作性质和年龄的变化,选择适宜的方法进行科学的身体锻炼,为适应社会工作和生活打下良好的基础。

3. 培养自身的道德修养、合作精神和坚强毅力

大学生的体育学习要注重利用体育的教育属性,培养自身的道德修养、合作精神和坚强毅力。道德教育是全面和谐发展教育的重要内容,是教育的灵魂,在全面和谐发展教育中居于核心地位。正如苏联当代著名教育理论专家和教育实践活动家苏霍姆林斯基所说:"和谐全面发展的核心是高尚的道德。"智育、体育、劳动教育和美育都不能脱离或忽视思想教育和道德品质教育。在道德教育中突出合作精神的培养,强调"学会关心"。这是继20世纪70年代初提出"学会生存"之后,教育观念、伦理观念和教育发展的又一次重大变革。我国《宪法》和《教育法》要求培养学生成为德、智、体全面发展的社会主义现代化事业的建设者和接班人。作为高等教育中的大学体育,必须根据体育的自身特点,把思想教育和道德培养努力贯穿和渗透到整个体育的实施过程中,实现育人的体育教育任务。在大学生体育实施过程中,始终要教育学生正确理解健康与工作、学习和生活的辩证关系,为社会主义现代化建设锻炼身体,树立正确的体育观。在各种体育活动中,要培养学生遵守纪律、团结互助、勇敢顽强、开拓进取等良好品质,形成现代社会提倡和赞赏的体育作风和文明行为;培养学生的独立性、创造性、自信心和审美能力,提高热爱美、鉴赏美和表现美的精神境界,促进学生的个性发展。通过思想教育和道德品质的培养,加强大学生对体育的认识,逐步形成由身体到精神、个体到社会这种更高层次需要的动机。这对树立科学的体育观具有重要作用。

4. 提高学生的运动水平,培养体育人才

高等学校是青年优秀人才最集中的地方,并具备完善的运动训练的基础条件。如何充分发挥高等学校的有利条件,在开展大学生体育活动的基础上,对有专项运动才能和潜力的大学生进行课余系统训练,不断提高大学生体育运动水平,为我国培养体育后备人才做出应有贡献,也是大学体育的重要任务。提高运动水平是普及大学体育的有效措施。高水平的竞赛和表演,是对体育运动最好的宣传,能吸引更多学生自觉参加体育锻炼,从而推动学校体育的普及。良好的训练水平是比赛获胜的基础,在比赛中获得优胜的同时,也扩大了学校的社会影响力和知名度。

第三节　实施高校体育目标的基本要求

根据我国教育、体育的方针、政策、决议,学校体育目标的实现,要以《学校体育工作条例》《学校卫生工作条例》为依据,结合实际,组织与开展学校体育各项工作。在具体工作过程中,有以下几点要求:

1. 全面贯彻教育方针,面向全体学生

当前,我国已进入改革开放和现代化建设的新阶段,学校体育要坚持全面贯彻国家的教育方针,为现代化建设培养全面发展人才服务的基本方向。要端正办学的指导思想,正确处理好体育与德育、智育的关系,转变传统的教育观念,改应试教育为素质教育,确保学校体育在全面发展教育中的应有地位,要坚决贯彻执行我国有关教育、体育的方针、政策、制度与措施。

学校体育要面向全体学生,使全体学生都享有体育的权利,这是我国教育的性质和制度所规定,也是学校体育的主体所决定。因此,要动员和组织全体学生参加各种形式的体育活动,使他们获得身心全面的发展。对少数有生理缺陷或有某些疾病的学生,要尽可能地安排他们进行适当的保健体育、医疗体育和矫正体育活动,帮助他们改善体质状况,提高他们的健康水平。

2. 以整体观点开展高校体育工作

学校体育工作是一项系统工程,学校体育目标的实现有赖于学校体育整体效益的获得。首先,学校体育要坚持课内与课外相结合。上好体育课是实现学校体育目标的基本途径,但是仅靠每周两节体育课是远远不够的,还必须积极开展早操、课间操、班级体育锻炼、课余体育训练等课外体育活动,并与推行(国家体育锻炼标准)等方面相结合,保证学生每天1小时的体育锻炼,才能收到增进学生健康,增强体质的实质。

其次,学校体育要坚持普及与提高相结合。学校体育工作要做到以普及为主,在普及的基础上提高,在提高的指导下普及。学校要在上好体育课,提高体育教学质量的基础上,积极开展群众性的课外体育活动。搞好体育课教学,为学生在知识、技能、体质多方面打好基础,这样就会涌现一批群众体育积极分子和运动技术水平较高的尖子,同时,通过对部分有运动才能的学生,要从学校实际出发,组织与安排好课余体育训练,提高他们的运动技术水平和运动能力,使其运动技术水平进一步提高,从而有利于指导和进一步推动学校群众性体育活动的蓬勃开展。此外,用整体观点开展学校体育工作,还应包括合理安排作息制度,减轻学生学业负担,并应与学校教育的其他方面同步进行。

再次,学校体育要与健康教育、卫生保健工作相结合。学校体育工作与卫生保健工作是促进和保证学生身心健康成长的不可分割的两个方面,必须统筹安排,紧凑结合起来进行。为获得学校体育的整体效益,教师一方面要对学生进行科学锻炼身体知识与方法的指导,另一方面要重视向学生传授系统的体育卫生保健知识,进行安全、健康教育,使身体锻炼与保健养护结合,贯彻"预防为主"的卫生方针。学校应全面贯彻《学校卫生工作条例》,建立学生健康管理制度,坚持定期对学生进行体格检查,建立学生体质健康卡片,并对学生体质健康状况进行分析研究,找出存在问题;采取必要的措施。学校对体弱和病残学生,应根据他们的身体状况,区别对待,组织安排适当的体育活动。此外,还注意改善学生营养和学校环境卫生条件等。

3.处理好继承与发展,学习与创新的关系

随着我国社会政治、经济、科学、文化、教育、体育事业的不断发展;学校体育必须加快改革开放的步伐,才能主动适应社会主义现代化建设的需要。为此,学校体育要根据《中国教育改革和发展纲要》中提出的总目标的要求,深化学校体育的改革,要根据我国的国情,从实际情况出发,正确处理继承与发展学习与创新的关系。要认真总结我国学校体育工作的有益经验,继承和发扬我国民族传统体育;并加强国际学校体育的交流,学习、借鉴适合我国国情的国外学校体育先进理论与经验,既不照抄照搬,也不排斥;要加强实验、加速改革进程,不断开创新局面,以建立具有中国特色的社会主义学校体育体系。

4.加强体育师资队伍建设

体育教师是学校体育工作的组织者和实施者,是做好学校体育工作的关键。多年来,广大体育教师积极工作,教书育人,为增强学生体质,培养全面发展的合格人才做出了积极的贡献。但是总体上说,目前体育教师队伍仍存在数量不足,质量有待进一步提高。要适应体育教育深化改革的要求,实现体育教育的目标,必须要大力加强体育师资队伍建设,办好师范教育得到体育教育专业,加强在职体育教师的培训和业余进修,进行敬业精神和职业道德教育,不断提高体育教师的政治和业务素质。同时,应努力改善体育教师的工作、学习和生活条件,提高其社会地位,使他们在培养德、智、体全面发展人才中发挥更大的作用。

5.加强高校体育的教学、科学研究

我国学校体育正处于发展变革阶段,实践中出现了许多理论问题和实际问题需要进行研究。又由于我国地域广阔,各级各类学校的体育基础极不平衡,不同地区、学校面临的实际问题也各不相同,因此加强学校体育的教学、科学研究非常必要,它不仅是深化改革、提高学校体育工作质量的需要,也是体育教师提高自身业务水平的重要环节。

在学校体育工作中,要组织广大学校体育工作者总结、研究学校体育工作的基本经验,揭示学校体育工作的规律,探索深化学校体育改革的途径,要抓住一些带根本性的问题进行研究。例如,如何深化体育课教学改革,完善课余体育训练体系,改革学生体育竞赛制度等,努力为学校体育发展,为行政管理决策服务。

6.要保证必要的物质条件

开展学校体育工作,必须要具备有一定的体育场地和器材设施,这是实现学校体育目标的物质保证。《中国教育改革和发展纲要》指出："各级政府要积极创造条件,切实解决师资、经费、体育场地、设施问题,逐步做到按教学计划上好体育与健康体育课"。因此,各地要认真按照国家教育部制定的《中学体育器材设施配备目录》和(小学体育器材设施配备目录)的标准要求,认真配备和积极改善中小学校体育器材设施。

各级教育行政部门和学校应当根据学校体育工作的实际需要,把学校体育经费纳入核定的年度教育经费预算内,配置必要的体育器材设施。要广开渠道,多元投入,积极筹措必要的经费,改善学校体育器材设施。同时要在充分利用现有体育器材设施的基础上,继续坚持自力更生、勤俭办体育的方针,因地制宜、因陋就简,制作安全、实用、简易的体育器材,为保证学校体育活动的正常开展,提供必要的物质保障。

7.加强领导,科学管理

加强对学校体育工作的组织领导是实现学校体育目标的组织保证。要建立学校体育的组织管理机构,加强对学校体育工作的指导和检查。要认真贯彻执行《学校体育工作条例》和《学校卫生工作条例》,结合本地、本校实际。研制具体的实施细则,制定出必要的规章制度和科学的评价标准。学生体质、健康的监测和评估要定期检查,使学校体育工作逐步制度化、规范化,不断提高学校体育工作的科学化水平。

第二章

体育与健康锻炼原理与方法

第一节　体育锻炼对增强体质的作用

人体是由神经系统、循环系统、呼吸系统、运动系统、消化系统、排泄系统、生殖系统、内分泌和感觉器官等组成。各器官的良好运转是身体健康的重要反映。体育活动亦是人体各器官系统协调配合所完成的,同时,体育锻炼又可以对各器官系统的活动产生良好影响。

一、体育锻炼对运动系统的良好影响

人体运动系统包括骨、关节、肌肉三部分,各种运动都是骨骼肌收缩产生力量作用于骨骼,骨骼绕着关节运动所完成的。可见,在人体运动中骨骼肌的收缩是原动力,人体运动与肌肉工作关系密切,体育锻炼可以对运动系统产生良好影响。

（一）体育锻炼对骨骼的良好影响

人体长期从事体育锻炼,可以改善骨骼的血液循环,加强骨骼细胞的新陈代谢,使骨径增粗,骨质增厚,骨质的排列规则、整齐,并随着骨骼形态结构的良好变化,骨的抗折、抗弯、抗压、抗收缩等方面的能力有较大的提高。

（二）体育锻炼对关节的影响

科学、系统的体育锻炼,既可以提高关节的稳定性,又可以增加关节的灵活性和运动幅度。体育锻炼可以增加关节面软骨和骨密质的厚度,并可使关节周围的肌肉发达、力量增强、关节囊和韧带增厚,因而可使关节的稳固性加强,使关节的抗负荷能力加强。在增加关节稳固性的同时,由于关节囊、韧带和关节周围肌肉的弹性和伸展性提高,关节的运动幅度和灵活性也大大增强。

（三）体育锻炼对肌肉力量的促进

1. 能增加肌肉的生理横断面

决定肌肉力量大小的解剖学因素是肌肉的发达程度,衡量肌肉发达程度的指标是肌

肉的生理横断面。生理横断面的大小说明肌肉中肌纤维的数量和肌纤维的粗细程度,生理横断面越大,肌肉越发达,肌肉力量越大。通过负重力量练习可使肌肉生理横断面增大,从而达到增大肌肉力量和健美体型的目的。

2.能加长肌肉的初长度

肌肉收缩前的长度称为肌肉的初长度。在一定范围内,肌肉的初长度越长,收缩时发挥的力量越大。例如,投掷标枪前的引枪、踢球前腿的后摆等,正是为了使肌肉收缩前具有一定的初长度,使肌肉收缩力量增大。

3.能提高大脑皮层运动中枢兴奋过程的强度

运动中枢兴奋过程的强度适度增强,能增加肌肉收缩的力量。研究表明,训练水平高的运动员,由于中枢神经系统的兴奋过程得到改善,可动员 90% 的运动单位参加工作,而训练水平低的运动员只能动员 60% 的运动单位参加工作。参与工作的运动单位越多,肌肉力量自然越大。

4.能增加中枢神经系统对肌肉运动的调节机能

人体在完成任何一个运动动作时,并不是由某一块肌肉来单独完成的,而是由分布在关节周围的肌肉群来共同完成的。若中枢神经系统调节协调性好,则可使参加工作的运动单位尽可以多地同步收缩,调动更多的原动肌参加工作,调节对抗肌适当放松,这些都有利于提高肌肉收缩力量。

(四)体育锻炼对肌肉形态结构的改善

肌肉在神经兴奋的传导作用下产生收缩。肌肉收缩的力量大小,除和神经兴奋刺激强弱有关外,还与一块肌肉中肌纤维的数量多少有关。一条肌纤维所发挥的力量一般为 100～200 毫克。经过锻炼后,一条肌纤维发挥的肌力可提高 100 倍,伸缩速度可提高 60 倍。通过体育锻炼,肌肉收缩活动得到加强,血液供应增加,肌肉内蛋白质等营养物质的吸收与储备增多,能使肌纤维变粗、肌肉横断面积增大、肌肉变得粗壮、收缩力增大。通过体育锻炼和训练,肌肉体积明显增大。不同的运动项目对各部位肌肉的影响不同。肌肉体积的增大是由于肌纤维增粗。肌纤维增粗的主要原因是肌纤维内部结构发生了变化。如肌纤维内的肌原纤维增粗,肌球蛋白增加,收缩物质增多;同时,肌浆网发达,肌红蛋白及营养物质都有所增加。力量性训练对骨骼肌体积的影响,明显地超过耐力性训练。肌原纤维有收缩功能,增粗的肌原纤维,收缩能力大增。肌原纤维增粗是其内部的肌球蛋白微丝和肌动蛋白微丝增多的结果。肌球蛋白和肌动蛋白是肌纤维收缩的物质基础。不同的运动项目对收缩物质的影响不同,力量性训练效果较明显,这也是力量性训练能够显著增大肌肉体积的主要原因之一。力量性训练可使肌肉结缔组织明显增加,主要表现在肌内膜和肌束膜均增厚,肌腱和韧带也明显增粗。上述变化都能提高肌肉的抗拉力性能。在骨骼肌表面和肌纤维之间都有脂肪存在,脂肪多会对肌纤维的收缩形成阻力,降低肌肉工作效率。通过训练,尤其是耐力性训练,可减少肌肉中的脂肪成分。

二、体育锻炼对心肺功能的促进

（一）体育锻炼对心脏功能的影响

心血管系统的机能状态,受人体运动状态的影响,也可对长期的运动刺激产生相应的调整、适应。运动生理学的研究早就证实了人体心脏工作能力对于不断增大的运动负荷可产生适应性变化。Astrand(1971)在有关人体生理机能的比较研究中,揭示了坚持体育锻炼所带来的包括心血管系统在内的"节省化、高效化"的机能改善情况。男性无训练者与有训练者的生理比较见表2-1。

表2-1　男性无训练者与有训练者机能比较

指标	无训练者	有训练者
最大每搏输出量(毫升/搏)	120	180
最大每分输出量(升/分)	20	30~40
安静时的心率(次/分)	70	40
运动时最大心率(次/分)	190	180
最大动静脉氧差(毫升/100毫升)	14.5	16
最大每分摄氧量(毫升/公斤)	30~40	65~80
心容积(升)	0.75	0.95
血红蛋白(克/公斤)	11.6	13.7
运动时最大肺通气量(升/分)	110	135
体脂(%)	15	11
肌肉细胞线粒体(%)	2.15	8
肌糖原(毫摩尔/克)	85	120
安静时ATP(毫摩尔/克)	3	6
安静时CP(毫摩尔/克)	11	18

经常参加体育锻炼的人,心肌细胞能获得更充足的氧气和营养供应,因而心肌细胞产生营养性肥大,使心脏重量增加,容积增大,搏动更有力。一般人心脏重量约为300克,而运动员心脏可增至400~500克;一般人心容积约为700毫升,而运动员可达1000毫升以上。生理学家曾对一些40~50岁坚持长跑锻炼人的心脏做检查,发现由于长跑锻炼的良好作用,这些人的心脏不论大小和功能均类似于不从事锻炼的20岁左右的年轻人的心脏。一些专家认为,坚持运动起码可使心脏推迟衰老10~15年。经常锻炼的人,由于心肌收缩强有力,每搏输出量增大,因而安静时心率比一般人慢。一般人每分钟心率75次左右,运动员减慢至每分钟40~60次,这也是心脏功能良好的表现。

（二）体育锻炼对呼吸系统的良好影响

进行体育锻炼时由于肌肉活动需要更多的氧气,因而呼吸次数增加,呼吸加深,肺通气量大大增加。如安静时每分通气量为6~8升,而剧烈运动时可达70~120升。因此,在体育锻炼中,对呼吸系统提出了更高的要求,可使呼吸器官得到很好的锻炼。经常锻炼能使呼吸肌力量增强,胸廓活动性加强,肺泡具有更好的弹性。例如,一般人在安静时,由于需氧量不多,只需要大约1/20的肺张开就足以满足需要,因此肺泡活动不足。而体育锻炼时,由于需氧量增加,促使大部分肺泡充分张开,对肺泡弹性的保持及改善十分有益,有助于预防肺气肿等疾病的发生。体育锻炼对呼吸系统的影响主要表现在以下方面:

1. 增强呼吸肌的力量

经常参加锻炼可使呼吸肌纤维增粗,毛细血管增多,物质代谢增强,力量增大。同时,安静时不常用的辅助肌(腹肌、肩带肌、背肌)都随运动强度的增加而参与到呼吸工作中来,使整个呼吸肌的力量和耐力都得到发展,从而提高呼吸系统的功能。

2. 肺活量增大,肺通气能力提高

经常参加体育锻炼,特别是做一些伸展扩胸运动,可使呼吸肌力量增强,胸廓扩大,有利于肺组织的生长发育和肺的扩张,使肺活量增加。另外,体育锻炼时,经常性的深呼吸运动,也可促进肺活量的增长。坚持锻炼者呼吸次数少但吸入的空气多,并且流通空气量更大,可达150升/分或更多;而不坚持锻炼者是120升/分或更少。大量实验证实,经常参加体育锻炼的人,肺活量值高于一般人。由于呼吸肌力量增大,使胸廓扩张能力增强,从而肺活量也就随之增大。肺通气量(单位时间内呼出或吸入肺内的气体总量)可从平时的9升/分增加到运动时的70~150升/分。

3. 呼吸频率改变,肺通气效率提高

经常锻炼者安静时每分钟呼吸8~12次,甚至4~6次,就能满足人体的需要,不锻炼者则需12~18次才能完成人体需要。体育锻炼由于加强了呼吸力量,可使呼吸深度增加,以有效地增加肺的通气效率。在体育锻炼时如果过快地增加呼吸频率,会使气体往返于呼吸道,使真正进入肺内的气体量反而减少。而要适当地增加呼吸频率,从而使运动时的肺通气量大大增加。研究表明,一般人在运动时肺通气量能增加到60升/分左右,有体育锻炼习惯的人运动时肺通气量可达100升/分以上。

4. 提高人体在特殊状态下的工作能力

通过锻炼,人体呼吸系统在缺氧状态下的机能适应能力会高于一般人。如高空环境、空气稀薄、气压低等特殊环境条件。1960年我国登山健儿经过艰苦训练,在没有氧气补充的条件下,克服重重困难,登上了世界最高峰珠穆朗玛峰,创造了人类登山史上的奇迹。

5. 对呼吸系统的疾病有预防和治疗作用

经常锻炼可使新陈代谢更加旺盛,心肺功能加强,身体抵抗力提高,呼吸道毛细血管更加密实,呼吸道黏膜的分泌能力、上皮细胞的纤毛活动能力、肺内吞噬细胞的吞噬能力得到加强,从而能及时消灭和清除呼吸道的病毒,起到预防和治疗疾病的作用。

三、体育锻炼对神经系统机能的改善

人体在运动中,躯体各部位在空间所处的位置、肌肉收缩的情况、运动场上的情况等,

每时每刻都在发生变化。这些变化可被内外感受器所接收,并产生神经冲动,经传入神经传向中枢部位,到达大脑皮层的相应感觉区,产生特定的感觉,在中枢部位经分析综合,对体内的变化做出判断,据此发动、制止或修正动作。

从事任何一项体育锻炼,都是在神经调节的控制下完成的,都是在神经系统调节下肌肉收缩、放松协调活动的结果。同时在身体活动中,呼吸、循环系统要相应加强工作,以保证运动中氧和血液的供应,这也是神经系统对呼吸、循环系统进行调节的结果。在运动中的各项运动技术(生理学上称为运动技能)的掌握,更离不开神经调节。运动技能的生理本质是一种运动条件反射,运动条件反射比简单条件反射复杂得多,它是由视觉、听觉、触觉、肌肉本体感觉等多种感觉的综合,最后通过肌肉活动而建立起来的条件反射。

经常参加体育活动可以使人的头脑清醒,思维敏捷。因为大脑虽然只占人体重的2%,但它所需要的氧气却要由心脏总血流量的20%来供应,比肌肉工作时的所需血流量还要多。进行体育活动,特别是到大自然中去活动,可以改善大脑供血、供氧情况,促使大脑皮层兴奋性增强。

另外,进行体育活动是调节大脑皮层兴奋和抑制过程的积极有效措施。因为,人体神经系统的活动就是兴奋和抑制过程的相互转换。人体进行运动的过程,需要肌肉不停地做出收缩和放松的反应。这一过程本身就是对神经系统兴奋与抑制机能很好的锻炼,从而使人的动作敏捷,反应灵敏迅速,思维灵活,精细果断,同时也改善神经系统对心血管系统、呼吸系统、运动系统等器官系统的调节功能,更好地保证大学生在校期间的学习。

第二节　体育锻炼的原则

体育锻炼原则是体育锻炼客观规律的反映,也是安排锻炼计划、选择锻炼内容、运用锻炼方法必须遵循的基本原则。只有正确地理解和运用体育锻炼的原则,才能使体育锻炼获得最佳效果。

一、自觉积极参与原则

体育锻炼是一个自我锻炼、自我完善,并需要克服自身的惰性、战胜各种困难的过程。体育锻炼的参加者必须明确锻炼的目的,自觉积极地参与体育锻炼。

首先要充分认识体育锻炼的价值和健身作用。其次,要培养良好的体育锻炼的兴趣,激发锻炼的积极性,主动自觉地从事体育锻炼。

二、目的性原则

目的性原则也称主动积极性原则或意识性原则,是指运用宣传和其他手段,动员广大群众在充分理解身体锻炼目的、意义的基础上,自愿、主动、积极地进行身体锻炼活动。贯彻目的性原则要求：

1.提高体育意识,强化体育价值观念

研究认为,推动体育行为有赖于人们体育意识和价值观念的确立,而后者又依靠于两个重要的前提条件,即人们对身体重要性的认识和对体育的作用的认识。调查表明,城市居民对上述两方面的认识是比较明确的。然而,也要看到,从对体育作用的了解和锻炼知识的获得,到坚持不懈的身体锻炼,过程是十分复杂的。其环节主要包括学习体育锻炼知识与方法——形成体育意识——确立体育价值观——实施体育行为——获得体育效绩。由此可见,体育意识和体育价值观念对明确锻炼目的、促进锻炼行为具有十分重要的意义。我国体育人口的数量不足,参加体育活动的积极性不高,一个重要的原因就在于人民群众的体育意识和体育价值观念不强。这是我国推动全民健身运动时必须要解决的一个问题的。

2.明确目的,强化动机

目的是人们行动所要达到的预期结果,动机是促使行为发生的内在力量。人的一切行为总是从一定的动机出发,而动机的产生则是为了满足人们的各种需要。

要强化身体锻炼的目的动机,首先要认真分析引起锻炼者个体动机的各种需要,加以因势利导。不同年龄的锻炼者有着不同的锻炼需要,如强身需要、保健需要、娱乐需要、健美需要和参加比赛的需要等,其核心应该引导到增强体质、促进个体身体完善的方向上来。同时,要把明确目的与树立正确的人生观联系起来。只有树立积极进取、健康向上的人生观,才会找寻各种途径不断地充实自己,锻炼身体才会真正成为生活的内容之一。

3.培养兴趣,形成习惯

身体锻炼的积极性首先来自正确的目的和动机,同时,对体育运动本身的兴趣也是极其重要的。当人们对身体锻炼有着浓厚兴趣时,总会以积极的态度和愉快的心情去进行锻炼活动,并乐此不疲。人体生理机能也会发生良性变化,如体内的血糖上升,肌力增加,关节活动幅度增大。反之,如果缺乏兴趣,则极易疲劳,肌体内出现血糖下降、肌力减退等现象。

兴趣能够诱发自觉,但自觉的锻炼还必须形成锻炼的习惯。这是兴趣不断被强化,锻炼行为长期坚持的结果。只有把身体锻炼纳入个人活动计划,形成生活制度的一部分,才能形成稳定的体育锻炼条件反射,肌体也会形成新的生物节奏,身体锻炼才能持之以恒。

4.检查评价,激发动力

一方面,身体锻炼的效果是逐步取得、波浪式发展的,并不与锻炼活动同步,锻炼者本身感觉并不明显。另一方面,人的情绪、心境受世事境遇的影响,有时也会对锻炼效果做出不切实际的判断。如果对体育锻炼评价为正向效果,则会对行为产生增力效应。反之,如果评价身体锻炼无效或为负向效果,则会对行为产生减力效应,以至于完全停止。因此,要通过多种形式对身体锻炼效果加以检查与评价,并以此作为调动锻炼积极性的有力手段。

在体育锻炼实践中,往往通过医务检测、素质和成绩测验、定量负荷测验、自我感觉、参加比赛等多种形式,对锻炼效果加以评价。对各项检测的结果,要运用体育专门知识和科学态度正确地分析,客观地评价。要注意总结个人锻炼中的经验教训,扬长避短,以果求因,摸索适合自身特点的锻炼内容、负荷、手段和方法。

三、身体全面发展原则

体育锻炼的目的是追求身心的和谐发展,使身体形态、机能、身体素质及心理素质等方面得到全面协调的发展。况且身体各系统都是相互联系、相互制约的,身体某一方面的发展必然会影响到其他方面的发展,因此锻炼的内容和方法力求能全面影响身体,使身体各器官和机能都能得到锻炼,相互促进,共同提高。大学生年龄多处在 17～23 岁之间,为身体发育逐渐成熟的阶段,具有一定的可塑性,所以在体育锻炼中贯彻全面性原则尤为重要。

身体全面发展原则是指身体锻炼过程中,运用多种内容、方法和手段,统筹兼顾,使身体各部位、各器官系统的机能、各种身体素质和活动能力以及心理品质都得到全面均衡的发展。贯彻身体全面发展原则要求:

1. 合理选择和全面搭配身体锻炼手段

各种身体锻炼手段都能对人体产生某种特定的影响,但同时又具有一定的局限性。比如,长跑练习对内脏器官和下肢的锻炼比较有利,而对发展力量则显得不足;单双杠练习有利于发展上肢力量,但对下肢及内脏器官的锻炼效果稍差。这就要求在选择锻炼内容时统筹安排,全面照顾。一方面要注意选择那些对身体各方面有全面影响的锻炼,发挥其全面锻炼效能。另一方面,也可将某些锻炼手段加以组合搭配,发挥其互补作用,保证全面锻炼身体。同时,亦可根据一年周期的不同季节,交替采用某些运动项目,促进身体全面发展。如在冬春季节从事滑冰、打球、长跑等,夏秋时节进行游泳、体操等。

2. 做好准备活动与整理活动

准备活动的目的是为锻炼活动做好充分的准备,同时负有促进身体全面发展的职能。因此,除使肌体发热外,应十分注意使身体各部位、各器官系统得到充分活动,常伴以徒手操、柔韧性练习等多方面内容。整理活动不仅要求使肌体缓慢地恢复到相对安静状态,也应对身体各部位施加全面的影响,并对某些活动不足的身体部位和环节加以弥补。

3. 内外结合,形神一致

身体锻炼从外在表现来看,是由身体各组织所实施的肌肉活动。实际上,它是在中枢神经系统的指挥下,由身体各组织、器官和系统相互配合共同完成的。因此锻炼时必须内外结合,形神一致。

首先,锻炼中不仅要注意练习动作的准确优美,而且要特别注意身体内部器官和系统的反应,如出现呼吸过于急促,胸部胀闷,有窒息感,就应考虑及时调整运动强度和练习节奏。身体有某些疾患者在运动不适时更应如此。

其次,内外结合还应讲求锻炼卫生,避免因不合理的安排而损害内脏器官,如为保护心血管系统,在激烈运动后不能因肌体疲劳而马上静止休息;大强度运动结束后不能立即大量饮水,以减轻心血管系统的负担。

再次,形神一致是中国传统养生体育的一贯原则。为此,要求锻炼中意念要专注,精神要集中,使思想与动作紧密结合。不仅要讲究生物锻炼效果,尤其要注重精神上的享受和心理上的修炼,使身体锻炼获得物质和精神的双重效果。

四、循序渐进原则

循序渐进原则是指在实施增强某种体能的锻炼方案时应逐渐增加负荷。需注意的是,在实施某种锻炼方案的头 4～6 周内通常应缓慢地增加负荷。在接下来的 18～20 周的锻炼期间,锻炼者应逐步增大负荷。要想获得最佳的体能状态,增加负荷不宜太慢或太快。负荷增加太慢会限制体能水平的提高,增加太快则可能造成长期的疲劳和损伤。由于运动量太大而引起的肌肉或关节损伤被称为过度锻炼损伤。锻炼引起的损伤可能是由一次短时间高强度的练习造成的,也可能是由一次长时间低强度的锻炼造成的。贯彻循序渐进原则要求:

1.逐步养成锻炼习惯

养成锻炼习惯是锻炼循序渐进的基础。有规律的身体锻炼,可使身体形成较为稳定的生物节奏。良好的生物节奏,可保证每一次锻炼对身体产生良好的后效,并为下一次锻炼提供基础。下一次锻炼在新的基础上展开,并为尔后的锻炼创造条件。如此反复进行,既获得身体锻炼实效,又养成锻炼习惯。要养成锻炼身体的习惯是需要毅力的,特别是在锻炼初期,一定要战胜自我,坚持不懈,认真执行锻炼计划。在经过较长的时间(3～6 个月)后,便有可能形成新的生物节奏。

2.稳步提高负荷

对青少年来说,锻炼负荷应呈逐渐增加的趋势。如果总是维持同一种负荷,这种负荷就是锻炼效果不良的"习惯性负荷"。要达到体育健身之效,必须经常变换负荷的性质和强度,循序渐进地增加负荷,保持锻炼负荷与肌体承受能力相一致。对青少年来说,由于身体处于生长发育过程中,其运动负荷应呈逐渐上升相;对中年人来说,身体机能和适应能力处于稳定状态,其运动负荷趋向应保持稳定,呈相对稳定相;而对老年锻炼者来说,其总的运动负荷趋向是循序渐退的,呈逐渐下降相。盲目地增量或减量,不利于取得预期的身体锻炼效果。

3.不断更新和完善锻炼内容和方法

健身锻炼的动作,属于运动性条件反射,反复练习对巩固动作技术是有好处的,但简单重复的动作又较为枯燥。健身锻炼需要新异刺激,锻炼内容要丰富多样,锻炼方法也要不断推陈出新,形成不断更新和完善的动态锻炼系统。但内容和方法的更新和完善要根据自身条件和实际可能,循序渐进地进行。

4.加强体质和健康监测,预防伤害事故

伤病将影响身体锻炼的连续性和循序渐进性,严重时甚至会中断锻炼。因此,锻炼时要随时注意安全,讲求锻炼卫生。要定期进行体质测试和身体检查,以及时发现病患加以治疗。当疾病痊愈后重新锻炼时,要调整原先的锻炼方案,逐步加大并达到预期的运动负荷。

五、积极恢复原则

人体机能的提高是通过负荷、疲劳、恢复、提高等这样一个循环往复的过程而实现的。说明的是人体机能提高的一个最简单的过程模式。

由于循序渐进原则要求锻炼者在身体活动时增加运动强度和运动量,故其身体会产生疲劳。因此,要想从锻炼中获得最大收益,在下一次锻炼之前必须注意休息,以使体力得以恢复。两次锻炼之间的休息阶段被称为恢复阶段。

两次大运动量锻炼之间究竟要休息多少时间呢?对大多数人来说,休息一两天就足够了。如果两次大运动量锻炼之间得不到足够的休息时间,可能会引起过度锻炼的疲劳综合征。

六、区别对待原则

区别对待原则是指在体育健身过程中,要根据锻炼者不同的年龄、性别、身体条件、运动基础、职业特点等,合理地选择练习内容、手段和方法和安排运动负荷,做到区别对待,因人而异,使健身锻炼具有针对性。贯彻区别对待原则要求:

1.注意锻炼者的年龄特点

人的少儿时期处于生长发育阶段,全面发展是锻炼的前提。由于骨骼硬度小,韧性大,不宜采用过多的负重练习。非对称练习也要适度。由于心肺功能不够完善,不要过分从事剧烈运动,要少做憋气动作和静力性练习。

青壮年时期,是人的体质的发达期,运动适应性强,能承受较大的练习强度,可从事多种锻炼活动。

在中老年时期,人体各组织器官逐渐老化,疾患增多,运动器官机能减弱,关节韧带的灵活性差,不宜完成幅度过大、用力过猛的动作。锻炼时易发生骨折。最适宜的项目是负荷适中、节奏轻缓的练习。

2.注意锻炼者的性别特点

男女的身体差异是十分明显的。男性肌肉发达,约占体重的42%,女性只占36%左右,故男性运动负荷应比女性大,适于完成力量、速度、跳跃等动作,女性则适于完成平衡、柔韧等动作。从心理上看,女性偏爱轻盈、优美、富于韵律的动作,男性则偏爱刚健有力、对抗性强、有一定冒险性的动作。锻炼时要注意因势利导。

3.注意锻炼者的身体和健康状况

身体和健康状况是确定身体锻炼内容方法和负荷的主要依据。锻炼前要通过体质检测、医学诊断或病史调查等手段,掌握锻炼者的健康情况和水平。对于高血压、冠心病等患有心血管系统疾病的人,应在医生指导和严格监督下进行锻炼。对于其他疾病的患者,也应了解其病患部位和程度,以便"对症下药",也可采取专门性练习,或因病情重而暂时中止练习。

4.考虑锻炼者的职业特点

由于社会分工不同,社会不同职业者劳动性质差别较大,有的从事体力劳动,有的从事脑力劳动,有的从事混合性劳动;从劳动强度来分有大、中、小强度;至于劳动姿势和劳动环境,则是千姿百态,难以尽言。要根据不同职业者的劳动特点,制订出有针对性的切实可行的锻炼方案。比如,脑力劳动者工作时经常维持弯腰伏案的姿势,颈部前倾,脑供血受阻,颈、背、腰部肌肉易酸痛;由于低头含胸,易造成肺部活动受迫,呼吸机能降低,肌肉缺乏活动,体力下降等。针对这些症状,就应以动作舒展的运动性户外锻炼为主。对不同特点的体力劳动者,锻炼手段也应具有特异性:对劳动中负担较重的部位和肌群的锻炼应以舒展和放松练习为主;对劳动中负担较轻或基本无负担的部位和肌群,可适当加大活动强度;注重身体各部位和身心协调发展。

5.注意地域和季节特点

我国幅员辽阔,不同地区地理气候条件、体育的地区特色等均有不同。锻炼中要强调因地制宜,从各地实际情况出发,有针对性地安排。我国居民进行身体锻炼多在室外进行,受季节气候制约较大,要依据自然环境的变化,调整和变更锻炼计划和锻炼活动。

七、注重安全原则

从事任何形式的体育锻炼都要注意安全,在身体锻炼过程中应做到以下几点:

(1)体育锻炼前,做好充分的准备活动。

(2)体育锻炼中,注意力要集中,避免玩笑打闹。

(3)不在有危险性或安全隐患的地方进行锻炼。如不在马路上或工地上踢球、跑步;进行健美操等活动时,要避免在沥青、水泥地等过硬地面上进行;在野外游泳应加强安全保卫措施。

(4)加强医务监督,对于患有各种慢性病的人群,在进行体育锻炼时要严格控制运动强度和运动量,严防意外事故发生。

以上各原则是互相联系、互相制约的,在实际运用中应综合权衡,不可顾此失彼。只有科学地、有目的地、全面地贯彻这些原则,才能不断促进健康,取得预期效果。

第三节　体育锻炼的方法

在体育锻炼时我们不仅要遵循体育锻炼的基本原则,还应掌握正确的锻炼方法,以达到体育锻炼的目的。

一、重复锻炼法

在运动锻炼的过程中,用多次重复同一练习,两次(组)练习间安排相对充分休息,从而增加负荷的锻炼方法叫重复锻炼法。此方法的关键是一次练习后,间歇时间应当充分,这样可以有效提高锻炼者的无氧、有氧混合代谢能力,提高各种技术应用的熟练性与机体的耐久性。重复次数的多少不同,对身体的作用就不同,重复次数越多,身体对运动反应的负荷量就越大。如果重复次数不断持续增加,可能使身体承受的负荷超过极点,乃至破坏身体的正常状态而造成损害。

运用重复锻炼法的关键是掌握好负荷的有效价值(最有锻炼价值负荷量下的心率),并据此调节重复的次数。通常认为,普通大学生的负荷心率在130~170次/分的范围内较为适宜。

二、间歇锻炼法

在运动锻炼的过程中,对多次锻炼时的间歇时间做出严格规定,使机体处于不完全恢复状态下,反复进行锻炼的方法叫作间歇锻炼法。该方法的关键是间歇时间严格控制,使机体处于不完全恢复状态,要求每次练习的负荷时间较长、负荷强度适中。此方法可使锻炼者的心脏功能明显增强,通过调节负荷强度,可使机体各机能产生与锻炼项目相匹配的适应性变化,提高有氧代谢供能能力,增强体质。

同重复锻炼方法一样,间歇的时间也要依据负荷的有效价值去调节。一般说来,当负荷反应(心率)指标地低于有效价值标准时应缩短间歇时间,而高于有效价值标准时可延长间歇时间。实践中,一般心率在130次/分左右时,就应再次开始锻炼。间歇时不要静止休息,而应边活动边休息,如慢速走步、放松手脚、伸伸腰或做深而慢的呼吸等。

三、连续锻炼法

在锻炼的过程中,为了保持有价值的负荷量而不间断地连续进行运动的方法叫连续锻炼法。此方法要求负荷强度较低、负荷时间较长、无间断地连续进行运动。从增强体质出发,需要间歇就停一会儿,需要连续就接二连三地进行下去,所以不能仅讲究间歇,还要讲究连续。连续、间歇、重复都是在整个锻炼过程中实现的。连续、间歇、重复等各因素各有其独特的作用,连续的作用在于持续保持负荷量不下降,维持在一定的水平上,使身体充分地受到运动的作用。

连续锻炼时间的长短,同样要根据负荷价值有效范围而确定,通常认为在140次/分左右的心率下连续锻炼20~30分钟可使机体的各个部位都长时间地获得充分的血液和氧的供应,因而能有效地发展有氧代谢能力,发展耐力素质。

四、循环锻炼法

循环锻炼法是练习前,设立几个不同的练习点(或称作业站),练习者按照既定顺序和路线,依次完成每个练习点的练习任务。即一个点上的练习一经完成,练习者就迅速转移到下一个点,下一个练习者依次跟上。练习者完成了各个点上的练习,就算完成了一次循环。这种练习方法就叫循环锻炼法。其结构因素有:每点的练习内容、每点的运动负荷、练习点的安排顺序、练习点之间的间歇、每遍循环之间的间歇、练习的点数与循环练习的组数。

循环锻炼法对技术的要求不高,且各项目都采用比较轻度的负荷练习,因此连起来简单有趣,可有效地提高不同层次和水平的练习者的运动情绪和积极性;可以合理地增大锻炼过程的密度;可以随时根据情况加以调整,做到区别对待;可以防止身体局部负担过重,延缓疲劳的产生,交替刺激不同的体位,有利于综合锻炼,从而达到身体全面发展的效果。就大学生而言,锻炼时既要发展四肢,也要发展躯干;既要运动胸背部,又要运动腰腹部;既要追求形态的健美,也需要注意机能、素质的全面发展。为此,就必须科学地搭配运动项目。根据已有的经验,一般选择6~12个已为锻炼者掌握的简单易行的项目为宜。

五、变换锻炼法

通过不断变换运动负荷、练习内容、练习形式以及条件,以提高锻炼者的积极性、适应性及应变能力的方法称作变换锻炼法。此方法可以有效地调节生理负荷,提高兴奋性,强化锻炼意识,克服疲劳和厌倦情绪,以达到提高锻炼效果的目的。如刚参加锻炼时,可多做些诱导性练习和辅助性练习。随着锻炼水平的提高,应加大练习的难度,如用越野跑代替在田径场的长跑等。由于锻炼条件的变化,可使锻炼者的大脑皮层不断产生新异的刺激,提高兴奋性,激发锻炼的兴趣,从而提高机体对负荷的承受能力,提高锻炼效果。另外,不断地对锻炼的内容、时间、动作速率等提出新的要求,可有效地调节生理负荷,使机体不断产生适应性变化,达到更好的锻炼身体的目的。

六、负重锻炼法

负重锻炼法是使用杠铃、哑铃、沙袋等重物进行身体运动来锻炼身体、增强体质的方法。负重的方法既适用于锻炼身体,又适用于各项运动员进行身体训练,还适用于身体疾患者的康复。

一般来说，为增强体质而进行负重锻炼，应该采用最大摄氧量和最大心输出量以下的负荷。因为过大的负荷可能给心血管和呼吸系统带来不良的影响，为了保证这种锻炼方法对身体的良好作用，在运动负荷价值阈范围内（心率在 120 次/分 ~ 140 次/分）可以多次重复或连续。

第四节　体育锻炼方法的选择

在正确掌握科学锻炼身体的原则的基础上，我们应该学习如何科学地制定符合自身特点的锻炼计划及锻炼方法。为了使锻炼收到良好的效果，应合理安排锻炼的时间、内容及方法。

首先制定锻炼计划是参加体育锻炼不可缺少的重要环节。锻炼计划一般分为阶段计划和每次锻炼计划。阶段锻炼计划主要是对一段时间的锻炼地点、时间、内容、方法和运动负荷等进行合理、全面、系统的安排。每次锻炼计划主要是对每一次锻炼内容、时间分配、重复次数、练习强度和密度、准备活动、整理活动等进行科学、具体的安排。计划的制定应包括：选择有益的锻炼内容，合理安排锻炼的次数、时间和运动负荷，列出注意事项等。

一、选择有益的锻炼内容

锻炼的内容要根据锻炼者要达到的目的去选择。如为了提高心肺功能和发展耐力素质，可选择走、跑、跳绳、骑自行车、游泳、滑冰等练习。为了增强肌肉力量，促进肌肉发达、体形健美，可选择用哑铃、实心球、结合健身器械进行力量性练习。

二、合理安排锻炼的次数

锻炼的次数是指每周锻炼的次数。安排每周至少锻炼 3 ~ 4 次，即隔日一次，运动负荷较大时，两次间隔时间可长一些。此外，锻炼者在锻炼地可进行自我医务监督，身体出现异常时应及时调整运动负荷或者停止锻炼。

三、锻炼的时间

每次锻炼持续的时间，一般为 30 ~ 60 分钟。锻炼时间与运动负荷有关，运动负荷大则锻炼时间短，运动负荷小则锻炼的时间应相对长一些。每次锻炼的程序可安排如下：首先做快走、慢走相结合的准备活动 10 分钟，然后再进行慢跑有氧运动 20 分钟（心率达到 110 ~ 130/分钟），接着做柔软体操 10 分钟，进而做提高腹肌力量的仰卧起坐 10 分钟，最后 10 分钟做放松体操及走步等整理活动。

四、运动负荷

运动负荷对运动效果、安全有直接的影响,运动负荷合适与否,是制定和执行计划的关键。一般常用运动中的心率来测定运动负荷。一个做法是用220(或200)减年龄,作为运动中心率数。但比较精确的是采用最大心率的60%~90%作为运动中适宜心率,相当于57%~78%的最大耗氧量的心率值。健康人在锻炼时的心率应达到最大心率的60%~90%;老年人、弱体质人的心率应达到最大心率的60%或以下。

由于体育锻炼的类型多种多样,锻炼可以选择不同的项目,负荷有大小之分,锻炼的持续时间和频率因人而异,锻炼者本身也有很大的差异。如年龄、性别、基础健康状况、人格特征等,因此,必须具体问题具体分析、因材施教,不同的人选择不同的锻炼方法,才有可能使体育锻炼效果取得最大的效益。

第三章

体育与健康心理学基础

第一节　高校学生心理健康标准

对于大学生这个特殊的群体,躯体健康大多处于良好的状态,但是不是就能高枕无忧了呢? 答案是否定的。从整体健康的角度去评价的话,大学生当中仍然存在着某些健康问题,值得引起我们的重视。作为大学生,究竟怎样才算心理健康呢?

在实践中,我们认为,大学生心理健康应从以下几个方面把握:

(一)智力正常

这是大学生学习、生活与工作的基本心理条件,也是适应周围环境变化所必需的心理保证,因此衡量时,关键在于是否正常地、充分地发挥了效能:即有强烈的求知欲,乐于学习,能够积极参与学习活动。

(二)情绪健康

其标志是情绪稳定和心情愉快。包括的内容有,愉快情绪多于负性情绪,乐观开朗,富有朝气,对生活充满希望;情绪较稳定,善于控制与调节自己的情绪,既能克制又能合理宣泄;情绪反应与环境相适应。

(三)意志健全

意志是人在完成一种有目的的活动时,所进行的选择、决定与执行的心理过程。意志健全者在行动的自觉性、果断性、顽强性和自制力等方面都表现出较高的水平。意志健全的大学生在各种活动中都有自觉的目的性,能适时地做出决定并运用切实有准备的方式解决所遇到的问题,在困难和挫折面前,能采取合理的反应方式,能在行动中控制情绪和言而有言行,而不是行动盲目、畏惧困难,顽固执拗。

(四)人格完整

人格指的是个体比较稳定的心理特征的总和。人格完善就是指有健全统一的人格,即个人的所想、所说、所做都是协调一致的。一是人格结构的各要素完整统一;具有正确的自我意识,不产生自我同一性混乱,以积极进取的人生观作为人格的核心,并以此为中心把自己的、需要、目标和行动统一起来。

（五）自我评价正确

正确的自我评价乃是大学生心理健康的重要条件，大学生和自我观察、自我认定、自我判断和自我评价，做到自知，恰如其分地认识自己，摆事实正自己的位置，既不以自己在某些方面高于别人而自傲，也不以某些方面低于别人而自惭，面，能够自我悦纳，喜欢自己，接受自己，自尊、自强、自制、自爱适度，正视现实，积极进取。

（六）人际关系和谐

良好而深厚的人际关系，是事业成功与生活幸福的前提。其表现为。乐于与人交往，既有广泛而深厚的人际关系，又有知心朋友；在交往中保持独立而完整的人格，有自知之明，不卑不亢；能客观评价别人和自己，善取人之长工补己之短，宽以待人，乐于助人，积极的交往态度多于消极态度，交往动机端正。

（七）社会适应正常

个体与客观现实环境保持良好秩序。做客观观察以取得正确认识，以有效的办法对应环境中的各种困难，不退缩，还要根据环境的特点和自我意识的情况努力进行协调，或改革环境适应个体需要，改造自我适应环境。

（八）心理行为符合大学生的年龄特征

大学生是处于特定年龄阶段的特殊群体，大学生应具有与年龄与角色相应的心理行为特征。

第二节 影响心理健康的因素

在明白了心理健康的标准后，还应当了解影响健康的因素。在人的一生中，影响健康的因素非常复杂，人们通常把它分为先天性因素和后天性因素两大类。先天性因素主要是指先天的遗传和变异，后天性因素包括环境因素、行为与生活方式、社会保健等诸多方面。事实上，健康是一个非常复杂的问题，它是许多错综复杂的因素相互作用的结果，它与人类生命活动的方方面面都存在着密切的联系。1976 年美国卫生学家提出了影响健康的"因素论"，即环境因素、生物学因素、保健服务因素和生活方式因素是影响健康的主要方面。具体内容如下：

（一）环境因素

包括自然环境和社会环境。自然环境主要指人们在衣、食、住、行等生活中接触的自然因素，如空气、阳光、水、季节、气候、地理特征等。良好的自然环境可促进健康，反之可导致疾病。如病毒、细菌等生物因素，空气中的二氧化碳、一氧化碳等化学因素，过冷、过热、电离辐射等物理因素均为不良的自然环境因素。社会环境主要包括文化教育、政治、经济等诸多因素，其中社会经济因素起决定性作用。良好的社会环境可促进健康，反之危害健康或导致疾病。因此,不仅要看到自然环境对健康的影响,更要重视社会环境因素对健康的影响。

(二)生物学因素

包括生理因素和心理因素。生理因素主要为各系统器官的遗传特征及生理功能。心理因素包括人的一般心理活动和个性心理,特别是情感、性格、意志、世界观、兴趣,以及适应社会和改善环境的能力等。生理因素和心理因素之间的相互作用也对健康有重要的影响。

(三)保健服务因素

一是医疗保健服务,如提供较好的医疗保健设施,能及时诊治危害健康的疾病;二是卫生保健服务,能及时地得到卫生保健指导和帮助,以及预防疾病的发生、发展和促进健康;三是自我保健服务,每个人都能得到自我保健教育,培养自我保健意识和能力,懂得如何保持和增进健康,如何对待"异常",并能及时进行自我诊治和寻求医疗保健帮助。医疗和卫生保健服务是健康的重要基础,而自我保健是医疗卫生保健服务措施真正落实到每个具体的人的重要前提,是实现健康的重要保证。

(四)生活方式因素

生活方式主要指行为方式、生活习惯、生活制度等。良好的生活方式能有效地保护和促进健康,而不良生活方式会严重地损害健康,甚至危及生命。据 1976 年美国对人类几种主要死亡原因的调查资料表明,不良的生活方式和行为占首位,高达 50%,其中 7 种因素与个人行为方式有直接关系。另据我国 1982 年统计资料报告,我国目前死亡人数中有一半的人是由于采取对健康有害的生活方式引起的。美国疾病防治中心建议在全国推行"不吸烟、不饮酒、合理饮食、经常锻炼"这 4 项有益健康的生活方式,据估算可普遍增寿10 年。可见,坚持健康的生活方式,改变不良生活方式,对健康具有何等重要的意义。

第三节　高校学生常见心理疾病

大学生的心理正处于迅速走向成熟的阶段,面对人生、理想、情感、生活、环境等种种压力,许多人因不能正确面对,而陷入焦虑、失望、困惑、和痛苦中,个别甚至表现出异常的行为,高校大学生常见的心理疾病如下:

(一)神经症

神经症是一组较轻的脑功能失调的心理疾病,包括神经衰弱、焦虑症、抑郁症、强迫症、疑病症等。神经衰弱是由于大脑长期过度紧张导致大脑的兴奋与抑制机能失调而造成,其症状表现为严重的失眠、精神恍惚、头昏、头痛、耳鸣、做噩梦、全身无力、注意力不集中等。焦虑症表现为情绪不够稳定、喜怒无常。抑郁症表现为情绪低沉、悲观失望、多愁善感,对工作、学习、生活等不感兴趣,对未来感到悲观、无望,严重者就容易产生厌世情绪。强迫症则表现为强迫情绪、强迫意念、强迫动作等,他们的动作行为让人感到莫名其妙,其也知毫无意义,而又无法摆脱。疑病症是过分担忧自己的身体健康,常凭自己的想象和对医学知识的粗浅了解,身体稍有不适就怀疑自己患有某种疾病。

(二)精神分裂症

精神分裂症是以思维、感知、情感、行为和意志等方面产生障碍,精神活动脱离现实,与周围环境不协调为主要特征的最常见的精神病。患这种病的同学,有相当一部分是性格内向,曾经比较优秀,一旦受到挫折就想不开,因某人或某事不随心意,心理上不平衡,情绪不稳定,最后导致疾病的发生。

(三)心身疾病

心身疾病也称心理生理疾病,是指心理社会因素在疾病发生发展的过程中起重要作用的躯体器质性疾病和功能性障碍。是由于受到自己生活、学习和工作环境中的各类事件的不良刺激,导致的心理不平衡,影响身体的省里变化,产生了心身疾病,表现出身体各个系统的症状。大学生常见的心身疾病为痛经、月经不调、眩晕、心律失常及消化不良、高血压病及溃疡病,血管性头痛、关节痛也不少见。

(四)人格障碍和性心理、行为异常

人格障碍是人格常态的改变,人格结构被破坏,人格内在发展不协调所导致的人格偏畸现象。表现为敏感多疑,思想偏激,对自我评价过高,认为自己的思想行为总强于他人,性格孤僻,嫉妒心重,对他人的反应敏感,过于自我克制、过于追求完美、过分在意自身对自己的形象评价,人际交往被动。在性心理问题上,大学生性心理已趋向成熟,性意识不断增强,期望异性间的情感交流。但许多学生对性知识缺乏健康、科学的认识,有的只求满足自身的性欲望,在性关系上放荡不羁;也有的对性问题走向另一极端,视性为罪恶之源,对自身的性生理现象感动茫然困惑,对正常的性欲、性冲动存在不安、感到性压抑,过分的压抑可能发展为性变态。

第四节　理想的心理健康状态

(一)热爱生活、善于享受生命

热爱生活每个人的一生都不会是很顺利的,在顺境中不难做到热爱生活,但在逆境中也能够做到热爱生活则是很难的,这需要达到较高的认识水平和修养境界。真正热爱生活的人,深知所生活的环境存在着许多缺陷和不如人意的地方,但却不会为此怨天尤人,而更乐于通过自己的努力去改变那些他们所能够改变的地方,同时,也更容易适应那些他们所无能为力的地方。真正热爱生活的人,不仅热爱轰轰烈烈的生活,同时也热爱平凡而普通的生活。他们会为某种崇高的理想或信念自愿奉献和牺牲自己的生命,但绝不会因为个人的失败和挫折而虚度光阴或抛弃生命。

（二）胸怀宽阔、不为小事烦恼

拥有宽阔的胸怀，看问题站得高，看得远，能够从宏观上、本质上认识事物，把握生活。对人对事很宽容，不苛求于事，也不苛求于人（包括他人和自己），尽所能做好每件事，从不为小事而烦恼。

（三）欲望适度、不为名利所累

适度的欲望不会让任何一种欲望无限地膨胀。不排斥物质生活，但更注重精神生活。不排斥应得的名利，但从不把名利看得太重。也需要赚钱来解决自己的生活需要，但当基本的物质生活需要得到满足之后，更关心的是怎样才能使生命更有价值，怎样才能使人生更有意义，从而乐于关心社会的利益、民族的前途和人类的命运，通过充分利用自己的才能为社会做出贡献。

（四）充满自信、善于发挥主观能动性

既清楚自己的长处，也清楚自己的短处，深知自己不是无所不能的，也不是一无所能的。在自知之明的基础上，心里充满自信，相信自己有巨大的潜能，同时也知道怎样发掘和利用自己的潜能为社会服务，创造尽可能大的人生价值。

（五）情绪波幅不大、心境良好

心境良好不会因个人的得失和荣辱以及环境的不如意而引起大幅度的情绪波动，情绪波动持续的时间短。注重现在，情绪反应绝大多数不是因为过去或未来的事情。其心境的基调轻松愉快，即使是在较严重的问题或较大的困难面前也常常如此。能够经常保持良好的心境。

（六）善与人处

善与人处清楚周围的每一个人都存在缺点，但更看重的是他们的优点。怀有广泛的爱心，善于容忍和忘记别人的过失，对社会有强烈的责任感和参与感。在集体中，能够始终保持独立性和自主性，不会为讨好别人而违心地做一些事情，更不会为赢得别人的认同和接纳而不顾原则地盲目附和。不拒绝他人的帮助，但决不依赖他人，可以和各种人建立有效的沟通，同时也善于享受独处的超然。凭着自然、真诚、热情和理性，获得人们的普遍尊敬和好感。

（七）拥有健康的认知模式

拥有健康的认知模式判断和评价事情不会绝对化、极端化，不会以偏概全。能够适应事物的发展规律，而不会去抗拒事物的发展规律，能坦然面对各种变化，主动地、积极地创造条件和利用条件以便把握变化的方向。

上述几条在心理健康达到良好状态的人身上通常都是同时具有的，它们是一个统一的整体，各点之间具有紧密的内在联系，其中拥有健康的认知模式最为重要。有了健康的认知模式，他就自然会热爱生活、善于享受生命；也自然会胸怀宽阔、不为小事烦恼也自然会欲望适度、不为名利所累；也自然会充满自信、善与人处和保持情绪的稳定。

总之,心理健康者的最突出特点就是"接受"。接受自我、接受他人、接受自然、接受生活现实。

第五节　如何保持心理健康

(一)意志控制

人可以任意的表达,还可以做随意的运动,之所以能做到这一点,是因为我们的身体里有一个类似于司令部的生理机构,那就是我们的大脑。他是人类的中枢神经系统,这个系统负责人的一切意识活动。而人的情绪是瞬息可变的,当愤愤不已的心情即将爆发时,人可以用意识控制自己,提醒自己应当保持理性如"别发火,发火对身体不好"等。有涵养的人一般都能做到控制,从而保持心理健康。

(二)自我暗示

人的行为是有目的的、而目的是需要动力来维持的。动力来源于哪里呢? 动力即可以来源于外部力量,诸如老师、父母的期盼,也可以来自自己。为了保持长久的动力,自己可以积极地暗示自己。比如用某些哲理名言激励自己,失意的时候用比自己还痛苦的别人境遇安抚自己是幸运的。多关注自己的长处和优点,鼓励自己同逆境和挫折做斗争,相信自己一定会摆脱困境,获得成功。

(三)语言调节

语言是影响情绪的强有力工具。如果在悲伤时,阅读滑稽的语句、欣赏一些漫画等都可以消除悲伤。用"忍让""冷静"等自我提醒、自我命令、自我暗示也能调节自己的情绪。

(四)环境训练

环境对情绪有重要的调节和制约作用。心情不悦时,到开阔的地方走一走,可以放松自己的心情,与亲戚朋友到娱乐场所做一些有益身心的活动会消愁解闷。在这一过程中,个体要想得到较好的效果,必须全身心投入,主动地去寻找能带给符合自己需要内容的环境,否则即使置身于良辰美景也不会让人身心愉悦。

(五)自我安慰

当一个人追求某项目标而未达到时,为了减少内心的失望,可以找一个理由来安慰自己,正如"狐狸吃不到葡萄就说葡萄酸"的故事一样,这并非自欺欺人,而是作为缓解不良情绪的方法,是大有裨益的。

(六)转移

当一个人情绪失控时,有意识地转移话题或做其他事情来分散注意力,比如打打球、散散步、听听音乐也有助于排解不愉快的心情。

(七)宣泄

有时遇到不开心的事情或饱受委屈时,不要默默埋在心里,应向朋友或亲人诉说,甚至是大哭一场,这都有助于释放内心抑郁的心情,保持身心健康。值得注意的是宣泄的时间、地点、场所和方法一定要适宜,以免伤害他人。

(八)幽默

幽默的本质是善良,一个人如果没有对生活、对他人发自内心的真诚与热爱,就不是真诚的幽默。从心理学角度讲,幽默是一种心理防御机制或者心理免疫机制,可以将突然来的尴尬或挫折从容化解。海明威的墓志铭上写道:"原谅我不再起来了。"这句幽默的话语让每一个来访的人感动,海明威把死亡仅仅看作是不起来了,这是何等的从容,这让每一个游客感到钦佩。幽默是一个人格魅力的重要表现,是人们调节气氛,减轻压力的重要方法,凡事动之以幽默,都会使人产生愉悦的心情,减少不良情绪对人们心理健康的影响。

(九)学会舍得

减少痛苦的方式就是有选择的追求,放弃一些追求。追求那些最能体现自己人生价值的活动会使自己获得最大的快乐。如果个人贪得无厌,得陇望蜀,看不到成功带来的快乐与价值,只是看到没有成功的事情,那么他只能痛苦。俗话说知足者常乐,说的就是这个道理。人的生命有限,但追求无限,在有限的时间里,人只能做有限的事,但却可以追求无限的快乐,关键是如何看待"鱼"和"熊掌"的问题。

(十)学会忽略

对于一些不愉快甚至是创伤性的事件,不要老是抱怨为什么自己会遇到,为什么别人没有遇到,也不要抱怨老天对自己为什么不公,以及整天思考自己思痛的细节。最好的办法既不是整日思考,也不是要有意识地去遗忘,因为压抑的东西并不会自动消失,反而会越来越强烈。所以最好的办法就是不理会,顺其自然,每天按部就班做自己该做的事,时间久了,自然就忽略了,带给自身的烦恼也就淡化了。如果时时提醒自己去遗忘它,那恰恰说明没有遗忘,它时时都在人的心里。

(十一)亲近自然

人的成长离不开自然界,自然界的山山水水,飞禽鸟兽都能给人带来愉悦的感受,经常走进大自然将有助于人们排解工作和生活压力,调节自己的心情,保持心理健康。

除了上述方法,还应该做到培养高尚的道德情操;锻炼坚强的意志;建立良好的人际关系;培养广泛的兴趣爱好等等。

第六节　体育运动是提高大学生心理健康水平的重要途径

健全的心理是人的发展不可忽视的重要方面,是人生成功的重要条件,人们对心理健康的认识也越来越重视,体育锻炼在促进心理健康发展方面具有独特的作用。

一、体育运动对心理健康的影响

体育运动不仅有利于身体健康,而且对于人的心理健康具有积极的促进作用,能够提高人的生活满足感和生命的质量。

体育对心理健康的积极影响主要表现为以下几个方面:

(一)提高唤醒水平

唤醒是指身体的激活水平,对唤醒水平的愿望随任务的要求、环境和个性的不同而不同。例如一个性格外向的人,在舒适的环境中从事一项令人厌倦的工作时他最需要提高唤醒水平。一般认为,体育锻炼能提高人的唤醒水平是由各种感觉信息的输入所造成的。体育活动只有达到一定的运动量才能导致唤醒水平的提高,才能维持对消极情绪的长期控制。相反,在一个舒适愉快的情境中,慢跑步只能产生放松效果,不能提高唤醒水平。体育活动对于精神不振、心境较差的人具有显著的治疗和调节作用,可以使其摆脱烦恼,振奋精神。

(二)降低应激反应

应激是指个体对应激源或刺激所做出的反应。目前的研究认为,应激反应是一种包含应激源、个体对应激源的评价以及个体的典型反应等因素作用的过程。应激有积极应激和消极应激之分。在生活和工作中,人需要一定程度的应激,这有助于提高生活的质量和工作的效率,但过分的应激反应对健康不利。

通过体育锻炼可以降低应激反应是因为肾上腺素受体的数目或敏感性;降低心率和血压而减轻特定的应激源对生理的影响。科巴沙(Kobasa)1985年指出,因为体育活动可以锻炼人的意志,增加人的心理坚韧性,体育活动具有减轻应激反应以及降低紧张情绪的作用。

经常参加体育活动的人更少产生生理上的应激反应,如果有应激反应,也能尽快地从中恢复过来,尤其是从事有氧运动如跑步、轻快的走路、游泳、自行车、舞蹈、跳绳等对人的意志品质影响甚大。

(三)消除疲劳

在从事体育活动时保持良好的情绪状态,中等强度的活动量就能减少疲劳。有研究表明,体育活动能提高最大吸氧量和最大肌肉力量等生理功能,减少疲劳。因此,体育活动对治疗神经衰弱具有特别显著的作用。

二、体育运动对不良情绪的改善

体育活动中的情感体验强烈而又深刻。成功与失败、进取与挫折共存,欢乐与痛苦、忧伤与憧憬相互交织,同时参与者的情绪也相互感染、融合在一起。这种丰富的情绪体验刺激,有利于培养积极向上的人生观,确立顽强进取的人生态度,提高人的生命质量。同时还可以宣泄不良情绪,维护心理平衡。丰富活跃的体育活动有利于学生的情绪成熟,有利于情绪自我调节能力的发展。丁雪琴等人对北京和香港地区 2009 名青少年所做的调查表明,经常参加体育活动的学生,消极情绪困扰程度明显低于不经常活动的人。

体育活动对不良情绪的作用主要有以下几个方面:

(一)改善心境

保持良好的主导心境是心理健康的重要标志,不良情绪是导致生理、心理异常和疾病的重要因素,而体育活动时学生的思维是"自由和随意的",能直接给学生带来愉快和喜悦,并能降低紧张和不安,促使学生脑力的恢复,从而调控学生的情绪,有利于学生的情绪健康。

(二)降低学习压力

体育活动对于学生的焦虑、抑郁等不良情绪具有缓解、降低作用。由于学生在体育活动中可体验到愉快和乐趣,使其具有自我投入的倾向,增强了活动的坚持性;参加者的心理感受和评价较不运动者积极,心理自我良好感的增强,意味着学生的精力感增强和焦虑、抑郁等不良情绪减少。韦伯格(Weinberg)认为,30 分钟跑步使焦虑、抑郁、紧张、气愤、困惑和疲劳等不良情绪状态显著改善,同时使活动感保持在高水平。海顿(Hayden)等人的研究发现,有规律的体育活动比不参加体育活动者在较长时间内很少产生焦虑和抑郁。

(三)完善自我评价

愉快和不愉快的情绪不仅是外部刺激引起的,而且与个体的自我评价,个体对事物控制程度的感受紧密相关。体育锻炼是一种能够使个体产生积极自我评价和个人控制情感的身体活动,当人出现抑郁症状时,经常参加体育锻炼对非神经性抑郁,抑郁初期和恢复期有良好的效应。另外,经常参加体育锻炼者有更高的自尊心,对事物的看法和认识更持有积极的态度,使自身工作和生活更有独立性,更具有独立完成一项任务的信心和期望。

(四)宣泄消极情绪

参加体育活动可使学生减少情绪上的负担,甚至能减轻因心理压力的偶发事件而导致的精神负担,通过运动行为的替代作用,减弱或消除情绪不悦。南非前总统纳尔逊. 曼德拉《漫漫自由路》中写道:"我从来相信,体育活动不但对身体健康起着关键的作用,而且还能使我的心情平静下来。从前,有好多次我烦恼的时候,就跑到健身房对拳击沙袋一通猛打,免得冲着同事,甚至是警察发火。"日本一家电气公司设立了一所"情绪发泄控制室",在室内放置着橡皮模拟人形,旁边架子上有各种棍子、拳击手套。有怨气的职工可以进去用棍子或戴上手套痛打人形靶,以发泄自己的气愤、不满等情绪。这种"运动心理治疗法"创造出特定情境,使受挫者可以自由地表达他们受压抑的情绪。体育活动使这种紧张的情绪发泄出来,从而恢复理智和平衡。所以,当你处在不良情绪状态时,到操场上猛跑几圈,猛踢一阵足球,累得满头大汗、气喘吁吁时,气恼的心情就会基本平静下来。因此,体育活动作为一个安全的"缓冲器"和"释放通道",释放人们各种对立的情绪和外向攻击性倾向,降低个体由于应激生活事件所带来的紧张水平。

此外,在运动中,学生之间加强了彼此的情感交流,共享酸、甜、苦、辣各种情绪的磨炼、充实和升华,使其情绪得以平衡和健全地发展。

三、体育运动可以促进意志品质的培养

意志品质指一个人的果断性、坚韧性、自制力以及勇敢顽强和主动独立等精神。意志品质既是在克服困难的过程中表现出来的,又是在克服困难的过程中培养起来的。在体育锻炼中要不断克服客观困难(如气候条件的变化、动作的难度或意外的障碍等)和主观困难(如胆怯和畏惧心理、疲劳和运动损伤等),锻炼者越能努力克服主、客观方面的困难,也就越能培养良好的意志品质。从锻炼中培养起来的坚强意志品质能够迁移到日常的学习、生活和工作中去。

四、体育运动有益于心理疾病治疗

根据基恩(Kyan)1983 年的调查,1750 名心理医生中,有 60% 的人认为应将体育活动作为一个治疗手段来消除焦虑症(指一种心理疾病,而不是一般的焦虑反应);80% 的人则认为,体育活动是治疗抑郁症的有效手段之一。

对于一个健康人来说,进行长期体育锻炼会有促进心理健康的效益,对于一个患有心理疾病的人来说,这种效益就会更加明显。有一项研究表明,进行 8 周的体育锻炼后,精神病患者的抑郁状况得到了明显改善。另有研究表明,进行有氧练习的学生,其心境状况改善程度比控制组大,特别是那些练习前存在情绪问题的学生其心境状态改善的程度最为明显。

第四章

体育卫生与健康

第一节　体育运动的医务监督

体育运动的医务监督是指锻炼者在体育运动中,对自身生理机能和健康状况观察和评定的一种保健方法,也是对参加体育运动的人进行帮助和指导的重要措施。

医务监督包括自我监督和体育锻炼的医务监督,本节将重点介绍自我监督。自我监督是运动员和体育锻炼者在体育锻炼期间,经常观察自己身体状态和生理机能变化的一种方法。通过这种方法,及时了解自己在锻炼过程中生理机能的变化,有助于调整锻炼计划和运动负荷,既为合理安排教学、训练内容和方法提供依据,也为医生的体格检查提供参考。

一、主观感觉

(一)感觉

经常运动的人总是精力充沛、精神愉快的,但患病或过度训练时就会感到身体软弱无力、精神萎靡不振、易疲劳、易激动等。在进行自我监督时,可根据自我感觉记录为良好、一般、不好等。

(二)运动心情

经常参加运动的人一般愿意参加运动,如果方法不对或过度疲劳,则对运动不感兴趣或产生厌烦。记录时可根据个人的心情记录为很想锻炼、不想锻炼、厌烦锻炼等。

(三)睡眠情况

经常运动的人其神经功能比较稳定,一般睡眠良好。早晨起床精神焕发,精力充沛,全身有力。如果晚上失眠、屡醒、梦多、早晨起来没有精神,说明训练方法不当或运动过大,就要检查运动量是否合适。记录时应写睡眠的持续时间和睡眠状况是否良好。

(四)食欲情况

经常运动的人,食欲好,饭量也较大。在过度训练时,食欲便会减退,饭量减少。此外,运动刚结束后马上进食,食欲也较差。记录时可写食欲良好、食欲一般、食欲减退、厌食等。

(五)不良感觉

参加剧烈运动后,由于身体过度疲劳,往往出现四肢无力、肌肉酸痛,这是正常的生理现象,经过适当休息可以恢复。如果运动后出现头晕、恶心、心慌、气短、腹痛等,则表示运动方式不当或运动量过大。记录时可写头晕、恶心、气短、心慌等。

(六)出汗量

运动时出汗的多少与气候、运动程度、衣着、饮水量、训练水平、身体素质和神经系统的状况等有关。如果突然大量出汗,可能是过度训练,应适当调整运动量。记录时可写出汗适量、出汗增多、大量出汗等。

二、客观检查

(一)脉搏

经常参加训练、锻炼的人,安静时脉搏频率较缓,一般 75 次/分左右。经常训练的运动员脉搏频率为每分钟 44～66 次,耐力项目的运动员脉搏频率每分钟 40～50 次或更少些。在自我监督中,可用早晨脉搏来评定运动水平和身体机能的状况。若早晨脉搏逐渐下降或不变,说明身体机能反应不良,若每分钟增加 10 次以上,说明身体机能反应不良,可能与睡眠不足或生病有关,应找出原因及时处理。若早晨脉搏连续保持较快的水平,可能是过度训练所致,测量脉搏时,一般测 10 秒内的跳动次数,再换算出 1 分钟的数值,然后记录下来。

(二)体重

参加体育锻炼后,体重一般有下列变化,即刚参加运动的人,由于身体里水分和脂肪大量消耗,体重下降;经过一段时间的锻炼,体重比较稳定,运动后减轻的体重能够完全恢复;长期坚持锻炼的人,肌肉逐渐发达起来,体重有所增加,而且保持一定水平。自我监督时,每周可测 1～2 次,只要按照这三个阶段发展,即为正常情况。

(三)肺活量

运动能使呼吸功能显著增强,肺活量的大小在一定程度上表现出呼吸功能的好坏。经常参加锻炼的人,能使肺活量增加,但过度训练时,肺活量就会减少。

三、运动成绩

坚持合理锻炼,运动成绩会逐渐提高或保持在一定水平上。如果运动水平没有提高,甚至下降,可能是早期过度训练的状态,应找出原因,适当休息或调整运动量。

其他指标,根据运动专项和设备条件,可采用相应的测验方法进行自我监督。女同学还要记录月经的情况,如运动后月经量多少、经期长短、有无痛经等。

自我监督的项目和指标应该因人而异。一般应采用简单易行的方法,并经常与体育教师、医生交换意见,以便更好地进行自我监督。

四、运动性疲劳

(一)疲劳与运动性疲劳的概念

疲劳是指肌体生理过程不能继续在特定水平上进行。可以分为心理疲劳和身体疲劳。运动性疲劳是运动本身引起的肌体工作能力暂时下降或不能维持预订的运动强度的现象。属于身心疲劳。

(二)疲劳的判断

主观感觉:疲劳、头痛、头晕、胸闷、心悸、精神不振、肌肉酸痛、食欲不振、恶心呕吐、动作迟钝、出汗量较多、注意力下降、呼吸紊乱。

客观指标:肌肉力量下降、运动后心率恢复较慢或次日晨脉较快超过 10 次/分以上、心电图有异常变化、反应时间增加、皮肤触觉机能下降、尿蛋白增加或恢复较慢。

(三)疲劳的消除措施

整理活动:运动后按要求进行些较轻的整理活动。

积极性休息:以转换活动的方式消除疲劳。

良好的睡眠:较好的睡眠环境和睡眠质量。

按摩:放松肌肉,改善局部血液循环,促进代谢产物的排出。

物理手段:理疗、热水浴、吸氧。

营养与药物:应增加糖类的摄入。

心理学手段:采用暗示、心理调整、放松练习。

第二节 生活制度的卫生

一、合理的生活方式

(一)合理的生活制度

生活制度是指一天 24 小时内睡眠、饮食、工作或学习、休息和娱乐、体育锻炼和劳动等各项活动的时间安排。合理的生活安排制度有助于身体健康,有利于提高学习和工作效果,有利于机体内生物钟的正常运转,并保持生理机能的稳定性。

睡眠:睡眠是机体最根本的生理需求之一。睡眠时间成人每人 8 小时,青少年 9 小时,儿童需 10 小时。子时、午时(子时指中午 11:00~13:00,午时指晚上 23:00~1:00)要睡好,睡充足。

睡眠姿势:人最好的睡眠姿势是侧卧位,我国自古就有"站如松,卧如弓"之说。侧卧又以左侧为好,有利于心脏的供血。

睡眠方向:地球的南北极之间是一个大磁场,如果人体长期顺着地磁极的南北方向,可使人体器官细胞有序化,产生生物磁化效应,使体内生物电得到加强,器官机能得到调整和增进。因此,头朝南或朝北睡眠,久而久之有利于健康。

饮食:合理的饮食有助于身体健康。一日三餐,早吃好,午吃饱,晚吃少。三餐注意营养搭配,酸碱平衡。

(二)合理的工作和学习

工作学习时间勿长,应有间歇性的休息和娱乐,调节大脑皮层的兴奋神经。

(三)科学的休息和适当的娱乐

休息有两种,一种是静止休息,如睡觉或静坐养神;另一种是活动性休息,如体育活动等;或改变学习和工作的内容与方法,均可达到消除疲劳的目的。

(四)科学的体育锻炼

在一天的生活中,应当安排适当的体育锻炼时间,以促进身体康健和提高生理机能,这时对人体的正常发育意义重大。早操时间可为 20～30 分钟,运动量不宜大,以免影响全天的工作和学习。课间操可使工作和学习中的大脑皮层得到暂时休息,为继续工作和学习打下基础,时间一般为 10～20 分钟为宜。

二、个人卫生

许多疾病都是不注意个人卫生引起的。

皮肤卫生:皮肤是保护人体的卫士,它可使人体免受各种细菌和疾病的损害。

洗澡时注意事项:水温不宜过高,时间不宜太长。不用碱性太大的肥皂,不然会引起皮肤发干皮脂下降,头发变黄。运动后不宜进行冷水浴。

五官卫生:五官是人体的监护站,它可使机体正常运转。

衣着卫生:运动时要穿舒适、轻便、便于机体活动的服装。

用具卫生:个人用具应专用,衣服、被褥要常洗常晒,以免传染各种疾病。

第三节　运动与卫生

体育锻炼的目的是要增强体质、促进健康,但如果在体育锻炼过程中不注意运动卫生,很有可能会给身体带来不利的影响,甚至引起疾病的发生。下面就我们在从事体育锻炼过程中应注意的运动卫生的几个重要方面做一概述。

一、正确选择体育锻炼的时间和地点

什么时候锻炼好? 这是参加体育锻炼的人经常会提及的一个问题。要圆满地回答这

个问题并非易事,我们只能就几个主要方面进行介绍。

（一）避免饭后立即进行运动

根据运动生理学知识,在运动中人体全身的血液将进行重新分配,流向肌肉的血液增多,而胃肠、肾脏等内脏器官的血流量将减少。如何饭后马上进行剧烈运动,容易造成胃肠缺血,影响食物的消化和吸收,有时甚至会引起胃肠痉挛。另外,由于进食后胃内充满食物,胃的容积增大,会引起膈肌上移,影响肺的扩张,造成呼吸困难,容易导致运动中缺氧,影响健身锻炼的效果。

（二）避免生病期间参加剧烈的体育锻炼

生病后是否能参加体育锻炼,这是很多人困惑的问题。根据体育保健的知识,生病后人体的免疫能力低下,部分器官的功能下降,会造成肌体整体机能水平的降低,运动能力也随之下降,一般要求暂停参加剧烈的体育锻炼。如果在生病期间勉强参加剧烈的体育锻炼,在运动负荷的应激下,要求肌体调动各器官机能来完成运动,加重了肌体的负担,影响疾病的康复。

（三）避免到环境污染的场所进行锻炼

运动场所的环境条件对健康的影响非常大。选择通风好、阳光足、接近自然的好环境进行体育锻炼对健康更为有益,而如果到通风差、空气有污染的场所中进行剧烈运动的话,反而会使污染物更容易进入肌体,造成对肌体的危害。例如,据科学家们检测,在一天中,上午、中午和下午空气污染很轻,所以空气比较新鲜清洁,其中上午10点左右和下午3～4点空气最为新鲜;早晨、傍晚和晚上空气污染较严重,其中晚上7点和早晨7点左右为污染高峰时间,当然此时的空气就是最不新鲜的了。因此,如果我们早晨和傍晚进行体育锻炼时,要特别注意选择室内或接近大自然的空气新鲜的运动场所。

（四）避免到危险的地方运动

运动中的安全非常重要,特别要注意避免到危险的地方运动。例如,晨跑不要到交通繁忙的街道上进行;夏季要避免到江河湖泊等水域和地形不熟悉的地方游泳;从事登山和攀岩等运动时要注意带好保护用具,等等。总之,在体育锻炼地点的选择上时刻要牢记安全第一,做好自身防护措施,如果万一出现危险的话要沉着冷静地自我救护。

二、科学安排体育锻炼的负荷

人体在运动中需要承受一定的运动负荷刺激,肌体才能产生良好的适应。但是,过大的运动负荷容易造成肌体负担过重,引起过度疲劳,甚至会导致运动伤害事故,使体育锻炼效果适得其反。过小的运动负荷则对肌体的刺激程度不够,不能取得好的锻炼效果。因此,科学安排体育锻炼的负荷,是获得最好锻炼效益的关键。

（一）运动强度的安排

根据运动强度的大小,我们通常可将所有的运动项目分为三大类:无氧运动、混合运动、有氧运动。其中有氧运动是属于中小强度的运动,肌体在运动中氧气的需求能够得到完全满足,这种强度的运动被推荐为健身的首选,例如慢跑、散步、交谊舞、登山等,这种类型的运动项目特别适合中老年人。青年学生体力较为充沛,完全能够胜任篮球、排球、足球等混合运动项目,这些项目既有大强度运动,又有中小强度运动,而且趣味性较强,还可以和同学一起参加集体锻炼,增强同学间的友谊,是比较适合大学生的体育运动项目。

(二)运动时间、频率的安排

一次体育锻炼的时间长短应视运动强度的大小而定。一般来说运动强度较大时,运动时间可相应缩短;反之,运动强度较小时,则需要较长的运动时间才能有较好的锻炼效果。教育部、国家体育总局、共青团中央主办的"全国亿万学生阳光体育运动"提出学生"每天锻炼一小时,健康工作五十年,幸福生活一辈子"的口号,倡议学生每天坚持一小时的体育锻炼。从运动人体科学的角度来看,由于呼吸、循环等系统的生理惰性较肌肉大,需要较长的时间才能动员起来,经过研究认为至少需要运动半小时左右,心肺功能才能得到良好的锻炼。至于体育锻炼的频率多少适宜,也有很多人进行分析,大多数人认为每周不应少于3次。因此,建议每次参加体育锻炼的时间不宜少于30分钟,频率每周不少于3次。

三、合理补充饮料和营养

(一)运动中饮料的补充

在体育锻炼过程中,特别是参加较长时间的剧烈运动,往往会出汗,导致体力水分的丢失,需要在运动间歇进行补充。但是,运动中补充水分和饮料也要合理,否则会造成对肌体的不利影响。首先,饮料品种要选择含糖量较少的低渗饮料,如果饮用含糖量较高的高渗饮料的话,不仅不能止渴和补充水分,反而容易引起体力缺水。建议首选一般的纯净水或矿泉水作为运动中补充水分的饮料。其次,运动中水分或饮料的补充要少量多次,一次不宜饮用过多,否则容易加重胃肠的负担,补充水分的效果也不会更好。

(二)运动后水分和营养的补充

运动中伴随着大量的能量消耗,需要在运动结束后进行补充。需要注意的问题是补水也不能操之过急,一次饮用过多的水或饮料,会增强心血管系统的负担,主张少量多次。营养物质的补充要考虑适量补充糖、蛋白质、无机盐等。

四、重视体育锻炼后的恢复

体育锻炼后的恢复措施是为了及时消除运动性疲劳,可从以下三方面入手:一是运动结束后做好以促进肌肉放松为目的的整理活动,不宜运动结束后马上静坐;二是可以通过洗热水浴、按摩等物理手段来加速身体的恢复;三是要保证充足的睡眠,避免运动消耗较大又出现通宵玩游戏等现象。

第四节　女性的体育卫生

一、女子解剖生理特点及一般体育卫生要求

（一）体形

女子体形一般似纺锤形，即肩部较窄，骨盆较宽，下肢较短，躯干相对较长，身体重心低，有利于做下肢支撑平衡的动作，如体操的平衡木等。但对速度运动、跳高、跳远等动作不利。

（二）肌力

女子骨骼肌重量占体重的比例较男子小5%左右，且肌肉力量较弱，特别是女子的肩带部和上肢肌力较差，加之肩窄，故女子作悬垂、支撑、摆荡等动作较为困难。因此，应加强发展肩带肌力的练习，练习时需加强保护。

（三）脂肪

女子体内脂肪约占体重的28%（男子约占18%）。皮下脂肪较多，利于游泳等运动。但女子下腹部对冷的刺激很敏感，故在月经期及冬季锻炼时要注意下腹部的保暖。

（四）骨盆

女性骨盆较男性大而轻，除了承重外还容纳有子宫及附件。子宫的正常位置依靠子宫三对韧带、腹腔、盆腔一定的压力来维持。因此，一方面女子从事体育运动时不宜做过多的从高处跳下的练习，作此练习时也要注意落地时的缓冲，以免过分震动影响子宫的正常位置；另一方面，要多作增强腹壁肌、骨盆底肌的练习，如仰卧起坐、仰卧举腿、直立前后踢腿、大腿绕环、提肛练习等。以维持一定的腹压和盆腔压力，从而维持子宫的正常位置。

（五）关节韧带

女子各关节韧带的弹性及伸展性较好，特别是脊柱椎间盘较厚，因此女子身体的柔韧性及各关节的灵活性较男子好。体育活动中适宜作"桥"和"劈叉"等动作。但女子身体的柔韧性会随着年龄的增长而降低。在体育锻炼中应注意保持和发展其柔韧性和灵活性。

（六）心血管系统和呼吸系统

女子心脏的体积、生理、容积、每搏输出量、心肌收缩力均较男子小而弱，运动时主要靠加快心率来增加心脏的每分输出量。此外，女子的血容量、红细胞、血红蛋白含量都低于男子，因此，女子血液运输氧的能力不及男子。女子胸廓、肺容积较男子小，肺活量、最大摄氧量也小于男子，女子呼吸肌力较弱，以胸式呼吸为主且胸廓活动度较小，所以女子在安静或运动时的呼吸频率较快。鉴于女子心血管系统和呼吸系统的功能较男子差，因此运动量应比男子相对应小些。

综上所述,女子应该根据自己的特点,自觉参加体育锻炼,以促进身体的生长发育,提高各器官、系统的机能水平,保持匀称健美的体型。特别是使腹肌、腰背肌、骨盆底肌的肌肉力量增强,这对女子将来的妊娠、分娩都有很大好处。

二、月经期体育卫生要求

(一)月经

月经系由于卵巢内分泌作用引起子宫内膜出现周期性增生,血管形成,黄体成熟。如排卵期未受孕,增生的内膜就脱落,造成出血现象。一般每隔 28 - 30 天 1 次,故叫月经。月经来潮时,一般有以下几种表现:①一般型。又称普通型。来月经时,自我感觉正常,身体反应良好,无不适感;②抑制型。月经期内体力降低,全身无力,动作迟钝、疲劳感、嗜睡,一般工作能力下降,不愿参加体育活动等;③兴奋型。月经期易激动,头晕、睡眠差,下腹有痉挛性疼痛;④病理型。月经期有腰酸背疼,全身不适,恶心、口干、头昏头痛、睡眠不良,不愿参加运动。

(二)月经期体育卫生要求

月经期的体育锻炼应区别对待。一般女性在正常月经期间可以参加体育锻炼,但应注意以下几点:①保持外生殖器部位的清洁;②)避免剧烈的运动。如大强度的震动较大的跑跳动作(跨跳、跳远、疾跑、跳高等);③避免增加腹内压。如憋气和静力性动作(后倒作桥、慢起倒立、投掷出手用力、收腹举腿)等;④月经期不宜游泳,以免引起细菌感染;⑤月经期可从事一般性健身活动,如做操、散步、游泳、乒乓球、羽毛球等运动量较小、时间不太长的运动。一般不参加比赛;⑥对月经紊乱、经期下腹疼痛以及病理型反应者,月经期应暂停体育活动并进行妇科治疗;⑦加强医务监督,注意填写月经卡片。

第五章

运动和营养

第一节　人体基本营养成分

营养素指食物中可给人体供给能量,构成肌体和组织修复以及具有生理调节功能的化学成分。人体所必需的营养素有七类,即碳水化合物、脂肪、蛋白质、水分、维生素、矿物质。

(一)碳水化合物

碳水化合物,又称糖或淀粉质。主要从以下食物中获得:蔗糖、蜜糖、糖果、蔬菜、奶类制品;淀粉质食物,例如谷物、面包、马铃薯、麦。

(二)脂肪

存在于人体和动物的皮下组织及植物体中,是生物体的组成部分和储能物质。

(三)蛋白质

维持人体生长发育、构成及修补细胞的主要元素。可从肉类、奶类和豆类中摄取。如果摄入过多的蛋白质就会增加肝脏和肾脏的负担,因为蛋白质代谢产生的尿素要经过肾脏以尿液形式排出体外,因而蛋白质过量对人体反而不利。

(四)维生素

维生素是为维持正常的生理功能而必须从食物中获得的一类微量有机物质,既不参与构成人体细胞,也不为人体提供能量。

(五)矿物质

人体主要养分之一,它是构成肌体与调节生理机能的重要物质,是构成人体细胞、骨骼的主要成分。

(六)水分

人体内主要都是水,缺水会引致死亡,不应该等到口渴时才喝水。

缺水时,脉搏跳动加快,体温升高,运动能力下降,很容易就会产生疲劳。

第二节 运动与营养成分

（一）碳水化合物与运动的关系

（1）人体的主要能源。

（2）进行高强度而短时间运动时的主要能源。

（3）唯一可被脑细胞及红细胞所需的能量。

（4）未被使用的碳水化合物可转变成脂肪，储存于体内。

（二）脂肪与运动的关系

一般来说，运动强度越小，持续时间越长，依靠脂肪氧化供能占人体总能量代谢的百分比越高。在小于 60 至 50 强度下，以脂肪酸氧化供能为主。

脂肪氧化供能具有产热量高，耗氧量高的特点。脂肪是以无水的形式储存的，因此体积较小。在氧气不足的情况下氧化不全而产生酮体，会使身体酸性增加，不利于运动能力的提高。运动训练会使骨骼肌线粒体数量，体积，单位肌肉的毛细血管密度，线粒体酶脂肪酶的活性提高。脂代谢加强后，可节约糖原的消耗，提高耐久力。过多摄入脂肪会降低蛋白质的和特等其他营养素的吸收。

（三）蛋白质与运动的关系

（1）身体的后备能源。

（2）饥荒时才会使用。

（3）构成或修复细胞肌肉、血液、骨骼、皮肤等。

（4）过多蛋白质在炎夏可能增加脱水的机会。

（5）运动前摄食大量蛋白质可能会引起肠胃不适。

我们每天的食物中应该要有 10% ~ 15% 的蛋白质。

（四）维生素与运动的关系

（1）不同的体育活动，需要加重摄取不同的维生素。

（2）需要眼力的运动——维生素 A。

（3）需要瞬间爆发力的运动——维生素 B_2。

（4）运动强度大、能量消耗多的运动——维生素 C。

（五）矿物质与运动的关系

不同食物富含不同种类的矿物质，一般都能满足肌体需要，较易缺乏的只有钙和铁两种。夏天从事激烈运动或训练的人，因流汗的关系，矿物质的流失也大于常人。

（六）水分与运动的关系

（1）运动会令身体流汗，使体内液体流失。

（2）流汗有助身体散热。

（3）合理适时地补充水分有助于血液量的维持。

（4）缺水明显会削减运动的能力。

（5）在脱水后补充水分时,最好还是喝清水。

（七）运动时补充水分要诀

（1）要有计划地补充水分。

（2）口感较佳之饮料比纯水更吸引运动员摄取。

（3）含有碳水化合物之饮料,可以同时帮助达到体能恢复的目标。

（4）可由排尿时尿液之颜色判断身体水分平衡之状态。

（八）健康饮食六部曲

（1）定时定量进食,不偏食,保持饮食均衡。

（2）应养成吃早餐的习惯。

（3）少吃甜食。

（4）少吃高脂肪及油腻食物。

（5）少吃含盐分高和腌制过的食物。

（6）不可乱吃零食。

健康小食利身体,盐糖脂肪勿太多,清水牛奶好选择,五谷蔬菜营养多。

运 动 ㉿

体育课程是大学生以身体练习为主要手段,通过合理的体育教育和科学的体育锻炼过程,达到增强体质、增进健康和提高体育素养为主要目标的公共必修课程,是学校课程体系的重要组成部分,也是高等学校体育工作的中心环节。学校应紧扣课程的主要目标,把"健康第一"的指导思想作为确定课程内容的基本出发点,同时重视课程内容的体育文化含量;根据学生的特点以及地域、气候、场馆设施等不同情况确定课程内容,力求丰富多彩,为学生提供较大的选择空间;注意课程内容对促进学生健康发展的实效性,并与中学体育课程内容相衔接。

第六章

田　径

第一节　走

一、走的健身手段分类

走作为健身手段，其内容不仅仅是指竞技体育中以竞技为目的的竞走，也包括非竞技体育中的走（如人们日常生活中的普通走和各种方式的健身走），其分类见表6-1。

表6-1　各种走的分类

分类	项目	内容
竞技体育中的走	公路竞走	男子20公里、男子50公里、女子5公里、女子10公里、女子20公里
	场地竞走	男子20000米、男子30000米、男子50000米、女子5000米、女子10000米
非竞技体育中的走	普通走	散步、正常行走
	健身走	长距离快走、大步走、脚跟走、脚尖走、半蹲走、后退走、负重走、疾走、弓箭步走等

二、竞技体育中的走（即"竞走"）

（一）国际田径协会联合会比赛规则中对"竞走"的定义

中国田径协会依照国际田径协会联合会《2002—2003国际田联手册》翻译的《田径竞赛规则2002》中第230条规定了竞走的定义："竞走是运动员与地面保持接触、连续向前迈进的过程，没有（人眼）可见的腾空。前腿从触地瞬间至垂直部位应该伸直（即膝关节不得弯曲）。"

《田径竞赛规则2002》对裁决运动员在比赛中违反规则的重要规定可以解释为：①在指定的竞走裁判中，应选一名为主裁判；②不论运动员在比赛中是否受到过严重警告，竞走主裁判有权在"竞走比赛的最后冲刺阶段"（即"当公路竞走的比赛终点设在体育场内的体育场内的比赛距离"或"全程都为场地竞走或全程都为公路竞走的最后 100 米")直接取消违反规则运动员的比赛资格;③凡竞走裁判员均应独立工作,其裁决应以眼睛观察为依据。

(二)国际田径协会联合会比赛规则中规定的竞走作为竞技项目的特点

作为竞技项目的竞走的特点是:①竞走项目是眼睛观察到的单腿支撑和双腿支撑相交替,前腿从触地瞬间至垂直部位应该伸直的周期性运动(在竞走比赛中如果出现眼睛观察到的腾空即为技术犯规,因在大多数国际比赛竞走的高速摄影录像中可以观察到双脚都离开地面的跑的现象,所以裁判员不能借助机器进行裁决);②竞走技术区别于普通走方面主要表现在步长和步频的差异(普通走的步长一般为 80 厘米左右,步频约为 100 步/分,而竞走的步长一般为 115 厘米左右,步频约为 200 步/分);③竞走技术区别于跑方面主要表现在"竞走是眼睛观察不到双脚离开地面"并且"竞走在垂直支撑阶段瞬间支撑腿是伸直的"(跑有明显的双脚腾空并且跑在垂直支撑阶段支撑腿可以是弯曲的);④竞走技术中身体重心上下起伏的幅度一般不超过 5 厘米,轨迹应是接近平直的波浪曲线;⑤竞走技术中向前运动的动力是由踝、趾关节的屈伸和髋关节屈伸,以及摆动腿的摆动形成的(如果出现支撑腿膝关节屈伸的动力因素就意味着是由走转为跑的技术犯规);⑥竞走项目的比赛有公路和田径场两种;⑦竞走项目的生理特点:20 公里、50 公里是靠人的有氧能力实现的中等强度、长时间的工作,5 公里、10 公里是产生氧债的大强度工作。

(三)我国著名的竞走运动员及其创造的辉煌成绩

我国著名的竞走运动员及其创造的辉煌成绩如下:①1984 年国际田径协会联合会首次公布女子 5000 米和 10000 米世界纪录,我国运动员阎红成为第一位女子 10000 米 45 分 39.5 秒的世界纪录创造者;②1987 年阎红创造了女子 5000 米 21 分 20.2 秒的世界纪录;③1987 年陈跃玲创造了女子 10000 米 43 分 52.1 秒的世界纪录;④1992 年第 25 届奥运会上陈跃玲获女子 10 公里竞走金牌,李春秀获 10 公里竞走铜牌,陈绍果获男子 20 公里竞走第 5 名;⑤1995 年赵永胜在北京以 3 小时 41 分 20 秒创造亚洲男子 50 公里竞走优秀成绩;⑥1995 年王研在法国以 41 分 16 秒创造亚洲女子 10 公里竞走的优秀成绩;⑦1997 年黎则文在捷克以 1 小时 18 分 32 秒创造亚洲男子 20 公里竞走的优秀成绩;⑧1999 年刘宏宇在北京以 1 小时 27 分 30 秒创造亚洲女子 20 公里竞走优秀成绩。

三、非竞技体育中的走

(一)非竞技体育中的走的姿势要求

主要是"普通走"和"健身走",走姿要求:躯干基本正直,自然挺胸(否则可能导致脊柱、胸廓发育异常及肺脏功能障碍);迈步走时膝关节和脚尖都正对前方,两脚内缘基本上沿一条直线向前迈步(如果在走时两脚尖向外分得太开或向里扣得太近,经过一段时期后就会形成外八字脚或内八字脚)。

（二）作为健身手段的非竞技体育中的走的运动负荷

以健身为目的非竞技体育中走的运动负荷与走的距离、速度和方式有关,例如距离长、速度快,消耗的能量就多,负荷就大,上坡走、登山和上楼梯等方式相对于在平整的路面上走,运动负荷也较大。

（三）采用走的健身手段时应注意的事项

（1）做走的运动时最好穿透气性好的平底鞋和棉袜。

（2）做好运动前的准备活动和运动后的放松整理活动。

（3）不同的走的健身手段有不同的功能（例如正步走除了锻炼身体,还能提高人的身体姿态,再如疾走能提高呼吸系统和心血管系统的功能）,所以练习者可以根据自己的练习目的采用某种或组合多种走的健身手段。

（4）采用走的健身手段的运动量要循序渐进（一般把不影响第二天的学习和工作的运动量作为衡量运动量是否大小适中的尺度,例如健康的成年人每天进行半蹲走、后退走、负重走、疾走、慢走等约10000步比较适宜）。

（5）练习时注意安全,不要在车流汹涌的公路上运动,应在平整的路面、沙滩或铺有鹅卵石的路面上进行活动。

（6）活动时应注意及时补充水分。

第二节　跑

一、跑的健身手段分类

根据我国对田径运动项目的分类,可以把跑分类如下表6-2。

表6-2　我国田径运动中各种跑的分类（成人组）

分类		内容
短跑（短距离跑）		100 米、200 米、400 米
中长跑	中跑（中距离跑）	800 米、1500 米、3000 米
	长跑（长距离跑）	5000 米、10000 米
跨栏跑		男子 110 米栏（栏高 1.067 米）、女子 100 米栏（栏高 0.914 米）
障碍跑		3000 米障碍跑
马拉松		42195 米
接力跑		4×100 米接力、4×400 米接力

二、以竞技为目的的短跑健身手段

（一）我国著名的短跑运动员及其创造的辉煌成绩

我国著名的短跑运动员及其创造的辉煌成绩如下：①1933 年在南京第 5 届全国运动会上刘长春以 10.7 秒创造全国男子 100 米纪录并保持 25 年；②1965 年陈家全以 10 秒平了当时男子 100 米世界纪录；③1965 年贺祖芳以 11.5 打破女子 100 米全国纪录；④1993 年第 7 届全国运动会上刘晓梅以 11.02 秒打破女子 100 米亚洲纪录；⑤1993 年马玉芹在北京第七届全国运动会中以 49.81 秒创造女子 400 米优秀成绩；⑥1998 年江西运动员周伟以 10.17 秒创造男子 100 米新的电动计时全国纪录；⑦1996 年韩朝明在南京全国田径锦标赛中以 20.54 秒创造男子 200 米优秀成绩；⑧1997 年韩朝明在上海全国运动会中以 45.46 秒创造男子 400 米优秀成绩；⑨1997 年李雪梅在上海第八届全国运动会中以 10.79 秒、22.01 秒创造女子 100 米、200 米优秀成绩；⑩1998 年周伟在北京全国田径大奖赛总决赛中以 10.17 秒创造男子 100 米优秀成绩。

（二）运动员参加短跑比赛的过程描述

运动员参加短跑比赛（100 米、200 米、400 米比赛）的过程可描述为以下几个阶段：①比赛前做准备活动阶段：一般在正式比赛前 1 小时左右开始慢跑等活动（目的是使身体微微出汗，并保持出汗状态约 10 分钟），然后进行压腿等活动（目的是拉长肌肉、韧带防止受伤，约持续 10 分钟），此后进行约 30 米的快速跑 3 个左右（目的是提高比赛能力，防止受伤）；②赛前检录和进入比赛场地阶段：此时运动员要带好比赛号码布及钉鞋等比赛用品，到比赛的"赛前控制中心"检录并由裁判员引导进入比赛场地，然后运动员要在短时间里穿好钉鞋和比赛服装等待比赛，如果条件允许运动员在等待的时间里听到比赛发令枪响，最好进行 1 次模拟听枪声起跑；③比赛阶段：此阶段包括运动员上跑道、听枪声起跑到跑完全程，具体可以分为"起跑、起跑后的加速跑、途中跑和终点跑四个部分"；④比赛后的放松整理活动：此阶段运动员应该及时退出比赛场地并做慢跑等放松整理活动。

（三）短跑"起跑"技术动作描述

起跑的任务是使身体迅速摆脱静止状态，为起跑后加速跑创造条件。田径比赛规则规定在短跑比赛中运动员必须采用蹲踞式起跑，必须使用起跑器，运动员必须按发令员的口令完成起跑动作。运动员起跑前要安装好适宜自己的起跑器，起跑过程包括"各就位""预备"和"鸣枪"三个阶段。下面就分步描述起跑技术动作。

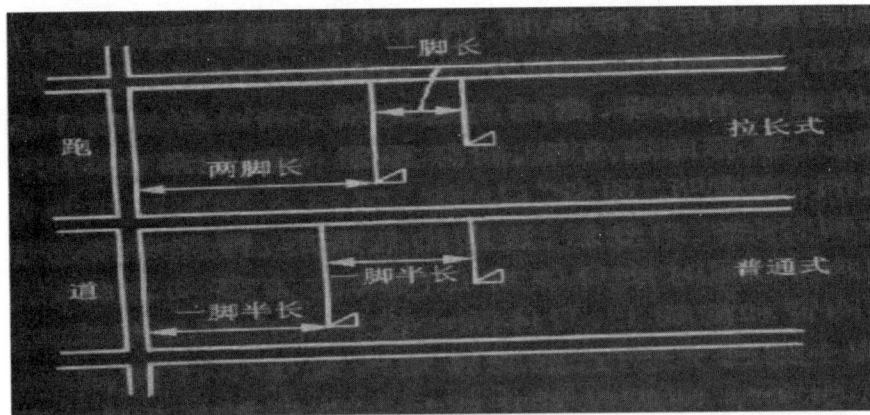

图 6-1 起跑器安装示意图

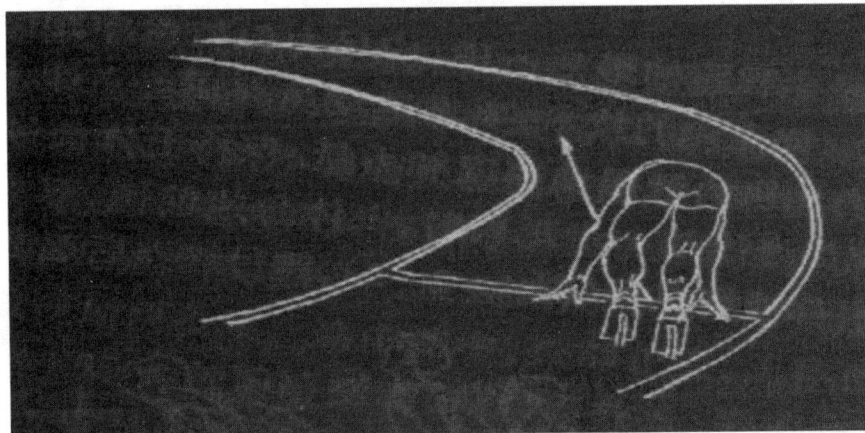

图 6-2 弯道起跑示意图

（1）起跑器的安装。起跑器的安装方式有普通式和拉长式两种（图6-1），运动员可以根据自己的身高、体型、身体素质和技术水平等情况来选择适宜自己的起跑器安装方式。普通式前起跑器距起跑线一脚半长，后起跑器距前起跑器一脚半长，前后起跑器的支撑面与地面的夹角分别成45°左右和70°左右，前后两起跑器的中轴线间隔约15厘米。拉长式前起跑器距起跑线两脚半长，后起跑器距前起跑器一脚长，前后起跑器的支撑面与地面的夹角分别成45°左右和70°左右，前后两起跑器的中轴线间隔约15厘米。

对于200米和400米的弯道起跑（图6-2），为了便于弯道起跑后能有一段直线距离进行加速跑，应将起跑器安装在弯道跑道的右侧，起跑器对着弯道的切线方向。

（2）起跑过程的"各就位"阶段。听到"各就位"口令后，运动员可以利用短暂时间稍做放松练习，稳定一下自己的情绪，然后走到起跑器前，俯身，两手撑地，两脚依次蹬在前后起跑器的抵足板上，脚尖应触及地面，后腿膝关节跪地，通常将有力腿放在前起跑器上；接着两臂收回到起跑线后支撑地面，两臂伸直，两手间距离与肩同宽或比肩稍宽，四指并拢或稍分开与拇指成有弹性的"人"字形支撑，身体重心稍前移，肩约与起跑线齐平，头与躯干保持在一条直线上,颈部自然放松,身体重量均匀地落在两手、前腿和后膝之间,注意听"预备"口令。

(3)起跑过程的"预备"阶段。运动员听到发令员的"预备"口令后,逐渐抬起臀部,臀部要稍高于肩部约15厘米,同时使身体重心向前上方移动;此时身体重心落在两臂和前腿上,身体重心投影点在距离起跑线约15厘米处,两小腿趋于平行,前腿膝关节角度约为90°,后腿膝关节角度约为110°;两脚贴紧在前后起跑器抵足板上,注意力集中听枪声。

(4)起跑过程的"鸣枪"阶段。运动员听到枪声时,两手迅速推离场面,屈肘做有力的前后摆动,同时两腿快速用力蹬起跑器;后腿快速蹬离起跑器后,便迅速屈膝向前上方摆出,摆出时脚不应离地面过高,这有利于摆动腿迅速着地并过渡到下一步。

(四)短跑"起跑后的加速跑"技术动作描述

"起跑后的加速跑"是从蹬离起跑器后到途中跑开始的一个跑段,一般为30米左右。

(1)对100米的"起跑后加速跑"技术动作描述如下:运动员腿蹬离起跑器后,身体处于较大的前倾姿势,第一步的着地应尽量靠近身体重心投影点,身体的前倾随着步长和跑速的增加逐渐减小,最后接近途中跑姿势。运动员起跑后的第一步约三脚半长,第二步约为四脚半长,以后逐渐增大,直至途中跑的步长。起跑后的最初几步两脚着地点并非在一条直线上,随着速度的加快,约在起跑后10米处两脚着地点逐渐合于一条直线上。

图6-3 卡尔·刘易斯的短跑技术示意图

(2)对200米和400米等弯道起跑项目的"起跑后的加速跑"技术动作描述如下:弯道起跑的前几步应沿着内侧分道线的切线跑进,加速跑的距离适当缩短,上体抬起较早;在进入弯道时,应尽可能地沿着跑道内侧跑,身体及时向内侧倾斜。

(五)短跑"途中跑"技术动作描述

短跑"途中跑"的任务是继续发挥和保持最高跑速,"起跑后的加速跑"结束即进入"途中跑"。

(1)在直道(直线)上的短跑"途中跑"技术动作描述如下:因为在塑胶跑道上跑时,脚着地后没有"滑动"距离并且塑胶跑道弹性大,所以在高速跑进中如果强调后蹬,则必然造成后蹬动作的用力方向向上,增加腾空时间,最终造成跑速下降;所以,"在塑胶跑道上后蹬力量越大,速度不一定越快"。塑胶跑道上的短跑"途中跑"技术的核心是以髋为轴的高速摆动和平动运动,后蹬动作应视为以髋为轴摆动运动的继续,着地过程中不存在第二次后蹬发力(即无后蹬发力)。在塑胶跑道上使用"与煤渣跑道相适应的'缓冲——后蹬'短跑理论"就会破坏人体用力的连续性,增加垂直于地面方向上的上下起伏的幅度(即腾空高、腾空时间长),最终造成水平方向上的跑速下降。下面是"与塑胶跑道相适应的短跑'途中跑'技术动作"的几个特征:①以髋为轴的高速摆动力量是跑的动力的源泉,是影响跑速的根本因素,是实现高速放松跑的基础;②在高速运动状态中以前脚掌瞬间完成着地动作;③上肢的摆动应以髋为轴的高速摆动。

(2)在弯道(弧线)上的短跑"途中跑"技术动作描述如下:运动员从直道进入弯道时,身体应有意识地向内倾斜,加大右侧腿和右侧臂的摆动力量和幅度;运动员在弯道跑中,其身体向圆心方向倾斜的程度和跑的速度成正相关;运动员从弯道进入直道时,其身体逐渐减小内倾程度。

(六)短跑"终点跑"技术动作描述

短跑"终点跑"是全程跑的最后一段,应尽力保持途中跑的高速度跑过终点。终点跑技术要求运动员在离终点线约20米处尽力加快两臂摆动速度和力量,当运动员离终点线约一步距离时,上体急速前倾,双手后摆,用胸部或肩部撞终点线,跑过终点后逐渐减速。

(七)运动员掌握"与塑胶跑道相适应的短跑'途中跑'技术"的练习手段列举

要掌握"与塑胶跑道相适应的短跑'途中跑'技术",可以选择如下练习手段进行练习:①原地小步跑练习:大腿抬起与水平线约成40°角,膝关节放松,然后大腿下压小腿顺下压的惯性前伸,迅速地以前脚掌积极着地完成"扒"地动作,两臂前后摆动配合两腿动作,强调脚前掌扒地和腰臀部肌肉收缩,强调摆臂以髋为轴;②行进间小步跑练习:要求脚前掌快速扒地和腰臀部肌肉收缩,强调上肢以髋为轴快速摆动;③原地踢腿拍手练习:以左大腿带动左小腿向额头前方踢起的同时双手在胯下拍一次手,然后以左大腿带动左小腿向下扒地的同时双手平举,此后以右大腿带动右小腿向额头前方踢起的同时双手在胯下拍一次手,然后以右大腿带动右小腿向下扒地的同时双手平举,重复以上动作;④行进间踢腿拍手练习:在行进中完成"原地踢腿拍手练习"的动作;⑤折叠腿跑:上体正直,两臂前后摆动,向前上方抬大腿和收小腿,膝关节放松,大小腿充分折叠,边折叠边向前摆动,在摆腿折叠前摆的同时,另一腿的大腿积极下压,足前掌着地,重复以上动作;⑥车轮跑:上体正直,大小腿折叠前抬,脚跟接近臀部,大腿前抬与躯干约成90°角,然后大腿下压,膝关节放松,小腿顺势摆出后脚积极着地,两臂前后有力地摆动;⑦跑台阶:强调上体正直和身体各运动环节以腰部为轴运动;⑧上坡跑:强调上体正直和身体各运动环节以腰部为轴运动。

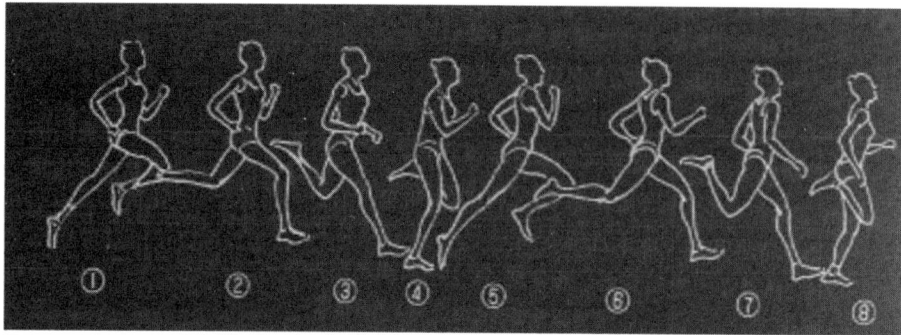

图6-4 法国女运动员弗雷斯400米跑技术示意图

（八）提高短跑成绩的力量练习手段列举

要提高"与塑胶跑道相适应的短跑技术"成绩，运动员可以选择如下与之相适应的力量练习手段：①可以进行每组30米跨步跳、单腿跳、双腿跳、单腿交换腿跳，共跳5组；②可以进行每组12台阶跨步跳、单腿跳、双腿跳、单腿交换腿跳，共跳5组；③可以进行每组20个俯卧撑（用手指尖撑地以发展起跑能力）、仰卧举腿、俯卧挺起，共做5组。

（九）提高短跑"起跑"和"起跑后的加速跑"能力的练习手段列举

要提高短跑"起跑"和"起跑后的加速跑"能力，运动员可以选择如下练习手段：①半蹲踞式姿势，听到枪声迅速向上跳起并触及高物；②直立姿势开始，逐渐向前倾斜接着快速跑出；③弓箭步俯卧撑听信号快速起动跑出；④俯卧撑听信号迅速蹲起并快速跑出；⑤俯卧或仰卧听信号快速起动跑出；⑥原地高抬腿听信号快速起动跑出；⑦加阻力起跑练习：双人进行练习，教练员有双手推住运动员的双肩，随着运动员蹬离起跑器力量的大小做退让；⑧蹲踞式起跑后快速跑出10～30米。

（十）提高短跑"最大速度"能力的练习手段列举

要提高"短跑最大速度能力"，运动员可以选择如下练习手段：①行进间跑（30～60米/次）×（3～4次/组）×（2～3组）；②长距离的追赶间跑（60～1000米/次）×（3～5次/组）×（2～3组）；③短距离组合跑（20米+40米+60米+80米+100米）/组×（2～3组）；④短距离组合跑（30米+60米+100米++60米+30米）/组×（2～3组）；⑤顺风跑或下坡跑（30～60米）×（3～4次/组）×（2～3组）；⑥反复跑（30～60米/次）×（3～4次/组）×（2～3组）。

（十一）提高短跑"速度耐力"能力的练习手段列举

要提高"短跑速度耐力能力"，运动员可以选择如下练习手段：①各种距离的不同强度间歇跑，如表6-3；②短距离变速跑（60米快+60米慢）/次×（8～10次/组）×2组；③短距离变速跑（100米快+400米慢）/次×（8～10次/组）×2组；④不同距离组合跑（100米+200米+300米+400米+500米）/组×2组；⑤递减间歇跑200米/次×10次，间歇时间5分钟、4分钟、3分钟。

表6-3　提高短跑"速度耐力"能力的不同强度间歇跑列举

距离（米）	强度（%）	间歇跑（次数）	练习的组数	间歇跑休息时间	组间休息时间	每次练习开始时的心率
60	90~95	4~6	4~6	30~60秒	3~5分	
100	85~90	5~8	3~4	60~90秒	6~8分	120次/分
300	80~90	2~4	2~3	2~5分	10~15分	
600	75~85	2~3	2~3	4~6分	15~18分	

（十二）提高短跑"柔韧性"能力的练习手段列举

要提高"短跑柔韧性能力"，运动员可以选择如下练习手段：①有支撑的前后、左右大腿振摆练习；②行进中的正踢腿、侧踢腿、向内绕腿、向外绕腿等；③前后劈腿、左右劈腿；④半背弓桥、全背弓桥；⑤跪撑慢后倒，跪撑坐。

三、以竞技为目的的中长跑健身手段

（一）我国著名的中长跑运动员及其创造的辉煌成绩

我国著名的中长跑运动员及其创造的辉煌成绩如下：①1989年段秀全以3分43.23秒创造男子1500米全国纪录；②1992年丁维峰以1分48.40秒创造男子800米全国纪录；③1993年刘东在第七届全国运动会上以1分55.54秒创造女子800米优秀成绩；④1998年曲云霞以3分50.46秒打破女子1500米世界纪录；⑤1996年亚特兰大奥运会上王军霞以14分59.88秒打破女子5000米世界纪录；⑥1997年在全国运动会上宋明友以3分36.54秒创造男子1500米优秀成绩；⑦1997年在全国运动会上夏丰远以13分35.14秒创造男子5000米优秀成绩；⑧1995年在全国城市运动会上董江民以28分10.08秒创造男子10000米优秀成绩；⑨1997年姜波在第八届全国运动会上以14分28.09秒创造女子5000米优秀成绩。

（二）中长跑"起跑"技术动作描述

中长跑比赛中运动员采用半蹲式起跑技术（800米运动员大多采用"单臂支撑的半蹲式起跑技术"）。起跑过程包括"各就位"和"鸣枪"两个阶段，下面就是起跑技术动作的描述：（1）起跑过程的"各就位"阶段：听到"各就位"口令后，运动员先做一两次深呼吸，然后放松慢跑或走到起跑线处脚前后分开，有力的脚或根据个人习惯的脚贴近起跑线，两膝稍弯曲，后面的腿的大小腿约为130°角，后面的脚用前脚掌支撑站立；上体前倾，前倾程度以个人习惯或战术需要而定，重心落在前脚上；臂的动作有两种，一种是前脚的异侧臂自然向前伸，前脚的同侧臂放在体侧稍后，另一种是两臂在体前自然下垂；两臂自然弯曲，臂和腿弯曲程度与鸣枪后跑出的速度成正比；眼睛向前看3~5米处，身体保持稳定姿势，注意力集中听枪声或"跑"的口令。"半蹲式起跑技术"也可以采用单臂支撑，800米跑因起跑速度快，第一弯道是分道跑，常采用单臂支撑的方法，以便使身体在鸣枪前稳定，防止犯规。（2）起跑过程的"鸣枪"阶段：运动员听到枪声时，两脚用力蹬地，后腿蹬地后迅速前摆,前腿迅速蹬直,两臂配合腿部动作快速、有力摆动,使身体摆脱静止状态。

(三)中长跑"起跑后的加速跑"技术动作描述

中长跑"起跑后的加速跑"是指起跑第一步落地到发挥出预计的速度或跑到战术位置这段距离。这段加速跑上体逐渐抬起,迅速有力地摆臂,根据项目、个人特点、战术、比赛情况确定加速的距离和速度。除 800 米项目外,其他项目均属不分道跑,在起跑后加速跑时,应在不妨碍别人,不犯规,或不被别人影响的情况下,跑向"能发挥个人跑速或战术需要"的位置,然后进入有计划、有节奏的途中跑。

(四)中长跑"途中跑"技术动作描述

中长跑"途中跑"技术动作与短跑"途中跑"技术动作大体一致,此处不再详细叙述。

中长跑的"途中跑"是起跑后加速跑结束到终点前冲刺这段距离,它是决定中长跑运动成绩的主要环节。途中跑应强调轻松、省力、节奏好。中长跑的"途中跑"有一半以上的距离是在弯道上进行的,其弯道跑技术基本上与短跑的弯道跑技术相同,只是跑速相对较慢,动作速度、幅度和用力程度较小。

中长跑的"途中跑"除了因战术需要而改变跑的节奏外,一般多采用匀速跑。匀速跑可为肌肉和内脏器官的活动创造有利的条件,并能推迟疲劳的出现。但长时间用一种节奏跑会使运动员感到单调,也不适应现代中长跑激烈竞争的需要,因此应掌握多种节奏跑的能力。

(五)长跑的"终点跑"技术动作描述

中长跑的"终点跑"是临近终点的一段冲刺跑,这段距离往往是运动员获得好的名次的关键部分。运动员开始冲刺的时机要根据比赛的距离、个人训练水平、个人特点、对手特点、战术需要和比赛的具体情况而定。800 米一般在最后 300~100 米开始加速;1500 米一般在最后 400~300 米开始加速;3000 米以上可在最后 400 米或稍长的距离开始加速。速度好的运动员往往在跟随跑的前提下在最后一个直道时突然加速(即 100 米冲刺跑);耐力好的运动员多采用较长距离的冲刺跑。不论终点跑距长短,运动员在冲刺跑之前都必须抢占有利位置,并且注意观察对手情况,动员全部力量冲过终点。短跑运动员的终点撞线技术在中长跑比赛中有时也被采用。

(六)长跑运动中的呼吸动作描述

运动员在从事中长跑训练时为了改善气体交换和血液循环的条件,达到所需要的通气量,需要掌握正确的呼吸方法。运动员在训练中要用鼻和半张开的口同时进行呼吸。运动员呼吸的节奏取决于个人特点和跑的速度:一般是跑两步或三步一呼气、跑两步或三步一吸气,随着跑速的提高,呼吸的频率也相应加快,在终点冲刺跑时运动员多采用一步一吸气、一步一呼气的方法。

在中长跑运动中会出现"极点现象"。此"极点现象"主要表现为:在进行比较高速度的中长跑一段距离后,运动员会不同程度地出现胸部发闷、呼吸困难、两腿无力、跑速下降,甚至有难以坚持跑下去的感觉,这种生理现象叫"极点现象"。"极点现象"的产生主要是因为高速跑进的过程中"氧气供应"落后于"肌肉活动的需要",产生了缺氧现象。"极点现象"与准备活动、训练水平和运动强度等有关:运动员准备活动充分、训练水平高(内脏功能适应激烈运动能力强)、跑速适宜,则"极点现象"出现的晚而且缓和、短暂。当"极点现象"出现时运动员一定要以顽强的意志品质坚持跑下去,"极点现象"的克服不仅是提高训练水平的过程,也是锻炼意志、培养克服困难精神的过程。

速度训练对中长跑运动员不可忽视,速度是提高中长跑成绩的重要条件。在耐力水平相同的情况下,速度往往是取胜的关键。中长跑运动员根据各个项目的特点,衡量最大速度能力的标准也不相同:中跑运动员以100米成绩来衡量最大速度能力,长跑运动员则以400米成绩来衡量最大速度能力。

(七)中长跑"一般耐力"能力的练习手段列举

提高中长跑的"一般耐力"能力的练习手段是:①进行45～90分钟的持续跑;②进行45～90分钟的越野跑;③进行45～90分钟的变速跑;④进行强度小、时间长的骑自行车、游泳、滑冰、爬山、球类练习。

四、以非竞技为目的的有氧跑锻炼方法

(一)非竞技为目的的有氧跑的健身手段跑姿要求

有氧慢跑的跑姿要求主要是:

(1)上体呈稍前倾或正直姿势,胸部正对前方并且稍向前挺,整个躯干自然而不僵硬(上体过分前倾会减小步频并且会增加背部肌肉负担,上体过分后仰会使胸腹部肌肉过分紧张,上体左右摇晃会消耗本不需要消耗的体力并且降低跑速)。

(2)臂的摆动要协调配合上体和腿部动作,整个臂的摆动要以身体腰部为轴(这样就可以帮助维持身体平衡、放松躯干、调节步频、提高腿部动作)。

(二)非竞技为目的的有氧跑的练习方法

(1)定时跑:例如慢跑30分钟。

(2)定距跑:例如慢跑5000米。

(3)反复跑:例如4个慢跑800米,每个800米之间休息2分钟。

(4)变速跑:例如100米快跑加上300米慢跑(变速即指此处的快跑和慢跑的速度变化),循环往复进行的跑。

(5)越野跑:例如在草地、树林、山丘、小径等自然场地上进行的跑。

注意:以上跑的练习方法可以进行组合,以提高练习效率和练习兴趣。

(三)非竞技为目的的有氧跑的健身手段应注意的事项

(1)开始时先单独一人跑,因为如果几个人一起跑时,也许中途会不由自主地产生竞争性,此时容易超过自己的练习水平来做超出自己负荷的跑。

(2)跑的负荷不能太大,也不能太小,应以自己的练习水平来调整。

（3）每次跑的时间要超过 20 分钟。

（4）跑前要做准备活动,跑后要做放松整理活动。

（5）最好每天慢跑 1 次,如果做不到,每周至少 2 次。

（6）空腹和餐后 30 分钟内不要跑步。

（7）慢跑时最好穿运动鞋。

（8）饮食中增加蛋白质的摄入量。

第三节　跳

跳是人类基本活动技能之一。跳跃运动是全身肌肉的协调用力,特别是腿、足的用力蹬伸以克服自身重量来完成的,因此,对提高腿、足的肌肉力量和用力速度,改善人体的灵活性、协调性和神经系统的支配能力有着重要的作用。人体腾空后下落与地面的撞击接触,有效地锻炼了腿、足的支撑能力,其作用较之走、跑更为明显。

跳跃又是人们发泄情感的一种自然方式,无论是高兴还是愤怒时,往往会不自觉地伴随着跳跃、顿足等动作。在丰富的汉语言中,有大量的表现情感动作的词汇,如“活蹦乱跳、欢呼雀跃、手舞足蹈、顿足捶胸”等。可见,跳跃运动不仅能发展人体的运动能力和改善健康状况,还能起到调节情绪、改善心理状态的作用。

跳跃是指人体在水平和垂直两个方向上,以原地或行进间两种运动方式所表现出的运动能力。竞技运动中的跳高、跳远是这种跳跃能力的最高表现形式。

在水平方向上,常见的有立定跳远、立定多级跳、行进间跳远、连续蛙跳和跨步跳等。在垂直方向上,最为常见的有原地摸高、跳绳、行进间助跑摸高、上篮等。在跳高辅助练习中,可以将动作变异成各种形式的非正规姿势跳高,以发展向上跳的能力。

健身跳是跳跃的下位概念,它不同于竞技运动的跳跃,也不同于军事项目的跳跃,健身跳的目的是为了促使肌体的全面发展、增进健康水平和改善心理机能。因此,健身跳更注意运动的内容与形式,而不强调动作的技巧;更注重练习的趣味性和实用性,而不强调运动的负荷。

一、背越式跳高

背越式跳高技术的优越性在于能够利用助跑速度提高跳跃的效果。背越式跳高技术在其发展过程中,逐步形成了不同的技术类型:速度型、幅度型（力量型）和介于两者之间的中间型。但从技术发展趋势来看,已趋于速度与幅度、速度与力量的统一。具体表现在助跑速度的进一步加快,起跳时摆动腿蹬伸幅度加大,以及快速地完成起跳和过杆动作,使背越式成为一种独特结构的跳高技术。

（一）助跑技术

助跑的任务是获得必要的水平速度,在起跳前及时地调整动作结构和节奏,并取得合理的身体内倾姿势,为起跳和顺利地越过横杆创造条件。

背越式跳高采用弧线助跑。由于沿着弧线跑进,必然形成身体内倾姿势,对越过高度有着十分重要的意义。目前,背越式跳高的助跑大多采用8～12步或9～13步,距离最长的可达30米左右,目的是为了获得较大的水平速度。起动方式有行进和原地起动两种。无论采用哪种起动方式,都要注意动作放松,速度与节奏稳定。

(二)助跑与跳结合技术

助跑与起跳结合技术是跳高技术中十分重要的环节。它起着承上启下的作用,同时对正确完成起跳动作、提高跳跃效果有直接影响。背越式跳高应该从助跑的最后第三步、甚至从进入弧线段开始,就要有准备起跳的意识,这体现在助跑的积极加速和向起跳点迅速跑进上。

起跳是跳高技术的关键环节。起跳的任务是迅速地改变人体的运动方向,并获得尽可能大的垂直速度,同时还要产生一定的旋转动力,保证过杆动作的顺利完成。助跑最后一步摆动腿支撑过垂直部位后,起跳腿积极踏向起跳点,此时要依靠摆动腿的有力蹬伸,保持身体内倾姿势向前送髋和前移躯干,并使起跳腿一侧的髋超越摆动腿一侧的髋,以及保持肩轴几乎与横杆垂直的位置,形成肩轴与髋轴的扭紧状态。

(三)过杆技术

为了提高过杆的效果,必须形成合理的杆上姿势,缩短身体重心与横杆之间的距离,利用补偿动作,使身体各部位依次顺利地越过横杆。(图6－5)

图6－5 背越式跳高技术

二、挺身式跳远

挺身式跳远的完整技术,由助跑、起跳、腾空和落地四个部分组成,它们是一个完整的统一体。

（一）助跑

跳远的助跑，是为了获得较高的水平速度，并为准确踏板和起跳做好准备。现代跳远助跑技术越来越接近短跑技术，助跑应做到准确快速，放松协调。助跑要求运动员既要跑得快，又要跑得准。

（二）起跳

跳远的起跳，就是利用助跑速度创造尽可能大的腾起初速度和合理的腾起角。一般把跳远起跳划分为着板、缓冲和蹬伸三个阶段。着板和缓冲阶段，起跳工作肌肉完成退让性工作；蹬伸阶段，起跳工作肌肉完成克制性工作。着板缓冲要积极迅速，创造蹬伸的最佳工作条件；蹬伸要做到快而有力，爆发性地完成起跳，创造尽可能大的腾起初速度和合理的腾起角。

图 6 - 6　挺身式跳远技术

（三）腾空

平衡的腾空动作，是与助跑和起跳紧密联系在一起的。没有正确的助跑和起跳，不会有正确的空中动作。

在完成起跳动作以后，向空中飞进的过程中，自身任何动作都不能改变体身重心的抛物线轨迹。空中动作的目的，只是为了维持身体在空中的平衡，最大限度地利用这一抛物线的轨迹，争取远度，并为落地做好准备。

（四）落地

落地的任务是争取更好的跳远成绩。落地前双腿屈膝高抬成团身姿势。进行这一动作时，应注意膝部主动地向胸部靠拢，而不是上体前倾。腾空过程中，上体前倾会影响腿的前伸，必然要失去一定的距离。落地前上体的姿势直接影响大腿举起的高度、双腿伸出的远度和身体能否移过支撑点。着地后要及时屈膝缓冲，髋前移，两臂前摆，使身体迅速移过落点，避免后坐。

三、提高身体素质的健身跳

提高身体素质的健身跳可分为高度跳和远度跳。高度跳和远度跳分别包括原地跳和助跑跳；原地跳和助跑跳可分为一次跳和连续跳；再划分为徒手跳和负重跳；最后分为障碍跳和无障碍跳。基于上述归纳,在选用练习时可以根据需要进行组合,如采用原地高跳时,可以一次跳(纵跳)、徒手、无障碍;也可以连续、负重和障碍跳;还可以一次跳负重过障碍等。远度跳也是如此。常用的高度跳练习,如原地跳起摸高或头触高物(一次或连续、徒手或负重)原地双腿跳越障碍、原地收腿分腿跳、提踵跳、弓步换腿跳、单腿蹬台阶(低凳)跳、快速挺举跳、助跑摸高和助跑跳越障碍(栏架、横杆)等。

常用的远度跳练习,如立定跳远、立定三(五、十)级跳、助跑跨上跳箱(台阶)、多级跨跳和单脚跳等。

四、游戏性的健身跳

游戏性的健身跳多为少儿采用,但其中有些练习也适合于大学生。常见的练习,如跳绳、跳皮筋、跳房子、踢毽子、舞蹈(其中的跳步、跨步、蹦跳)、跳自然障碍、跳山羊、用脚"猜拳"和"顶拐"等。

五、娱乐性的健身跳

娱乐性的健身跳往往不是单独存在的,而是隐含在某些娱乐活动中,如大秧歌、健美操、迪斯科,以及各种球类活动等,在活动中含有跳跃动作。由于这些跳跃动作的存在,加大了该项活动的运动量和强度,调节了活动的气氛。

第四节 掷

一、推铅球

推铅球是一个速度力量性项目,是一个以力量为基础、以速度为核心的田径投掷项目。投掷原理表明,铅球的出手初速度(V)、出手角度(α)及出手高度(H)是决定铅球飞行距离的三个基本因素,初速度是三因素中最主要的因素。

铅球出手的初速度主要是由最后用力推球的距离和时间(力作用于铅球上的距离和时间)决定的,用力的距离越长、时间越短,则铅球出手的初速度就越大。铅球出手的角度也对投掷速度有较大的影响。最佳出手角度不是一成不变的,在一定范围内,它随着出手速度的增加而增加。完整的背向滑步推铅球技术可分为握持球、滑步、转换、最后用力和维持身体平衡五个部分。

(一)握持球

握球手的五指自然分开,将球放在食指、中指和无名指的指根外,拇指和小指贴在球的两侧,以保持球的稳定。握好球后,将球放到锁骨内端上方,贴紧颈部,掌心向前,右肘微抬起,右上臂与躯干约呈90°角,躯干与头部保持正直。

（二）滑步

完整的滑步技术包括预备姿势、团身、滑步三个部分。（图6-7）

图6-7　背向滑步推铅球技术

预备姿势（以右手为例）：运动员持好球后，站立在投掷圈的后沿内，背对投掷方向，身体重心落在右脚掌上，左脚置于右脚跟后方20～30厘米处，以脚尖点地，帮助身体维持平衡。

团身动作：运动员站稳后，从容不迫地向前屈体，待上体屈至接近与地面平行时，屈膝下蹲，同时头部和左腿向右腿靠拢，完成团身动作。

滑步动作：滑步由身体重心后移、左腿向投掷方向伸摆开始，经过蹬伸右腿、回收右腿来完成的。

（三）转换

运动员回收右小腿结束，以脚前掌着地，接着将左脚插向抵趾板，以脚掌内侧着地。右脚着地时，体重大部分落在右腿上，左脚着地时，身体重心移至两腿之间。在这一过程中，上体和头部的姿态没有明显变化。

（四）最后用力

最后用力可分为准备和加速两个部分。最后用力的准备部分是从左脚落地到身体形成侧弓。在这一过程中，投掷臂还未给铅球加速，仅是依靠右膝的内压、右腿的侧蹬推动骨盆侧移。由于上体不主动抬起，头颈不主动扭转，而使身体左侧的有关肌群形成最大拉紧状态，为最后的加速用力创造了有利的条件。最后用力的加速是在躯干形成侧弓后，在左腿的有力支撑下，利用躯干的反振作用，顺势转肩伸臂完成整个投掷动作。

（五）维持身体平衡

铅球出手后，为了防止犯规，通常采用换步和降低身体重心来减缓冲力，以维持身体平衡。

二、掷标枪

掷标枪是技术比较复杂的田径运动项目之一。合理的掷标枪技术要求运动员在周期性转为非周期性的快速运动中,充分发挥人体能力将枪掷出。为了便于分析技术,通常把完整技术按任务和动作形式分为握法、持枪助跑、最后用力、缓冲和标枪飞行五个部分。(图6-8)

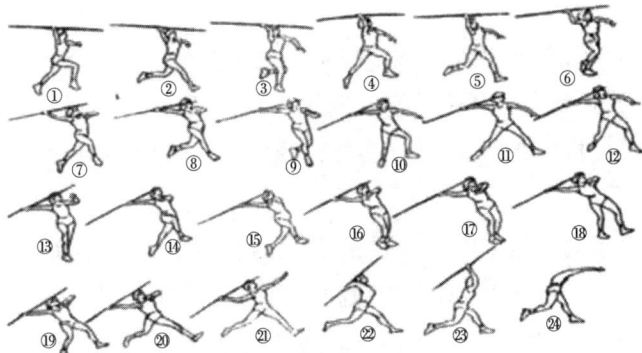

图6-8 掷标枪技术

(一)握法

握枪是为了将人体运动产生的速度和力量通过握点有效地传递、作用于标枪。现代握枪主要有两种方法:一种方法用拇指和食指握在标枪线把末端第一圈上沿;另一种方法用拇指和中指握在标枪线把末端第一圈上沿,其余手指自然扶枪。握法的选用应根据新采用的引枪方法及运动员感觉自然、放松,能发挥腕指力量而定。后一种方法较为优越。因为中指最长而且有力量,能在标枪出手瞬间充分利用中指对器械施力,增加用力距离,可以提高标枪出手后自转速度,增强标枪飞行稳定性。

(二)持枪助跑

持枪助跑的任务是为人体和标枪获得速度、形成有利的最后用力的身体姿势和提高标枪出手速度创造条件。标枪出手速度的20%来自助跑。

(1)持枪方法。肩上持枪是较常见的持枪方法。

(2)助跑(以肩上持枪为例)。掷标枪助跑包括预跑阶段和投掷步阶段。全程一般在20~35米,跑14~18步。预跑阶段:预跑的任务是使运动员从起动到第二标志线时达到适宜的速度,为掷枪做好充分的准备。这一段距离约15~23米,跑10~14步。投掷步阶段:从第二标志线到最后用力时左脚落地为投掷步阶段。这一阶段的任务是保持预跑速度或在继续加速的基础上,完成引枪动作,做好最后用力前的准备但并不进入最后用力。

(3)引枪。引枪的动作不尽相同,根据动作的外观,大体可以分为直线和弧形两类。直线引枪:预跑阶段结束,标枪由肩上直接后引,两步完成。这种方法引枪自然,容易控制标枪的方向和速度。弧形引枪:预跑结束时,手持标枪向前、向下、再向后做弧形摆动,两步基本完成引枪。这种方法的投掷臂比较放松,但不易控制枪。引枪动作应放松协调。引枪时下肢蹬伸应有弹性,尽可能减少身体重心的上下起伏,以保持身体前移速度;躯干保持直立,随引枪逐渐向右扭转;面向投掷方向,右臂在胸前摆动。

（4）交叉步。投掷步的倒数第二步为交叉步。这是助跑和最后用力相衔接的关键一步。它的任务是在保持人体快速运动的情况下，进一步完成躯干的扭转并形成合理的后倾姿势，创造良好的发力条件及为缩短最后一步形成双支撑的时间创造条件。

（三）最后用力

最后用力是为标枪加速的主要阶段。器械在这阶段获得的速度占出手速度的 70% ~ 80%。最后用力的任务是充分利用助跑的速度和获得的动量，在尽可能长的距离内将最大的力作用于标枪，使标枪在出手瞬间达到最高速度并沿合理角度掷出。

（四）缓冲

标枪出手后，由于向前的惯性，运动员必须迅速阻止身体继续前冲，以防止犯规。标枪出手后，右腿及时跨出一大步，减小右腿和地面的支撑角度，降低身体重心。同时上体前倾，两臂直臂自然摆动，以维持平衡。有时还须再继续跳一至两小步，才能使身体的向前运动完全停止。缓冲距离一般在 1.5 ~ 2 米。

（五）标枪飞行

标枪出手后沿纵轴旋转向前飞进。标枪自转有助于它在空中飞行的稳定性，在有些情况下还可以起到延缓落地时间的作用。标枪自转可达 20 ~ 25 周/秒，标枪飞行时间为 3.5 ~ 4.5 秒。

三、投掷实心球

实心球表层由帆布或皮革缝制而成，内装适宜填充物，重量通常为 1 ~ 2 公斤，球体直径在 25 厘米以下为宜，不能过大，否则会影响练习效果。实心球练习方法多种多样，可做各种推、抛、掷练习。可单独练习，也可双人或多人练习。练习时要先做一些准备活动，然后根据实际情况选择练习手段，确定练习次数。

（一）前抛实心球

面对抛球方向，两脚左右开弓，与肩同宽，双手持球上举，抛球时先使身体重心下降，两膝屈曲下蹲，上体前倾，然后迅速蹬伸两腿，向前展体，将球向前上方抛出，出手角度约为 35°。

（二）后抛实心球

背对抛球方向，两脚左右开弓，与肩同宽，双手持球上举，抛球时先两腿屈曲下蹲，然后重心微微后移，两腿用力蹬伸展髋，将球经头部的后上方抛出，出手角度约为 40°。在投掷方向每隔 1 米画一条标志线，以便观察抛球的远度。

（三）双手正面掷实心球

面对投掷方向，两脚前后开立，双手握住实心球置于头后上方，肘关节屈曲，原地或助跑 3 ~ 6 步，将球投出，注意做好鞭打动作，出手角度约为 36°。练习者可在投掷方向做标志线，测量投掷远度。

(四) 单手投实心球

身体侧对投掷方向,两脚左右开立,投掷臂向后伸展,单手持轻实心球,与肩同高,原地或助跑 3 ~ 6 步,将球投出,注意做好躯干和投掷臂的鞭打动作,出手角度约为 36°。练习者可对网或墙投掷。

四、掷小球

练习时可选择小垒球、棒球或胶皮球。为方便持握,球体直径不要过大,以不超过 12 厘米为宜。

(一) 原地单手掷小球

两腿左右开立,身体侧对投掷方向,投掷臂向后伸展与肩同高;投掷时,右腿蹬地,转体,翻肩,振胸,投掷臂鞭打着向前上方将器械投出,出手角度为 36°。练习时可对网或墙投掷小球,有条件也可在开阔的场地进行,并丈量投掷远度。

(二) 上步投小球

身体侧对投掷方向,两脚左右自然开立,投掷臂单手持小球或标枪,向前交叉步,转体翻肩,以胸带臂向前上方将器械投出。出手角度约为 36°。

(三) 助跑投小垒球

面对投掷方向站立,单手持小垒球于肩上,预跑 6 ~ 8 步后接投掷步,然后将小球投出。出手角度约为 36°。注意助跑速度由慢变快,逐渐加速,不停顿地过渡到最后用力。

(四) 小垒球掷准

单手持小垒球,身体侧对投掷方向,原地跑几步后将小球投出。在距起掷线 15 ~ 30 米处挂一个画若干同心圆的靶子,投出的小球离圆心较近者得分较多,若干次投掷累计分较多者为胜。

第七章

体　操

体操是体育运动的主要项目之一。它是根据人体解剖、生理特点，通过徒手或借助器械完成不同类型与难度的并具有一定艺术性的身体操练。根据练习目的任务，可分为基本体操、竞技性体操（包括竞技体操、技巧运动、艺术体操）、团体操和实用性体操。其特点概括起来主要有多样性、规定性、互助性、艺术性和创造性。

本章介绍的体操健身手段主要包括以健身为主要目的的基本体操、实用器械体操、健美操排舞以及体育舞蹈。体操运动受到大学生的普遍喜爱，特别是体育舞蹈、健美操及健美运动在大学生的体育健身活动中占有重要地位。人们通过体操运动的学习与锻炼，渴望使自己的体型健美、体格健壮、姿态端正，并通过体操练习培养自己的审美情趣。长期系统地参加各项体操锻炼，对增强体质和提高人体的灵巧性、协调性、平衡能力、空间感觉能力都有着显著的效果，而且还能培养机智果断、勇敢顽强的意志品质。因此，我们把发展身体所必需，而又为广大青少年所喜爱的、便于开展的基本体操、实用器械体操、健美操、排舞以及体育舞蹈集中在本章做一重点扼要地介绍。

第一节　基本体操

基本体操是发展一般身体能力的体操，其目的是锻炼身体，增强体质，培养正确的身体姿势，提高身体素质，提高肌体工作能力，促进身体的全面发展。基本体操的内容包括：队列队形练习、徒手体操、轻器械体操及专门性器械体操等。本节重点介绍徒手体操，其他有关内容在相关章节中介绍。徒手体操的特点是动作简单，形式多样，练习时间不限，强度可大可小，且不受年龄、性别限制，不仅是学校体育教学中的主要教学内容和运动训练的辅助手段，而且是广大群众进行终身体育健身的极好内容之一。

徒手体操是在节拍的指挥下，徒手做交替对称的成套或多节练习。其内容丰富，有简有繁，组合变化多样，可单人做也可集体做，可定位练习也可行进中练习，且不受场地器械的限制。

一、徒手体操的动作形式

（一）单人动作

按照人体解剖结构，单人动作包括头颈、上肢、下肢和躯干动作。其动作方法有举、振、摆、屈、伸、绕、绕旋、绕环、踢、蹲、跳、弓步、转等。

（二）双人动作

双人动作是在单人动作的基础上，两人互相协调配合共同进行的练习。但是，它并非单人动作的简单重复，而是要充分利用两人的条件，通过互相协作、互相借助、互相对抗等手段，来达到锻炼身体的目的。根据用力性质的特点，可将双人动作划分为助力性动作、对抗性动作和协同性动作。

二、徒手体操的编排原则

徒手体操的动作变化大，涉及全身各个部位。根据这个特点，可以编制出不同特色的单个或成套动作，以适应各种不同对象的需要。但无论编排一节动作还是整套动作，都必须遵循一定的原则，否则也会引起不良后果。

（一）要有明确的目的性

编制一节动作和整套动作时，首先应根据练习的目的和任务选择内容，做到有的放矢，才能收到良好效果。如编制保健性的广播体操，其目的在于增强体质，预防疾病，提高健康水平，选择的动作就要简单易学，能为群众普遍接受，而又有锻炼价值，能适合不同年龄、性别和健康水平的人练习。

（二）要有鲜明的针对性

由于对象的年龄、性别、身体条件、训练水平及场地和气候等条件不同，选择内容要做到因人而异、因地制宜。

（1）编制儿童体操，应根据儿童的心理和生理特点，选择活泼轻快、模仿性强及简单易学的动作，如击掌操、模仿操等。

（2）编制老年体操，应选择动作简单、幅度小、速度慢、起伏不大的动作，如肘、腕绕环，上下肢的屈伸、摆动、绕环及一些伸展性的动作等。

（3）编制年轻人体操，应选择刚健有力、富有朝气、幅度大、变化多、节奏可稍快且有一定难度的动作，如上肢的摆振、绕环，下肢大弓步、踢腿、跳跃等。

（4）编制女子体操，应选择些优美柔和，美观大方，协调性、节奏性及韵律性强的动作，如幅度较大的弧形摆臂、波浪造型等。

（5）编制医疗体操，应根据患者实际需要选择内容。如为恢复上肢功能，则全套动作应以上肢各类型动作为主组成；如为恢复下肢或躯干功能，则应多采用下肢或躯干的各类动作；对于心脏病患者，不宜做强度大的动作，可做四肢的摆动和伸展动作等。这种有针对性的编制方法,人们誉为"运动处方"。

(6)编制生产操,应根据工种的性质选择动作。对长时间紧张工作的部位,应选些放松性动作;对少活动的部位,应多选择幅度大的动作;对长时间屈、收的部位,应选择伸展的动作;对缺少上肢活动的人,要多选上肢的动作;对缺少下肢活动的人,多选择下肢的动作;对长时间坐姿工作的人,要多选择做全身运动。

另外,还要注意气候条件。天气较冷时,应编选一些活动量大的动作,重复次数可加多,尽量使身体得以充分活动。

(三)要具有科学性

在编制体操时,要注意符合全面锻炼身体和运动学规律的要求。

(1)注意全面锻炼身体。整套动作的内容要全面影响人体。

(2)合理安排运动量。整套动作的运动量要符合人体活动的规律,要由小到大、由局部到全身、由节奏慢到节奏快、由小幅度到大幅度地进行编制。

(3)整套操的节序安排要合理。通常从离心脏较远、运动量较小的头颈和上、下肢运动开始,中间则是胸部、体侧、体转至腰腹背的运动,随后转入较剧烈的全身运动及跳跃运动,最后以整理和放松运动结束。

(四)要具有创造性

徒手操的内容十分丰富,在整套动作的编制中不仅要根据实际情况选择各种不同的动作,而且应该针对不同要求创造性地编选内容,避免千篇一律、枯燥无味,尤其是在编制体育课的准备活动时要注意做到这一点。可以通过改变姿势,变化动作方向、幅度、速度、路线、配合等方法,创编出朴实大方、切合实际,并具有实用价值的动作,从而提高练习兴趣和练习效果。

第二节　器械体操

一、技巧

技巧运动是体操运动中的一个独立项目,它可以单人做、双人做,也可以多人一起做。通过技巧运动练习可以提高前庭分析器的机能,发展身体协调能力和柔韧素质,培养良好的意志品质。

(一)肩肘倒立

由直角坐撑开始,向后滚动,举腿、翻臀。当小腿超过头部时,向上伸髋,挺直身体,同时手撑腰部两侧,成肘、颈、肩支撑的倒立姿势。(图7-1)

(1)动作要领:向后滚动,同时举腿翻臀;两臂伸直在体侧用力压地,同时向上伸腿、伸髋;手撑腰部两侧,含胸,立腰,低头,眼视脚尖。

（2）保护与帮助：保护者握其小腿上提，并用膝盖顶其背部。

（3）练习方法：在帮助下向后屈体滚动向上伸髋成肩肘倒立，再还原；由仰卧屈体姿势向上伸髋，经肩肘倒立。

图 7 - 1

（二）一脚蹬地，一腿后摆成头手倒立

由蹲立姿势开始，上体前倾，两手撑垫与头部成正三角形。随即蹬地摆腿成头手倒立。（图 7 - 2）

图 7 - 2

（1）动作要领：头手撑垫成正三角形，两肘内夹；当腿摆至倒立部位时，蹬地腿应主动与摆动腿并拢；身体重心始终保持在支点垂面范围内。

（2）保护与帮助：保护者扶其小腿帮助完成动作。

（3）练习方法：靠墙做一脚蹬地，一腿后摆成头手倒立。

（三）一脚蹬地一腿后摆成手倒立

由左腿前举、右腿站立姿势开始，上体前倾，屈髋，左腿落下，两臂撑地，接着右腿向后上摆起，左腿跟上并拢成手倒立。（图 7 - 3）

图 7 - 3

（1）动作要领：两手撑地（同肩宽），手指稍屈，并自然分开；右腿向后摆起，当身体重心接近支点垂面时，左腿主动上跟并拢，顶肩，立腰，成手倒立。

（2）保护与帮助：保护者扶其双腿，用膝顶其肩部，助其成手倒立和控制重心。

（3）练习方法：靠墙做手倒立；当重心前倾时立即屈臂低头做向前滚翻或放一手顺势转体收腹落地。

（四）前滚翻

由蹲立开始,两手撑地,重心前移至两手上,同时提臀,低头,屈臂,同时用力蹬地,顺势经肩、背着地向前滚动,紧接起肩跟上体手抱小腿成蹲立。(图7-4)

图 7-4

(1)动作要领:提臀,同时低头屈臂;两脚蹬地后,两腿伸直,保持屈体姿势经背、腰、臀依次着地向前滚动;起肩跟上体时,迅速抱腿起立。

(2)保护与帮助:当滚翻至臀部着地时,顺势托背助其成蹲立。

(3)练习方法:仰卧团身前后滚动;在斜坡上由高向低做滚翻。

（五）屈体前滚翻成分腿立

由半蹲两臂后举开始,两手撑地,立即低头屈臂,顺势经头、肩、背、腰依次着地向前滚动。当腰部着地时,两腿伸直向两侧分开,起肩跟上体。同时在胯下用力撑地,分腿成屈体站立。(图7-5)

图 7-5

(1)动作要领:低头含胸向前滚动时,髋关节应保持一定角度;臀部经支点垂面向前移动时,起肩跟上体动作要快,分腿同时要配合两臂用力推撑。

(2)保护与帮助:当其用力撑地时托臀或扶腰助其起立。

(3)练习方法:分腿坐,上体前压,肩向前移,两手在大腿内侧撑地,抬起臀部;仰卧屈体前滚动,当接近臀部着地时分腿撑臂,抬起臀部;在斜面上练习由分腿立开始做向前滚翻成分腿立。

（六）前滚翻直腿起立

撑地蹬离,立即屈臂低头,顺势经肩、背、臀向前屈体滚翻,经屈体立撑成直立姿势。(图7-6)

(1)动作要领:撑地蹬离,做快速向前滚翻时,髋角不小于90°;起肩跟上体,同时两手应用力推离;身体折紧,两臂前伸,随即上体抬起成直立。

(2)保护与帮助:当其推离地面时,一手托送臀部,一手扶持背部帮助完成动作。

(3)练习方法:由仰卧开始,举腿经肩臂倒立向前屈体滚动;上体积极前屈,两手在腿侧推地,臀稍离地,接着向后滚动。重复做这个动作;斜坡上由高往低做前滚翻直腿起立。

图 7 - 6

(七)头手倒立前滚翻

由头手倒立开始,重心前移,低头含胸,经肩、背依次着地向前滚动,两手抱小腿成蹲立。(图 7 - 7)

图 7 - 7

(1)动作要领:重心前移时,两手用力推地,低头前滚,紧腰,髋关节保持稍屈姿势;臀部着地时,迅速抱膝团身。

(2)保护与帮助:保护者位于侧前方,扶腿,助其低头前滚,托背帮其起立。

(3)练习方法:学会前滚翻的向前滚动技术;掌握头手倒立动作技术。

(八)手倒立前滚翻

由手倒立开始,向前送肩,直臂前倒肩,随即迅速低头含胸,经肩、背、腰、臀依次着地,屈膝团身向前滚动至站立。(图 7 - 8)

(1)动作要领:顶肩,保持直体姿势重心前移;低头,含胸,后脑在远处先着地,经肩、背、腰、臀依次向前滚动;当臀部着地时,屈膝抱紧小腿,成蹲立。

(2)保护与帮助:保护者两手扶腿,帮助其完成。

(3)练习方法:学习手倒立动作技术;手倒立重心前移,做屈臂低头前滚翻动作。

图 7 - 8

(九)后滚翻

由蹲撑开始,含胸低头,快速后倒成团,身经臀、腰、背、颈、后脑依次向后滚动。当滚动至后脑着地时,臀部上翻,两手同时用力推离成蹲撑。(图 7 - 9)

图 7 - 9

（1）动作要领：当背部着地时，积极翻臀；颈部着地时，尽量低头，夹肘，用力伸直两臂。

（2）保护与帮助：保护者位于侧面，一手托肩，一手托臀，助其完成。

（3）练习方法：蹲立，两手翻掌至耳侧做团身向后滚动；在斜面上，由高处往低处做后滚翻。

（十）经单肩屈体后滚翻成单腿跪撑平衡

由直角坐撑开始，上体前屈，接着向后滚动，在收腹举腿翻臀时，向头左侧倒。当臀部翻至支点垂面时，右臂经侧伸与左臂及时用力推地，经右肩向后滚翻，右腿下落屈膝跪地成单腿跪撑平衡。（图 7 - 10）

图 7 - 10

（1）动作要领：上体后倒，举腿翻臀的同时头侧屈；当臀部翻至支点垂面时，抬头，两腿前后分开；经右肩后滚翻时左手用力。

（2）保护与帮助：保护者位于侧面，一手托肩，一手托后举腿，助其完成。

（3）练习方法：直角坐，做后倒举腿、翻臀，头向左侧屈的练习；经单肩后滚翻成跪撑；头侧屈与后举腿同向，即头向左侧，左腿后举，右腿跪撑。

（十一）侧手翻

由右脚站立、左腿侧举、两臂侧举的姿势开始，上体向左侧倒，左脚落地，接着右腿向侧上方摆起，左手外旋撑地，左脚蹬地侧摆，然后右手撑地经分腿手倒立姿势后，依次推离，落下成两臂侧举的分腿站立。（图 7 - 11）

（1）动作要领：两手依次撑地时要顶肩、含胸、立腰，手稍外展；推手、蹬地应快速有力。

（2）保护与帮助：保护者在其背后两手交叉扶抄腰部帮助翻转。

（3）练习方法：靠墙做侧起成分腿手倒立，接着侧翻下成站立；在画有直线标记的垫子上做侧手翻。

图 7 – 11

二、单杠

单杠是以身体围绕杠轴做各种摆动、屈伸、回环、转体、腾越、空翻和换握等动力性动作所组合的单个动作和成套动作。通过单杠练习可以增强上肢、肩带、躯干的肌肉力量和柔韧性;提高身体协调性和定向平衡能力;培养勇敢、顽强的意志品质。

(一)跳上成支撑

(1)动作要领:正对低杠站立开始。两手正握杠,两腿稍屈,用力蹬地跳起,同时两臂拉压杠至支撑。要求直臂、顶肩、挺胸、立腰、展髋,两腿并拢伸直,两眼平视。

(2)保护与帮助:站在练习者后方,当其蹬地起跳时,双手托其腰部。

(3)练习方法:直接练习。

(二)右腿摆越成骑撑

(1)动作要领:由支撑开始,体重移至左臂(肘不能屈曲)右手推离杠,同时右腿向侧向前成弧形摆越过杆,右手再握杠挺身成骑撑。要求摆越时有明显的单臂支撑过程。完成动作后,两腿伸直,前后分开约120°,用右腿根部触杆,挺身立腰。

(2)保护与帮助:站在杠后练习者左侧,左手握其左上臂,右手托其大腿。

(3)练习方法:①在低单杠上做推离右手和移体重的练习。②在帮助下直接练习。

(三)右腿骑撑,左腿向前摆越转体90°挺身下

(1)动作要领:由右腿在前骑撑开始。右手换成反握杠,体重移至右臂,以右臂为轴,随着身体向右转动,左手推离杠,左腿向前摆过杆,同时右腿压离杠,上体向右转体90°并腿挺身下,要求转体时,充分展体后再落地。

(2)保护与帮助:站在杠前练习者右侧,左手握住其右臂,另一手托其右腿。

(3)练习方法:①在鞍马或横跳马上做骑撑,后腿向前摆越转体90°挺身下。②在帮助下直接进行练习。

(四)单腿蹬地翻身上成支撑

(1)动作要领:由屈臂正握杠开始。左脚向前一步踏地,右腿经前向后上方摆起,左腿蹬地后迅速向右腿并拢,同时倒肩屈臂引体,使腹部靠杠并向上转动,当上体翻至杠前水平部位时,制动两腿,抬头翻腕,两臂伸直撑杠成支撑。要求完成动作时,抬头翻腕与制动双腿配合好。

(2)保护与帮助:站在杠前一侧,一手托练习者肩一手托其臂,帮助其腹部贴杠和上翻。当其抬头翻腕时,随即换成一手握上臂一手托大腿。

(3)练习方法:①踏在杠前体操凳或跳箱盖上做翻身上。②在帮助下直接练习。

(五)右腿骑撑左腿向前摆越转体180°成支撑

(1)动作要领:由右腿在前骑撑开始。右手靠近右大腿反握杠,体重移至右臂并向右稍后倒肩。随着身体向右后方转动,左手离杠,左腿向前摆越过杠,同时右腿外侧以右臂支撑为轴向右滚杠转体180°,左手再握杠成支撑。要求摆腿和转体时,始终保持挺身和右大腿贴杠。

(2)保护与帮助:站在杠前握住练习者前腿踝关节(或托握脚前掌),帮助其向转体方向扭转。

(3)练习方法:①骑撑前腿脚踏在跳箱或体操凳上做转体练习。②在帮助下直接练习。

(六)后摆转体90°挺身下

(1)动作要领:由支撑开始。两腿向前预摆,同时两肩前送,借杠轴的反弹力,使整个身体向后上方摆起。在后摆快到最高点时,右手用力推离杠,同时向右转体90°挺身落地。要求后摆时,两手撑杠要伸直,不要急于做转体动作。

(2)保护与帮助:站在杠后练习者左侧,左手握其左上臂,右手托大腿帮助向后摆起,落地时双手扶腰。

(3)练习方法:①反复做支撑后摆练习。②低杠上做支撑后摆下。③在帮助下直接练习。

三、双杠

双杠是由摆动、摆越、滚翻、弧形、回环、空翻和转体等动力性动作和倒立、平衡等静力性练习所组成的一项体操运动。通过双杠练习,可以增进上肢、肩带及腰腹腔力量;提高空间定向和平衡能力;培养顽强、果断和坚忍不拔的精神。

(一)杠端跳起成分腿坐

(1)动作要领:由杠端站立双手握两杠开始。两脚蹬地向上跳起,两手拉压杠成直臂支撑,与此同时两腿向前上方摆起,当摆至刚超出杠面时,立即分腿,并以大腿内侧沿杠向后滑至手前成分腿坐。要求成分腿坐时腿要有滑杠过程。

(2)保护与帮助:站在练习者侧面,一手托其上臂,另一手托臀部。

(3)练习方法:①支撑摆动成分腿坐。②分腿坐前进。

(二)后摆进杠前摆成外侧坐

(1)动作要领:由分腿坐开始。两手离杠向前挺髋,上体前倒,两臂伸直在体前稍远处撑杠。同时两腿伸直,用大腿内侧压杠并腿进杠前摆。当两腿前摆刚出杠面时,臀部右移。两腿从右杠外侧向后滑杠成外侧坐。要求外侧坐时,左腿屈膝,小腿后伸,右腿向后伸直。

(2)保护与帮助:站在练习者右外侧,一手握其右上臂,另一手托臀部。

(3)练习方法:①杠上分腿坐前进。②在帮助下直接练习。

(三)右外侧坐越两杠挺身下

(1)动作要领:由右外侧坐开始。两臂伸直,肩向左移并稍向后倒,利用压杠的反弹力,两腿迅速向左上方摆起,当两腿摆至接近最高点时制动摆腿。同时右手推离杠后换握左杠,左手推杠后侧举,挺身落地,要求两腿越杠时在空中有直角坐的过程。

(2)保护与帮助:站在练习者右外侧,右手握其上臂,左手从杠下托其臀部。

(3)练习方法:①反复练习右外侧坐摆越两杆至左外侧坐练习。②在帮助下直接练习。

(四)肩倒立向前滚动成分腿坐

(1)动作要领:由肩倒立开始。慢慢收腹屈体低头,臀部向前移动,当臀部快靠近杠面时,两手由肩后换握杠前臀部下方,接着分腿下压,两手同时拉压杠,撑起成分腿坐。要求滚动时先换手,后做分腿压杠动作。

(2)保护与帮助:站在练习者侧面,收腹前滚时,两手由杠下托其背部和臀部。

(3)练习方法:①在垫子上练习头手倒立向前滚动成分腿坐起。②在帮助下直接练习。

(五)后进杠前摆向内转体90°下

(1)动作要领:由分腿坐开始。两手离杠挺髋前倒,两臂伸直在体前稍远处撑杠,同时两腿伸直,用大腿内侧压杆并腿进杠,顺势向前上方摆起。当前摆接近最高点时,以脚尖向右前方"钻"出,并向内迅速扭转髋部,转体90°落地,同时两手扶杠。

(2)保护与帮助:站在练习者右侧,前摆时,一手握其上臂,另一手托臀;转体落地时,两手扶腰。

(3)练习方法:①支撑摆动前摆下。②支撑摆动前摆向内转体90°下。③在帮助下直接练习。

四、支撑跳跃

支撑跳跃是用两腿和两臂的力量,经过两手同时或依次短促有力地推撑腾越器械的运动。其技术包括助跑、上板、踏跳、第一腾空、推手、第二腾空和落地七个组成部分。通过支撑跳跃练习,可以增强肩带肌肉和韧带的功能,发展下肢和腰腹力量,并能培养勇敢顽强的精神。比较常见的是横跳箱分腿腾越。

(1)动作要领:快速助跑,单跳双落上板踏跳,领臂含胸,成上体稍前倾髋稍屈的姿势向前上方腾起。两臂主动前伸撑箱,空中紧腰固定髋关节。接着向前下方顶肩推,同时稍提臀,两腿侧分前摆。两手推离跳箱时,立即制动腿部,上体急振抬起,充分展髋挺身后,收腹屈膝落地。要求推手时,肩不超过支撑点垂直面。

（2）保护与帮助:站在练习者落点的侧面,当其落地时,扶其背部和腹部,防止向前后摔倒。或站在跳箱前侧,当其推手时,顺势一手握其上臂向前上方提拉,另一手托臂部,帮助其越过跳箱。

（3）练习方法:①俯卧撑推手成分腿屈体站立。②4～6 步助跑中起跳分腿落在跳箱上再挺身跳下。③4～6 步助跑起跳分腿跳过山羊。④在帮助下直接练习。

第三节　健美操

一、健美操运动简介

健美操是在音乐伴奏下,以身体练习为基本手段,以有氧运动为基础,达到增强体质、塑造形体和娱乐目的的一项体育运动。

现代健美操是从 20 世纪 60 年代初开始萌芽的,最初是美国太空总署医生库帕博士为太空人设计的体能训练项目。1969 年杰姬·索伦森综合了体操和现代舞创编了健美操,并于 20 世纪 70 年代在美国迅速兴起,深受人们的喜爱。美国健美操的代表人物简·方达为健美操在世界的推广做出了重要的贡献。

我国健美操的兴起是在 20 世纪 80 年代初,一些体育教师在报刊上介绍健美操的文章,并编排了一些健美操成套动作,使健美操在我国高校和社会中迅速发展起来,并于 1987 年举办了全国首届"长城杯"健美操邀请赛。

二、健美操的分类

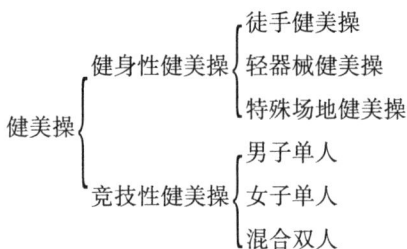

$$
健美操
\begin{cases}
健身性健美操
\begin{cases}
徒手健美操 \\
轻器械健美操 \\
特殊场地健美操
\end{cases} \\
竞技性健美操
\begin{cases}
男子单人 \\
女子单人 \\
混合双人
\end{cases}
\end{cases}
$$

三、健美操在素质教育中的作用

（一）健美操与思想道德素质

健美操在练习过程中,在短短的几分钟内就需要完成一套动作,强度较大,肌肉处于紧张收缩状态,学生都会产生肌肉酸痛、疲劳、出汗;同时,对于初学健美操的学生来说,在练习过程中还会遇到不少的困难,如动作不协调、柔韧性差、节奏跟不上等,这都需要大家能够控制自己,坚持不懈,从而培养学生坚强的意志和顽强的毅力,培养学生奋发向上、不怕困难和克服困难的进取精神。健美操运动既有个人练习,又有多人练习和集体练习,练习时做到动作一致和协调,在音乐的伴奏下一气呵成,这就需要学生们互相团结和帮助、共同协作,相互学习和鼓励,从而培养学生良好的思想道德素质和集体主义精神。因此,健美操在培养学生的思想道德素质方面有着独特的作用。

（二）健美操与心理素质

心理素质教育的目标是使学生具有良好的心理品质,能克服各种困难,适应各种环境。21 世纪是一个竞争激烈、发展迅速的社会,对人才的素质有更高的要求,尤其是对人才的心理素质提出了更高的要求。美国著名健美操专家简·方达认为健美操是一项"改变形体的心理感觉的运动"。健美操是表现美的人体运动,要求动作美观大方,身体各个部位的姿势正确,身体匀称协调发展,既有外在美又有内在美,给人以健美的体形和良好的气质,通过健美操训练而使体形变得健美,从而让人在心理上产生一种满足感;学生在学习过程中随着优美动听、节奏欢快的音乐进行练习,可以产生愉快的情绪,自然而然地排除了因学习而造成的心理上的压力。因此,健美操训练所带来的形体美、姿态美、气质美,会使学生克服自卑感和心理压力,消除心理障碍,变得活泼开朗、朝气蓬勃、充满自信,在锻炼中得到精神上的享受,同时还对美育的培养起着促进作用。

（三）健美操与身体素质

身体素质教育的目标是使学生掌握体育的理论知识,学会自我锻炼的方法,具有良好的体质。当今社会是一个具有高节奏、高压力和高竞争的社会,没有一个强壮的身体将无法适应现代社会的要求,高素质的人才,必须具备优良的身体素质,才能构筑起整体的深层素质。经常从事健美操锻炼,可以增强人体的心血管功能,使心脏得到锻炼,心脏容量增大,心血管弹性增强,从而提高人体的活动能力;健美操在练习过程中,能够提高呼吸深度,保证在激烈运动时满足气体交换的需要,从而提高呼吸系统的机能水平。健美操练习的另一个功能就是健美体形、改善体态。在健美操练习时,要求动作优美、舒展和协调,提高肌肉的弹性和各关节的灵活性,并对某些平时养成的不良形态进行针对性的专门纠正练习,从而促进身体素质的全面发展,这也是健美操在素质教育中所起的最主要的作用。

（四）健美操与创新能力

健美操运动编排的形式多样、内容丰富、灵活多变、可难可易,可以针对不同的年龄、不同的性别、不同的水平来创编不同的健美操动作,加上练习过程中配有旋律优美、节奏鲜明的音乐,对学生具有极大的吸引力。在练习过程中,健美操既可以对单个动作进行创新,又可对组合动作进行创新;既可对个人造型进行创新,又可对队形进行创新;既可对动作方向和路线进行创新,又可对动作节奏和频率以及所配音乐进行创新;还可在室内或室外进行练习,人数可多可少,时间可长可短。因此,学生在练习健美操动作的过程中,本身就是激发学生创新欲望的一个过程,是发展学生创新思维能力的一个过程,是培养学生创编能力的一个过程,这是其他任何运动项目在素质教育中无法比拟的独特作用。

四、健美操术语

健美操术语即描述健美操动作的专门用语。健美操是一项新兴的体育运动,其发展历史只有短短的几十年时间,尽管健美操目前发展很快,但健美操术语一直很不规范,容易引起混淆和误解,给健美操的教学与锻炼造成了一定的困难。因此,从某种程度上来说,术语不统一将会妨碍健美操运动的进一步发展。

由于健美操运动来源于国外,一些约定俗成的英文名称已使用了许多年,形成了比较完善的和统一的系统。因此,在编写本教材时,尽可能采取中英文对照的形式。

(一)动作方法术语

立:两腿站立的姿势。有并腿立、分腿立、提踵立、点地立、单腿立等。

蹲:两腿屈膝站立的姿势。半蹲:屈膝大于90°;全蹲:屈膝小于90°。

弓步:一腿屈膝,另一腿伸直,身体重心在两腿之间的站立姿势。一般常用的有前弓步和侧弓步。

点地:一腿伸直或屈膝站立,另一腿脚尖或脚跟触地的姿势,身体重心在主力腿。有向前点地、侧点地、后点地。

踢腿:一腿站立,另一腿做加速有力的摆动动作。有向前踢腿、侧踢腿、后踢腿。

吸腿:一腿站立,另一腿屈膝向上抬起的动作。有向前吸腿、侧吸腿。

平衡:一腿站立,另一腿抬起并保持一定时间的动作。

举:臂或腿抬起并固定在某一方位上的姿势。有前举、侧举、斜下举等。

屈:使关节角度缩小的动作。

伸:使关节角度扩大的动作。

摆动:臂或腿在某一平面内,自然地由某一部位匀速运动到另一部位的动作。手臂摆动以肩关节为轴;腿的摆动以髋关节为轴。有前后摆动、左右摆动、上下摆动等。

振:臂或上体做大幅度的加速摆动作。

绕:身体某一部位摆至180°以上、360°以内的动作。

绕环:身体某一部位摆至360°或360°以上的动作。

跪:屈膝并以膝着地的姿势。有跪立、单腿跪立、跪坐、跪撑等。

坐:以臀部着地的姿势。有屈腿坐、并腿坐、分腿坐、半劈腿坐、盘腿坐等。

卧:身体躺在地上的姿势。有仰卧、侧卧、俯卧等。

撑:手着地并承担身体重量的姿势。有俯撑、俯卧撑、蹲撑、仰撑等。

(二)关系术语

1.肢体关系术语

同侧:同一侧的上肢和下肢动作的配合。例如:出左腿,出左手。

异侧:不同侧的上肢和下肢动作的配合。例如:出左腿,出右手。

同面:上肢动作和下肢动作的运动面一致。例如:身体向侧移动,手臂侧摆。

异面:上肢动作和下肢动作的运动面不一致。例如:向前走,手臂侧摆。

同时:上肢和下肢同一时间做动作。

依次:上肢或下肢相继做同样的动作。

双侧:两臂同时做同样的动作或下肢依次做相同的动作。

单侧:只有一只手臂做动作或只做了一个方向的动作。如侧交叉步,右臂屈伸两次。

对称:两臂同时做相同的动作或下肢依次做不同方向但相同的动作。

不对称:两臂同时做不同的动作或下肢依次做不同的动作。

2. 方向术语

身体面对的方向。(图 7-12)

前	Front	右 后	Right diagonal back
后	Back	左 前	Left diagonal front
左	Left side	左 后	Left diagonal back
右	Right side	顺时针	Clock wise
右 前	Right diagonal front	逆时针	Anticlock wise

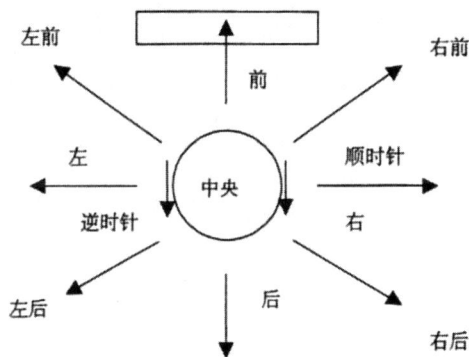

图 7-12

3. 有氧操概念术语

有氧练习(Aerobic Exercise):以人体有氧系统供能的,任何运用大肌肉群的、持续的和有节奏的练习。如有氧操、游泳、骑自行车等。

冲击力(Impact):人体运动时对地面产生一定的作用力,而地面同时也给予人体相应的反作用力,即"冲击力"。这种冲击力随着每一个动作自下而上通过人体向上传递并逐渐消失。

无冲击力动作(Non-Impact Moves):两只脚都接触地面的动作,或不支撑体重的动作。如双腿半蹲、弓步,以及垫上动作、划船机和自行车练习等。

低冲击力动作(Low-impact Moves):总有一只脚接触地面的动作。如踏步、侧交叉步等。

高冲击力动作(High-impact Moves):两只脚都离开地面,即有腾空的动作。如开合跳、吸腿跳等。

4.基本步伐名称术语

踏　步	March
走　步	Walk
"一"字步	Easy-walk
"V"字步	V-step
漫　步	Mambo
并　步	Step touch
交叉步	Grapevine
点地(后跟点地)	Tap Touch(Heel)
后屈腿	Leg curl
吸　腿	Knee lift(up)
摆　腿	Leg Lift
踢　腿	Kick
跑	Jog
双脚跳	Jump
开合跳	Jump jack
单腿跳	Hop
弹踢腿跳	Flick
半　蹲	Squat
弓　步	Lunge

5.上肢动作名称术语

(1)常用手形

掌　形	Blade
拳　形	Fist
五指张开形	Jazz

(2)常用上肢动作

屈　臂	Bicep curl	伸　臂	Tricep kickback
侧　举	Lateral raise	前　举	Front raise
低　摆	Low row	上　提	Upright row
胸前推	Chest press	下　拉	Putdown
肩上推	Shoulder press	冲　拳	Punch

绕	Scoop	绕 环	Circle
摆 动	Swing	交 叉	Cross

五、健美操基本动作

有氧操基本动作是由基本步伐和上肢动作两部分组成的,其中基本步伐是组成动作组合的最小单位。在编排动作时我们可以在基本步伐的基础上进行变化,从而形成一个相对复杂的动作组合。

(一)基本步伐

1. 基本步伐体系

当我们认真分析基本动作时,不难发现所有步伐可按冲击力分为三种:无冲击力动作、低冲击力动作和高冲击力动作,许多低冲击力动作同时也可做成高冲击力动作。而根据动作完成形式的不同,我们又可将基本步伐分为五类:

交替类:两脚始终做依次交替落地的动作。

迈步类:一条腿先迈出一步,重心移到这条腿上,另一腿用脚跟、脚尖点地或吸腿、屈腿、踢腿等,然后向另一个方向迈步的动作。

点地类:一腿屈膝站立,另一腿伸出,用脚尖或脚跟点地后还原到并腿位置的动作。

抬腿类:一腿站立,另一腿抬起的动作。

双腿类:双腿站立、身体重心在两腿之间的动作。

在交替类和迈步类中均有其原始的动作形式,在教初级课时应从原始动作形式开始。

以下所介绍的动作均为最常用的基本动作,练习者可以在此基础上发展,创造出具有自己风格的独特动作。

类别	原始动作形式	低冲击力形式	高冲击力形式	无冲击力形式
交替类	踏步(March)	踏步(March) 走步(Walk) "一"字步(Easy-walk) "V"字步(V-step) 漫步(Mambo)	跑步(Jog)	
迈步类	侧并步 (Step touch)	并步(Step touch) 迈步点地[Step tap(heel)] 迈步吸腿(Step knee) 迈步后屈腿(Step curl) 侧交叉步(Grapevine)	并步跳(Step jump) 小马跳(Pony) 迈步吸腿跳(Step knee) 迈步后屈腿跳(Step curl) 侧交叉步跳(Grapevine)	
点地类	点地(Touch step)	脚尖点地(Touch tap) 脚跟点地(Touch heel)		

类别	原始动作形式	低冲击力形式	高冲击力形式	无冲击力形式
抬起类	抬腿(Lift step)	吸腿[Knee lift(up)] 摆腿(Leg lift) 踢腿(Kick)	吸腿跳(Knee lift) 摆腿跳(Leg lift) 踢腿跳(Kick) 弹踢腿(跳)(Flick) 后屈腿(跳)(Leg curl)	
双腿类			并腿跳(Jump) 分腿跳(Squat jump) 开合跳(Jumping jack)	半蹲(Squat) 弓步(Lunge) 提踵(Calf raise)

2. 基本动作说明

动作的变化分为两种形式:

①不同动作组合在一起使之成为一个动作。如向前走三步吸腿、侧交叉步最后一拍后屈腿等。

②在一个原始动作的基础上加入各种变化因素。如侧并步(Step touch)一侧并步同时两臂上举成"I"形。

(1)两脚交替类

①踏步(原始动作)March(图 7-13)

图 7-13 踏 步

踏步一般描述:两腿原地依次抬起,依次落地。

技术要点:在下落时,踝、膝、髋关节依次有弹性地缓冲。

动作变化:踏步分腿并腿(March out to in)——两脚依次向两侧迈步,成分腿半蹲,再依次还原成并腿。

②走步(Walk)(图 7-14)

图 7-14 走 步

走步一般描述:迈步向前走四步或向后退四步,然后反之。向前走时,脚跟先落地,过渡到全脚掌;向后走时则相反。

技术要点:在落地时,膝、踝关节有弹性地缓冲。

动作变化:A:三步点地(Walk tap)——向前走三步,第四拍点地。

B:三步吸腿(Walk knee)——向前走三步,第四拍吸腿。

③"一"字步(Easy-walk)(图7-15)

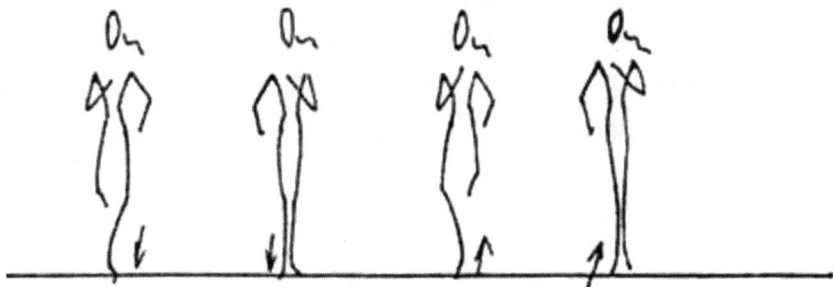

图7-15 "一"字步

"一"字步一般描述:一脚向前一步,另一脚并于前脚,然后再依次还原。

技术要点:向前迈步时,先脚跟着地,过渡到全脚掌;前后均要有并腿过程;每一拍动作膝关节始终有弹性地缓冲。

图7-16 "V"字步

"V"字步动作变化:A:"V"字步(V-step)(见"V"字步动作)。

B:方步(Box step)——左脚向右脚前方迈一步,右脚向左脚左侧迈一步,左脚向右脚后方迈一步,右脚回到起始位,形成一个方形。

④"V"字步(V-step)(图7-16)

一般描述:一脚向前侧方迈一步,另一脚随之向另一方迈一步,成两脚开立,屈膝,然后再依次退回原位。

技术要点:两腿膝、踝关节始终保持弹动状态,分开后成分腿半蹲,重心在两脚之间。

动作变化:"X"步——向前完成一个"V"字步,再向后完成一个"V"字步,形成"X"形。

⑤漫步(Mambo)(图7-17)

图 7 - 17　漫　步

漫步一般描述:一脚向前迈出,屈膝,重心随之前移,另一脚稍抬起,然后原地落下;或者向后撤一步,重心后移,另一脚稍抬起,然后原地落下。

技术要点:两脚始终保持交替落地,身体重心随动作前后移动,但始终在两脚之间。

动作变化:漫步转体 360°Pivot turn。

⑥跑步(Jog)(图 7 - 18)

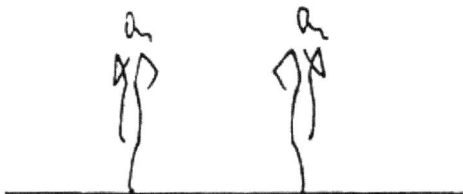

图 7 - 18　跑　步

跑步一般描述:两腿经过腾空,依次落地缓冲,两臂屈肘摆臂。

技术要点:落地屈膝缓冲,脚跟尽量落地。

动作变化:A. 高抬腿跑——膝盖尽量抬高。

B. 后踢腿跑——脚、腿尽量后屈,脚跟到臀部。

C. 双跳跑——每只脚落地跳两次,交替进行。

(2)迈步类

①并步(侧并步为原始动作)(Step touch)(图 7 - 19)

图 7 - 19　并　步

并步一般描述:一脚迈出,另一脚随之并拢屈膝点地;再向反方向迈步。

技术要点:两膝始终保持弹动,动作幅度和力度可随风格而定。

动作变化:A. 两次并步(Two touch)——向一侧做两个并步,再向反方向迈步。

B. 侧交叉步(Grapevine)(图 7 - 20)

图 7 – 20　侧交叉步

侧交叉步一般描述：一脚向侧迈一步，两腿经屈膝移重心，另一腿再前、侧或后用脚尖或脚跟点地。

技术要点：两膝同时有弹性地屈伸，重心移动轨迹呈弧形；上体不要扭转。

③迈步吸腿（Step knee）（图 7 – 21）

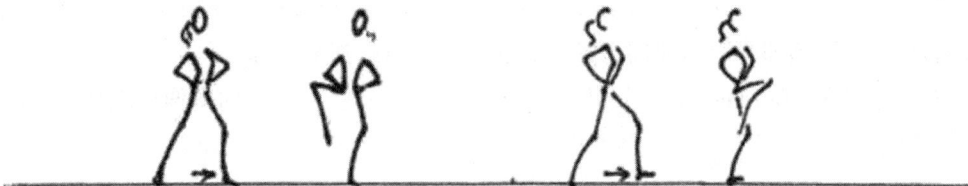

图 7 – 21　迈步吸腿

逐步吸腿一般描述：一脚迈出一步，另一腿屈膝抬起，然后向反方向迈步。

技术要点：经过屈膝半蹲，抬膝时支撑腿稍屈膝。

动作变化：重复吸腿（Knee repeater），一脚迈出一步，另一腿重复屈膝抬起两次到四次，最多不超过八次。

④迈步后屈腿（Step curl）（图 7 – 22）

一般描述：一脚迈出一步，另一腿后屈，然后向反方向迈步。

技术要点：经过屈膝半蹲，支撑腿稍屈膝，后屈腿的脚跟靠近臀部。

图 7 – 22　迈步后屈腿

（3）点地类

①脚尖点地（Touch Tap）（图 7 – 23）

图 7-23　脚尖点地

脚尖点地一般描述:一腿稍屈膝站立,另一腿伸出,脚尖点地,然后还原到并腿姿势。

技术要点:支撑腿始终保持屈膝站立,并且随动作有弹性地屈伸。

动作变化:A. 侧点地左右移重心(Tap side to side),一腿稍屈膝站立,另一腿向侧伸出,先脚尖着地,随即脚跟迅速向下弹压,同时重心侧移,然后还原。

B. 点地吸腿(Tap knee tap together),一腿稍屈膝站立,另一腿向侧伸出点地、吸腿、再点地、还原。

②脚跟点地(Touch heel)(图 7-24)

图 7-24　脚跟点地

脚跟点地一般描述:一腿稍屈膝站立,另一腿伸出,脚跟点地,然后还原到并腿姿势。只可做向前和向侧的脚跟点地。

技术要点:支撑腿始终保持屈膝站立,并且随动作有弹性地屈伸。

(4)抬腿类(Knee lift)

①吸腿[Knee lift(knee up)](图 7-25)

图 7-25　吸　腿

吸腿一般描述:一腿屈膝抬起,落下还原。

技术要点:支撑腿保持屈膝弹动,大腿上抬超过水平;上体保持正直。

②摆腿(Leg lift)(图7-26)

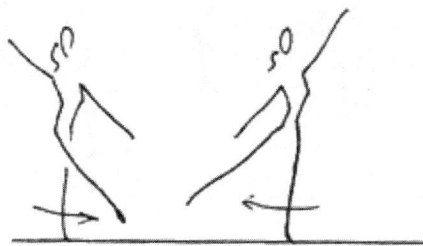

图7-26 摆 腿

③踢腿(Kick)(图7-27)

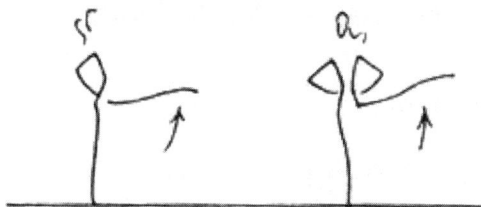

图7-27 踢 腿

踢腿一般描述:一腿稍屈膝站立,另一腿抬起,然后还原。

技术要点:抬起腿不需很高,但要有控制,保持上体正直。

④弹踢腿(跳)(Flick)(图7-28)

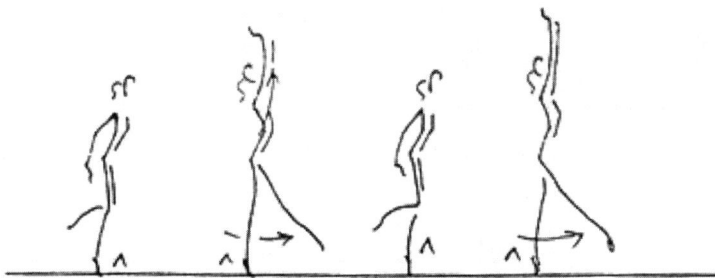

图7-28 弹踢腿

弹踢腿一般描述:一腿站立(跳起),另一腿先向后屈,然后向前下方弹踢,还原。通常以高冲击力的形式出现。

技术要点:腿弹出时要有控制,保持上体正直。

⑤后屈腿(跳)(Leg curl)(图7-29)

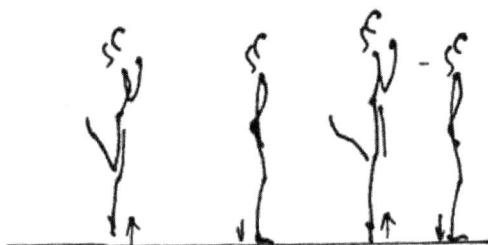

图 7 - 29　后屈腿

后屈腿一般描述:一腿站立(跳起),另一腿向后屈膝,放下腿还原。通常以高冲击力的形式出现。

技术要点:支撑腿保持弹性,两膝并拢,脚跟靠近臀部。

(5)双腿类

①并脚跳(Jump)(图 7 - 30)

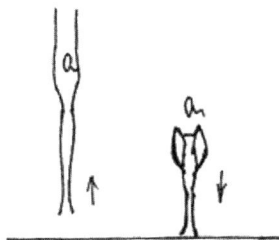

图 7 - 30　并腿跳

并腿跳一般描述:两腿并拢跳起。

技术要点:落地缓冲有控制。

②分腿跳(Squat jump)(图 7 - 31)

图 7 - 31　分腿跳

分腿跳一般描述:分腿站立屈膝半蹲,向上跳起,分腿落地屈膝缓冲。

技术要点:屈膝半蹲时,大、小腿夹角不要小于90°,空中注意身体的控制。

③开合跳(Jumping jack)(图 7 - 32)

图7-32 开合跳

开合跳一般描述:由并腿跳起,分腿落地;然后,再由分腿跳起,并腿落地。

技术要点:分腿屈膝蹲时,两脚自然外开,膝关节沿脚尖方向屈,膝关节夹角不小90°,脚跟落地。

动作变化:半个开合跳(Half jack)——脚向侧跳,落地时屈膝,同时另一腿直膝、勾脚尖留在原地;然后跳回原地。

④半蹲(squat)(图7-33)

图7-33 半 蹲

半蹲一般描述:两腿有控制地屈和伸。可分为并腿半蹲和分腿半蹲。

技术要点:分腿半蹲时,两腿左右分开稍大于肩(或与肩同宽),脚尖稍外开,屈膝时关节角度不得小于90°,膝关节对准脚尖方向,臀部向后45°方向下蹲,上体保持直立。

⑤弓步(Lunge)(图7-34)

图7-34 弓 步

弓步一般描述:两腿前后分开,两脚平行站立;蹲下,起来。

技术要点:半蹲时后腿膝关节向下,大腿垂直于地面;重心始终在两脚之间。

动作变化:侧弓步(Lunge side)——腿稍屈膝站立,另一腿向侧伸出,先脚尖着地,随即脚跟迅速向下弹压,同时重心侧移,然后还原。

⑥提踵(Calf raise)(图7-35)

图7-35 提 踵

提踵一般描述:两腿脚跟抬起,落下脚跟稍屈膝。

技术要点:两腿夹紧,重心上提时,收紧腹部,落下时屈膝缓冲。

(二)常用上肢动作

在完成基本动作时加入不同的手臂动作就会使动作变得丰富多彩,或改变动作的强度和难度。如手臂在肩以上的动作强度就大于手臂在肩以下的动作强度;手臂动作变化多的一组动作就难于手臂动作变化少的动作组合。另外,健美操的手臂动作除了自然摆动和一些舞蹈动作外,主要是模仿上肢力量练习的一些动作。这样做的目的是既美观,又使练习更加有效。下面就介绍几种常用的手形和手臂动作。

1.常用手形(图7-36)

(1)掌形(Blade)

一般描述:五指伸直并拢。

(2)拳形(Fist)

一般描述:握拳,拇指在外。

(3)五指张开形(Jazz)

一般描述:五指用力伸直张开。

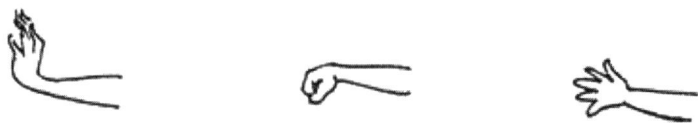

图7-36 常用手形

2.上肢动作

(1)举(Rise)

一般描述:臂伸直向某方向抬起。

(2)屈臂(Bicep curl)

一般描述:前臂与上臂角度不断减小。

（3）伸臂［Tricep extention（kickback）］

一般描述:前臂与上臂角度不断增大。

（4）屈臂摆动（Low row）

一般描述:屈肘在体侧自然地摆动。可依次和同时进行。

（5）上提（Upright row）

一般描述:直臂或屈臂由下至上提抬起。如屈臂前提、直臂侧提。

（6）下拉（Put down）

一般描述:臂由上举或侧上举拉至身体两侧。

（7）胸前推（Chest press）

一般描述:立掌,臂由肩部向前推。

（8）冲拳（Punch）

一般描述:屈臂握拳,由腰间猛力向前冲拳。

（9）肩上推（Shoulder press）

一般描述:立掌,屈臂由肩部向上推。

（10）摆动（Swing）

一般描述:以肩关节为轴,手臂在180°以内的运动称之为摆动。

（11）绕和绕环（Scoop、Circle）

一般描述:以肩关节为轴,手臂在180°至360°之间的运动为绕,以上的圆周运动为绕环。

（12）交叉（Cross）

一般描述:两臂重叠成"X"形;大于360°。

在进行上述上肢动作练习时,应注意肌肉的用力阶段,使动作富有弹性,避免上肢动作过分僵硬。

六、健身健美操主要竞赛规则和裁判法

（一）健身健美操主要竞赛规则

1.运动员年龄

青年组：18～35岁。

2.竞赛内容

符合规则及规程需要的自编成套动作比赛。

3.成套动作的时间

成套动作的时间为2分30秒～3分(计时由动作开始到动作结束)。

4.音乐的速度

每10秒钟22～26拍。

5.比赛场地

比赛场地为10米×10米的地板或地毯,标记带为5厘米的红色或白色带,标记带是场地的一部分。

6.服装

运动员须穿适合运动的健美操服和运动鞋,着装整洁、美观、大方;头发须梳系于后,不允许使用悬垂饰物,例如,皮带、飘带和花边等;女运动员的头发须梳于脑后,头发不得遮住脸部;允许化淡妆,禁止戴首饰。

7.比赛程序

比赛分为预赛和决赛两种。凡参赛队均须参加预赛。预赛前八名者进入决赛,不足八名时,递减一名录取。

8.计分方法

比赛中得分高者名次列前,如遇得分相等,按艺术分高者名次列前,再相等名次并列,无下一名次。

9.裁判组的组成

裁判组由裁判长1人、艺术裁判3至5人、完成裁判3至5人、视线裁判2人、辅助裁判若干人组成。

10.评分方法

比赛采取公开示分方法,裁判员评分精确到0.1分,运动员得分精确到0.01分。

11.成套动作的评分因素包括艺术分10分和完成分10分,总分为20分

各组裁判员评分去掉最高分与最低分,所剩分数或所剩分数的平均数为运动员的艺术分或完成分,两个分数相加为总分。从总分中扣除裁判长的减分为最后得分。

(二)健身健美操竞赛裁判法

成套动作的评分包括:艺术分、完成分、裁判长减分。

1.艺术裁判的评分

艺术分是从10分起评,对每个错误给予减分。

艺术裁判的评分因素为动作设计、音乐、队形与空间、表演。

(1)动作设计5分

健身健美操的动作设计应符合下面四个原则:健身、娱乐原则,安全无损伤原则,全面发展身体原则、和符合年龄特点原则。

(2)基本步伐、手臂动作及动作组合2分

动作设计必须包括七个基本步伐:踏步、开合、吸腿、踢腿、弓步、弹踢腿跳、后踢腿跳,或类似变化形式;手臂动作要体现多样性及动作的不对称性;动作组合中应使身体的各部位(头、手、上臂、前臂、躯干、腿和脚)协调配合,共同参与的部位越多评价越高;同一动作组合允许出现一次对称动作;成套动作的设计要以体操化动作为主,在融合现代舞蹈和传

统项目武术等项目的动作时,必须符合健美操运动的特点;成套动作中不允许出现任何清楚地显示其他项目特征的造型或静止动作(如芭蕾、健美、搏击等);成套动作中不鼓励出现难度动作,如出现类似动作,不予加分,对出现的错误仍予以减分。开头和结束允许出现简单托举动作,但不允许出现违例的动作;成套动作中至少应出现两次运动员之间有接触的交流配合动作;成套动作中托举的数量不得多于 3 次。

(3)过渡与连接 2 分

在成套动作中应合理、流畅地连接健美操基本步伐、动作组合;灵活和流畅的空中、地面的相互转换;运动员可以依次或分批做动作,但任何一名运动员不允许停顿 1×8 拍。

(4)强度 1 分

强度的评价取决于下列因素:动作的频率、动作的速度及幅度、完成动作的耐力、移动。

(5)音乐 1 分

音乐的选择应完整并与成套动作的风格协调;音响效果必须是高质量的,并有足够音量,必须和运动员成套动作相配合。

(6)队形与空间的运用 2 分

成套动作的队形变化应是自然、迅速、流畅、清晰、美观,全套动作的队形不少于 5 次;成套动作必须充分、合理、均衡地使用场地;运动员在比赛场地中必须移动使用至少 4 个方向(向前、向后、向侧及对角);成套动作中至少出现 2 次空间的变化(地上和腾空均可)。

(7)表演 2 分

运动员在完成动作时,充分显示出热情、活力、魅力并传达给观众;运动员的动作必须与音乐的拍节相符,并配合乐句。

2.完成裁判的评分

完成分是从 10 分起评,对每个完成错误给予减分。完成裁判的评分因素为:技术技巧和一致性。

(1)技术技巧

在成套动作中准确完成动作,展示完美的姿态身体各部分的正确位置。一是身体的正确姿态;二是动作的准确性:技术规范、部位准确、方向清楚、控制完美;三是动作的熟练性:熟练、轻松、流畅;四是动作的力度:爆发力、力度及持久力。

(2)一致性

整体完成动作的能力,运动范围的一致性;所有运动员应体现出一致与均衡的运动强度;每个运动员应具有一致的表演技巧。完成裁判对于以上每类错误的减分标准如下:小错误每次减 0.1 分(稍偏离正确完成);中错误每次减 0.2 分(明显偏离正确完成);大错误每次减 0.3 分(较严重偏离正确完成);严重错误每次减 0.4 分(严重偏离正确完成);

失误每次减 0.5 分。

3. 裁判长

(1)裁判长的职责:记录评判整套动作,并根据技术规则负责监控在场全体裁判的工作。

(2)裁判长负责如下减分:时间不足(指成套动作时间少于 2 分 30 秒),扣 0.2 分;时间超过(指成套动作时间多于 3 分),扣 0.2 分;参赛人数不足或超过均扣 0.2 分;音乐速度不符合要求,扣 0.2 分;运动员被叫到后 20 秒钟未出场,扣 0.2 分;运动员的着装仪容不符合规定,扣 0.2 分;运动员在比赛时掉物或装束散落,扣 0.2 分;运动员身体触及线外地面,每次扣 0.1 分;托举超过三次,每次扣 0.5 分;违例动作减分,每次扣 0.5 分。

4. 特殊情况

以下被视为特殊情况:播放错误音乐带;由于音响设备而出现的音乐问题;由于设备问题而出现的干扰(例如灯光、舞台、会场等);其他任何异物进入比赛场地;运动员责任外的情况而引起的弃权;运动员在遇到以上情况发生时,应立刻停止做动作,成套动作结束后提出的抗议将不被接受;根据裁判长的决定,运动员在问题解决后可重做,原先分数无效。

上述情况以外的问题,将由总裁判长根据情况解决。总裁判长的决定为最后决定。

第四节　排　舞

排舞属于全球化舞蹈类别的一个分支,英文叫 Line dance。line 就是排和线的意思,dance 是舞蹈。翻译过来就是排成排跳的舞蹈。它起源于美国 70 年代的 Western Country Dance(西部乡村舞蹈)。排舞既可以集体共舞,又可以个人独享,形式多样,丰富多彩。除了有高端舞蹈技术的比赛,排舞在国外广泛用于狂欢节、文化节、嘉年华以及大型活动展示等节庆活动。整齐的队列、绚丽多彩的服装服饰、集体的欢歌共舞,充分营造出一种欢快热烈的节日氛围。

2006 年全健排舞推广精英团队成立,计划将排舞作为独立项目系统化引进到中国。首次亮相全国大型活动是在 2008 年 8 月 8 日北京奥运会开幕当天的早晨,天安门广场举行了"祝福北京祝福奥运"千人排舞大展演。全健排舞一炮打响,获得了社会大众的广泛关注以及国内外媒体的宣传报道。从此拉开了全国推广全健排舞的大幕。

经常进行排舞练习,能有效舒缓身心压力、增强心肺功能、塑造优美形体、增强身体协调、结交更多朋友、彰显团队精神,它是将健身性、娱乐性、观赏性、趣味性和群众性等融为一体的运动形式,各地排舞发展呈星火燎原之势,排舞比赛、表演、展示的群众性活动更是此起彼伏。

以下介绍《全国排舞比赛评分规则》:

一、总则

1. 定义

排舞是根据一段完整的歌曲或音乐,以有氧运动为基础,以身体练习和多变的步伐为基本手段,编者编排好的一套完整的动作,使练习者达到塑造形体、舒缓压力、改善气质、增强身体协调性、提高健康素质的一项运动。排舞旨在增强团队精神、促进和谐关系和反映健康向上的精神面貌,具有特殊的意义。

2. 目的

制定本规则的目的是保证全国排舞比赛评分的客观性、规范性和公正性。

3. 比赛项目和参赛人数

①团体赛每队的参赛人数最低为 16 人,上不封顶。

②男女比例至少要达到 1:4 或 4:1。

序号	比赛项目	参赛人数	年龄要求	组别	排舞难度
1	团 体	16 人以上	按组别	按组别	初级以上
2	青年混双	2 人	18~34 岁	青年组	中级以上
3	中年混双	2 人	35~49 岁	中年组	中级以上
4	男、女单人	1 人	18~34 岁	不分组别	中级以上

4. 比赛分组

①儿童组:学龄前。

②小学组:6~12 岁。

③中学组:13~17 岁(含中专、中技、职高)。

④大学组:18~30 岁(含大专、高职)。

⑤青年组:18~34 岁。

⑥中年组:35~49 岁。

⑦老年组:50 岁以上。

⑧国际友人组不分组。

5. 组队名称规范

地区 + 队名:

社会组:××省××市(自定义名称)排舞队

单位组:××省××市(单位、学校简称)排舞队

6. 出场顺序

比赛的出场顺序在赛前领队会时由各领队抽签确定。

7. 比赛方法

①规定曲目:相同曲目可以一个队或几个队一起上场比赛。

②自选曲目:每队单独表演。

8. 入场与退场

①可以选择动态入场接开始,也可以选择立定造型开始。

②入、退场必须迅速。

③退场必须包括向裁判员及观众行礼致意。

9. 成套动作时间

根据比赛规程而定。

10. 比赛成绩与奖励

①预赛成绩不带入决赛,比赛最后成绩由决赛产生。

②奖项设置与奖励办法按比赛规程执行。

11. 服装与装饰

①比赛用服装、服饰、鞋、帽等要求符合舞蹈风格。参赛鞋要求与服装服饰搭配相适宜,带跟鞋要求安全,鞋跟高度不得超过 3 厘米。

②比赛时选手可化妆、彩绘、花纹图案贴纸均可。

③可以佩戴与表演相关的饰物。

12. 对手持道具的规定

可以使用轻型道具,但不鼓励使用道具。

13. 有关安全规定

①编排的动作中不能出现对身体造成伤害的动作(不安全动作)。

②动作的难度适合参赛者的身体能力和运动水平。

③适合参赛者的年龄特点。

④在编排的动作中不得出现抛接、翻腾、叠罗汉等危险动作或类似竞技健美操或啦啦操中的难度动作,如出现类似的动作,要进行扣分。

14. 场地与设备

①比赛场地不小于 16 米×16 米,场地应该为木制地板或地胶,但是保证平坦、适于跳舞、不涩不滑;后有特定标志的背景板。

②比赛应有专业的放音设备,还可以有舞台灯光。

③裁判席设在比赛场地的正前方。

15. 广告标贴规定

(1)组委会有赞助商统一广告贴标规定的,按照统一规定执行。

(2)选手赞助厂商的广告标贴,允许缝制在选手的服装上,约 4 平方厘米。

(3)臂贴可以是方形或环绕手臂,但宽度不得超过 4 厘米。

(4)印制在选手背号上的广告,则以长 21 厘米、高 5 厘米,成一线排列,大小不得超过号码之 20% 。

二、动作、编排及音乐

1. 成套动作要求

成套动作必须是大会组委会指定排舞舞码版本及配套音乐,必须是在音乐伴奏下完成。

2. 编排要求

①根据表演的需要、风格的把握以及对曲目的理解,在不改变原舞码基本风格、基本舞步和音乐节奏的前提下,编导者可以对原排舞曲目的前奏、上肢动作、队形变化以及入场、退场等进行编排。编排部分不能离开音乐的整体风格。

②单首曲目编排。在一首完整的排舞音乐伴奏下,全体选手必须完成一个完整的方向循环。其余可做队形或方向的变化。结尾可以有不超过 2 个 8 拍脱离原舞码的编排。

③串烧曲目编排。几首排舞串联表演称为串烧表演。每首曲目全体选手必须要 面对评委完成原舞码规定的一个方向的完整动作;其中组与组之间的重复动作可进行编排。每首排舞之间要衔接流畅、过渡自然。

3. 排舞伴奏音乐的统一和规范

①所有表演过程中所用的音乐,必须是本队所选表演曲目的排舞音乐。

②在上、下场以及每首曲目衔接的过程中,不允许添加表演曲目以外的音乐。

③规定曲目必须是一首完整的歌曲或乐曲,未经剪辑、组合、拼接。

④串烧曲目可以根据情绪需要对原表演曲目音乐剪辑、组合、拼接,但不得改变原曲音乐风格。

4. 排舞音乐的准备

①排舞曲目的名称必须是国内排舞管理机构公布的统一中文翻译名称。

②规定曲目音乐光盘由大会组委会准备,自选曲目音乐光盘由参赛者自备。

③自选曲目表演音乐由参赛者自备两份,载体必须是高质量的 CD,光盘里只有参赛表演音乐,其中 1 份报到时交大会放音组。

④光盘盘面必须标明单位、比赛项目和出场顺序。

⑤参赛者必须提前 30 个工作日将《参赛曲目报表》电子版、以及完整的自选音乐伴奏 mp3 格式发邮至组委会。

⑥填报《参赛曲目报表》。内容包括填报单位、比赛项目、规定曲目、自选曲目、串烧曲目、难度、拍数方向、时长。

⑦串烧曲目必须将所选曲目名称依次列出。

三、排舞裁判法

1. 大会组委会

由主办与承办单位的相关领导、行政人员及各参赛队领队组成。负责大会的组织、宣传、竞赛及后勤保障作。

2. 仲裁委员会

由熟悉本项目的专家和工作人员担任,负责按规则对比赛中发生的争议、申诉做出仲裁决定,需要申诉的单位,在递交申诉报告的同时需缴纳申诉费500元人民币,败诉者不退还申诉费。仲裁委员会的裁决为最终裁决。

3. 裁判委员会

裁判委员会分工(可根据比赛规模的大小适当增减裁判人员)。

①临场裁判:裁判长1人,副裁判长1人,裁判员5~7人。

②辅助裁判:记录员1~2人,检录员2人,现场广播1人,放音1人。

4. 裁判员资格

①担任全国比赛的裁判员必须参加过由相关全国排舞管理机构举办的排舞裁判员学习班培训,考试合格,取得相应证书,拥有与比赛相适应的裁判等级,具有一定比赛临场经验者。

②裁判员须精通评分规则,熟悉竞赛规程,遵守裁判纪律。在评判过程中秉承"公开、公平、公正、准确"的方针,做到独立评分、果断出分。

5. 裁判工作职责

(1)裁判长职责

①全面负责竞赛裁判工作。检查赛前各项准备工作,参与处理比赛中出现的重大问题。

②主持技术会议,安排竞赛事宜,与参赛队沟通,按规则解释比赛中出现的相关问题。

③调控比赛进程。发出运动员入场信号(举绿旗)。

④管理裁判队伍。组织裁判学习,确定裁判员分工,指导裁判员观看赛前训练。

⑤监督、检查裁判员整场评分情况,当评分出现严重偏差时,有权做适当调整。

⑥对教练员、运动员干扰比赛进程的不正当行为,有批评、教育、警告和建议取消比赛资格的权力。

⑦审核并宣布最终比赛成绩。

⑧做好竞赛工作总结。

(2)副裁判长职责

①协助裁判长做好竞赛工作。

②协助裁判长负责检查场地、宣告、组织编排和抽签等工作。

③兼任计时,执行裁判长减分。

④检查记录员的成绩登记,审核最后得分。

(3)评分裁判员职责

①参加赛前裁判员学习班。听从管理机构的指示,服从裁判长领导。

②按时出席赛前的全体裁判员会议。

③观看赛前训练。

④严格按照规则准确、快速、客观、公正、合乎道德地评判。

⑤赛前全面地做好各项准备工作。

(4)记录员职责

①协助裁判长做好赛前准备工作,备好出场顺序抽签表、比赛成绩记录表等竞赛用表,备好裁判组评分用具。

②比赛中及时统计裁判评分,排出名次与等级。

③根据大会要求设计、制作成绩册。

(5)检录员职责

①召集参赛队伍,做好入场前期准备,确保比赛按时、顺利进行。

②组织领奖队伍,做好入场前期准备,确保领奖工作有序进行。

(6)广播员职责

①在裁判长指导下进行赛前准备。

②临场介绍仲裁委员会人员、裁判委员会人员。

③在裁判长示意下宣告出场队伍,宣读裁判员评分结果和最后得分。

④介绍与比赛相关的知识和组委会指定的宣传材料。

(7)放音员职责

收集各队比赛的音乐光盘或磁带,进行整理排序,准确播放各队音乐,并做好保管和退回工作。

6.评分方法

①采取公开示分的方法。

②成套动作满分为10分,裁判员的评分采用给分制,精确到0.05分。

③去掉最高和最低分,裁判员评分相加的平均值再减去裁判长减分即为最后得分(保留小数点后位)。

7.成套动作评分(10分制)

(1)评分因素与分值分为五部分

①动作的完成3分。

②编排设计部分3分。

③舞曲风格及表现力2分。

④服装服饰妆容 1 分。

⑤总体完整性 1 分。

（2）评分因素解释

①动作的完成：动作与标准舞码的一致性，动作与音乐节拍的吻合。

②编排设计部分：创新性、流畅性、队形变化及音乐风格的把握。

③舞曲风格及表现力：把握风格，面部表情自然、自信，融入音乐的感染力。

④服装服饰妆容：风格吻合、色彩及整体视觉效果协调。

⑤总体完整性：整齐度、团队精神、视觉效果、全部表演的整体总评价。

8. 裁判长减分

裁判长对以下情况进行减分，每项减 0.2 分：

①参赛人数不符合规定。

②出现超过安全规定的动作。

③出现违规广告标贴。

④暴露隐私部位、腋毛等。

⑤比赛中服装服饰头饰散落、道具掉落等。

⑥佩戴眼镜、珠宝、首饰、手表等私用物品。

9. 纪律处罚

对检录三次未到者、拒绝领奖者、不服从裁判者和有意干扰比赛者将视情况给予下列处罚：

①警告。

②取消比赛资格。

③取消成绩与名次。

10. 特殊情况

运动员在遇到以下特殊情况时，应立即停止做动作并向裁判长反映，在问题解决后重做，在成套动作结束后提出的要求将不被接受：

①播放错音乐。

②由于音响设备而出现的音乐问题。

③由于设备问题而出现的干扰——灯光、舞台、会场。

11. 其他

上述情况以外的问题，将由仲裁委员会根据具体情况讨论解决，仲裁委员会的决定为最终决定。

四、教练员、运动员行为准则

1. 教练员行为准则

①熟悉竞赛规程和竞赛规则。

②服从组委会领导,遵守大会的一切规定。

③在大会规定时间内,带领队员准时检录、试场地、参赛。

④比赛时不得进入比赛场地,不允许在场外示意和喊叫。

⑤不得向裁判员询问有关评分问题。

⑥比赛中若发生非本队原因造成的比赛中断,有权向裁判长申请重做。

2.运动员行为准则

①了解竞赛规程和竞赛规则。

②遵守大会的一切规定,服从大会的指挥。

③参加并积极配合由组委会召集的开幕式演练活动。

④提前30分钟做好赛前准备,按大会规定时间到检录处检录。

⑤裁判长发出比赛信号时,向裁判长举手示意。

第五节 体育舞蹈

一、体育舞蹈简介

体育舞蹈又称国际标准交谊舞(以下简称国标舞),是现代国际社会流行的一种国际性的竞技舞蹈,分为现代舞和拉丁舞两类。体育舞蹈的发展过程经历了原始舞蹈→公众舞→民间舞→宫廷舞→社交舞→国际标准交谊舞等阶段。现代舞源于欧洲,拉丁舞源于拉丁美洲,在经历了从宫廷走向社会的漫长道路后,已成为一种群众性的社交舞蹈。1947年在柏林举行了首届世界交谊舞锦标赛;1959年举行了第一届业余和职业舞蹈世界锦标赛。

我国体育舞蹈的开展受西方文化的影响,交谊舞率先进入上海市,20世纪30年代后在天津、广州等城市广泛流行。中华人民共和国成立后,国内主要流行跳交谊舞。80年代初,体育舞蹈进入一个新的发展时期,并于1987年举办了第一届全国国际标准舞锦标赛。

国标舞有其严格的训练规范和竞技规则,在国际上已广泛组织竞赛,在具有明显竞技性的同时,由于其活动开展的社交性、健身性和自娱性,已逐步为广大群众所接受,成为一种自娱性较强的普通交谊舞,是适合大学生特点的一项健身娱乐活动。

二、国标舞的分类

国标舞包括现代舞系列和拉丁舞系列两大类十个舞种。

国际舞 {
　现代舞 {
　　华尔兹
　　狐步
　　快步
　　探戈
　　维也纳华尔兹
　}
　拉丁舞 {
　　伦巴
　　恰恰
　　桑巴
　　帕索多不里(斗牛舞)
　　加依布(牛仔舞)
　}
}

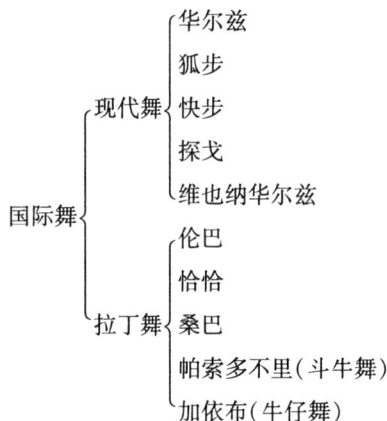

三、国标舞的风格和特色

在学习国标舞时,要掌握现代舞和拉丁舞两类舞蹈在风格上的区别和十种不同舞蹈各自的特色,这样才有助于加深理解和提高水平。

两类舞蹈的区别:就其表现形式而言,现代舞为男女舞伴交手跳,并按逆时针方向行进,动作端正典雅、细腻严谨;拉丁舞则是男女舞伴时交时分,若交若离,除桑巴和帕索多不里有移动外,其他基本是在原地舞动的,动作生动活泼,别致多变。

各种舞蹈的风格特色为:

华尔兹:音乐妖娆,舞态雍容,追求意境,蕴含气质典雅弘深,有舞中皇后之称。

狐步:音乐恬愉,舞态潇洒,步法行如流水。

快步:音乐逍遥,舞态轻盈,步法轻快灵活。

探戈:音乐刚劲,舞态锐利,步法错落有致。

维也纳华尔兹:舞态婆娑,老成持重,步法周旋蹁跹。

伦巴:音乐缠绵,舞态柔媚,步法婀娜款摆。

恰恰恰:音乐有趣,舞态花哨,步法利落紧凑。

桑巴:音乐欢欣,舞态生动,步法摇曳绵密。

帕索多不里(斗牛舞):音乐雄壮,舞态生动,步法强悍振奋。

加依布(牛仔舞):音乐热烈,舞态多姿,步法快速多变。

四、国标舞的基本知识

(一)舞程线

跳舞时为了有秩序地行进,在场地上规定了按逆时针方向行进。这种按逆时针方向行进可以是直进,也可以按"之"字形行进,称为舞程线。(图7－37)

图 7-37

(二)角度和方位

跳每一个舞步时都要注意开始和结束时的方向角度,以及在运步、旋转过程中动作方位,只有这样才能记住和学会各种舞步。每旋转一周为365°,在不同的动作中有不同的转度。(图7-38)

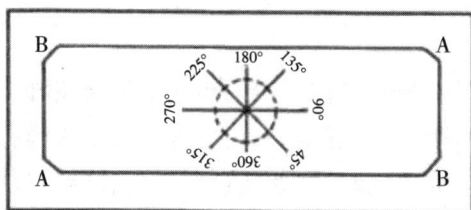

图 7-38

(三)场地

正规比赛的场地长23米、宽15米。选手可根据场地编排舞蹈动作组合和调整自己的动作。

(四)站位和握持

现代舞中的华尔兹、狐步、快步和维也纳华尔兹的站位和握持动作都是相同的。男女舞伴相对,都以右脚尖对准对方两脚间的线。男身体重心放在右脚上,女身体重心放在左脚上。男女舞伴的右胯相贴,头向左斜视45°。男左手掌心和女右手掌心相对,虎口相交轻轻相握,肩膀抬起打开,大臂和小臂成90°角。男右手放女左肩胛下方,掌心附在女伴身后。女左手抬起放在男右肩上,前臂放在男上臂上,身体向左后方倾斜的角度,以保持重心的稳定为准。(图7-39)

探戈舞由于风格不同,在站位和握位上有自己的特点,如果男女舞伴相对,都以右脚尖对准对方两脚间的线。男女身体重心放在双脚上,左脚向前迈半步,双膝弯曲,膝盖向内。男女右膝以上至腹部为双方右部相结部位。男左臂成90°角,右手掌放在女伴脊椎骨与肩胛骨下方。

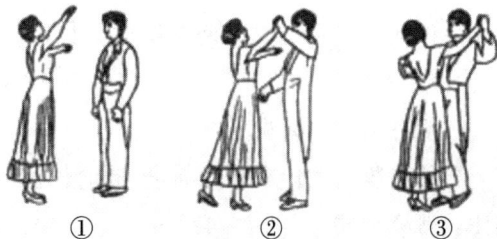

图 7-39

男女头部各自向左斜45°。女左臂套在男右臂外,前臂架住男上臂,手的虎口张开,架在男

上臂下。(图7-40)

(五)常用术语

足迹:闭式——男女舞伴站在相对位置;开式——男女舞伴并列侧行位置。

并步:双脚并拢,重心在双脚上。

锁步:双脚一前一后,重心在双脚上。

撤转:反身动作,一只脚做弧线转动。

外侧:在对方脚外侧进行。

正转:向右转动。

反转:向左转动。

图7-40

(六)几种常见的舞姿

1.闭式舞姿

这是交谊舞中最主要的舞姿,许多优美的步法都是从该舞姿发展形成的。闭式舞姿要求男女舞伴相对站立,二者正面身体构成封闭状态。女伴身体向男伴右侧约偏1/3,男女腰部右侧轻贴,上身均向后倾。男伴左臂向左侧屈肘举起,高度稍超肩部,轻握女伴左肩胛下方,五指并拢。手掌呈空心,轻轻平贴在女伴的左背上。女伴左手五指并拢,轻放在男伴的右肩上。(图7-41)

图7-41

2.半开式舞姿

在闭式基础上,男女舞伴上身均向外闪开大半部分,面向对方,目光通过相握的手,向同一方向远视。但男右腰部、女左腰部与闭式舞姿一样,仍然轻贴,距离不宜过大。

3.开式舞姿

男女同向,身体几乎呈一平面,男伴右肩与女伴左态肩相靠,男女目光通过相握手的上方远看。

4.行步舞姿

男伴向左斜45°,女伴向右斜45°,男伴先出左脚,女伴先出右脚。第二步男伴先出右脚,女伴出左脚。

5.右外侧前进舞姿

男伴右脚向女伴右外侧前进,同时做反身动作。与女伴腰胯部仍然相靠。其他要求与闭式舞姿相同。(图7-42)

6.右外侧后退舞姿

男伴左脚后退,同时做反身动作,女伴右脚向男伴右外侧斜向前进。其他要求与闭式舞姿相同。(图7-43)

7. 左外侧前时舞姿

男伴左腰胯部与女伴左腰胯部相贴,男伴左脚向女伴左外侧前进。其他要求与闭式舞姿相同。(图7-44)

图7-42　　　　　　　图7-43　　　　　　　图7-44

8. 左外侧后退舞姿

男伴左腰胯部与女伴左腰胯部相贴,男伴右脚向左后方斜撤,女伴左脚向男伴左外侧前进。其他要求与闭式舞姿要同。(图7-45)

9. 敞式行步舞姿

男伴的右手与女伴的左手相拉、并排站在一条线上,男、女伴的臂均向上弯曲,男伴稍向右视,女伴稍向左视。(图7-46)

10. 敞式分离舞姿

男女舞伴相对而站,一手相拉或两手相拉,稍屈肘。(图7-47)

图7-45　　　　　　　图7-46　　　　　　　图7-47

五、国标舞的基本技法

常言道:"动作好跳,技法难学。"指的就是在学跳国标舞时,掌握一动作和花步是比较容易的,但要掌握好每个动作或每一种舞蹈的技艺方法却是比较难的,然而一旦掌握动作的规律,并且融会贯通,就会觉得其妙无穷、艺无止境了。爱好者一般都经历过"着迷"阶段,这种着迷正是自我追求意境和提高进步的过程,而每个人之间的技艺差别也正是如此。

（一）基本技术

1. 足部动作

包括足跟、足掌、足尖、足内侧、足外侧的准确运用。

2. 重心移动

因为身体的重心在移动时是靠胯部以下的肌肉关节支撑着重力，舞动中是由左右脚的换步运动的，所以准确地运用胯、膝、踝、趾关节的承受力是保证身体的稳定性和身体控制能力的基础，因而重心移动是最重要的基本技术。

3. 力量平衡

在跳现代舞时，由于是男女舞伴在同步同位中运动，所以要求两者在运动中保持力量平衡，特别是在转动或超过180°的旋转动作中，转动中产生的离心力要用男女舞伴的平衡感觉来加以控制。而在做轴转步动作时，由于都是以足跟为转轴着力点的，因而所用的力量是旋转时的向心力，这样动作才能保持稳定。

4. 姿势和谐

要做到男女舞伴的姿势和谐有美感，相互动作自如流畅，男女舞伴必须各自按每个动作的技术要求去做，这样舞动起来才能轻松自如。

5. 升降动作

在现代舞中，除探戈外，其余四种都有升降动作。升降动作是在膝、踝、趾关节的屈和伸的转换动作中完成的，在随心所欲地控制中表现出更饱满的感情和优美的线条，让音乐的旋律为自己服务。

6. 摇荡

只有运用以胯部为中心点，在身体的升降中，把身体像荡秋千一样摇荡起来时，美感才能出现。

7. 摆动

只有在做特殊动作中才运用。由于需要在转动中保持平衡，所以不仅要用脚的升降动作调节平衡，而且要用身体平稳的摆动来完成。如右椎转、双左旋转以及各种轴转步。

8. 反身动作

科学地运用人体自然动作的规律，才能跳好竞技性的国标舞。例如，跳有转度的动作时，就应记住一定要有反身动作，否则是找不到发力点的。

9. 倾斜

是指舞者的身体平衡线与地面水平线相比，舞者的身体成倾斜角度。它不是单独存在的，更不是有意地做出那种不自然的倾斜，而是在升降动作和摇荡及反身动作中自然产生的身体倾斜。

（二）音乐韵律的运用

习舞者不只应踩准音乐节奏，更重要的应根据音乐的特点来表达音乐的艺术性，使音乐为自己伴奏,而不仅仅是跟着音乐跳舞。

(三) 舞蹈特性的表达

准确地表达各种舞蹈的特性是跳好国标舞的重要因素。每一种舞步都有其各自的特性,如华尔兹是一小节三拍走三步,每步平均时间值为一拍;而狐步舞则是一小节四拍走三步,第一步为两拍的时间值,第二步和第三步各占有一拍时间,即慢、快、快。如果不严格区分两种舞蹈的节奏和步法特点,那就失去了它们的特性,也无法跳好。

(四) 舞蹈的编排

舞蹈的编排是否流畅,动作的承接是否合理,所选择的动作是否有感染力,在总体上是否具有艺术魅力,舞蹈与音乐是否同步等,都是习舞者应当具备的能力,也均是跳好国标舞的技法。

六、其他交谊舞的技法与步法

(一) 布鲁斯

布鲁斯亦称慢四步舞,是 20 世纪初流行于欧洲的一种社交舞。它的舞曲起源于美洲黑色人种的忧伤乐曲。布鲁斯舞步很简练,但举步庄重,保留着宫廷色彩和古典风韵。它的节奏与动作变化不大,进退平稳,跳起来从容不迫,给人以舒适、悠闲、平和、自由之感。其舞步易于掌握,具有斯文、高雅的气度,因而有"标准桥梁"的雅号,并被称为启蒙舞蹈。

布鲁斯的音乐为 4/4 拍,其节奏为嘭、嚓、嘭、嚓,速度每分钟 30 小节,基本步法为二慢二快,慢步占二拍,快步占一拍。第一拍是重音,第三拍是次重音,而第二、第四拍则是轻音。舞步开始时,必须在第一、第三拍重音时踏出。其基本步是由常步、横步及并步所组成的"滑动型"舞步。

常步:像我们平常走路的步法,从正步开始,左脚用脚后跟沿着地面向前迈一步,然后全脚掌落地,并把身体重心移至左脚前半脚掌上,左腿膝盖伸直,右腿留在后边,膝盖自然弯曲,用脚尖点地。继而用右腿脚尖沿着地面拖到左脚内侧旁边,膝盖弯曲,半脚掌着地,然后换右脚做上述两拍动作。

横步:从正步开始,左脚用全脚向左旁迈一步,大约与肩宽的距离,重心移到左脚上;左膝基本伸直,但不要发僵,右脚用半脚掌在旁边着地。

并步:并步有向前、向后、向旁三种。向前并步就是把后面的那条腿向前腿并拢,成正步。向旁并步就是将旁腿向支撑身体重量的那条腿靠拢,成正步位置。向后并步就是把前面的那条腿向后腿并拢,成正步。

布鲁斯的基本舞步为:前进并步—后退并步—左横舞步—横步舞步—前进左转 90°—前进看转 90°—90°顺转折步—90°逆转折步—左侧斜步—右侧斜步—左转 180°—前进右转 180°—后退左转 180°—直进直退右转 180°—连续左右转 90°—前进重叠步—交叉步—回转荡步—犹豫步—左转身组合步—连续前进平衡步。

(二) 慢华尔兹

慢华尔兹又称慢三步,最早产生于 19 世纪末美国的波士顿市,因此也有人称之为波士顿华尔兹,是在维也纳华尔兹的基础上演化出来的一种新舞步。它以优美的音乐、飘逸的舞姿和起伏的身浪等特色被誉为"舞中皇后",也被越来越多的舞迷所喜爱。

慢华尔兹采用 3/4 拍舞曲,每小节三拍,每步一拍,等速运步,没有快慢之分。第一拍是重音(即嘭),后面两拍是轻音(即嚓、嚓)。慢华尔兹的第一步,上身要下沉;第二步横滑,脚跟提起;第三步并步,全身升高,双脚跟提起,重心落在两脚掌上。第一拍必须跳在每小节的第一拍上,用较大步伐,第二、第三步用小步。

慢华尔兹婉转奥妙,能变化出多种花样,特点是柔和而文静,优美而华丽,属于绅士派的舞蹈。因而跳舞者肩膀不能上下晃动,膝部应放松,男伴似王子,气质不凡、上身挺拔;女伴如公主,温文尔雅、雍容大方。

慢华尔兹的基本舞步为:前进舞步—后退舞步—方快步—左转身—右转身—右斜前进步—左斜前进步—右斜后退步—左斜后退步—前进交叉步—转身变换步—弓形步—左划转步—右划转步—开位横运步—旋荡悠步—左右连续前进步—连续左转 90°—交叉步—90°转身组合步—左右组合步。

(三) 快华尔兹

快华尔兹也称维也纳华尔兹。它源于奥地利阿尔卑斯地区的民间乐舞,19 世纪被介绍到欧洲宫廷,并在世界各通都大邑流行起来,成为舞会舞蹈的佼佼者,并被冠以"舞中之王"的美名。当然,对于完善和传播华尔兹起最大作用的还是音乐,特别是著名奥地利作曲家约翰·施特劳斯创作了不少不朽的华尔兹舞曲,使华尔兹也随之成为不朽的舞蹈。

快华尔兹舞曲的节奏与慢华尔兹一样,也是 3/4 拍,只是速度快,每分钟约 50～56 小节。音乐节拍与舞步的关系为三拍一步、三拍两步、三拍三步三种。重音落在每小节的第一拍上,而其他两拍则是弱音。由于音乐节拍的原因,故比较适合不停地旋转。快华尔兹的旋律活泼、轻松、兴奋,跳起来使人情绪奔放,朝气蓬勃。

快华尔兹的基本舞步为:前进步—原地浪步—左转 90°—右转 90°—前进右转准备步—前进右转步—前进左转准备步—前进左转步—侧行右转准备步—侧行右转步—侧行左转准备步—侧行左转步—左转 180°—右转 180°—交叉左转步。

(四) 快步舞

快步舞起源于英国,20 世纪初有很大发展,很快在欧美流行,成为当今交际舞中的一种重要舞步。在任何场合,快步舞都是用得最多而且最为流行的舞步。其最大特点是节奏明快,舞姿轻松洒脱,加上富有特色的合并步,表现出一种热烈向上的情绪,在舞台上更给人一种甜美轻快的感觉。快步舞的舞曲是 4/4 拍的节奏,每分钟约 50 小节,每小节四拍,舞步为慢、慢、快快,慢步占二拍,快步占一拍。快步舞大多采用合并步。所谓合并步,是指在舞程进行中,左右两脚不只在舞步起步点是拍合的,而且在舞程中也常在某一舞步进行时拍合在一起。快步舞运步前进时,左脚以脚跟拖滑前进,到了正常位置放平脚步,右脚同时上抬,以右脚尖点地前移至与左脚平行时,以脚掌着地,进而以脚跟拖滑前进,后退动作相反。跳快步舞时,不论男伴还是女伴,两腿都必须挺直,不要弯曲,开步较大比开步较小显得更大方和高贵。

快步舞的基本舞步为:行进步—横并步—曲线前进步—回旋步—交叉步—锁步—左横切步—右横切步—横并交叉步—横进交叉步—前进左转身步。

第八章

篮　球

篮球运动是1891年由美国体育教师詹姆士·奈史密斯博士为了解决冬天学生因为寒冷而不愿在室外活动的问题,依据当地农民在采摘桃时,向篮子里扔桃子玩的一种游戏而设计的,后取名为篮球游戏。随后,篮球运动在世界范围内得到了广泛的开展。1932年6月18日国际业余篮球联合会在瑞士日内瓦成立,总部设在慕尼黑。1936年国际奥委会决定将男子篮球列为正式比赛项目,到了1992年女子篮球也被列为正式比赛项目。

美国NBA篮球联赛是目前世界篮球最高水平的联赛,齐聚了来自世界各地的高水平篮球运动员。我国的篮球运动员王治郅、巴特尔、姚明、易建联等先后加盟NBA,为世界球迷所喜爱。中国自1995年开始举办职业篮球联赛(CBA)以来,已经发展成为国内最重要的联赛,在国际上也具有一定的影响力。1998年中国大学生篮球协会举办了首届CUBA联赛,使得大学校园也有了高水平的篮球联赛,深受大学生们的喜爱。

现代篮球运动正向高速度、高空优势、高超技巧的特点发展,争夺日趋激烈,比赛瞬息万变,错综复杂,富有表演性和较强的观赏性,深受人们的喜爱。经常参加篮球运动不仅能使参加者在力量、速度、灵敏、弹跳、耐力等身体素质方面得到全面发展,而且可以培养参加者团结友爱的集体荣誉感和严格的组织纪律性,以及顽强的意志品质和拼搏精神。另外作为集体的运动项目,篮球运动无疑为人与人之间的正常交往提供了理想平台,在运动中得到愉悦身心。

第一节　篮球的基本技术

"怎么样才能打好篮球?"这个问题是很多初次学习篮球的大学生经常问到的。其实这个问题不难回答:学好篮球基本技术最关键,然后就是要多打比赛。但是"说"容易,"做"起来并不是太简单。就学习篮球基本技术来说,很多大学生篮球爱好者都知道规范的投篮动作、传球动作应该是怎么样的,但是自己做起动作来却是很难能够掌握动作要领。

为此,本节详细介绍篮球基本技术各个动作的要领,以及练习的方法,帮助大学生篮球爱好者规范并掌握篮球基本技术,为提高篮球水平奠定基础。

一、基本站立与防守姿势

基本站立姿势是攻守技术的基础,也是各种技术动作的基本环节。保持正确的基本姿势,能使身体各部位处于适宜的工作状态,便于各技术动作的开始和运用。

(一)基本站立姿势

两脚左右或前后开立,两脚之间距离与肩同宽,全脚掌着地,两膝弯曲,大小腿之间的角度约为 135°,身体重心落在两脚之间,上体略为前倾,两臂屈肘自然下垂,置于体侧,两眼平视场地上情况。防守时的站立姿势两脚间距离略比肩宽,两臂屈肘左右或前后张开。(图 8-1)

图 8-1   图 8-2

(二)防守基本姿势

两脚平等站立或斜侧向开立,比肩稍宽、屈膝,身体重心支撑点在两脚的前脚掌上,含胸、收腹,上体稍前倾,两臂屈肘侧举,上臂与身体夹角为 60°,手掌向前,目视前方。(图 8-2)

(三)注意事项

两腿应微屈,便于起动,两眼平视注意场上情况。

二、熟悉球性

打篮球离不开手的控制,所以首先要以"玩球"的方法熟悉球性。并且左右手接触球时要均衡,绝不能有所偏重,这对于初学者来说是很重要的。只有这样,才能在控球时随心所欲。

(一)动作方法

手接触球时,要用五指触球,掌心空出,因为手指的触觉更敏感,双脚自然开立,用手腕做各种压、翻、转等动作。

(二)练习方法

(1)用手腕的抖动来回拨球,不要看球,全凭手对球的感觉,可以增强手感和球感。

(2)绕腰背传接球:两手交替持球在身体前后绕腰部做环绕。

(3)环绕头部传接球:两手交替持球围绕头部做环绕。

(4)环绕两腿传接球:两腿自然叉开,上体前倾,让球在两腿间做"∞"形环绕练习。

(5)抛球练习:双手体前(前后)持球,抛球经头至背后(体前)接球。

（6）体前斜上摆球：双手持球于腹前，单手将球向斜上方摆至最高点，换手交替反复练习。

（7）体前上方摆球：单手向上方将球摆至最高点。

（8）体前击掌练习：双手持球于头后，练习时双手体前击掌，然后快速在体后接球。

（9）背后击掌练习：双手腹前抛球（不超过头），身后击掌再接体前下落球。

（10）原地单手体前、体侧推拉运球：双手体前、胯下、背后交替推送运球及胯下"8"字运球等。

（三）注意事项

（1）任何情况下的基本站立姿势，都绝对不能有直腿站立和低头弯腰的错误动作，一定要保证视野开阔和随时可以起动。

（2）熟悉球性应选择适合实际水平的方法，由易到难，特别注意手腕抖动，压、翻转手指拨动的动作，并要结合传球、运球等技术练习共同进行。

三、移动

移动是篮球比赛中为了改变位置、方向、速度和争取高度采用的各种脚步动作的通称。

（一）起动

起动是队员在球场上由静止状态变为运动状态的一种动作，是获得位移初速度的方法。

动作方法：向前起动是用后脚的前脚掌短促有力地蹬地，重心前移，上体前倾，迅速向前迈步。起动后的前两三步要短促而迅速。向侧起动是用异侧脚的前脚掌用力蹬地，同时上体迅速向起动方向侧转并前倾，重心跟随移动，迅速向跑动方面迈步。步法同向前起动。

（二）变向跑

变向跑是队员在跑动中突然改变方向的一种脚步动作。

动作方法：以右向左变向跑为例，队员跑动中最后一步用右脚前脚掌制动。同时脚内侧蹬地、屈膝、脚尖稍向内扣、腰部随之左转、重心左移，上体稍前倾，同时左脚向左前方跨出一小步，右脚再迅速向左腿的侧前方跨出一大步。

（三）侧身跑

跑动时为了观察场上情况并随时准备接侧耳后方传来的球而经常采用的跑动方法。

动作方法：脚尖和膝盖对着跑动方向，头和腰部向球的方向扭转，侧肩，上体和两臂放松，随时观察场上情况。

（四）急停

急停是队员在跑动中突然制动速度的一种动作方法，是衔接其他技术动作和摆脱对手的有效方法。急停包括跨步急停和跳步急停。

(1)跨步急停

动作方法:急停时的第一步跨出稍大,脚跟先着地滚动到前脚下掌撑地,脚尖由向前方转为向侧前方,同时重心下降,并先落在后脚上,身体稍向后坐,以减缓向前的冲力。第二步着地时,前脚下掌内侧用力蹬地,脚尖稍向内转,两膝弯曲并内收,上体稍前倾,重心落在两脚之间。两臂屈肘张开,帮助控制身体平衡。

(2)跳步急停

动作方法:队员在跑动时用单脚起跳,两脚同时落地(略比肩宽),前脚掌用力蹬地,两膝迅速弯曲,重心下降。两臂屈肘张开,保持身体平衡。

(五)转身

转身是一脚做中枢脚进行碾地旋转,另一脚随之转动(向前或向后)来改变身体原来的方向。

动作要领:两膝弯曲,收腹,含胸,上体稍向前倾,转身时重心移向中枢脚,中枢脚以前脚掌为轴用力碾地,另一脚前脚掌内侧蹬地,同时以肩带动腰向前或向后转动身体。转动过程中,身体重心要在一个水平面上,不能上下起伏。

(六)注意事项

(1)学习移动是为其他技术打下基础。练习顺序可按跑、急停、转身、滑步等分别组合进行,并要与其他攻防技术结合。

(2)应以着重练习脚步动作的突然性、快速性、灵活性作为重点,在各种移动练习中都要注意练习站立姿势。

四、传接球

(一)持球方法

(1)双手持球:两手手指自然分开,握球的后侧方。

(2)两拇指成"八"字形,掌心空出,托球的后下部;手腕后屈,小臂向上,用手指和指根把球控制住。(图 8 - 3)

图 8 - 3

(二)双手胸前传球

动作方法:两手五指自然张开,两拇指成"八"字形,用指根以上部位持球,掌心空出。两肘自然弯曲于体侧,置球于胸腹部位,身体成基本姿势站立,脚分前后。传球时,目视传球方向,两臂前伸,手腕由下向上转动,再由内外翻,急促抖腕,同时拇指用力下压,食、中

指用力弹拨，将球传出。出球后手心和拇指向下，其余四指向前。远距离传球，则需加大蹬地和腰腹的协调用力。(图 8 - 4)

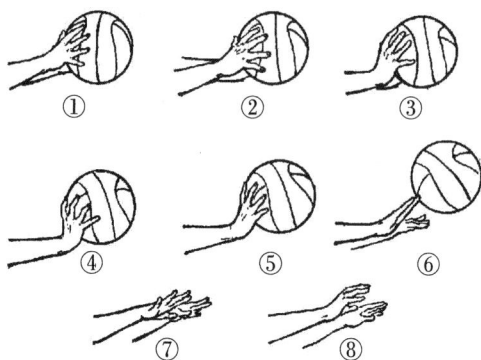

图 8 - 4

（三）接球动作方法

(1)双手接球：伸臂迎球，两指成"八"字形，手指向上自然张开，掌心斜向前似球状，当手指触球时随球收臂后引，持球于腰腹间。

(2)单手接球：以右手为例，右脚朝来球方向迈出，两眼注视来球，手指成勺形自然分开，迎来球方向伸出，当手指触球时顺势将手臂收向下方，左手立即协助握球，双手持球于腰腹之间。(图 8 - 5)

图 8 - 5

（四）练习方法

(1)原地传接球练习

①自抛自接球练习：双手持球平举，将球向上抛起 1.5 米左右，然后传球，看持球手法是否正确。

②徒手模仿练习：徒手模仿原地传接球，体会动作要点。

③原地相对传接球：两人一组面对面站立，相距 3～5 米，用一球做原地传接球练习。

④原地三角、四角传球：三人或四人一组站成等边三角形或正方形，相距 4～5 米，用一或两球按顺时针或逆时针方向依次传球。

⑤扇形传球：六人一组一球，站成扇形。站在扇形中心的持球人依次向其他人传球和接回传球。往返两次后，持球人与排头交换位置继续练习。

(2)移动传接球练习

①迎面跑动传接球：六人一组，分两队站立，距离 6～8 米，相互传球后跑到对面队尾或本队队尾。

②三角移动传接球：练习者分成3组，每组3~5人，成三角形站立，进行传接球练习，传球者传球后回到本队队尾。

③四角或五角移动传接球：练习者分成四组或五组，每组3~5人参照三角移动传接球。

④两人一组全场短传球推进练习：传球要有提前量，跑动时脚尖朝前，上体面向同伴。

⑤三人短传球推进练习：三人中间者传球后，从接球者的身后绕过，三人在传接球的同时，从后场向前场推进。

⑥传球追人：指定两名练习者在全场（或半场）内传球移动，作为追捕者，其余练习者在场内躲闪。当短传球者持球触及了谁，此人即变为追捕者，直至将所有人捕尽。要求追捕者只可以传球移动，不准运球、走步、犯规。

⑦全场传接球上篮和半场传接球上篮练习。

⑧传接球比赛：练习者分成人数相等的两队，在全场进行不投篮的传接球比赛。防守一方抢断球，传球次数多者为胜。为练习传接球技术，可规定比赛中不能运球，只能传球。

（五）注意事项

（1）传接球技术的重点和难点是传接球的手法和手脚动作的协调配合，传接球的练习应从持球动作开始，先学持球，再学传球和接球，最后把动作结合起来练习。练习顺序应从原地开始。掌握正确规范动作，然后在此基础上再进行移动传球的学习。

（2）练习过程中先学习传平直球，再学习传折线球，最后学传接长吊球。并用三种传球路线交替进行练习，促进练习者形成正确的手法。

（3）练习者在练习中要注意传接球的手形，如有错误动作应及时改正，以巩固正确技术动作的定型。

五、投篮

（一）原地单手肩上投篮动作方法（以右手为例）

右手五指自然分开（手心空出），指根以上部位触球，向后屈腕、屈肘持球于肩上耳部左右，肘内收，前臂与地面接近垂直，左手扶球的左侧，右脚稍前，左脚稍后，重心放在两脚之间，两膝微屈，目视投篮目标。投篮时，两脚前脚掌用力蹬地，伸展腰腹，抬肘，手臂上伸，即将伸直时，手腕用力前屈，手指拨球，球最后以中指和食指的指端投出。球出手后，腿、腰、臂自然伸直。（图8-6）

① ② ③ ④

图8-6

（二）行进间单手低手上篮动作方法

通常称为"三步上篮"，以右手为例。运球或接球时右脚跨出一小步用力起跳，右腿屈膝上提，双手向前上方举球，当身体接近最高点时，右手伸臂屈腕，用手指拨球投篮。整个动作要协调连贯，一气呵成，不能出现明显的停顿动作。（图8－7）

图8－7

（三）跳投动作方法（以右手为例）

两手持球于胸前，两脚前后或左右自然站立，两腿微屈，重心在两脚之间。起跳时两腿迅速屈膝，前脚掌用力蹬地向上起跳，同时迅速举球于头侧上方（起跳和举球动作要协调一致），用右手托球，手腕后屈，左手扶球。当身体接近最高点时，左手离球，右臂伸向前上方，前臂即将伸直时，手腕用力前屈，食、中指拨球，通过指端将球投出，手臂向出球方向自然伸直。落地时屈膝缓冲，保持身体重心稳定。（图8－8）

图8－8

（四）投篮的技术要点

（1）正确的投篮手法。

（2）瞄篮点：举起球后，视线从篮球底部透过，瞄准篮球前沿正中部。

（3）适宜的飞行弧线：中等飞行弧线有较高的命中率。（图8－9）

（4）球的旋转：通过食指与中指的拨球，使球产生向后的匀速旋转，以保持球投出后稳定飞行。

（5）全身协调用力。

（五）投篮练习方法

1. 原地投篮练习

（1）练习者做投篮模仿练习。

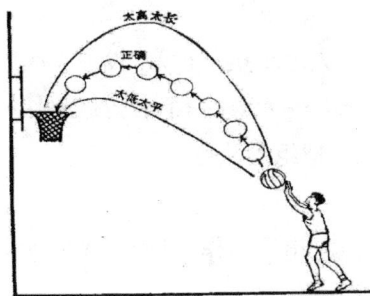

图 8-9

（2）两人一组互投练习：压腕、指尖拨球使球后旋，练习者自我或相互观察球是否后旋。

（3）投点练习：利用篮球场上的线或对准墙上和篮板上的一点，进行投篮练习。练习者对准线或想象中的一点向上伸臂投球，看投出的球是否落在线上或点上，并及时纠正错误动作。

（4）定点投篮练习：投篮后跑到篮下抢篮板球，传给下一个练习者，然后回到队尾，依次练习。

（5）不同角度、距离的投篮练习：要求由近及远，由易到难。投中者可连投，不中则换人。

（6）罚球比赛：规定每人的罚球次数相等，最后看谁罚中的次数多。

（7）投篮计分比赛：练习者分成人数相等的两队，力量平均的几个组，每人在罚球线上投篮一次（投中得 5 分）后跑到篮下接球（不允许球落地）补篮一次（投中得 3 分），然后传球给下一个同伴。各组将分数累计，总分多者为胜。

2. 行进间投篮练习

（1）徒手模仿练习：练习者按照先跨右脚接球，上左脚起跳，然后腾空投篮的顺序做徒手模仿练习。练习过程中要体会"一步大，二步小，三步起跳"的动作要领和节奏。

（2）跨步拿球上篮模仿练习：练习者分成几路纵队后，每组纵队前一步距离位置站一人单手托球侧平举，练习者跨步拿球做持球上篮模仿练习。

（3）跨步拿球投篮练习：一个人在罚球线上一侧单手托球平举，练习者面向投篮，距托球者一步远，做跨步拿球投篮练习。

（4）跨步接球投篮练习：练习者接前面抛起的球做跨步投篮，抛球的距离可由近及远。

（5）慢跑中接自抛球或近距离传球上篮。

（6）快速跑动中接传球上篮。

（7）由慢到快自运球上篮。

（8）三或四人一组全场（或半场）传接球上篮。

3. 移动投篮练习

（1）两人一组，一人传球，一人上步接球投篮，投中十次后交换。

（2）把练习者分成两组，每组 5~8 人，一组为传球，另一组绕一定路线跑动后接球投篮。投篮人自己抢篮板球站在传球组的队尾。

（六）注意事项

（1）投篮技术的重点和难点是出手动作，投篮首先要学习原地投篮，掌握正确的投篮手法后，再学习行进间投篮和移动投篮。

（2）脚步动作是练习者掌握行进间投篮技术的重点，应把原地投篮的学习作为重点，在此基础上练习其他投篮方式，并且反复多次练习。特别要重视徒手和持球的模仿练习，以提高练习效果。

（3）在练习过程中要把投篮传接球、运球、脚步动作、抢篮板球等技术结合起来。

六、运球

（一）动作方法

运球的基本动作是两脚前后或左右自然开立，两膝微屈，上体前倾，抬头平视前方。运球时手臂自然弯曲，以肘关节为轴，用前臂和手指的力量控制球的运动，另一只手臂自然张开，以保护球。（图 8 - 10）

图 8 - 10

运球的技术动作很多，总的来说分为以下几种：

1. 高运球

在没有对方紧逼的情况下，通常用这种运球方法。运球时，两腿微屈，目平视，运球手在腰腹间触球，手指协调配合，使球有节奏地向前运行。

2. 低运球

在对方紧逼防守时，为了更好地保护球，通常用低运球。两膝弯曲，上体前倾，用身体保护球的同时短促地拍按球，使球的反弹高度在膝部以下。

3. 急停急起运球

利用速度的变化来摆脱对手的运球方法。

4. 体前变向

当对手堵截在运球前进路线上时，突然向左或向右改变运球方向，并且交换控球手来摆脱对手的运球方式。以右手为例，右手拍按球的右后上方，把球从右侧拍按到左侧前方,同时向右转体以保护球,然后换手运球,加速前进。

5. 背后运球

当对手离身体较近时,无法在体前改变方向,可以用背后运球。以右手为例,变向时右脚在前,右手将球拉至身体右侧后方,迅速拍按球的右后方,将球从身后拍按至左侧前方,然后换左手加速运球。

6. 胯下运球

当防守队员迎面堵截时,可以用胯下运球摆脱对手。以右手为例,变向时左脚在前,右手拍按球的右上部,将球从两腿之间按运到身体左侧,然后上右脚并换手运球,加速前进。

7. 转身运球

当对手离身体较近时,不能用体前变向,也可以用转身运球过人。以右手为例,变向时,左脚在前为轴做后转身,右手将球拉至身体左侧前方,然后换手运球,加速前进。运球时要尽量降低身体重心,不要上下起伏。

(二)练习方法

(1)原地垂直地高、低运球,体会运球的动作要点。

(2)对墙运球练习,提高手腕、手指的控球能力。

(3)体前左、右手交替做推送横运球练习。

(4)体前单手做横推拉运球练习,体侧单手做纵推拉运球练习。

(5)原地运球比赛:相同时间内看谁运球次数最多。

(6)在球场两边线间做直线折回高低运球,要求运球往返时分别用两只手练习,并且抬头看前方。

(7)迎面运球接力赛:让练习者分成3~4组,进行运行接力赛,既可以提高练习者的运球技术,也可以培养团结协作的精神。

(8)运球急停急起练习:根据信号或球场的罚球线、中线等横线为标志做运球急停急起;还可以运球急停后原地运球3次后突然起动。

七、持球突破

(一)动作方法

1. 交叉步突破

以右脚做中枢脚为例,两脚左右开立,两膝微屈,持球于胸腹间。突破时,左脚前脚掌内侧迅速蹬地,上体稍右转,重心向右前方移动,左脚向右侧前方跨出,将球引于右侧运球,然后中枢脚向前迅速跨出超越防守队员。注意先放球,然后再抬起中枢脚。练习时注意防止带球跑违例。(图8-11)

图 8－11

2. 顺步突破

准备姿势和突破前的动作要求与交叉步相同。以左脚为中枢脚为例,突破时,右脚向右前方跨出一步,向右转体探肩,重心前移,右手运球,左脚前脚掌迅速蹬地,向右前方跨出,突破防守队员。(图 8－12)

图 8－12

(二)练习方法

(1)原地交叉步、顺步跨步练习。

(2)自抛球、自接球突破投篮练习。

(3)摆脱接球后突破练习。

(4)突破和其他技术结合练习,如突破后投篮或传球。

(三)注意事项

(1)蹬跨迅速、跨步要大,但要注意中枢脚的移动和推放球的时机。

(2)转体、探肩重心要前移,同时要注意保护好球。

(3)突破时应大胆紧贴对手。

(4)在持球突破时应当结合投篮等假动作运用。

八、防守对手

(一)动作方法

1. 防守持球队员

应选择在持球队员与球篮之间站立,抢占有利的防守位置,降低重心,两臂屈肘外张以扩大防守面积,并且在身体接触瞬间提前用力,做到主动对抗。

2. 防守无球队员

防守无球队员时更要集中注意力,要做到人球兼顾,不仅要看到自己防守的队员,还要观察持球者的传球意图,以便及早判断,提前抢占有利的防守位置。位置的选择要在对手与球篮之间,但稍偏向持球队员一侧。

（二）练习方法

防守对手的练习方法可以一对一的情况练习，主要方法有：

（1）防守位置的选择练习：根据防守对手（持球或无球）进行选择防守位置的练习。

（2）防守对手投篮练习。

（3）防守对手传球练习。

（4）防守对手突破练习。

（三）注意事项

在防守持球队员时，保持合理的位置、正确的姿势和适当的距离，要积极移动，扬手挥臂，主动逼近对手，攻击和干扰球，破坏持球人的正常动作。而防守无球队员时还要做人、球、区兼顾。

第二节 篮球的基本战术

篮球战术内容丰富，千变万化，但其基础是两三人之间的战术配合。这是组成全队战术的基础，只有熟练地掌握和运用战术基础配合，才能使全队战术内容更加丰富、更加灵活、更加有效地发挥作用。

一、基础配合

基础配合包括进攻基础配合与防守基础配合。

（一）进攻基础配合

1. 传切配合

传切配合是进攻队员之间利用传球、切入等技术组成的简单配合。包括一传一切和空切配合两种。

一传一切示例：如图 8 - 13 所示，④传球给⑤后，立刻摆脱对手向篮下切入，接⑤传来的球投篮。

空切配合示例：如图 8 - 14 所示，在⑤与⑥相互传球时，④趁其对手不备之机，突然空切篮下接外围同伴的传球，然后投篮。

图 8 - 13 图 8 - 14

要求：切入队员要根据情况掌握切入的时机，果断、快速摆脱对手，并随时注意接同伴的传球。传球队员要用假动作吸引、牵制对手,当切入队员已摆脱对手并处于有利位置时,应及时、准确地把球传给切入的同伴。

2.突分配合

突分配合是持球队员突破后,利用传球与同伴配合的方法。

示例:如图8-15所示,⑤突破后,遇到❼号迎上补防,立刻把球传给切入篮下的⑦号,⑦号接球后投篮。

要求:突破要突然、快速,在突破过程中既要做好投篮的准备,又要随时观察场上攻守队员的位置和行动,以便抓住有利战机,及时、准确地将球传给有利进攻的同伴。

图8-15   图8-16

3.掩护配合

掩护配合是掩护队员采用合理的行动,用身体挡住同伴的防守者的移动路线,使同伴借机摆脱防守,或利用同伴的身体摆脱防守,从而接球进攻的一种配合方法。

(1)前掩护:掩护队员站在同伴的防守者面前,用身体挡住防守者向前移动的路线,使同伴借机摆脱防守的一种配合方法。如图8-16所示,④传球给⑤后,先做向篮下切入的假动作,然后突然跑到❺身前,形成前掩护,⑤接球后投篮或做其他进攻动作。

(2)后掩护:掩护队员站在同伴的防守者身后,挡住他的移动路线,使同伴借以摆脱防守的一种配合方法。

示例:如图8-17所示,⑤传球给④的同时,⑥到❺身后作掩护,⑤传球后,先做切入假动作,然后利用同伴的后掩护摆脱防守,切入篮下,接④的传球投篮,⑥及时转身跟进。

(3)侧掩护:掩护队员站在同伴的防守者侧面,用身体挡住防守者的路线,使同伴借以摆脱防守的一种配合方法。

图8-17   图8-18

示例:如图8-18所示,⑤传球给④后,去给⑥做侧掩护,⑥摆脱防守切入篮下,接④

的传球投篮。④传球前要利用假动作吸引住自己的对手和调整配合的时间,⑤掩护后要及时转身跟进。

要求:掩护时,队员的身体姿势要正确,距离要适当,动作要合理,行动要隐蔽。被掩护的队员要用假动作配合行动,当同伴到达掩护位置时,摆脱对手的行动要及时、突然、快速。两人配合默契,及时行动,根据情况随机应变。

4. 策应配合

策应配合是指进攻队员背对篮或侧对篮接球,由他做枢纽,与同伴相配合而形成一种里应外合的配合方法。

示例:如图 8 – 19 所示,⑤传球给④后,利用假动作摆脱防守,上提到外策应位置接④的传球做策应,④传球后摆脱防守,然后接球投篮或突破上篮。

要求:策应者及时抢位要球,接球后持球于胸前,两肘外展保护球,随时观察场上情况,以便及时把球传给处于最有利位置的同伴,同时注意自己的进攻。

(二)防守基础配合

1. 挤过

当对方在做掩护配合时,防守队员在掩护队员接近自己时,要迅速向前跨一步,靠近对手,从两个进攻队员之间侧身挤过,继续防守自己的对手。防守掩护者的队员应及时提醒同伴并后撤一步,已备补防。

图 8 – 19　　　　　　　　　　　图 8 – 20

示例:如图 8 – 20 所示,④传球给⑤后,去给⑥做掩护,❹要及时提醒❻,❻在掩护队员接近自己时,迅速向前跨一步,靠近⑥,并以⑥与④之间侧身挤过,继续防守⑥,此时,❹应后撤一步,以备补防。

要求:挤过时要贴近进攻队员,上前抢步要快,防守掩护者的队员,要提醒同伴,并选择协防的有利位置,密切注意两个进攻队员的行动,及时做好补防准备。

2. 穿过配合

当进攻队员掩护时,防掩护者的队员及时提醒同伴并主动后撤一步,让同伴及时从自己和掩护队员之间穿过,继续防守自己的对手。

示例:如图 8 – 21 所示,⑤传球给⑥,④给⑤掩护,❺后撤从④和❹中间穿过,继续防守⑤,❹要主动后撤,以便让❺顺利通过。

要求:防守掩护者的队员要及早提醒同伴主动让路。穿过队员要迅速穿过,继续防守自己的对手。

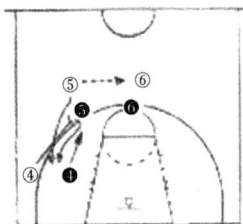 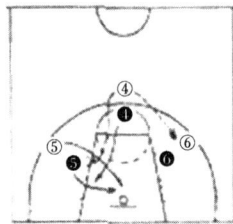

图 8 - 21　　　　　　　　　　　图 8 - 22

3. 绕过配合

当对方掩护时,防守掩护者的队员贴近对手,让同伴从自己的身后绕过,继续防守自己的对手。

示例:如图 8 - 22 所示,❹传球给❻后,去给❺做掩护,⑤切入,❺发现不便于挤过或穿过时,从❹身后绕过,❹要配合默契,主动贴近自己的对手,以便使同伴顺利通过。

4.“关门”配合

当进攻队员运球突破时,防守突破的队员向侧后方移动挡住其移动路线,临近突破一侧的防守队员,应及时快速向突破队员的前进方向移动,预防突破的队员靠拢,像两扇门一样关起来,堵住突破者的前进路线。

示例:如图 8 - 23 所示,④向右侧突破时,❹和❻进行“关门”,④向左侧突破时,❹和❺进行“关门”。

要求:“关门”时,移动要快,配合要默契,两人要靠紧,不留空隙。与突破队员距离很近时,两防守队员要向斜后方撤步“关门”;距离较远时,可移动“关门”,堵截突破者的去路。

5. 夹击配合

夹击配合是两个防守队员防守一个进攻队员的一种配合方法。

示例1:如图 8 - 24 所示,对方④在后场掷界外球,❹放弃对④的防守,协同❺夹击⑤。❹面对⑤,积极封阻他从正面接球,❺在⑤的身后控制其快下的路线,并准备截断④的高吊球。❹和❺协同配合,防止⑤接球。

  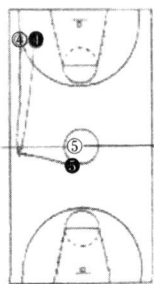

图 8 - 23　　　　　图 8 - 24　　　　　图 8 - 25

示例 2：如图 8 – 25 所示，当④沿边线运球过中线时，❺突然迎上去迫使其停球，并协同❹夹击停球的④。

要求：当对方运球停止，或持球队员处于各个场角时，要果断夹击，并积极挥动手臂，封堵其传球路线，不要盲目抢、打球，尽量减少不必要的犯规。

二、快攻与防守快攻

快攻是由防守转入进攻时，以最快的速度、最短的时间把球推进到前场，在对方尚未部署好防守之前，造成人数上、位置上的优势，果断而合理地进行进攻的一种进攻战术。

（一）快攻的组织形式

快攻的组织形式，一般分长传快攻、短传结合运球快攻两种类型。短传结合运球快攻，一般由以下三个阶段组成。

1. 发动与接应阶段

这个阶段是组织快攻的主要环节，取决于获球队员的快攻意识和能否准确地传出第一传以及接应队员的配合行动。快攻的接应分固定接应（固定人、固定区、固定人不固定区、固定区不固定人）和机动接应（人、区均不接应）两种。

2. 推进阶段

推进阶段是指快攻发动后与快攻结束阶段之前的阶段，也是突破对方中场防守的过程。快速合理地向前推进，才能造成人数上、位置上的优势。快攻推进是通过中路、边线、中路和边线的结合的推进路线，运用快速的传球和运球突破防守。

3. 结束阶段

结束阶段是指快速推进至前场最后完成攻篮的阶段。它是决定快攻成败的关键。要尽力争取以多打少的优势来结束快攻。如遇人数相等或以少打多的情况，也要利用速度趁对方立足未稳，果断而有配合地进行投篮，其余队员应迅速跟进拼抢篮板球和补篮。

（二）快攻的方法

1. 长传快攻的方法

示例：如图 8 – 26 所示，⑤抢到篮板球后，首先应观察全场情况，掌握发动快攻的时机，⑥和⑧及时快下，超越防守。⑤根据情况，长传球给⑥或⑧进行投篮。④、⑤、⑦应随后跟进。

2. 短传结合运球快攻的方法

示例：如图 8 – 27 所示，④抢到篮板球后，将球传给机动接应的⑤，⑤又把球传给⑥，从中路运球推进，⑦和⑧沿边线快下，争取以多打少进行投篮，④和⑤应迅速插空跟进。

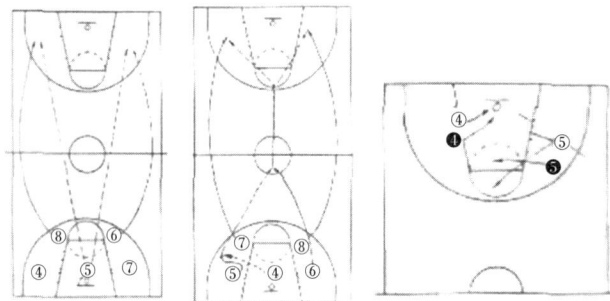

图 8 - 26　　　　图 8 - 27　　　　图 8 - 28

（三）防守快攻

1. 基本要求

具有防守快攻意识，合理应用封、堵、夹、抢、断等手段，退守速度要快。原则是堵中间，卡两边。前提是封一传和接应。

2. 防守快攻的方法

（1）积极拼抢篮板球，减少对方获球次数，封、堵快攻第一传和接应，如图 8 - 28 所示，当④抢到篮板球时，❹迅速向前封堵④的一传路线，❺则迅速抢前防守，切断⑤插中接应④传球路线。

（2）紧防快下队员。快下队员是对方长传快攻的关键人物。在转入防守时，后线队员要快退，紧防进攻队员沿边线快下接球，切断长传路线。

（3）降低对方推进速度。当对方已展开快攻时，凡防守队员要积极退守，堵截或追防，阻挠对方传球或运球突破，延缓对方的攻击速度，以便及时组织防守。

（4）以少防多。当对方快攻推进至前场形成以少防多的情况时，应重点防守篮下，积极阻截，为同伴退守赢得时间。

三、全队进攻与防守战术配合

（一）人盯人防守与进攻人盯人防守

人盯人防守战术分为半场人盯人防守和全场紧逼人盯人防守。进攻人盯人防守战术，根据对方防守范围的特点，分为进攻半场人盯人防守和进攻全场紧逼人盯人防守。进攻队运用传切、策应、掩护突分等配合组成。

1. 半场人盯人防守的基本要求

（1）防守队应根据双方队员的身高、位置和技术水平，合理地进行分工，尽量与对手的力量相当。由进攻转为防守时，要迅速退回后场，找到自己的对手，在控制住自己对手的基础上，积极抢、断球，夹击和补防。

（2）防守有球队员要逼近对手，主动攻击球，积极封盖投篮，干扰传球，堵截运球，并伺机抢球，迫使对方处于被动局面。防守无球队员要根据对方、球和离球篮的距离选择人球兼顾的位置。防守无球队员要贴近防守,切断对方的传球路线,不让对方接球。防守离球远的队员要缩小防守,在控制住自己的对手的基础上,协助同伴防守。

2.半场人盯人防守战术方法

(1)由进攻转入防守。在进攻转入防守时,离球近的防守队员要封堵第一传和接应,防止对方发动快攻,然后迅速退回后场找人,进行半场人盯人防守。

(2)防守掩护进攻配合。防守掩护进攻配合时,防守队员应尽量采用挤过的配合方法,减少采用交换防守的方法,避免对方通过掩护配合压小防区,以保持防守的进攻性。如图8-29所示,④利用⑥的后掩护运球突破,❻在跟随⑥防守的同时,应及时提醒❹,并向④运球突破的方向移动,准备堵截④的运球,迫使④减速或停止运球。当④未停球时,❹迅速从⑥身前挤过继续防守④。如果⑥转身向篮下切入准备迎接④的球时,远离对手的❼、❺要进行补防。

(3)夹击防守配合。如图8-30所示,⑦沿边线运球,❼应该尽力追防堵截,迫使⑦在底线停球,这时❽应该迅速移动与❼配合夹击⑦。❻、❹、❺要迅速调整防守位置,在防守住自己的对手的基础上,随时准备补防和断球。

(4)防守中锋配合。如图8-31所示,⑦持球,❼要紧逼⑦,封盖对方的投篮和向篮下传球。❺应该绕到⑤的前面进行防守,防止其接球。❽向篮下移动,进行协防,防止⑤接球。❻远离对手,随时准备抢断⑦传球给⑤的高吊球。

图8-29　　　　图8-30　　　　图8-31

3.进攻半场人盯人防守的基本要求

(1)要根据本队队员的身体条件、技术条件,选择进攻战术和适宜的战术队形,以便扬长避短,发挥本队的优势。由防守转入进攻时,在前场要迅速落位,形成战术队形,立即发动进攻。

(2)在组织战术中,应该注意各种进攻基础配合之间的衔接和变化,既要明确每个进攻机会,又要明确全队的进攻重点,保持进攻战术连续性。组织进攻战术时,应该尽量做到内外结合、左右结合,扩大进攻面,增多进攻点,增强战术的灵活性。在进攻配合中,既要积极地穿插移动,又要注意保持攻守平衡。进攻结束时,既要有组织抢前场篮板球,又要有组织地进行退守。

4.进攻半场人盯人防守战术的队形与战术方法

(1)进攻半场人盯人防守的战术队形

①2-1-2队形　　单中锋站在篮下附近

②2-2-1队形　　单中锋站在篮下附近

③2-3队形　　单中锋站在篮下附近

④1-3-1队形　　双中锋上、下站位

⑤1-2-2队形　　双中锋篮下站位

⑥1-2-2队形　　无固定中锋,5个队员"马蹄"形站位

⑦1-4队形　　双中锋在罚球线的两侧站位

（2）进攻战术方法

①2-3队形　单中锋进攻方法

示例：如图8-32所示,④传球给⑧后,④给⑥做掩护,⑥利用掩护摆脱防守向篮下切入接⑧的球投篮。如果⑥未能接到球,继续向球篮的另一侧底线移动,拉空篮下。此时,⑦利用⑤做定位掩护向篮下切入,⑤掩护后,转身切入篮下,⑧根据防守情况将球传给⑦或⑤投篮。

 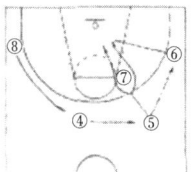 

图8-32　　　　　图8-33　　　　　图8-34

  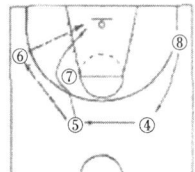

图8-35　　　　　图8-36　　　　　图8-37

②2-1-2队形　单中锋进攻方法

示例：如图8-33所示,⑤将球传给摆脱防守的⑥后,⑤利用⑦做定位掩护,摆脱防守切入篮下接⑥的传球投篮：如果⑤未能接到球,继续向球篮的另一侧底线移动,拉空篮下,如图8-34所示。⑦掩护后,立即转身向篮下切入,接⑥的传球投篮。如果⑦未接到球,④、⑧迅速移动调整进攻位置,如图8-35所示。⑥回传球给④,④传球给⑧,⑥利用⑦做定位掩护向篮下切入接⑧的球投篮。如果⑥在篮下未能接到球,继续向另一侧罚球区附近移动进行策应配合,如图8-36所示⑧传球给⑤,⑤传球给⑥后,⑤给⑧做掩护,⑧切入接⑥的球投篮。如果⑧未接到球,继续向另一侧移动,⑥运球移动到边线附近,回传球给⑤,⑦插到罚球线附近,如图8-37所示。⑤传球给⑥后,⑤利用⑦做定位掩护向篮下切入,接⑥的球投篮。

③1-2-2队形 双中锋进攻方法

示例:如图8-38所示,④持球,⑦摆脱接④的传球,⑤摆脱向篮下移动接⑦的传球投篮。如果在篮下未能接到球,则即去给⑥做掩护,如图8-39所示。⑥利用⑤的掩护,摆脱防守,接⑦的传球投篮。如果⑥未能接到球,移动到罚球线上,如图8-40所示⑦传球给④,④传球给⑥,⑥接球后,转身投篮或将球传给切入篮下的⑤投篮。又如8-41所示,④传球给⑥后,去给⑧做掩护。⑧摆脱接球投篮或传给切入篮下的⑥投篮。

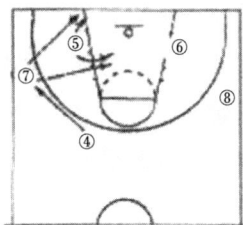

图8-38

图8-39

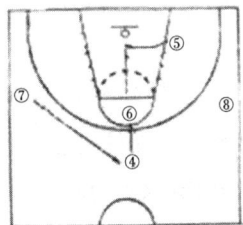

图8-40

图8-41

(二)全场紧逼人盯人防守与进攻全场紧逼人盯人防守

1.全场紧逼人盯人防守战术的基本要求

(1)由进攻转入防守时,全队要思想统一,行动一致,每个队员要以先声夺人的气势,迅速找人,抢占有利的位置防住自己的对手。

(2)防守无球队员时,以防止或减少对手接球为主,人球兼顾,随时准备补防和断球。防守持球队员时,首先要防止对手投篮、切入和传球。当对手运球突破时,要迫使对手向边线运球,并设法使其早停球。当对方停球后,要立即贴近防守,封堵其传球。

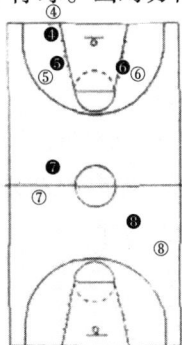

图8-42

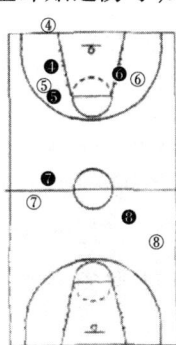

图8-43

2. 全场紧逼人盯人防守配合方法

（1）一对一的紧逼防守方法

如图 8－42 所示，当④掷界外球时，❹应迅速上前紧逼防守④，积极挥动双臂，封堵传球角度，争取断球，同时❺、❻要选择⑤、⑥的侧前方位置。积极堵截其向球移动的路线，防止其接球。❼、❽与对手保持一定的距离和角度，在防守住自己对手的基础上，随时准备补防和断球。全队配合争取造成对方传球失误或掷界外球 5 秒违例。

（2）夹击接应者的紧逼防守方法

如图 8－43 所示，④掷界外球时，❹放弃对④的防守，与❺夹击离球最近的⑤，使其没有接球的机会。❹防守时，要面对⑤，阻挠其接球，❺站在⑤的后方，防止④传高吊球。❻站在⑥的侧前方，切断其向前移动的路线，不让其接球。❼、❽站在对手的侧前面，在防守住自己对手的基础上，随时准备补防或断球。

①机动夹击紧逼防守方法。如图 8－44 所示，当④掷界外球时，❹主动放弃④，站在⑤、⑥的后面，❺、❻站在⑤、⑥的前面不让其接球，❹与❺夹击离球最近的⑤，并随时准备补防或断④传给⑥的高吊球。

②中场紧逼防守方法。如图 8－45 所示，⑤沿边线运球突破，❺紧跟防守。当⑤运球刚过中场时，❼突然上前迎堵，在中线的场角与❺形成对⑤的夹击。同时，离球较远一侧的防守队员要按顺时针的方向移动调整防守位置，互相换防补位，并准备抢断⑤的传球。

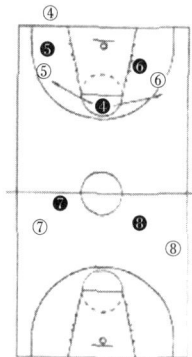

图 8－44

图 8－45

3. 进攻全场紧逼人盯人防守战术的基本要求

当对方采用全场紧逼人盯人防守时，要沉着冷静，思想统一，行动一致。争取在对方尚未形成全场紧逼人盯人防守之前，采用快速反攻，打乱对方的部署。在对方已形成全场紧逼人盯人防守时，要运用进攻配合，有针对性地组织进攻，进攻过程中，要掌握进攻节奏，选择好进攻方向，减少盲目运球、在边角停球和远传球。

4. 进攻全场紧逼人盯人防守方法

（1）后场进攻法

如图 8－46 所示，④掷界外球，⑦、⑧分别给⑤、⑥做掩护，⑤、⑥利用掩护摆脱防守，接④的传球进行快速反击。

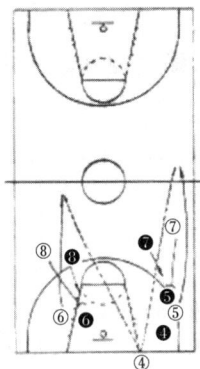 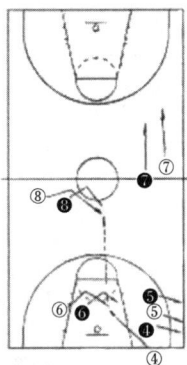

图 8 – 46   图 8 – 47

（2）中场进攻法

如图 8 – 47 所示，④传球给接应的⑥，⑧立即摆脱防守，插中接⑥的传球。与此同时，⑦在前场摆脱防守，准备插中接⑧的传球。通过插中策应配合把球推进到前场。

（三）区域联防与进攻区域联防

区域联防是由攻转守时，防守队员迅速退回后场，按每个队员分工负责防守一定的区域，严密防守进入该区的球和进攻队员，并与同伴协同防守，用一定的队形，把每个防守区域有机地联系起来，组织全队防守战术。

1. 区域联防的基本要求

（1）根据区域联防的形式、队员的条件与技术特长，合理分配队员的防守区域，发挥队员在各自防守区的作用。由进攻转入防守时，要积极阻止对方的攻势，有组织地快速退守和及早落位防守。防守队员要协调一致，随球积极移动，并张开和挥动双臂，相互照应形成整体防守。

（2）防守持球队员，应按照人盯人防守的要求，积极阻挠对手投球、传球和运球，严防从底线近球突破。防守不持球队员，要根据离球的远近和防区内进攻队员的行动，积极抢位和堵截，不让对手在有威胁的区域内接球，随时准备携同同伴进行"关门""补防"等防守配合。当进攻队员采用穿插移动时，应根据其行动方向，进行跟防或接防，并迅速调整防守位置或队形。当进攻队员投篮后，每个防守队员都要堵位和抢位，有组织地争取篮板球，及时地发动进攻。

2. 区域联防的方法

（1）2 – 1 – 2 区域联防的方法

示例：如图 8 – 48 所示，球在外围弧顶时的防守配合，④传球时，❹上去防守④。❺要稍向左移，准备抢断④传给⑥的球，❻向上移动防守⑤，❼向上移动防守⑦，并兼顾防守篮下，❽防守⑧。

（2）2－3区域联防的方法

示例：如图8－49所示，当⑥接④传球时，❼上去防守⑥。⑥向限制区移动，防止④空切。❺抢占在⑧的前面，切断⑥与⑧的传球路线，⑧站在⑧的侧后方，防止⑥传高吊球给⑧，❹站在❺内侧，防止❺向限制区空切。

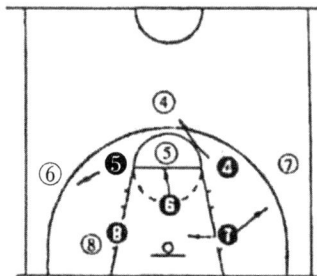

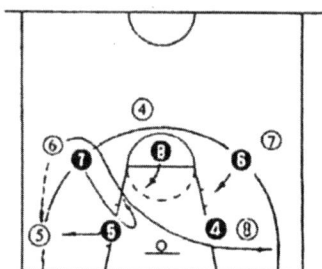

图8－48　　　　　　　　图8－49　　　　　　　　图8－50

（3）3－2区域联防的方法

示例：如图8－50所示，球在场角的防守配合，⑥持球传给场角的❺时，❺上去防❺，⑥向篮下切入，准备接❺的后传球，❼应堵截⑥向篮下切入的路线，防止其接球。当⑥未能接球向另一场角移动时，❼则不跟随，迅速返回原来的防守区。⑧、⑥向限制区移动，防止协防。❹防止⑧遛底线或插入限制区。

3.进攻区域联防的基本要求

（1）由防守转为进攻时，首先要积极发挥快攻，打乱对方的战略部署。当防守区以组成区域联防时，进攻队员应针对防守队形，采用插空站位的进攻队形组织进攻。

（2）组织进攻区域联防战术，应耐心地运用快速的传球转移进攻方向和积极穿插移动，调动和牵制防守，创造进攻机会。进攻区域联防要用准确的中、远距离投篮，迫使对方扩大防区。要利用内外结合的进攻，在防守薄弱的区域组织进攻。要在局部地区以多打少，拼抢篮板球，争取二次投篮机会，还应注意保持攻守平衡，准备退守。

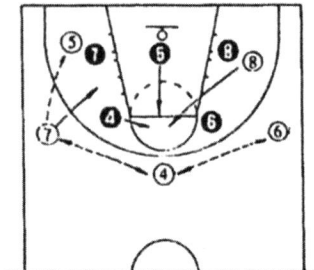

图8－51　　　　　　　　　　　　　图8－52

4.进攻区域联防的方法

（1）以1－3－1进攻2－1－2区域联防为例

如图8－51所示，④、❼相互传球，吸引❹、❼上来防守，④将球传给⑤，⑤接球后转身做投篮动作。与此同时,⑧遛底线,⑥向场底角移动,形成❽防区以多打少的有利局面,⑤根据情况,将球传给❽或❻投篮。

（2）以1-2-2进攻2-3区域联防为例

如图8-52所示,④、⑥、⑦相互传球,吸引❹、❻上来防守。④、⑥、⑦根据❹、❻的情况,抓住时机果断地进行中距离投篮。⑧插上至罚球线附近准备接球,吸引❺上来防守,④迅速将球传给⑦,⑦做投篮动作,吸引❼上来防守,⑦根据情况,进行中距离投篮,或传球给篮下⑤投篮。

第三节　篮球竞赛规则与裁判

篮球运动与竞赛规则自同日诞生起,共同走过了一百多年的历史,是规则激发了篮球运动无限的活力和魅力,而篮球技战术的发展,又使得规则不断地改进和革新。我国老一辈篮球裁判员郭玉佩说:"规则之于比赛,如绳墨之于曲直,规矩之于方圆,权衡之于轻重。"说的就是,规则是指导篮球运动向健康方向发展的条文规定。它提倡公平竞赛、文明比赛、积极进取、团结合作精神以及优良的体育道德作风,限制了不正当的行为和不合理动作。此乃规则的精神实质。

篮球规则是篮球运动的法律性文件,是篮球竞赛唯一的理论依据。裁判法是临场裁判员的工作方法,指导裁判员如何完成一场竞赛的裁判工作。

一、篮球竞赛规则与场地

（一）比赛时间与场地

1. 比赛时间

篮球比赛分为上、下两个半时,每半时为20分钟（比赛净时）。每个半时分为两节,每节10分钟,每节休息2分钟,两个半时中间的休息时间为10分钟。

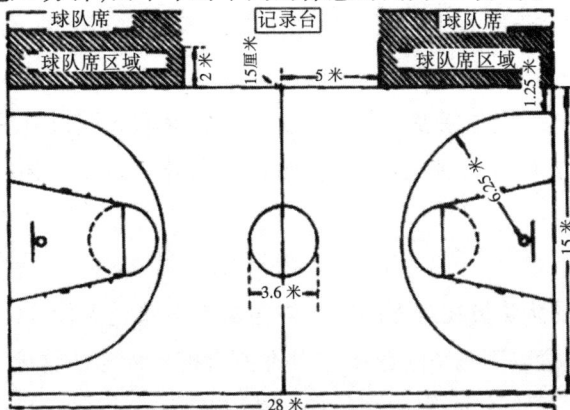

图8-53　篮球比赛场地

2. 比赛场地

篮球比赛应在一块长 28 米,宽 15 米的平坦场地上进行,其规格如图 8 - 53 所示。

(二)违例的判断与处理

1. 带球跑

确定中轴脚是判断持球队员是否带球跑的关键。以下面三种情况来确定中枢脚:(1)队员静立时接球,可用任何一脚作轴进行旋转。(2)队员在移动中接球或运球结束时,可采用两步停步或将球脱手。第一步计算是:①在接到球的一刹那,任何一脚正在接触地面。②如双脚离地时接球,在接球后一脚或双脚同时接触地面。第二步计算是:第一步后,一脚或双脚同时接触地面队员确已停步,在做第二步时第一步的脚不得有新的移动。队员合法停步后,如脚分前后,可准用后脚做中枢脚旋转,两脚不分前后,可用任何一脚做中枢脚旋转。(3)队员静立接球或持球合法停步后:①投篮或传球时,可提起中枢脚或跳起,但必须在一脚或双脚再次接触地面前将球脱手。②开始运球时,在球离手前不准提起中枢脚。如果持球队员违反上述三条标准,都应判为带球跑违例。

2. 非法运球

队员控制球后,将球掷、拍或滚,在球接触其他队员之前再与球接触则为运球。队员一次运球完毕,不得再次运球,否则是非法运球。

3. 球回后场

判断球回后场的三个因素:队员在前场控制球;在前场最后触球;在后场最先触球。缺少上述三个因素的任何一因素,都不构成球回后场违例。

4. 罚球违例

罚球时队员应遵守下列规则:罚球队员应在 5 秒钟之内投篮出手,并使球触及篮圈;罚球时,罚球队员不得接触罚球线或罚球线前的地面;罚球时,双方队员不得进入罚球区域扰乱罚球队员等。违反上述规定,即判违例。

5. 跳球违例

跳球时队员应遵守下列规则:当裁判员抛的球达到最高点之前,任何一个跳球队员都不得拍球;在拍球前跳球队员不得离开自己的位置;每一跳球队员只能拍击球两次;每一跳球队员第二次拍球后,当球触及非跳球队员、地面、球篮或篮板前,不得再接触球;跳球时,非跳球队员在球被跳球队员拍击前,应站在圆圈外。违反上述规定者,应判为跳球违例。

6. 3 秒钟违例

某队控制球时,同队队员在对方限制区内停留不得超过 3 秒钟,否则为 3 秒钟违例。判断 3 秒钟违例时注意以下三个问题:3 秒钟在所有掷界外球的情况下均有效,从掷界外球队员可以处理球时开始计算;限制区的所有线,属于限制区的一部分,进攻队员脚踏限制区的线就如同进入限制区;投篮出手和连续抢篮板球投篮不受 3 秒钟限制。

7.5 秒钟违例

掷界外球队员的 5 秒钟计算,从掷界外球队员可以处理球开始,他必须在 5 秒钟内将球掷入场内;罚球队员 5 秒钟的计算,是从罚球队员得到裁判员的递交球开始,他必须在 5 秒钟内将球离手;持球队员被严密防守 5 秒钟的计算,是当一个持球队员被一个或两个对方队员积极挥臂封堵、抢球时,他必须在 5 秒钟之内传、滚、投篮或运球,否则应宣判违例。

8.8 秒钟违例

一个队从后场控制活球开始,必须在 8 秒钟内使球进入前场,如果超过 8 秒钟,应判违例。

9.24 秒钟违例

某队在场内控制着一个活球时,必须在 24 秒钟内投篮出手,否则应判 24 秒钟违例。在判断和处理 24 秒钟违例时,应注意以下问题:球出界,由原控制球队的队员掷界外球时或裁判员中止比赛以保护受伤队员,并由受伤队员的同队队员掷界外球时,24 秒钟从中断处计算;当投篮的球在空中时,如果错误地发出 24 秒钟违例信号,若球投中,得分有效,若球没有投中则由双方队员在就近的圆圈内跳球。

10.干扰球违例

判断干扰球违例要注意以下三个问题:(1)投篮和传递中的球在篮圈水平面上下落时,进攻队员不得触及此球。如果进攻队员违反规定,不管是否投中均无效,由对方在违例就近边线掷界外球。(2)投篮的球,当球在篮圈水平面上下落时,防守队员不得触及此球。如果防守队员违犯此规定,无论中篮与否,根据投篮地点判给投篮队员得 2 分或 3 分。(3)投篮的球,当球在篮圈上时,攻守队员都不得触及球篮和篮板,进攻队员违犯此规定得分无效,防守队员违犯此规定,无论中篮与否,判给进攻队得 2 分或 3 分。如果攻守双方队员同时违例,则不得分,由双方违例队员在就近的圆圈内跳球。

发生违例的处理方法:选判违例后即成为死球,除干扰球和发球违例有特别规定外,其他违例都应该使违例队失去球权,由对方在违例就近边线掷界外球。

(三)侵人犯规和技术犯规的判断与处理

1.侵人犯规的判断标准

侵人犯规是指在球进入比赛状态,活球和死球时队员发生不合理的身体接触。区分哪些身体接触是无意的、合理的,哪些身体接触是有益的、非法的,是判断侵人犯规的关键。侵人犯规按以下六条标准判断:

(1)队员在攻守中不准通过伸展肩、臂、髋、膝、脚或弯曲身体成不正常的防守姿势,不准采取不合法的防守位置,达到阻挡、阻挠对方的目的,不准采取非法的动作打、推、扛、绊对方。

(2)防守无球队员时,距离不准太近,占据位置时,不准速度太快。

(3)运球者不准冲撞已站在自己行进路线上并已站在合法防守位置的队员。

（4）队员掩护时，要原地不动，并有一定的距离，不准在移动中进行掩护。

（5）队员起跳时，要遵守垂直原则，不准撞开对方起跳。

（6）当某队员起跳到空中时，对方队员不准移动到他的身体下方。

2．侵人犯规的处理方法

（1）对正在进行投篮动作的队员发生了侵人犯规，应登记犯规人次，并累计在该队每节4次犯规之内。若对方投中分有效，再加罚1次；若球未投中，根据投篮地点判给队员2次或3次罚球。

（2）对未做投篮动作的队员发生了侵人犯规，登记犯规次数，并累计在该队每节4次犯规之内，由对方在犯规就近的边线掷界外球。若犯规队每半时的犯规超过4次，则由对方执行2次罚球。

（3）故意犯规。除登记该队员1次故意犯规，并累计在该队4次犯规以内，由对方执行2次罚球和1次边线中点处掷界外球。若对投篮队员发生故意犯规，投中有效加罚1次，然后在边线中点处掷界外球。

（4）取消比赛资格的犯规。如果队员比赛中出现了十分恶劣的不道德行为，就要判为取消比赛资格的犯规，令该队员离开比赛场地和球队席附近，不得用任何方式与该队发生联系，处罚则同故意犯规。

3．技术犯规的判断标准

（1）无意和对比赛没有影响或属管理性质的技术性违反规则，不算技术犯规，但是要提出警告。警告后该队又重犯时，则应立即判技术犯规。

（2）对有意、不道德的或有投机取巧性质的行为，应立即判为技术犯规。

（3）对有十分恶劣行为者或坚持不改者，应判技术犯规而取消其比赛资格，令其退出比赛场地。

4．技术犯规的处理方法

（1）队员技术犯规。登记该队员犯规次数，累计在全队每节4次4次犯规之内，由对方罚球2次，并在中线掷界外球。

（2）教练员、助理教练员和替补队员技术犯规：将犯规登记在该队教练员的名下，并累计在全队每节4次犯规之内，由对方罚球2次并在边线的中点处掷界外球。

（3）比赛前或比赛休息期间，谁技术犯规，将犯规登记在谁名下，累计在全队每节4次犯规之内；若教练员犯规，则累计在全队下节4次犯规之内，由对方罚球2次后，根据球权拥有开始比赛。

第九章

排　球

排球运动是由参加运动的人,以身体的任何部位(以单手或双手为主)相互在空中击球使球不落地,既可隔网进行比赛,也可不设球网进行击球游戏的一种体育项目。排球运动问世一百多年来,其竞赛规则虽然经过了多次修改,但比赛双方始终围绕着使球在对方场区落地,或使对方击球失误的竞技目的展开激烈的争夺,因此也带来了排球运动特有的,也是其他运动所不具备的技、战术特点。

第一节　排球的基本技术

排球技术是指运动员在比赛规则允许的条件下采用的各种合理的击球动作和配合动作的总称。排球技术有两种:一种是有球技术,包括传球、垫球、扣球、发球和拦网;另一种是无球技术,包括准备姿势、移动、起跳及各种掩护动作等。

排球技术主要由手法和步法两部分组成。手法是指击球时手指、手腕、手臂用力和控制球的动作手法;步法是指快速灵活的脚步移动和助跑起跳动作。快速灵活的步法是保持好人与球合理位置关系的前提,同时为手法的运用创造良好条件。手法准确熟练,可弥补步法的不足,减少失误。目前排球规则允许比赛中运动员可用身体的任何部位击球,虽然排球运动的各项技术主要是利于手指、手掌、前臂来击球,但在应急情况下也可用头、肩、大腿、脚弓、脚背等部位击球,提高起球率。

一、准备姿势

在起动、移动和击球前采用的合理的身体动作或姿势,称为准备姿势,是完成排球各种技战术的基础。良好的准备姿势可以使球员迅速起动、快速移动至接近来球、占据有利的击球位置,完成各种击球动作。准备姿势按照身体重心的高低,可以分为稍蹲准备姿势、半蹲准备姿势和低蹲准备姿势三种。

(一)稍蹲准备姿势

主要运用于当对方正在组织进攻,或球虽在本方但离自己较远,不需要及时移动击球时,以及在进行二传、扣球和接速度较慢弧度较大的发球。

动作要领:两脚左右开立与肩同宽,一脚在前,两膝微屈,身体重心位于两脚之间,并稍微靠近前脚,后脚跟稍提起,上体稍前倾,两臂放松,自然弯曲置于腹前。两眼注视球并兼顾场上各种情况,两脚保持微动状态。一般用于来球速度较慢、弧度较高的传球、垫球或扣球前。

(二)半蹲准备姿势

主要运用于接发球、传球、拦网时。同时也是为短距离移动和防较低来球做准备。

动作要领:两脚开立略比肩宽,两膝弯曲,脚跟自然抬起,上体前倾,重心靠前,膝部的垂直线应在脚尖前面,两臂放松,自然弯曲置于腹前,两眼平视,注意来球,两脚始终保持微动。(图9-1)

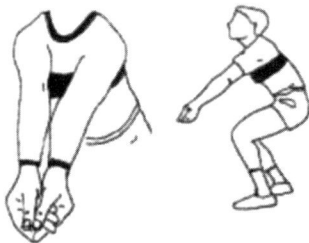

图9-1

(三)低蹲准备姿势

主要运用于后排防守(接扣球)与前场保护(接拦回球),以及接低远的球和衔接各种倒地动作的接球,以扩大防守范围。

动作要领:两脚左右开立比肩宽,一脚在前,两膝弯曲,膝部弯曲的程度大于半蹲准备姿势,后脚跟自然提起,身体重心位于两脚之间,上体更前倾,重心靠前,肩部垂直线过膝,膝部垂直线过脚尖,两臂放松自然弯曲置于腹前。两眼注视球并兼顾场上各种情况,两脚保持微动状态。

二、移动

移动是指起动到制动之间的人体位移。移动的目的主要是及时接近球,保持好人与球的位置关系,以便击球。移动由起动、移动步法和制动三个环节组成,其中移动步法有并步与滑步、交叉步、跨步和跨跳步、跑步等,采用何种步法要视来球情况而定。

(一)移动的技术动作

1.起动

起动是移动的开始,它是在准备姿势基础上交换身体重心的位置,破坏准备姿势重心的稳定,使身体便于向某一方向移动步法。

2.移动步法

(1)并步与滑步

当来球距身体一步左右时可采用并步移动。近球一侧的脚向来球方向跨出一步,另一侧脚迅速有力地蹬地,并迅速跟上,做好接球的准备姿势。当来球与身体距离较远,用并步无法接近球时,可采用连续并步与滑步。

(2)交叉步

两脚左右开立。向右侧交叉步移动时上体稍向右转,左脚从右脚前向右交叉迈出一步,然后右脚再向右侧方向跨出一大步,同时重心移至右脚,身体转向来球方向,保持击球前的姿势。交叉的特点是步子大、动作快、便于制动。

(3)跨步

前膝部弯,上体前倾,身体重心移至跨出脚上。跨步时,一腿用力蹬地,另一腿向来球方向跨出一大步,后腿随重心前移自然跟上,两臂做好迎球动作。跨步的特点是跨距大,便于向前、斜前方降低重心进行低点击球。

3. 制动

击球前,身体重心必须相对稳定,才有利于做各种击球动作,并控制好击球的方向、路线和落点。制动方法有一步制动法和两步制动法两种。

(1)一步制动法

移动后跨出一大步,同时降低重心,全脚掌着地以抵抗身体继续移动的惯性,并利用腰腹力量控制上体,使身体重心控制在两脚所构成的支撑面以内。

(2)两步制动法

两步制动时以倒数第二步做第一次制动,紧接着跨出最后一步,同时身体后倾,两膝屈曲,重心下降,用脚内侧蹬地,以抵抗移动的惯性,使身体处于有利于做一个动作的状态。

动作要领:判断及时快反应,抬腿弯腰移重心;脚步转换衔接好,身体快移重心稳。

(二)准备姿势和移动的学习方法

1. 准备姿势学习方法

(1)徒手模仿练习。

(2)一人做准备姿势,另一人纠正其错误动作,两人互教互学。

(3)看手势做练习。一人做手势上举、平举、放下,另一人做相应的直立、半蹲、摸地等动作。如此反复进行,教师随时纠正动作。

(4)全体学生围成圆圈慢跑,听到教师哨声向前跨一步做半蹲—稍蹲—低蹲准备姿势。

2. 移动学习方法

(1)学生徒手做各种移动步法,体会完整动作。

(2)3~4人一组,站在端线后,先做原地快速小步跑,听到口令后,快速起动冲刺跑6米或跑过中线。

（3）两人一组，相距 2～3 米，做好准备姿势，一人向前、后、左、右抛球，另一人移动后把球接住再抛回，连续进行一定次数后两人交换。

（4）两人一组，一人将两个球交替向各个方向抛出，另一人移动后交替将球接住和抛回。

（5）三人一组绕三角障碍物任意跑动，一人追，两人跑。（规定三人移动的步法）

（三）学练准备姿势与移动应注意的事项

（1）提高对准备姿势与移动技术重要性的认识。结合游戏的形式进行练习，激发学生的学习兴趣。

（2）重点学会半蹲准备姿势，练习时要放松，切忌紧张，使身体保持微动状态。

（3）练习方法要多样化，避免枯燥。多结合球和场地练习，增强学生对各种不同来球的判断反应移动能力。

三、发球

发球是排球比赛的开始。队员在发球区用一只手将自己抛起的球直接击入对区的技术动作称为发球。发球是排球比赛的一项重要的进攻性技术，它随着排球运动的发展而不断地创新与提高。

发球是比赛的开始，也是进攻的开始。准确而有攻击性的发球，不仅可以直接得分或破坏对方进攻战术的组织，还可减轻本方防守压力，为防反创造有利条件。有威力的发球，还可鼓舞全队士气，不断扩大战果，从而打乱对方阵脚，在心理上给对方造成威胁，起到破坏对方部署和挫伤对方士气的作用。发球的种类很多，本节主要介绍侧面下手发球和正面上手发球。

（一）侧面下手发球的技术动作

侧面下手发球是队员侧对球网站立，转体带动手臂由体侧后下方向前挥动，在体前肩以下的高度击球过网的一种发球方法。

1. 侧面下手发球的特点

由于在发球时人侧面对网，可以借助转体力量带动手臂挥动击球，比较省力，但攻击性不强，适合于女生初学阶段。

2. 侧面下手发球的动作方法

身体侧对网（右手发球为例），两脚左右开立，约与肩同宽，两膝微屈，上体稍前倾，重心落在两脚之间。（图 9 - 2）

图 9 - 2

左手将球平稳抛送至左肩前方,距身体约一臂距离,离手高约 30~40 厘米。

在抛球的同时,右臂引向侧后方,利用右脚蹬地、身体左转的力量,带动手臂向前上方摆动,在腹前用掌跟或虎口侧平面击球的后下方,身体重心随挥臂击球而随之移向左腿。

球抛体前高度 1 尺,转体带动直臂挥动,掌跟或虎口击球中下部,重心随挥臂移至左前。

侧面下手发球的技术难点主要在于抛球的合理性以及挥臂的协调性。

(二)正面上手发球的技术动作

正面上手发球是队员面对球网站立,以正面上手的形式,用全手掌击球并手腕迅速主动做推压动作,使球呈上旋飞行的一种发球方法。

1. 正面上手发球的特点

正面上手发球时人体面对球网站立,便于观察对方,容易控制球的落点。正面上手发球是目前采用最为普遍的一种发球方法。

2. 正面上手发球的动作方法

面对球网,两脚自然开立,左脚在前,左手持球于体前。(图 9 - 3)

图 9 - 3

左手将球平稳地垂直抛于右肩的前上方,高度 40~50 厘米。同时,右臂抬起,屈肘后引,肘略高于肩,手掌自然张开,上体稍向右侧转动,抬头、挺胸、展腹,身体重心移至右脚上。右脚蹬地重心前移,上体向左转动,同时收腹带动手臂向前上方挥动,在右肩前上方伸直手臂至最高点,以全手掌击球的后中下部。击球时,手指自然张开吻合球,手腕迅速主动做推压动作,使击出的球呈上旋飞行。

正面上手发球要领:球抛右肩前上方,高度离手约 1 米,转体收腹带挥臂,弧形鞭打加力量,手掌击球后中下,手腕推压向前旋。

正面上手发球的技术难点主要在于合理的抛球位置以及正确的击球挥臂动作。

(三)发球技术的学习方法

1. 徒手抛球练习

全班学生徒手模仿发球挥臂动作和抛球动作,体会发球用力顺序和挥臂的轨迹,掌握正确的挥臂方向和速度。

2.结合球的练习

自抛,也可找一个固定参照物自抛,要求平稳地向上抛,使抛出的球不旋转,高度自定。

3.击固定球

一人持球于击球点高度,另一人击球。体会击球点和挥臂动作。

4.抛球配合挥臂动作练习

结合抛球、引臂和挥臂击球的练习(不把球击出)。体会抛球引臂和挥臂击球动作的协调配合。

5.对墙或挡网做抛球与挥臂击球练习

体会抛球与手臂挥摆的配合以及击球手法的用力。

6.在发球区内发球练习

提高发球的稳定性。规定每人连续发 5 个球或 10 个攻击性强的好球。

可将对方场区划分成左右或前后部分;或规定区域,进行点线(直线、斜线)结合的练习。

(四)学练发球技术应注意的事项

加强发球的攻击性,可以起到先发制人、争取主动、摆脱被动的作用。发球的攻击性是在准确性的前提下实现的,在掌握了准确性的基础上再进行攻击性练习,这样才有效果。提高发球攻击性,必须注意以下几点:

(1)在教学中要重点抓住抛球动作与挥臂击球动作的协调配合,因为抛球是前提,击球是关键和难点。抓住抛球和击球这两个环节,强调抛球要平稳,挥臂动作迅速协调,击球准确。

(2)在练习发球的攻击性的时候,还要注意发球的准确性,把攻击性与准确性紧密结合起来练习,这样才能显示效果。

(3)注意鞭甩挥臂的用力顺序。以腰带肩,肩带上臂,上臂带前臂,前臂带手腕,最后传递到手。

(4)不要急于求成。初学者,特别是在刚刚掌握发球技术动作时,认为只要用力即可,而不注意抛球和击球动作,这样会影响正确技术的掌握。

(5)在发球教学中,由于发球练习的形式比较单调,教师要不断变化练习的方法,提出具体要求,并将发球与接发球结合起来进行练习。

四、垫球

垫球是排球的基本技术之一,是用手臂从球的下部,利用来球的反弹力向上击球的技术动作。

垫球在排球比赛中占有重要的地位,主要用于接各种发球、扣球和拦回球。垫稳接发球,有利于打好接发球进攻;垫稳接扣球,有利于组织防守反击。因此,垫球是比赛中夺得分、少失分,由被动转主动的重要技术。垫球还可以在上手传球困难时用来组织进攻。

垫球技术按动作方法可分为正面双手垫球、跨步垫球、体侧垫球、低姿垫球、背垫、单手垫球、前仆垫球、滚翻垫球、鱼跃垫球以及挡球等。本节着重介绍正面双手垫球。

(一)正面双手垫球的技术特点

由于在正面双手垫球时人的身体正对来球,便于判断来球方向,抢占有利位置,容易垫击到位。

(二)正面双手垫球的技术动作

1. 准备姿势

稍蹲或半蹲准备姿势,重心稍靠前,上体自然前倾,两臂自然弯曲,两手置于腰腹前。

2. 击球手型

(1)抱拳式

双手抱拳互握,两拇指平行向前。

(2)叠掌式

双手掌跟靠近,两手手指重叠互握,两拇指平行朝前。

(3)互靠式

两手自然放松,腕部靠近,两拇指平行朝前。

垫球的部位在以两手臂靠拢伸直腕关节以上 10 厘米左右、桡骨内侧合成的平面上。

3. 垫击方法

当球飞到距腹前一臂距离时,两臂快速前伸插入球下,直臂向前上方蹬地抬臂,击球点保持在距腹前约一臂距离处,将球准确地垫在击球部位上,同时配合蹬地送腰的动作,身体重心随击球动作前移。手臂的角度与来球弧度、旋转及垫球的目标、位置有关。来球弧度高,手臂应当抬得平些;来球角度低平,则手臂与地面夹角应大些,这样才能使球以适当弧度反弹飞向目标。

垫球的目标在侧前方时,手臂的垫击面一定要适当转向侧前方的垫击目标。来球带有较强的旋转时,应调节手臂形成的平面,以抵消由旋转引起的摩擦。

4. 正面双手垫球的动作要领

两臂夹紧插球下,抬臂送体腕下压;蹬腿跟腰前臂垫,转体重球要变化。(图 9-4)

正面双手垫球的技术难点主要在于击球部位和协调用力。

(三)垫球技术的学习方法

(1)徒手模仿练习。两手叠掌或抱拳互握的垫球手型练习:要求前臂夹紧并伸直,形成垫击平面,教师及时检查。

(2)击固定球练习。两人一组,一人双手持球于腹前,另一人做垫击动作。重点体会

图 9 - 4

正确的击球点、手型及手臂用力时的肌肉感觉。

（3）垫抛球练习。两人或三人一组，相距 4 米，一抛一垫或一抛二垫。要求先教会学生用双手下手抛球，抛出的球弧度适宜，不太旋转，落点准确。垫球者先将球垫高垫稳，然后要求垫准到位。

（4）对墙垫球练习。学生每人一球，距墙 2 米左右连续对墙自垫，要求垫击手型、垫击点和垫击部位正确，用力协调，控制球能力强。

（5）两人或三人一组，一人抛球，向左、向右、向前、向后移动垫球。要求移动速度不宜太快，垫出的球要稍高，并控制好落点。垫球者尽量做到正对垫球方向垫球。

（6）发垫练习。相距 4～6 米，一人发球一人垫球。

（7）垫传交替练习。两人一组，一人垫一人传。两人交替进行。

（8）三人半场接发球练习。三人分别站在 1、5、6 号位接发球练习。

（四）学练垫球技术应注意的事项

（1）垫球教学应先在简单条件下进行练习，判断、起动和移动是接好球的基础，必须强化。

（2）垫球手法正确与否是接好球的关键。

（3）迎球要及时，学会观察和判断来球的方法，提高起动速度和移动取位的能力，防止只重视手法不重视步法的倾向。

（4）随着垫球技术的不断熟练，要尽量结合攻防战术进行练习。

五、传球

传球是排球的基本技术之一，是利用手指、手腕的弹击动作将球传至一定目标的击球动作。主要用于二传，它在进攻和反攻中起着串联和纽带的作用。按传球的出手方向，可把传球动作分为正面传球、背传球、侧传球和跳传。本节重点介绍正面传球。

面对出球方向的传球动作，称为正面传球。正面传球是最基本的传球方法，是其他一切传球技术的基础。正面传球主要用于二传，为进攻创造条件，在比赛中起着组织进攻的作用;同时也是一项防守技术,可接对方的处理球、吊球和被拦回的高球;传球还可以用来吊球和处理球,起到进攻的作用。

(一)正面传球的技术特点

传球动作是由手指、手腕来完成的,由于手指、手腕灵活,感觉灵敏,双手控制面积较大,又是正对来球,能够很好地控制落点。正面传球的准确性较高。

(二)正面传球的技术动作

(1)采用稍蹲准备姿势,上体稍挺起,仰头看球,两手自然抬起,屈肘,放松置于脸前。

(2)当来球接近额前时,开始蹬地、伸膝、伸臂,手指微张从脸前向前上方迎出。全身各部位动作应协调一致。击球点在脸额前上方约一球距离处。

(3)触球时,两臂屈肘,两肘适当分开,两手自然张开成半球状,使手指与球吻合,手腕稍后仰,两拇指相对接近成"一"字形或"八"字形,两手间有一定距离,以拇指内侧、食指全部、中指的第二、三指关节触球的后下部,无名指和小指在球两侧辅助控制传球方向。(图9-5)

图9-5

(4)当手触球时,手指、手腕保持适度紧张,按照蹬地—伸膝—伸腰—伸肘—伸臂—手指、手腕屈伸的用力顺序,借用球的反弹力将球传出。

(5)正面传球的动作要领。额前迎接球,触球手张开,蹬地伸臂送,指腕缓冲弹。正面传球的技术难点主要在于手形手法、击球点与协调用力。

(三)传球技术的学习方法

(1)原地模仿练习。徒手做传球准备姿势,听教师的口令依次做蹬地、展体、伸臂击球动作练习。重点体会传球前的准备姿势、身体协调用力的动作和传球的手形。

(2)传固定球。两人一组,一人做好传球的手形持球于脸前上方,另一人用手扶住球,持球者以传球动作向前上方伸展,体会身体和手臂的协调用力。要求另一人纠正持球者的手形及身体动作。

(3)两人一组,一人抛球,另一人做好传球的手形、接住来球,体会传球手形。

(4)近距离对墙传球,体会传球手形。

(5)自抛自传练习。要求把球传向头上正上方,传球高度离手1～1.5米。连续传30次为一组。

（6）对传练习。两人相距 3~5 米，连续传球。

（7）移动后传球。两人一组，由同伴抛球，练习者移动后传球。抛球者可将球抛至跑动传球者的左右侧或前后方。

（8）三人三角传球练习。

（四）学练传球技术应注意的事项

（1）传球要采用完整教学法，首先建立传球技术动作的完整概念。手形是关键，应先把握好触球时的手形。

（2）从心理方面讲，初学者一般怕戳手，怕弧度高、力量大和速度快的来球。因此，要从解决手形入手，从易到难，循序渐进。

（3）教学时自始至终要强调正确手形、正确的击球点和协调用力三个环节。同时还要注意指出典型易犯的错误动作，以便学生在学习过程中进行正、误对比。

（4）在初学阶段一定要打好基础，注重实效。

六、扣球

扣球是排球的基本技术之一，是队员跳起在空中，将高于球网上沿的球有力地击入对方区域的一种击球方法。在比赛中扣球是进攻战术和反攻战术最积极有效的进攻手段。扣球技术按动作方法分为正面扣球、勾手扣球、小抡臂扣球和单脚起跳扣球；按扣球的节奏分为强攻和快攻；按扣球的区域分为前排扣球和后排扣球。本节重点介绍正面扣球。

面对球网进行助跑、起跳、空中击球的扣球动作称为正面扣球。正面扣球是最基本的扣球技术，其他扣球技术都是在此基础上发展和派生出来的。正面扣球在比赛中起着重要的作用，是得分的主要手段，是进攻中最积极有效的武器；又是一个队摆脱被动、争取主动的途径。扣球的成败，体现着队伍的战术质量和效果，是夺取胜利的关键。

（一）正面扣球的技术特点

由于在正面扣球时人面对球网，便于观察来球的方向和对方的防守布局，因此击球准确性较高。在扣球时由于挥臂运动灵活，能根据对方拦网情况，随时改变扣球线路和力量，能控制击球落点，因而进攻效果好。

（二）正面扣球的技术动作

（1）扣球助跑前采用稍蹲姿势，两臂自然下垂，站在离网 3 米左右处，身体转向来球方向，观察来球，做好向各个方向助跑起跳的准备。（图 9-6）

（2）助跑步法有一步、二步、多步。以二步助跑起跳为例，左脚先向前迈出一小步，接着右脚迅速跨出一大步，同时两臂绕体侧向后引，左脚及时并上，踏在右脚之前，脚跟着地滚动到脚尖，脚尖稍内扣，两脚距离与肩同宽，身体重心随之下降，两膝弯曲，准备起跳。

（3）助跑最后一步即在左脚并上踏地的过程中，两臂从后迅速向前摆动，随之双脚踏地向上跳起，两臂快速上摆，配合起跳。

近网　中网　远网
扣球的击球点

身体重心

初学者　　　　技术较佳者
理想扣球跳起姿势

图 9-6

（4）起跳后，挺胸展腹，上体稍向右转，右臂向后上方抬起，肘高于肩，身体成反弓形，挥臂时，迅速转体、收腹发力依次带动肩、肘、腕各部关节成鞭甩动作，手臂轨迹成弧形向前上方挥动。击球时，五指微张成勺形并保持适度紧张，以全手掌包满球，击球的后中部，同时主动屈腕、屈指向前推压向下甩臂，再起跳至最高点击球。击球点在击球手臂伸直最高点的前上方。

完成空中击球动作后，身体自然下落，以缓冲身体与地面的撞击力，落地时应尽可能双脚同时着地，以前脚掌先着地再迅速过渡到全脚掌着地保持身体平衡，以便落地后能及时完成下一个动作。

（5）正面扣球的动作要领。助跑步子先小后大，摆臂起跳展腹抬臂，振腹发力快速挥臂，向上挥动腕成鞭打，全手掌包球向前推压，前脚掌着地屈膝缓冲。正面扣球的技术难点主要在于起跳时机、空中击球。

（三）扣球技术的学习方法

（1）原地起跳摆臂练习。熟悉起跳的摆臂动作。

（2）一步或两步助跑起跳练习。要求练习速度由慢到快，手脚配合协调，注意控制身体平衡。

（3）徒手模仿扣球挥臂练习，体会鞭打动作。

（4）两人一组远距离 9 米左右对地扣反弹球。

（5）扣固定球练习。两人一组，一人把球举至肩上，另一人扣球。

（6）对墙助跑自抛自扣球练习。

（7）对墙练习。两人一组，一抛一助跑扣球练习（助跑）

（8）原地连续对墙扣反弹球。主要是练习控制球的能力。

（9）4 号位扣抛球练习。

（10）结合同伴的二传，在 4 号位扣球。

（11）结合一传的扣球练习。

(四)学练扣球技术应注意的事项

扣球的攻击性,是在掌握扣球基本技术及准确性的基础上进行的。要提高扣球攻击性,必须注意以下几点:

(1)在扣球教学中,应重点抓好助跑起跳和正确的击球手法练习,解决好人与球的位置关系。对于扣球技术的重要环节,必须进行反复、系统的强化练习。

(2)由于扣球技术动作复杂,又在空中完成,故练习时宜先用分解练习法,再进行完整练习法。可先学步法,后学手法;也可以步法、手法同时进行。

(3)初学者上网扣球时,应由教师或技术水平较好的学生担任二传,以便使初学者掌握助跑起跳的时间和起跳点,尽快正确掌握扣球技术。

(4)在掌握正确的扣球手法,打好上旋球的基础上,逐渐提高扣球的力量。

第二节 排球的基本战术

排球战术是指运动员在比赛中,根据排球竞赛规则和排球运动规律、比赛双方的具体情况和临场变化,合理运用个人技术及集体配合所采取的有意识、有组织的行动。

排球比赛中攻防矛盾的不断转化,反映了排球比赛的基本规律,即进攻一方为突破对方的防守,运用一切进攻手段,造成对方的失误;防守一方则运用一切防守手段,防起对方进攻过来的球,并在防守的基础上转为进攻。随着排球技、战术的不断改进、发展和创新,运动员身体素质的不断提高,竞赛规则的日趋完善,并通过对排球比赛的反复实践和总结,一套比较完善的排球战术系统已经形成。

排球战术包括个人战术和集体战术两大类。扎实的基本功和娴熟的技能技巧是任何战术的基础。个人战术与集体战术是相辅相成、相得益彰的两个方面。排球战术组合和运用的最终目的是获取胜利。在排球运动新规则的导向下,排球比赛的竞争日趋激烈,各种战术组合和运用都在寻求着更为合理的途径,在全面型、立体化、快节奏、多变化的整体战术体系中,简练、实效的战术运用成为制胜的重要手段。

一、个人战术

个人战术是指在集体战术配合的基础上,队员根据个人的特点和战术的需要,巧妙地运用个人战术的变化,以达到有效进攻和防守的目的。成功的个人战术,可以弥补集体战术的不足。个人战术有发球、一传、扣球、拦网及后排防守等。

(一)发球个人战术及其实战应用

发球战术不受对方和同伴的制约,也没有集体配合的问题,全凭个人战术和个人战术的应用。因此,发球时要树立以我为主的观念。在观察和分析对方的具体情况后,有针对性地采用不同的发球战术,以取得先发制人的效果。

1.比赛中常用的几种发球战术

(1)控制发球的落点

①将球发到对方两个队员之间的连接区、边线后后场端线附近。

②将球发向对方参加进攻的队员,牵制进攻队员全力参与进攻。

③将球发给对方二传手,或落在该队员跑动的必经线路上,打乱对方组织进攻的节奏。

④将球发给一传技术差,或情绪焦躁,或精力分散,或刚刚换上场的队员。

(2)改变发球的方法

①改变发球的位置

调节发球站位与端线的距离,采用近、中、远距离发球。在发球区左、右9米的范围内,移动方位。发球距离和方位的不同,可以发出不同性能和不同落点的球。

②改变发球的弧度

采用左旋、右旋、高吊、低平的发球手段,改变球的飞行弧度。

③改变发球的速度

采用击球点高、距网近、速度快的飘球或跳发球技术;也可采用高弧度的、慢速度的发球方法,利用速度造成对方的不适应。

2.发球战术的实战应用

(1)应根据个人发球的技术水平、战术意识及心理状态实施战术。

(2)应根据临场双方比分的增长情况,采用不同的战术。一般在比分领先较多时,可采用攻击性发球,以扩大战果。当比赛处于关键时刻,特别是在决胜局时,发球则要注意准确性和稳定性,不做无谓的失分。

(3)应了解对方对不同性能发球的适应程度,针对性地采用发球战术。

(4)应看清对方接发球站位阵形、轮次特点及可能运用的进攻战术。采用找人、找点战术,以打乱对方进攻的节奏。

(二)一传个人战术及其实战应用

一传个人战术的基本任务是在第一次接对方来球时,为了组织本队的进攻战术而采用有目的、有意识的击球动作。由于各种进攻战术对一传的要求不同,所以一传的方向、速度、落点也不一样。具体用法如下:

(1)组织快攻战术时,如本方快攻队员来得及进行快攻,一传的弧度要低平,速度稍快,以加快进攻的节奏。如果来不及(防守后的快速反击),则应提高一传弧度。

(2)组织进攻时,一传的弧度略高些,为二传队员创造便利条件。

(3)前排队员一传时,力量不宜太大,弧度应稍高。如来球力量不大,可用上手传球。后排队员则相反。

(4)当对方第三次传垫球过网时,一传可用上手传球,以便更准确地组织快速反击或传给网前队员进行两次攻。

（5）如发现对方场区有较大的空当或对方队员无准备时，一传可直接用传、垫、挡等动作把球击向对方。

（三）二传个人战术及其实战应用

二传个人战术的基本任务是有效地组织进攻战术，给扣球队员创造有利的进攻条件，突破对方的拦网。二传个人战术主要有以下几种：

（1）根据本方队员的特点和布局情况进行合理的分球，如采用集中与拉开，近网、中网或远网，弧度高与低等传球战术。

（2）根据对方拦网的部署，与进攻队员在时间上和位置上进行协调配合，合理选择拦网的突破口，造成以多打少的局面。

（3）根据本方扣球队员的不同起跳时间，采用升点、降点传球给予配合；采用声东击西的隐蔽动作和假动作，打乱对方的拦网布局。

（4）根据本队一传的情况，如到位球或不到位球，高球或低球，近网球或远网球等，合理运用传球技术组织各种战术。

（5）根据对方防守队员的站位，在有利于自己的情况下，突然将球直接传入对方空当。

（四）扣球个人战术及其实战应用

扣球个人战术的任务是扣球队员根据比赛中对方拦网和防守情况，选择合理的扣球技术和路线，更有效地突破对方的防御。扣球个人战术主要有以下几种：

1. 扣球线路的变化

（1）扣球时采用直线与斜线相结合、长线与短线相结合。

（2）利用助跑路线与扣球路线不同的方向，迷惑对方拦网队员。如直线助跑扣斜线球、斜线助跑扣直线球等。

（3）朝防守技术差和意志不顽强的队员或对方空当和防守薄弱的区域扣球等。

2. 扣球动作的变化

（1）运用转体、转腕的扣球技术，突然改变扣球方向避开对方拦网。

（2）运用超手高点扣球技术，从拦网人手上方进行突破进攻。

（3）利用突然性的两次攻，造成空网或一对一进攻的有利局面。

（4）高点平打，造成球触拦网手后飞向后场远区或有意向两侧打手出界。

（5）运用轻扣球或吊球技术，使球随拦网队员一同下落，增加拦网队员自我保护球的难度或使球落在对方网前或拦网队员的身后。

3. 扣球战术的实战应用

（1）根据自身的技战术基础，扬长避短，克敌制胜。

（2）根据对手的防守布局，采用相应的扣球战术。

（3）根据自身的进攻状态，采用相应的扣球战术。

（4）根据比赛的比分状况，采用相应的扣球战术。

（五）拦网个人战术及其实战应用

拦网个人战术的任务是拦网队员根据对方扣球的情况，利用时间、空间等变化因素，采用不同手法，达到拦阻对方进攻的目的。拦网个人战术有以下几种：

（1）在空中变化手的位置。

（2）采用不同的拦网手形。一般要拦中、远网扣球时，手臂应尽量垂直向上伸；而拦近网球时，两臂则要向前伸出，尽可能捂住球。触球一刹那的压腕动作后者要比前者明显。

（六）防守个人战术及其实战应用

防守个人战术的任务是队员在防守时，选择最有利的位置，并采用合理的接球动作，按战术要求把球防起。好的防守队员，不仅勇猛顽强，而且要善于根据对方进攻及本方拦网的情况，做出正确的判断，并采取相应措施。防守个人战术有以下几种：

（1）根据对方二传的方向和落点，迅速地做出判断，并立即移动到相应的位置，正对来球，准备接球。

（2）在选择前后位置时，应根据对方二传球与网的距离和扣球队员击球点的高低选择防守。

（3）选择左右位置时，主要根据对方扣球队员的助跑路线和扣球队员起跳后人与球所保持的关系来选择防守位置。

（4）根据对方扣球的特点，采取相应的防守行动，如对方只扣不吊时，则取位要靠后。如对方打吊结合时，则随时准备向前移动。如对方扣球只有斜线，则要放直防斜等。

（5）防守还应根据本方前排拦网队员的情况，主动选择防守位置加以配合与弥补。重点防守前排拦网的空当。

二、集体战术

排球集体战术是指运动员在比赛中，为了突破对方或抑制对方进攻，灵活地运用合理的攻防技术，按照一定的形式，采取有目的、有组织、有针对性的集体配合行动。排球运动是集体性很强的竞赛项目，因而不仅要求每个队员有比较熟练的基本技术和灵活的个人战术，而且全队还必须运用一定的集体战术，才能在比赛中取胜。战术的运用要从本队实际情况出发，即根据每个队员的身体条件、技术水平、战术意识及本队配合熟练程度等，选定最实用的集体战术配合。

（一）进攻阵形

进攻阵形即进攻时采用的组织形式。合理的进攻阵形有助于某些集体战术的组成。其中"中一二""边一二"是最基本的进攻阵形。随着排球运动的发展，在现代排球比赛中,进攻战术的运用已不是前排进攻队员的专利,而是形成了高快结合、前后结合的全方位进攻格局。后排队员参与进攻及后排与前排融为一体的进攻体系,在排球比赛中越来越显示出巨大的优势。"中一二""边一二"由此扩展成了"中二三"(前排3号位队员担任二传,4、2号位两名加上后排三名队员一起参与进攻)和"边二三"(前排2号位队员或前排其他队员换位到2号位与3号位之间,担任二传,再由前排两名或后排三名队员参与进攻)。(图9-7)

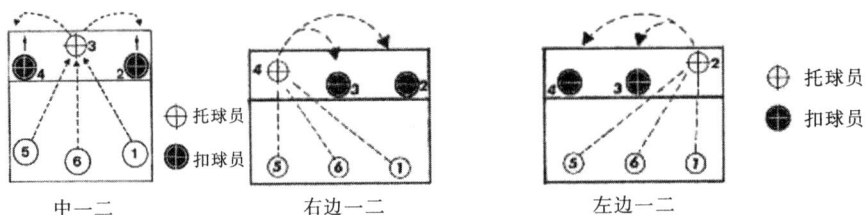

图9-7

(二)进攻打法

进攻打法是指排球比赛中,一传队员和扣球队员之间所进行的各种进攻战术配合的方法。其目的是为了避开对方的拦网,突破对方的防线,争取主动,扩大战果。进攻打法可以分为强攻、快攻、二次攻及转移进攻、立体攻四大类。

(三)防守战术

防守战术包括接发球和接扣球两大类。本节重点介绍接扣球防守阵形。

接扣球防守阵形,是指场上队员对对方队员扣球进攻进行防守人员布局的整体结构。它包括前排队员的拦网和后排队员的防守两部分。防守阵形的选择,首先要根据对方进攻能力的实际情况而确定;其次要充分发挥本方队员的拦防技术特长;同时还要考虑防守起球后的进攻战术打法。

1.单人拦网接扣球防守阵形

单人拦网下的防守阵形一般在对方进攻威力不大、路线变化不多,或因受对方战术迷惑,来不及组织集体拦网时采用,其优点是增加了后防人数,便于组织反攻,但当对方攻击力较强时,单人拦网就显得第一道防线力量薄弱。

单人拦网时的防守阵形有两种:

(1)与对方扣球队员相对应的位置的队员进行拦网的防守阵形

适应范围:初级水平的比赛。对方进攻威力不强、无重点。

特点:简单易行。

不足之处:不利于发挥本队的拦网优势,也不便于组织反攻。

当对方4号位进攻时,由本方2号位队员拦网,3号位队员后撤防吊球,4号位队员后撤至进攻线附近防守,与后排三人组成半弧形防守圈,每人防一区域。(图9-8)

当对方2号位进攻时,由本方4号位队员拦网,3号位队员后撤防吊球,2号位队员后撤至进攻线附近防守,与后排三人组成半弧形防守圈,每人防一个区域。

（2）固定 3 号位队员拦网的防守阵形

适应范围：对方进攻威力不强，吊球较多。本方 3 号位队员拦网能力较强。

特点：前排各位置职责明确，能充分发挥拦网较好队员的优势。

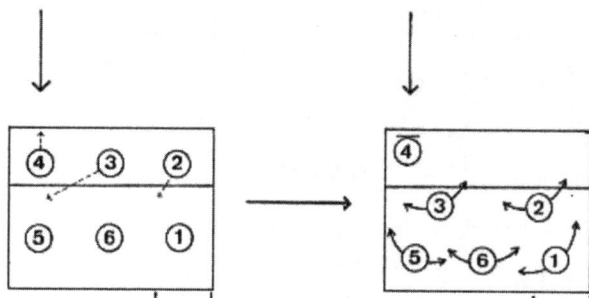

图 9 - 8

不足之处：由于 3 号位队员同时要管二至三个进攻点，若移动不及时或取位不当，容易出现拦网的空当。

当对方 4 号位进攻时，由本方 3 号位队员拦网，2 号位队员内撤防吊球，4 号位队员后撤至进攻线附近，与后排三人组成半弧形防守圈，每人防一个区域。当对方 2 号位进攻时，由本方 3 号位队员拦网，4 号位队员后撤防吊球，2 号位队员后撤至进攻线附近，与后排三人组成半弧形防守圈，每人防一个区域。

2.双人拦网接扣球防守阵形

（1）"心跟进"防守阵形

固定由 6 号位队员跟进防吊球及前区球，称为"心跟进"防守阵形，或称为"6 号位跟进"防守阵形。

适应范围：当对方扣球队员采用打吊结合，本方拦网能力强，能封住后场中区，6 号位或某个队员又善于防吊球时，就可采用"心跟进"防守阵形。

特点：有利于防吊球和拦网弹起的球，也便于接应和组织。

不足之处：后场只有两人防守，空隙较大，后场中央和两腰容易造成空当。（图 9 - 9）

以对方 4 号位进攻为例，在对方进攻之前，本方前排队员就要在网前做好布防准备，随时准备组成防守阵形。当对方 4 号位进攻时，由本方 2、3 号位队员拦网，不拦网的 4 号位队员后撤至 4 米左右防守，6 号位队员跟至进攻线附近，1、5 号位队员在后场防守，每个位置负责一定的区域。

（2）"边跟进"防守阵形

由 1 或 5 号位队员跟进防吊球及前区球，称为"边跟进"防守阵形，也称为"1、5 号位跟进"防守阵形。

适应范围：一般在对方进攻力量比较强、战术变化较多、吊球较少时采用。

特点：这种防守阵形对防对方重扣球较为有利，同时也便于组织反攻。

对方4号位攻击

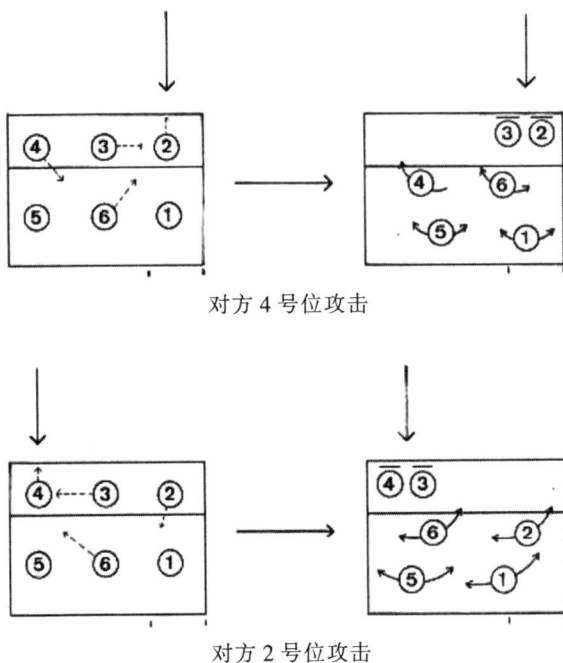

对方2号位攻击

图 9 - 9

不足之处:球场中间空隙较大,容易形成"心空"。(图9-10)对方如扣直线球并结合轻扣或吊球,防守就较为困难。

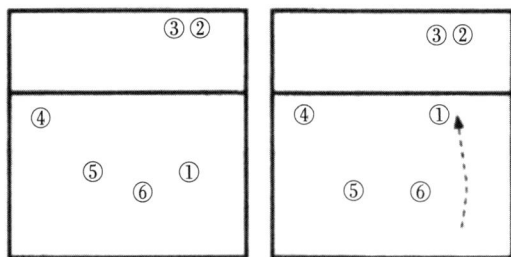

双人拦网"边跟进"

图 9 - 10

在对方进攻之前,本方前排队员就要在网前做好准备,后排队员相应站好位置,随时准备组成防守阵形。当对方4号位进攻时,由本方2号位和3号位队员组成半弧形防守,如对方吊球到前区,则由1号位队员跟进防守。

3.注意的问题

①根据队员的防守技术水平设置防守阵形。

②根据对手的进攻打法采用相应的防守阵形。

③要重视整体防守。

④注重前后排之间的配合。

第三节　排球竞赛规则与裁判

一、场地

排球比赛场地为 18 米 ×9 米的长方形,四周至少有 3 米空地,场地上空至少高 7 米内不得有障碍物。场中间横画一条线把球场分为相等的两个场区。所有线宽均为 5 厘米。场地中线上空架有球网。网宽 1 米,长 9.50 米,挂在场外两根圆柱上。女子网高 2.24 米,男子网高 2.43 米。球网两端垂直于边线和中线的交界处各有 5 厘米宽的标志带,在其外侧各连接一根长 1.80 米的标志杆。球的圆周为 65 ~ 67 厘米,重量为 260 ~ 280 克,气压为 0.30 ~ 0.325 千克/厘米。(图 9 – 11)

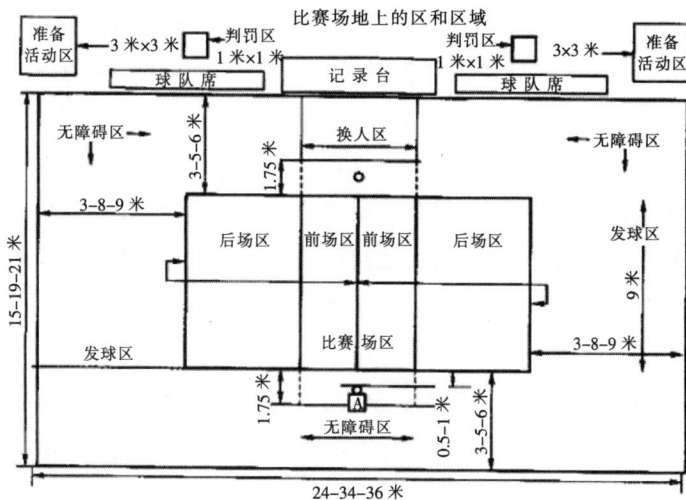

图 9 – 11

二、竞赛规则

排球比赛采用每球得分制。当接发球队胜一球时,该队得一分并获得发球权,队员按顺时针方向轮转一个位置。先得 25 分同时超出对方 2 分的队胜一局,当比分为 24∶24 时,比赛继续进行至某队领先 2 分(26∶24、27∶25……)为止,如果 2∶2 平局时,决胜局(第五局)采用 15 分并领先 2 分为胜。胜三局的队胜一场。

(1)上场队员位置的规定:

①赛前,位置表一经交出,便不得更改。

②双方队员(发球队员除外)必须在本场区内站成两排,前排三名队员的位置为 4 号位(左边)、3 号位(中间)和 2 号位(右边);后排队三名队员位置必须比其相应的前排队员离网更远,其位置为 5 号位(左边)、6 号位(中间)和 1 号位(右边)。

③每方的六名球员按顺时针方向轮流发球。每次本队获得发球权后由发球球员在本

方半场发球区内将球发入对方半场重新开始比赛。发球员在发球区内要清楚地将球抛起离手,可以用上手或下手发球,用拳、伸开的五指或是手臂都可以。

④先由后排1号位队员发球。发球时,发球员的脚不得踏及端线,可以在底线后的任一处发球,允许进行跳发球的队员在落下时进入场内。排球可以落入对方半场的任何一处,该发球队员将继续发球直至本队失去发球权。

⑤在发球击球的瞬间,同排队员中的中间队员的位置不能比两侧队员距离边线更近,平行也不行;同列队员中的后排队员,不能比前排队员距离中线更近,平行也不行。

⑥后排队员不得在三米线前起跳,否则视为违例。

(2)发球:每场比赛发球权由掷硬币决定。

(3)界内球:球的落点在场区或触及边、端线均为界内球。

(4)界外球:球的落点在场区外;球触及场外物体、天花板或非比赛成员;球触及标志杆、网绳、网柱或球网标志杆以外部分;球的整体或部分从过网区以外过网等均为界外球。

(5)触手出界:球触及队员身体任何部位后飞出界外,即被认为球是被该队员击出界的。

(6)发球次序错误:队员未按位置表上规定的发球次序发球,则构成发球次序错误。

(7)发球时球未抛起犯规:发球时球未抛起或持球手未撤离即为犯规。

(8)发球区外发球犯规:发球队员击球瞬间未在发球区内,则构成犯规。

(9)发球延误犯规:裁判员鸣哨发球后8秒之内必须将球发出,超过8秒则构成发球延误犯规。

(10)发球掩护犯规:发球队的一名队员挥臂、跳跃或左右移动,或几名队员密集站立企图利用掩护阻拦对方观察发球队员的动作和球飞行路线,并且球从他们上空飞过,则构成发球掩护犯规。

(11)四次击球犯规:每队最多击球三次(拦网除外),第三次必须将球从网上击回对方。若超过三次即为四次击球犯规。由第一裁判员负责判定。

(12)持球犯规:身体任何部分都可以触及球,击出的球也可以向任何方向弹出,但若未将球击出,停留0.8秒以上者,则构成持球犯规。

(13)连击犯规:一名队员连续击球两次或球连续触及他身体不同部位,则构成连击犯规。

(14)过中线犯规:队员整个脚、手或身体其他任何部位越过中线并触及对方场区,则构成过中线犯规。

(15)触网犯规:队员在进行击球时触及球网,则构成触网犯规。

(16)后排队员进攻性击球犯规:后排队员在前场区对高于球网上沿的球完成进攻性击球,则构成后排队员进攻性击球犯规。

(17)后排队员拦网犯规:后排队员靠近球网,将手伸向高于球网处阻挡对方来球,并触及了球,则构成后排队员拦网犯规。手势与发球掩护同。

(18)得分:比赛采用每球得分制,每局比分为25分,决胜局比分为15分。

(19)司线员的旗示:①向下示旗,界内球。②向上示旗,界外球。③一手举旗,另一手放置在旗顶上,触手出界。④一手举旗晃动,另一手指端线或标志杆球从非过网区通过,发球犯规。⑤两臂胸前交叉,无法判断。

(20)比赛中,允许换人,换人次数每局规定为6人次。换人前,领队(教练)或队长需向裁判提出请求,裁判同意后,比赛死球,允许换人。

(21)每局有两次技术暂停,在任一队达到8分、16分时自动执行,时间为1分钟。除此以外,每队还有两次请求普通暂停的机会。决胜局无技术暂停,每队可请求两次普通暂停,每次时间为30秒。

(22)局间休息时间均为3分钟,然后双方交换场区。决胜局中某队先到8分时,双方交换场区。

(23)自由球员的规则如下:

①球队可以没有自由球员,但最多只登记两人。

②一队在比赛时只能有一位自由球员在场上。

③自由球员必须身着与其他同队球员明显不同颜色的球衣。

④自由球员的替补不计入普通球员的替换次数(不记录)。

⑤自由球员的替补必须于一球落地之后至第一裁判发球哨音响起前完成(教练无须请求自由球员的替补或使用号码牌);并只限于替换同一人,且同一自由球员的替换至少须以一球的往返为间隔(即一次死球)。

⑥记录表须注明自由球员。

⑦自由球员不得列于轮转表上,但可于比赛前替换上场。

⑧自由球员的轮转只限于后排。不得发球或轮转至前排,并不得拦网或企图拦网。

⑨如球的位置高于网高,自由球员不得于场上任何位置将球处理过网至对方场地。

⑩如第二传球为自由球员于前排以高手将球传出,则第三球攻击高度不得超过网高。

⑪自由球员不得为球队队长。

第十章

足 球

足球运动是世界上开展最广泛、影响最大的体育运动项目，号称"世界第一运动"，深受世界各国和各地区人们的喜爱。高水平足球比赛以其特有的魅力吸引着成千上万的现场观众和数以亿计的电视观众，吸引着成千上万的青少年和成年人积极投身绿茵场健身或竞技，并从中得到无穷的乐趣。

足球运动起源于中国，根据有关可靠史记载，公元前475—前221年的战国时代，我国就有了古代足球运动，称为"蹴鞠"。1985年7月26日，前国际足联主席阿维兰热在世界少年足球锦标赛开幕式讲话中说道："足球这项体育运动起源于中国，它在贵国已有千年的历史。"古代足球运动起源于中国得到了世界公认。现代足球诞生于英国，1863年10月26日，英国成立了世界上第一个足球组织——英国足球联合会，并制定了统一的足球规则。故世界足坛都把这一天称为现代足球运动的诞生日。

足球运动的主要特点是比赛场地大、人数多、时间长、运动量大；技术动作多、战术复杂、难度大；对抗激烈、拼抢凶猛。由于足球运动所具有的特殊魅力，一场精彩的比赛往往能吸引一二十万观众和数以亿计的电视观众，有些人不惜花费重金远涉重洋前往比赛现场观赏。有些国家当本国球队在国际大赛上取得胜利时像欢庆民族节日一样举国狂欢庆祝。经常参加足球运动能有效地发展人体的速度、力量、耐力、灵敏、柔韧等身体素质，提高人体各器官系统的功能，促进身心健康；可以培养勇敢顽强、机智果断、坚忍不拔、胜不骄败不馁等意志品质，及勇于克服困难、开拓进取、团结互助等集体主义精神。总之，足球运动在人们生活中占据的地位和具有的意义，已远远超出体育运动的范畴。

第一节　足球的基本技术

足球技术是指人们在足球运动中所采用的各种合理动作的总称。它分为无球技术和有球技术两大类。无球技术包括起动、跑、跳跃、急停、转身、移动步等；有球技术包括颠球、踢球、接球、运球、抢截球、头顶球、掷界外球及守门员技术等。

一、颠球

(一)颠球技术动作

颠球大致可分为以下几种:挑球、脚背正面颠球、脚内侧颠球、脚外侧颠球、大腿颠球、头颠球、肩和胸部颠球等。脚背正面颠球时,支撑腿的膝关节微屈,身体重心移到支撑脚上,当球落至低于膝关节以下时,颠球脚的膝、踝关节适当放松,并柔和地向前稍上方甩动小腿,脚尖稍翘起,用脚背轻击球的底部,将球向上颠起。(图 10 - 1)

图 10 - 1

(二)练习方法

(1)原地颠自己手坠的下落球。

(2)原地拉挑球练习。

(3)原地拉挑球接着进行颠球。

(4)原地拉挑球接着两只脚交替颠球。

(5)原地拉挑球结合其他部位颠球。

(6)走动中颠球。

(7)两人面对,进行对颠球。

二、踢球

踢球是足球运动中最基本的技术,主要用于传球和射门。踢球部位脚法很多,包括脚内侧、脚背正面、脚背内侧、脚背外侧、脚跟和脚尖踢球等几种方法。一般均由助跑、支撑脚站位、踢球腿摆动、击球和踢球后的随前动作 5 个环节所组成。

(一)踢球技术动作

1.脚内侧踢球

脚内侧踢球的技术特点是触球面积大,可控性强,出球平稳准确,是短距离传球和射门常用的脚法。

动作方法:脚触球部位是跖趾关节、舟骨和跟骨所构成的三角部位。(图 10 - 2)直线助跑,支撑脚踏在球侧 15 厘米左右处,脚尖对准出球方向,膝关节微屈。在支撑脚着地的同时踢球腿以髋关节为轴由后向前摆动,屈膝外展约成 90°,小腿加速前摆,脚尖稍翘起,踝关节紧张用力,用脚内侧部位击球的后中部。(图 10 - 3)

图 10 - 2　触球部位　　　　　图 10 - 3　脚内侧踢球

2.脚背内侧踢球

脚背内侧踢球的技术特点是踢摆动作顺畅,幅度大,脚触球面积大,出球平稳有力,性能和路线富于变化,是中远距离射门和传球的重要方法。

动作方法:触球部位是第一趾骨体与跖趾关节部位。(图 10 - 4)斜线助跑,与出球方向约成 45°(图 10 - 5),最后一步稍大,支撑脚踏在球侧约 20 ~ 25 厘米处,脚尖指向出球方向,膝微屈,身体稍向支撑脚一侧倾斜。踢球腿以髋关节为轴,大腿带动小腿由后向前摆,当大腿摆至接近垂直地面时,小腿加速前摆,膝关节稍向内旋,脚面绷直,脚尖指向斜下方,以脚背内侧踢球的后中部。(图 10 - 6)踢地滚球时,要注意调整身体与出球方向的角度关系,以便踢球腿摆踢发力。搓踢过顶球时,踢球脚背略平,插入球的底部做切踢动作,击球后脚不随球前摆。踢内弧线球时,击球点应在球的后外侧,击球刹那,踝关节内旋发力,脚趾勾翘,使球内旋并呈弧线运行。

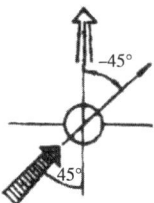

图 10 - 4　触球部位　　　图 10 - 5　助跑方向　　　　图 10 - 6　脚背内侧踢球

3.脚背正面踢球

脚背正面踢球的技术特点是踢摆幅度大,动作顺畅,便于发力。但出球路线及性能缺乏变化,适用于远距离的传球和大力射门。

动作方法:用脚背正面部位(楔骨、趾骨和末端)触球。(图 10 - 7)直线助跑,最后一步稍大并要积极着地,支撑脚踏在球侧约 15 厘米处,脚尖正对出球方向,膝关节微屈,踢球腿在支撑脚着地前顺势向后摆动,小腿折叠。支撑脚着地同时,以髋关节为轴,大腿带动小腿由后向前摆动,在膝盖摆至接近球的正上方的瞬间,小腿加速前摆发力,脚背绷直,脚趾扣紧,以脚背正面击球的后中部,踢后脚随球方向继续前摆。(图 10 - 8)踢反弹球时,要准确判断球的落点、反弹时间和角度,选好支撑脚的位置,在球落地的刹那,踢球腿小腿加速前摆击球,在球反弹离地时击球的后中部。踢地滚球时,支撑脚应正确选位,踢两侧地滚来球时,脚趾应对准出球方向,击球部位应准确,以保证击球能发力。对速度较快的来球,要通过加大摆踢力量和调整出球方向,消除其初速度对出球方向的影响。踢空中球时,支撑脚的选位要稍远,以踢球腿能顺利踢摆发力为原则,并可根据来球角度或击球目的选用抽击、弹击或摆击等方法。

图 10 - 7 触球部位

图 10 - 8 脚背正面踢球

4.脚背外侧踢球

脚背外侧踢球技术特点是预摆动作小,出脚快,能利用膝、踝关节的灵活变化改变出球的方向和性质,是实用性较强的技术手段。

动作方法:脚背外侧踢球的动作方法类似脚背正面踢球,只是摆踢时,脚面绷直,脚趾向内扣紧斜下指,用脚背外侧击球的后中部,击球后,踢球腿顺势前摆着地。(图 10 - 9)踢外弧线球时,支撑脚踏在球侧后约 15 ~ 20 厘米处,踢球腿略呈弧形摆踢,作用力方向与出球方向约成 45°,击球点在球的内侧后部,击球后,踢球脚向支撑侧斜摆,以加大球的外旋力量。

图 10 - 9 脚背外侧踢球

(二)踢球练习方法

(1)无球的模仿练习。

(2)踢定位球、地滚球、空中球或反弹球、弧线球练习。可对足球墙、网自练,也可采用各种形式的对练;练习距离可由近至远;由踢固定目标到踢活动目标。

(3)结合运球、接球的综合性技术练习及射门练习。

(三)动作要点提示

(1)支撑脚要对准出球方向,位置要选准。

(2)助跑最后一步要稍大,大腿带小腿,摆速要快。

(3)脚形要控制好,触球部位要准确,否则影响踢球的力量和准确性。

三、接球

接球是指运动员有目的地用身体的合理部位,把运行中的球接停在所需要的控制范围内。接球动作包括:判断选位、支撑、触球动作、接球后跟进几个环节。动作方法按触球部位分为脚部、腿部、胸部、腹部、头部接球几类。

(一)接球技术动作

1.脚内侧接球

脚内侧接球技术的特点是接球平稳,可靠性强,动作灵活多变,用途广泛。

(1)脚内侧接地滚球

动作方法:身体正对来球,判断来球的速度和方向,选好支撑脚位置,膝关节微屈,接球脚根据来球的状态相应提起,膝、踝关节旋外,脚趾稍翘,用脚内侧对准来球,触球刹那,接球部位做相应的引撤或变向接球动作,将球控制在下一个动作所需的位置上。(图10-10)

(2)脚内侧接反弹球

动作方法:判断好球的落点,支撑脚踏在球落点的侧前方,膝关节微屈,上体前倾并向停球方向微转。停球腿屈膝向侧方抬起并后摆,小腿放松,脚尖翘起使停球腿与地面形成锐角。当球刚反弹离地瞬间,停球腿小腿下摆,用脚内侧推压球的中上部。(图10-11)

图10-10 脚内侧接地滚球   图10-11 脚内侧接反弹球

2.脚掌接球

脚掌接球技术的特点是动作简单,控球稳定可靠,适合于接迎面地滚球或反弹球。

动作方法:判断好球落点,支撑脚踏在球落点的侧后方,脚尖正对来球方向,膝关节微屈;停球腿屈膝向前提起,脚尖上翘;当球反弹离地瞬间,用脚前掌对准球的反弹路线,主动推压球的后上部。(图10-12)

3.脚背正面接球

脚背正面接球技术的特点是迎撤动作自如,接球稳定,适合接下落球。

动作方法:身体正对来球,判断来球路线和速度,支撑脚稳定支撑,接球腿屈膝提起,以脚背正面迎球,触球刹那,接球脚引撤下放,膝、踝关节相应放松,以增强缓冲效果。(图10-13)

4.大腿接球

大腿接球技术的特点是接触球部位面积大,动作简单,适用于接有一定弧度的落降高球。

动作方法:身体正对来球,判断来球,支撑脚稳固支撑,接球腿屈膝上抬,以大腿中前部对准来球。触球刹那,接球腿积极引撤下放,接球部位肌肉保持功能性紧张,以对抗来球冲力,使球触腿后落于体前。(图10－14)

图10－12 脚掌接球   图10－13 脚背正面接球

图10－14 大腿接球

5.胸部接球

胸部接球技术的特点是触球点高、面积宽,接球稳定,适用于接胸部以上的高空球。

动作方法:挺胸式接球,适用于接有一定弧度的高球。接球时,身体正对来球,两腿自然开立,膝微屈,两臂在体侧自然抬起,上体稍后仰与来球形成一定的角度。触球刹那,胸部主动挺送,使球触胸后向前上方弹起落于体前。(图10－15)

缩胸式接球适用于接齐胸的平直球。触球刹那,迅速收腹、缩胸,缓冲来球力量,使球直接落于体前。(图10－16)

图10－15 挺胸式接球   图10－16 缩胸式接球

(二)接球练习方法

(1)各接球部位的抛接练习。可自抛自练,也可两人对练。

(2)接地滚球、空中球、反弹球练习。可结合对足球墙、网踢接球自练,也可采用各种形式的由近距离到远距离的传接球对练。

(3)在跑动中速度由慢到快的传接练习。

(4)结合其他技术的综合性练习和传抢游戏。

（三）动作要点提示

（1）准确判断球的性能、落点与速度，合理运用接球动作。

（2）缓冲动作是接球的关键，迎接、推压、切挡和改变球的运行路线，是各种接球的基本手法。

（3）接球后身体要及时跟上并与下一个动作紧密衔接。

四、运球及运球过人

运球是运动员在跑动中用脚连续推拨球，使之与在移动中的人一起行进，是为突破对方防守和战术配合服务的。运球分为支撑脚踏地蹬送、运球脚前摆触球、运球脚踏地支撑三个动作过程。

运球过人是在运控球的基础上，根据临场需要，准确判断和把握对手的防守站位和重心变化情况，利用速度、方向或动作变化，获得时间和空间位置优势，从而突破防守的一种技术手段。运球过人分为逼近调动、运球超越、跟进保护三个阶段。从动作方法上可大致分为强行突破、假动作突破、变向突破、变速突破和人球分离突破。

（一）运球及运球过人动作方法

1. 运球动作方法

（1）脚背内侧运球

脚背内侧运球的动作特点是易控球，但速度慢，适用于掩护性运球。

动作方法：跑动时身体自然放松，步幅要小些，上体前倾稍向运球方向侧转，运球脚提起时，膝关节微屈，脚跟提起，脚尖外展，用脚背内侧推拨球使球随身体前进。（图 10 - 17）

（2）脚背正面运球

脚背正面运球的动作特点是直线推拨，速度快，但路线单一，运球时前方需有较大的空间。

动作方法：自然跑动，步幅稍小，上体稍前倾，两臂协调摆动，运球腿屈膝提起前摆，脚背绷紧，脚跟提起，脚趾下指，用脚背正面推拨球使球随身体前进。（图 10 - 18）

图 10 - 17　脚背内侧运球　　　　图 10 - 18　脚背正面运球

（3）脚背外侧运球

脚背外侧运球动作的特点是灵活性、可变性强，可做直线、弧线和向外变向运球，易于发挥运球速度和对球进行保护。

动作方法:跑动时身体自然放松,上体稍前倾,两臂自然摆动,步幅小些,运球腿提起,膝关节微屈,脚跟提起,脚尖稍内转,在迈步前伸着地前用脚背外侧推拨球的后中部。(图10-19)

图10-19 脚背外侧运球

2.运球过人动作方法

(1)强行突破

运用时机:在防守队员身后有较大的纵深距离时,发挥速度优势进行突破。

动作方法:利用速度优势,以爆发式的起动和突然快速的推拨球,加速超越防守队员。

(2)假动作突破

运用时机:在有效调节对手、利用其重心错位时进行突破。

动作方法:利用各种虚晃动作迷惑对手,如假射、假传、假停等,使其不知所措或贸然盲动失去重心乘机突破。

(3)变向突破

运用时机:在有效调节对手、利用其重心错位时改变运球方向进行突破。

动作方法:利用灵活的步法和熟练的运球动作晃动对手,使对手失去重心出现错位,从而改变运球方向,利用出现的位置乘机突破。

(4)变速突破

运用时机:在有效调节对手,打乱对手的速度节奏时进行突破。

动作方法:通过速度的变化,打乱对手的速度节奏,利用产生的时间差乘机突破。

(5)人球分离突破

运用时机:在有效把握和利用对手的重心变化和利用其身后的空间进行突破。

动作方法:利用对手站位过死或重心移动过猛时,突然推球从其胯下或体侧越过,自己却迅速从另一侧超越对手实现突破。

(二)运球及运球过人练习方法

(1)用拨、拉、扣、颠球等基本练习熟悉球性。

(2)无防守直线、曲线运球。

(3)运球过障碍物练习。

(4)一对一运球突破对抗练习。

(5)在教学比赛中练习。

(三)运球及运球过人练习提示

(1)运球是推拨球,而不是踢球,要使球始终在控制范围内。

(2)运球时步幅要小,身体要放松,重心移动要快。

(3)运球时要养成抬头观察的习惯,不要低头运球。

(4)过人假动作要逼真,护球意识要强。

五、抢截球

抢截球是比赛中由防守转为进攻的重要手段,在规则允许的条件下,把对方控制的球抢夺过来或破坏掉。抢截球分为判断选位、上步抢球、抢球后的串联动作等环节。

(一)抢截球技术动作

1. 正面跨步抢球

动作方法:两脚前后开立,两膝微屈,身体重心下降。当对手运球脚触球后还未着地的刹那,一脚用力蹬地,另一脚屈膝以内侧部位对着球跨步伸出,上体前倾,身体重心迅速移至抢球脚上。(图10-20)如双方的脚同时触球时,则可抢先顺势向上提拉,使球从对方脚背滚过。

2. 侧面合理冲撞抢球

动作方法:当与对手并肩跑动追球时,身体重心稍下降,靠近对手一侧的手臂要紧贴身体。在对方原离自己一侧的脚支撑时,用肘关节以上部位,适度冲撞对方相应部位,使其失去平衡而离开球,乘机将球控制住。(图10-21)

图10-20 正面跨步抢球

图10-21 侧面合理冲撞抢球

(二)抢截球练习方法

(1)无球模仿练习。

(2)二人一球,做原地跨步抢球练习。

(3)模拟对抗抢截球:一人慢运球,练习者从正面抢截球。

（4）二人在同行慢跑和快跑中进行冲撞抢球练习。

（三）抢截球练习提示

（1）要掌握好抢球时机和动作准确性，否则易失误、犯规。

（2）抢球动作要迅速、果断。

六、头顶球

头顶球是比赛中为了争取时间和取得空间优势的一项重要技术，它是传球、射门和抢截球的有效手段。包括判断与选定、蹬地与身体摆动、击球动作、击球后身体的控制几个动作过程。

（一）头顶球技术动作

1. 原地前额正面头顶球

原地前额正面头顶球技术的特点是触球部位平坦，动作发力顺畅，容易控制出球方向，出球平稳有力。

动作方法：两脚开立，注视来球，上体稍后仰，下颌平收，两臂自然张开。当来球接近身体垂直部位时，蹬地、收腹、摆体，用前额正面（图 10－22）将球顶出（图 10－23）。

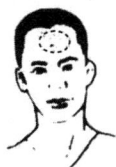

图 10－22　头顶球部位　　　　　图 10－23　原地前额正面头顶球

2. 跳起前额正面头顶球

动作方法：跳起顶球首先要准确判断球的落点和起跳时间，在起跳过程中要挺胸展腹，身体成背弓，当跳至最高点时顶球，其他动作同原地顶球。（图 10－24）

图 10－24　跳起前额正面头顶球

167

（二）头顶球练习方法

（1）徒手模仿顶球动作练习。

（2）两人一球，一人抛球，一人头顶，或一人一球，自抛自顶，或用吊球进行练习，体会顶球部位和动作要领。

（3）两人一球，相距 5 米，自抛自顶给对方，或一人一球对墙练习。

（4）两人一球，一抛一顶，连续对顶或一进一退中顶。

（5）三人一球，做三角顶球练习比赛，在规定时间内，以连续顶球次数多者为胜。

（三）头顶球练习提示

（1）对初学者首先要克服紧张心理，绝不可闭眼、缩颈做顶球动作，要注意主动迎击球。

（2）跳起顶球首先要准确判断球的落点，掌握好起跳时间，起跳过早或过晚，则顶球无力或顶不到球。

七、掷界外球

掷界外球是在比赛中按照规则的要求，有目的地用双手将球掷入场内的动作。掷界外球时，接球队员不受越位规则的限制，活动范围大，特别在对方罚球区附近，运用准确、大力的掷球比角球的威胁还大。掷界外球方法有原地和助跑两种。

（一）掷界外球技术动作

1. 原地掷界外球

动作方法：掷球时要面对出球方向，两脚开立，两手自然张开，持球的侧后部，屈肘将球举至头后，上体后仰膝微屈。掷球时，两脚用力蹬地，收腹摆体、挥臂、甩腕，将球从头后经头顶掷出。（图 10 - 25）

图 10 - 25　原地掷界外球

2. 助跑掷界外球

动作方法：助跑时两手持球于胸前，在最后一步迈出的同时，将球举至头后，同时身体后仰成背弓，两脚成前后开立，其他掷球动作与原地掷球相同。

（二）掷界外球的练习方法

（1）根据规则和动作要点，无球模仿练习。

（2）两人一球互掷，距离由近至远，要求练习中球不落地或结合其他技、战术练习。

为增强臂力,可用实心球代替。

(3)界外球掷准、掷远比赛。

(三)掷界外球练习提示

掷界外球技术并不复杂,但它是规则性较强的技术动作,一定要按照规则的要求进行(具体要求见规则简介)。

八、守门员技术

守门员技术也分为无球技术和有球技术两大类。无球技术包括准备姿势和移动动作;有球技术包括接球、扑接球、拳击球、托球、掷球和踢球等。下面仅介绍接球的几种技术动作及其练习方法。

(一)接球技术动作

1. 直腿式接地滚球

准备接球时,两腿直膝自然开立,脚尖正对来球,上体前屈,两臂并肘前迎,两手小指相对地靠近,手掌对球,在手触球的一刹那,随球后撤并屈肘、屈腕,两臂靠近将球抱于胸前。(图 10 – 26)

图 10 – 26 直腿式接地滚球

图 10 – 27 单腿式接球

2. 单腿式接球

准备接球时,身体正对来球,两脚左右开立,一腿深屈支撑身体,另一腿膝盖内转似跪撑,膝盖接近地面并靠近深屈腿的脚跟,上体前屈,手臂下垂,两手小指相对,手掌对准来球并稍前迎。在手触球的一刹那,两手随球后撤并屈肘、屈腕,两臂靠近将球抱于胸前,然后起来。(图 10 – 27)

3. 接低于胸部的平直球

身体正对来球,两脚左右开立,上体稍前屈,两臂稍下垂并屈肘前迎,两手小指相靠,手掌对球。当球触手的一刹那,两臂随球后撤并屈肘,顺势将球抱于胸前。(图 10 – 28)

4. 接齐胸高的平直球

身体正对来球,两脚左右开立,两臂屈肘,手指向上,手指微屈,手掌对球,两拇指相靠。当手触球的一刹那,手指、手腕适当用力,随球顺势屈臂后撤,转腕将球抱于胸前。

5. 接高球

面对来球, 两臂上伸, 两手拇指相对成"八"字形相靠, 手指微屈, 手掌对球。当手触球的一刹那, 适当用力将球接住, 并顺势屈肘转腕, 将球抱于胸前。(图 10 - 29)

图 10 - 28 接低于胸部的平直球　　　　图 10 - 29　接高球

(二) 练习方法

(1) 各种动作模仿练习。

(2) 两人一组, 相距 4 ~ 6 米, 一人掷地滚球, 另一人接地滚球练习。

(3) 两人一组, 相距 6 ~ 7 米, 一人掷各种高度的球, 另一人接球。

(4) 两人一组, 相距 15 米, 一人用脚踢球, 另一人接球。

第二节　足球的基本战术

足球战术是指在比赛攻守过程中, 为了战胜对手, 根据主客观的实际情况所采取的个人行动和集体配合的总称。

战术在比赛中的作用是将集体的力量组织起来, 发挥每一个队员的特长, 根据队员和自己的情况, 采用一定的阵形和配合方法, 使队员在技术、身体素质、战术意识等方面发挥较高水平, 从而取得比赛的优异成绩。

一、足球基本战术

(一) 个人进攻战术

1. 摆脱

摆脱的方法可以采用突然启动、冲刺跑、急停、突然变向、突然变速和假动作等。下面列举几种摆脱的方法。

示例 1(图 10 - 30):突然启动摆脱。⑨号在原地或慢跑中突然快速启动, 甩开防守❸号, 接⑧的传球。

示例 2(图 10 - 31):突然改变方向。❸号紧跟⑨号, ⑨号向一侧移动吸引对手也跟随移动, 突然变向快速起跑, 甩掉对手, 接⑧的传球。

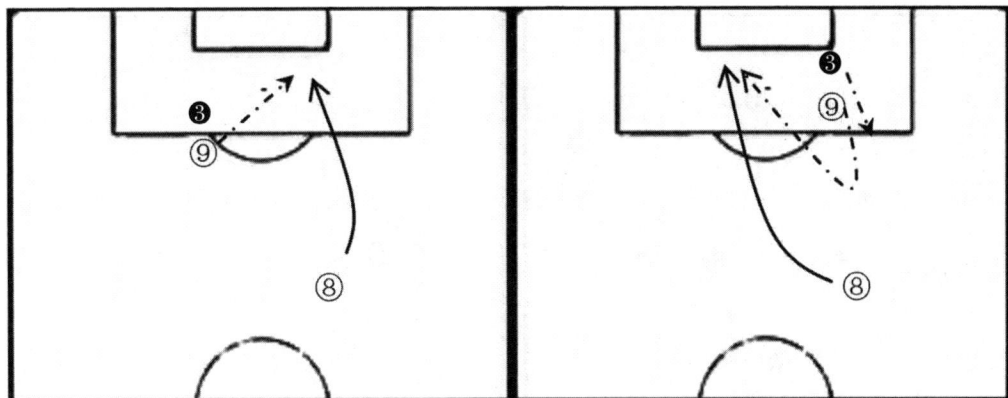

图 10 - 30

图 10 - 31

示例3(图 10 - 32):快速跑动中急停。⑨号斜插,防守队员❷号跟得很紧,⑨号突然急停甩开对手,接⑩号传球。

示例4(图 10 - 33):变化速度的摆脱。当❺紧逼进攻队员⑨号,⑨号可利用快跑—突停—再快跑甩掉对手的看守,接⑩号传球。

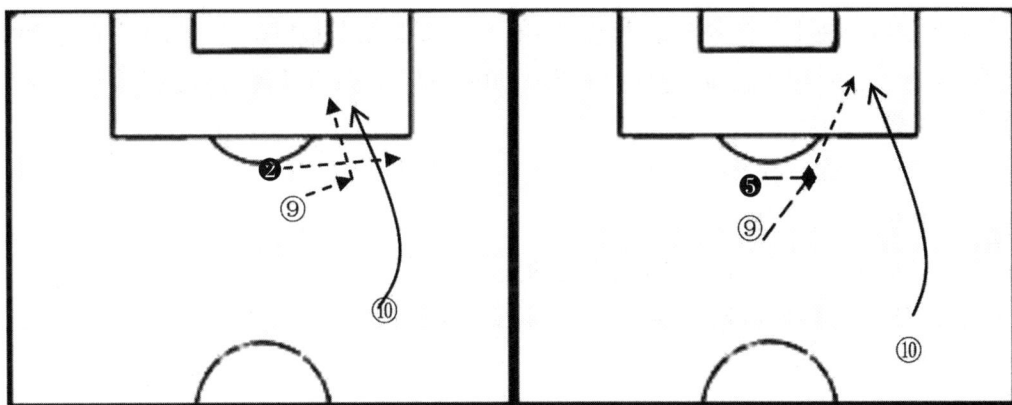

图 10 - 32

图 10 - 33

2.跑位

跑位可以起到接应、策动、牵动、突破等作用。接应、策动、牵制、突破等跑位的作用是随着场上情况的变化而不断互相转化的,因此队员应机动灵活、多谋善变,既勤于跑位又善于跑位,做到一举多得。如图 10 - 34 的⑦号,他既扯动了❹号,又接应⑧号,⑨号开始回跑既是扯动❺号又是接应了⑧号,然后反向切入起到突破的作用。

跑位和摆脱时应做到:目的明确,机动灵活,摆脱要及时,动作要突然。

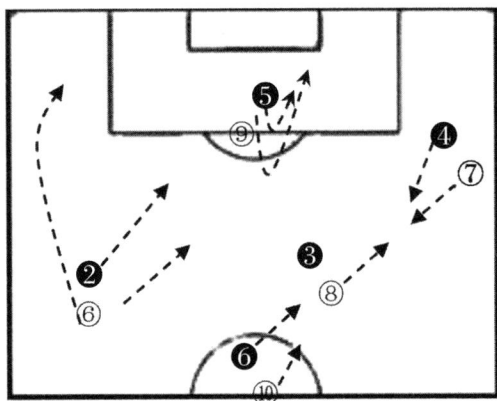

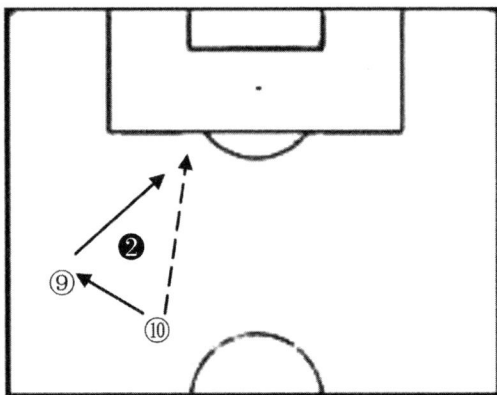

图 10 - 34

图 10 - 35

（二）二过一战术配合

二过一战术配合是指在局部地区 2 个进攻队员通过传递球和跑位突破一个防守队员的配合。这种配合既可直接完成,即踢墙式二过一;也可间接完成,即间接二过一。

1. 斜传直插二过一

此种二过一战术配合在比赛中经常运用。当控球队员与接应队员之间有一定宽度时可采用此种二过一配合。如图 10 - 35 所示:⑩号斜传⑨号,并快速启动直插接⑨号的斜传球,突破❷的防守。

此种二过一配合应注意:

（1）控球队员要运球逼近防守者。

（2）接应队员与控球队员要保持一定的宽度。

（3）控球队员传球要准确,接应队员摆脱要突然、快速。

2. 直传斜插二过一

当防守者身后有较大空隙时,可采用此种二过一配合。

如图 10 - 36 所示:⑦号横传球给⑨号,然后斜插接⑨号直传球突破。⑦号与⑨号交叉换位。此种二过一配合应注意:

（1）一般应先插后传,配合要默契。

（2）斜插队员行动要突然、快速。

（3）传球要准确。

3. 回传反切二过一

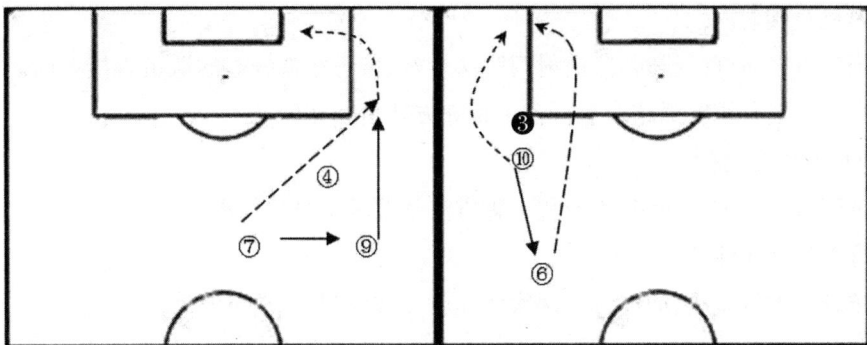

图 10 – 36   图 10 – 37

当接应队员与控球队员有一定的纵深距离,并且防守者身后有较大的空隙时,可采用此种二过一配合。

如图 10 – 37 所示,⑩号撤接⑥号传球,扯动❸号,⑩号将球回传给⑥号,并突然转身反切摆脱❸号接⑥传球。

此种二过一配合应注意:

(1)回传球队员要回撤扯动防守队员,制造深化空当。

(2)回传后反切动作要突然快速,并注视同伴传球。

(3)向前传球要及时,一般传过顶球,以避开防守队员。

二人传球配合对队员总的要求:

(1)抓住战机。

(2)应根据防守队员的位置、场上空当以及接应队员的位置等情况合理地采用二人传球配合方法。

(3)随机应变。

(4)任何一种二人传球配合,都要求传球队员传球要准确,接应队员突然快速地启动。假如防守队员是最后一名后卫,则要注意传球和启动的时间,避免造成越位而失掉控球权。

(三)任意球战术

1. 任意球进攻战术

后场的任意球一般要求进攻队员快速、准确地传球,防守队员迅速退守到位,盯住相应的对手。

在前场,尤其在罚球区附近的任意球,能直接威胁对方球门,是一次极好的得分机会。

(1)直接射门

罚直接任意球时,如距球门接近,守方筑"人墙"有漏洞,守门员位置不当,或攻方某队员善于踢弧线球,攻方要大胆采用直接射门。直接射门时应注意:

①当守方正在组"墙",尚未布好防线或组"墙"有漏洞,以及守门员位置不当时,应抓住这一时机直接射门。

②当守方已布好防线时,应由射门脚法较好、善于踢弧线球的队员直接射门。同时其他进攻队员则要采用穿插跑位等行动干扰守方队员和守门员。

(2)传球配合射门

传球配合射门方法很多,不论哪一种方法都要求队员之间配合默契。

配合射门时应注意:

①传球次数尽量少,即经过一两次传递就完成射门。

②用假动作迷惑对方,达到声东击西、避开"人墙"争取射门机会的目的。

③传球要及时、准确,插入队员防止越位。

2. 任意球的防守战术

无论是直接任意球还是间接任意球,守方的前锋、后卫应迅速退守。有可能直接射门的任意球,要筑"人墙"。组织任意球防守战术时应注意:

①队员要迅速回防,需进行筑"人墙"时,筑"人墙"要快。

②根据任意球的位置决定筑"人墙"的人数。

③筑"人墙"要听从守门员的指挥。

④除守门员外,其他任何防守队员都不要站在"人墙"的后面,以限制进攻队员在罚任意球时越过"人墙"自由活动。

⑤发球时,"人墙"不要被对方的假象迷惑而轻易散开,更不要在对方射门时闪躲球和跳动,以免球穿过"人墙"进门。

(四)掷界外球战术

1. 掷界外球的进攻战术

掷界外球时,同队队员应积极跑动摆脱,交叉掩护,拉出空当,将球掷到有利于进攻的位置。

在对方罚球区附近的边线掷界外球时,应由掷球较远的队员直接将球发至球门前,同队队员包抄射门。掷界外球进攻战术配合应注意:

(1)同队队员配合要默契。

(2)接应队员摆脱要突然,在摆脱过程中可结合手势、暗号,使掷球队员了解自己的意图。

2. 掷界外球的防守战术

当对方队员掷界外球时,防守队员要对离掷球位置较近的进攻队员进行紧逼、干扰,破坏对方完成掷界外球的战术配合。防守掷界外球应注意:

(1)防守队员要有人干扰掷球队员,防止对方打快攻。

(2)对有可能直接得界外球的进攻队员要紧逼,尽量不使进攻队员空切突破进球。

(3)防守队员之间注意互相保护。

第三节 足球竞赛规则与裁判

足球规则共十七章,它规定了足球比赛的方法及比赛双方运动员应遵守的行动准则与违反这些规则时的处置方法,以及裁判员和助理裁判员的职权与职责等内容。规则的精神实质可以概括为:保护运动员的安全和健康;制裁一切有害的动作和不道德行为;比赛的双方在均等的条件下,充分地发挥技、战术水平,保证比赛顺利进行。因此,裁判员必须认真细致地学习、理解规则,熟悉地掌握规则和运用规则,以保证完成裁判任务。

一、足球竞赛规则分析

(一)比赛场地、球、队员人数、队员装备

1.比赛场地

国际足联曾规定世界杯决赛阶段比赛场地为长 105 米、宽 68 米。国内基层比赛的场地可因地制宜,长度最长 120 米、最短 90 米,宽度为最长 90 米、最短 45 米,但边线的长度必须长于球门线的长度,场内各区域的面积不得变更。球门两门柱的距离为 7.32 米,横梁下沿距地面 2.44 米。

2.球

比赛所用的球圆周不长于 70 厘米、不短于 68 厘米;重量在比赛开始时不多于 450克、不少于 410 克;压力在海平面上等于 60.8 ~ 111.43 千帕。

3.队员人数

一场比赛应有两个队参加,每个队上场队员不得多于 11 名,其中必须有一名守门员。如果任何一队少于 7 人则比赛不能开始。正式比赛中,各队每场比赛最多可以使用 3 名替补队员。

4.队员装备

队员必需的基本装备是:运动上衣、短裤(如穿紧身内裤,必须与短裤的主色同一颜色)、护袜、护腿板、足球鞋。每个守门员的服装颜色必须有别于其他队员、裁判员和助理裁判。

(二)裁判员和助理裁判

1.裁判员

每场比赛由一名裁判员控制,他被任命具有全部权力去执行与比赛有关的竞赛规则。他的权限和职责是:执行裁判规则;与助理裁判员及第四官员一起控制比赛;确保比赛用球符合规则第二章的要求;确保队员装备符合规则第四章的要求;记录比赛时间和成绩;因违反规则和外界干扰停止、推迟或终止比赛;如果他认为队员受伤,可根据伤情不同,采

用不同的处理方法;掌握有利条款的运用;确保未经批准的人员不得进入比赛场地等情况。

2. 助理裁判员

每场比赛应委派两名助理裁判员,他们的职责应为示意:当球的整体越出比赛场地时;应由哪一队踢角球、球门球或掷界外球;当处于越位位置队员可以被判罚时;当要求替换队员时;当发生裁判员视线外的不正当行为或任何其他事件时。助理裁判员还应根据场上情况协助裁判员控制比赛。助理裁判员如有过分干预或不适合表现时,裁判员可解除其职责并将报告提交有关部门。

(三)比赛时间、比赛开始或重新开始、比赛进行及死球、计胜方法

1. 比赛时间

比赛分为两个半场,每半场45分钟,中场休息不得超过15分钟。在每半场比赛中损失的所有时间应被扣除,这些时间包括:替换队员;对伤势的估计;将受伤队员移出场地进行治疗;拖延时间;任何其他原因。根据裁判员的判断扣除损失的时间。

2. 比赛开始或重新开始

比赛开始前,裁判员召集双方队长,用投币的方式选择场区。开球时应放定在中点上,当球被踢向前移动时比赛即为进行。开球队员直接将球踢进对方球门,算进一球。

3. 比赛进行及死球

（1）比赛成死球

下列情况成死球:当球不论在地面或空中全部越过球门线或边线时;当比赛被裁判员停止时。

（2）比赛进行

其他所有时间均为比赛进行中,包括:球从球门柱、横梁或角旗杆弹回场内;球从比赛场地上的裁判员或助理裁判员身上弹回场内。

4. 计胜方法

当球的整体从球门柱及横梁越过球门线,而此前未违反竞赛规则,即为进球得分。在比赛中进球较多的队为胜者。如两队进球数相等或均未进球,则比赛为平局。竞赛规程应说明,若比赛结束时为平局,是否采用决胜期或国际足球理事会同意的其他步骤以决定比赛胜负。

(四)越位

队员较球和最后第二名对方队员更接近于对方球门线,即为处于越位位置。队员处在越位位置本身并不是犯规。

队员下列情况为不处于越位位置:在本方半场内;平齐于最后第二名对方队员;平齐于最后两名对方队员。

处于越位位置的队员,在同队队员踢或触及球的一瞬间,裁判员认为下列情况而言

"卷入"了现实比赛中时才被裁判判为越位犯规：

（1）干扰比赛。

（2）干扰对方队员。

（3）利用越位位置获得利益。

如果队员直接从下列情况下接到球，则没有越位犯规：

（1）球门球。

（2）掷界外球。

（3）角球。

对于任何越位犯规，裁判员应判给对方在犯规发生地点踢间接任意球。

（五）犯规与不正当行为

1. 判罚直接任意球

可判罚直接任意球的犯规共有 10 种情况。这 10 种情况又分为前 6 种和后 4 种，在前 6 种情况前冠以一段话，即"裁判员认为，如果队员草率地、鲁莽地或使用过分的力量实施下列 6 种犯规中的任何一种，将判给对方踢直接任意球"。以下 10 种情况：

（1）踢或企图踢对方队员。

（2）拌摔或企图绊摔对方队员。

（3）跳向对方队员。

（4）冲撞对方队员：足球比赛快速、激烈，队员间避免不了身体接触，因此在接触的方式上允许做合理冲撞。合理冲撞应符合下列条件：

①冲撞的目的在于获得球。

②冲撞时，球须在双方控制范围内。

③一般用肩至肘关节这个部位冲撞对方的相应部位，且上臂须贴近住身体。

④冲撞时，并非是草率的、鲁莽的，也没有使用过分的力量。

冲撞对方队员也包括冲撞对方守门员。

（5）打或企图打对方队员。

（6）推对方队员。

（7）为了得到对球的控制而抢截对方队员控制的球，于触球前触及对方队员。

（8）拉扯对方队员。

（9）向对方队员吐唾沫。

（10）故意手球。这是指队员故意用手或臂部触球，以非法获益的行为。裁判员应严格区分故意与无意，凡故意或蓄意手球应予判罚，无意或意外手球不予判罚。

2. 判罚间接任意球

可判罚间接任意球的犯规共有 9 种情况，其中前 5 种是针对守门员的，后 4 种是针对队员的。

（1）用手控制球超过 6 秒。

（2）在发出球之后未经其他队员触球，再次用手触球。

（3）用手触及同队队员故意回传的球。

（4）用手触及同队队员直接掷入的界外球。

（5）拖延时间。

（6）动作具有危险性。

（7）阻挡对方队员。

（8）阻挡对方守门员从其手中发球。

（9）违反规则第十二章中未提及的其他任何犯规而停止比赛，则被警告或罚令出场。

3. 可警告的犯规

如果队员违反下列 7 种犯规中的任何一种，并被警告出示黄牌：

（1）犯有非体育道德行为。

（2）以语言或行动表示异议。

（3）持续违反规则。

（4）延误比赛重新开始。

（5）当以角球或任意球重新开始比赛时，不退出规定的距离（9.15 米）。

（6）未得到裁判员许可进入或重新进入比赛场地。

（7）未得到裁判员许可故意离开比赛场地。

4. 罚令出场的犯规

如果队员违反下列 7 种犯规中的任何一种，并被出示红牌罚令出场：

（1）严重犯规。

（2）暴力行为。

（3）向对方或其他任何人吐唾沫。

（4）用故意手球破坏对方的进球或明显的进球得分机会（不包括守门员在本方罚球区内）。

（5）用可判为任意球或点球的犯规破坏对方向本方球门移动着的明显进球机会。

（6）使用无礼的、侮辱的或辱骂的语言及动作。

（7）在同一场比赛中得到第 2 次黄牌警告。

（六）任意球、罚球点球

1. 任意球

凡判罚直接任意球或间接任意球，必须具备下列 4 个基本条件：

（1）犯规队员是场上队员。

（2）队员违反规则的有关规定。

（3）犯规地点是在比赛场地内。

（4）犯规时间是在比赛进行中。

2. 罚球点球

当队员在比赛进行中,于本方罚球区故意违反规则第十二章10项规定中的任何一项时,即被罚球点球。

罚球点球可以直接进球得分。除主罚队员及对方守门员外其他队员应处于比赛场地内,罚球区和罚球弧外。

(七)掷界外球、球门球、角球

1. 掷界外球

掷界外球不能直接得分,掷界外球没有越位。

2. 角球

角球可以直接射入对方球门得分,踢球门球时没有越位。

二、裁判法

(一)裁判员的跑动路线与方法

（1）裁判员的跑动路线根据目前国内外采用的对角线裁判制可分为4种:大S形跑、跟踪跑、小"S"形跑和直线跑。

（2）裁判员的跑动方法可分为正面跑、侧面跑、倒退跑。不论采用哪种方法,其基本要求是始终面向球。

(二)助理裁判员的跑动方法

助理裁判员的方法分为退跑、侧向滑步跑和向前跑3种。一般情况下运用后退跑和侧向滑步跑较多,这样有利于助理裁判员保持面向场内,扩大助理裁判员的观察面,做到人球兼顾。

(三)裁判员的哨声及手势

裁判员有5种是必须鸣哨的,其要求如下:

（1）比赛开始,一声哨,哨声稍长。

（2）比赛时间终了,二至三声短促哨,接一声长哨。

（3）判某队胜一球,一声长哨。

（4）执行判罚点球,一声哨,哨声稍长。

（5）场上发生犯规或其他情况,裁判员暂停比赛时,应及时鸣哨。

裁判员的手势有如下7种:国际足联制定的足球竞赛规则中裁判员的手势有五种。它们是直接任意球手势、间接任意球手势、继续比赛手势、警告和罚令出场手势。另外三种通用手势,足球竞赛规则中没有规定,它们是球门球手势、角球手势、罚球点球手势。

（1）直接任意球。单臂侧平举,明确指示踢球方向。

（2）间接任意球。单臂上举,掌心朝前。此手势应持续到球踢出后,并被场上其他队员触及或成死球时为止。

(3)示意继续比赛。双臂前举,手臂向前稍作连续挥动(有利手势)。

(4)罚令队员出场或进行警告。一手持牌直臂上举,面向被处罚队员,有短暂停顿。

(5)罚球点球。单臂向前斜下举,明确指向执行罚球点球的罚球点。

(6)球门球。单臂向前斜下举,指向执行球门球的球门区。

(7)角球。单臂斜上举,指向执行角球的角球弧。

(四)助理裁判的旗示

国家足联制定的竞赛规则中有三种旗示:越位旗示(包括远端越位、中间越位、近端越位)、界外球旗示、替换队员旗示。另外有三种为通用旗示,竞赛规则中没有规定,它们是球门球旗示、角球旗示、协助犯规旗示。

(1)越位。单臂将旗上举,见到裁判员鸣哨令比赛暂停后,将旗向前斜上举、前平举、前斜下举表示远端、中间、近端队员越位。

(2)界外球。单臂将旗侧斜上举,指向掷界外球方向。

(3)替换队员。待比赛成死球时,用双手将旗横举过头,向裁判员提示某队请求换人。

(4)球门球。面向场内,将旗前平举,指向执行球门球的球门区。

(5)角球。单臂将旗斜下举指向近端的角球弧。

(6)协助犯规。根据规则要求,助理裁判员发现球员犯规时,将旗上举并晃动。当裁判员看见旗示并令比赛停止时,助理裁判员将旗侧斜上举,指示踢任意球方向。

第十一章

乒乓球

乒乓球运动是站在球台两端的每名或每对选手,用手中的球拍在中间隔放一个球网的球台两端用球拍轮流击球的一项球类运动。

乒乓球运动于19世纪末起源于英国。据说,当时有两个英国网球发烧友,有一次在室外进行网球较量,难分难解时逢天公不作美,下起大雨,逼使两名血气方刚的青年人只好躲进了学校的食堂里。诸位皆知,处于发育时期的年轻人都好胜且易冲动,刚才的较量,谁都不服谁,争执不下,后来两人一商量,"咱们在桌子上再打吧?""好,我都不怕你。"于是俩人就把饭厅的桌子拼了起来,中间用几块砖头隔开,之后两人就用网球拍打了起来。这一弄可不得了,开创了乒乓球运动。后来旁观者觉得蛮有意思,所以纷纷仿效,如旋风般席卷欧洲。最早叫"TABLE TENNIS",译成中文是"桌上网球",日本的官方语言为"桌球"。但此前,在英语中还未出现过"PING PANG BALL"一词,直到1900年左右,由于科学的发展,出现了赛璐珞制的球,由于拍与球撞击发出"乒"而落台时发出"乓"的声音,故而又称"乒乓球"。

乒乓球运动设备简单、运动量可大可小,老少皆宜,是深受人们喜爱的具有广泛的适应性、趣味性和娱乐性的大众体育项目,同时还具有很强的竞争性,它不受年龄、性别和身体条件的限制,是极易开展和普及的运动项目。

经常参加这项运动可以有效地发展灵敏性和协调性,提高动作速度和身体活动的能力,改善心血管、脑血管系统的机能,促进新陈代谢,增强体质,并有助于培养机智果断、顽强拼搏、勇于进取的优良品质和作风。

第一节 乒乓球的基本技术

目前世界上众多的打法和技术风格都源于乒乓球的基本技术,只是由于运动员个人特点的不同及其使用球拍的性能不同,因而形成了不同的技术打法。所以学好乒乓球的基本技术是非常重要的。

一、握拍法

目前世界上主要的握拍法有两种:直握拍和横握拍。两种握法均有各自的优点和缺点,选择握法时,应根据自身的特点来确定握拍方法。

(一)直握法

拇指和食指的第一、二指关节弯曲自然平均的钳住拍柄,拍柄贴住虎口,其他三指自然弯曲重叠,中指第一指关节顶在拍背1/3处。(图11-1)

图11-1

(一)横握法

中指、无名指、小指自然弯曲握住拍柄,拇指压在球拍正面,食指自然伸直放于球拍的背面,拍肩贴于虎口。(图11-2)

图11-2

二、基本姿势(右手为例)

两脚开立,比肩稍宽,左脚稍前,右脚稍后,前脚掌内侧着地,两膝自然弯曲,重心在两前脚掌之间,含胸收腹,身体略前倾,执拍手手臂自然弯曲,放松置于身体右侧腹前。

三、基本步法

步法是乒乓球技术环节的一个重要组成部分,是及时准确地使用与衔接各项技术动作的枢纽,亦是执行各项战术的有力保证。具有良好的步伐,就能够经常保持最佳的击球位置,使击球的速度、力量、旋转得到充分的发挥。乒乓球的基本步法有单步、跨步、跳步、并步、交叉步五种。

(一)单步

一脚为轴,另一脚向前、后、左、右不同方向移动,重心随之跟上。(图11-3)

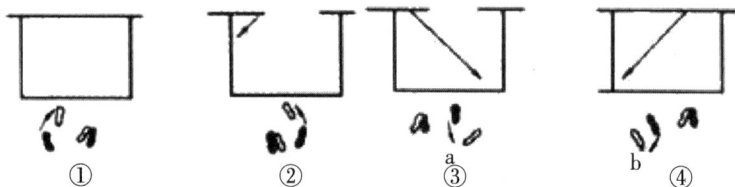

图11-3

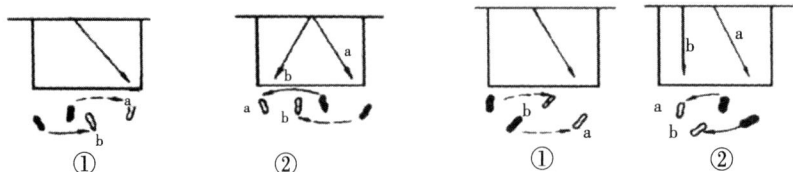

图11-4

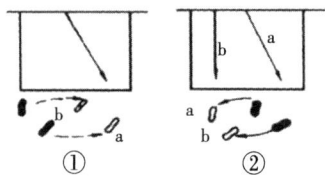

图11-5

（二）跨步

一脚蹬地,另一脚向移动方向跨一大步,为防止跨步后失去重心,蹬地脚应随后跟上半步或一小步。(图11-4)

（三）跳步

是以来球异方向的脚用力蹬地为主,双足有瞬间的腾空,用力大的脚先着地,另一只脚跟着落地。(图11-5)

（四）并步

一脚先向另一脚移(或叫并)半步或一小步,另一只脚在并步脚落地后向同方向移动。(图11-6)

（五）交叉步

先以近来球方向的脚作为支撑使远离来球方向的脚向来球方向跨一大步。在体前(侧)瞬间成交叉状态,身体随之向来球方向转动,支撑脚再跟着向移动方向迈出一步。(图11-7)

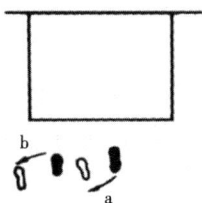

图11-6

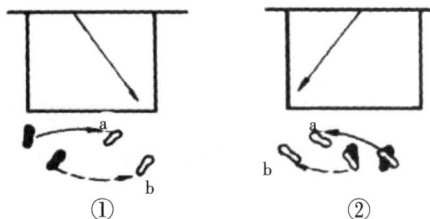

图11-7

学习方法及注意事项:

(1)台前徒手模仿各种步法练习。

(2)结合挥拍动作进行各种步法练习。

(3)结合身体素质练习,增强下肢起动速度和爆发力。

四、推挡

推挡技术的特点是站位近、动作小、速度快、变化多,是我国直拍打法的一项重要基本技术。比赛中通过落点变化来牵制调动对方,争取主动,为进攻创造有利时机,也能起到积极防御的作用。主要包括快推、加力推、减力挡、推挤、下旋推挡等。

（一）快推

击球前,上臂靠近身体适当后撤引拍,拍形基本与台面垂直,球拍略高于来球或与球同高,击球时,手臂迅速前迎,在来球的上升期触球,前臂手腕用力向前将球推出,触球的中上部,食指用力压拍。(图11-8)

图 11 - 8

(二)加力推

动作幅度比快推大,当球弹至上升后期或高点期,利用伸髋和转腰动作加大手臂向前的推击力,并用中指顶住球拍。(图 11 - 9)

图 11 - 9

(三)减力挡

击球前不用撤臂引拍,可稍屈前臂调整球拍位置,当球弹起时,手臂身体前移迎球,触球瞬间控制好拍形,不要向前用力撞球,甚至还略有后缩动作,借来球力将球反弹回去。(图 11 - 10)

学习方法及注意事项:

(1)徒手做推挡模仿动作,体会动作要点。

(2)在台上两人互推斜线或直线,待熟练后逐渐增加力量和速度。

(3)一人攻球,另一人推挡。定点定线,两人轮换。

图 11 - 10

推挡时应注意的问题是:上臂和肘远离身体右侧,影响前臂发力;左脚过于靠前或右脚在前,难以运用腰髋之力;手臂不会后撤引拍,击球距离太短,不易控制球和发力。

五、攻球

攻球具有力量大、速度快等特点,是比赛中争取主动、克敌制胜的重要手段,各类打法都必须掌握攻球技术。攻球技术统分为正手攻球和反手攻球。又,按通常的惯称分为快攻、快点、快拉、快拨、突击、杀高球、中远台攻球等技术。

(一)正手攻球

成基本姿势,击球前身体稍向右转,腰带臂横摆(忌大臂后拉牵肘)引拍至身体右侧,重心落于右脚,体臂夹角约35°~40°,前臂自然弯曲约120°,球拍略前倾,手腕自然放松;击球时,右脚稍用力蹬地,腰向左转带动手臂向球上方挥动迎球;触球瞬间,前臂用力收缩,触球的中上部,手腕辅以发力,身体重心由右脚移到左脚,球拍因惯性顺势挥至头左侧;球击出后,迅速还原,手臂放松,准备下一板击球。(图 11 – 11、图 11 – 12)

图 11 – 11

图 11 – 12

(二)直板反手攻球

两脚平行开立或右脚稍前,上体稍左转,前臂后摆,引拍至腹前左侧;击球时前臂向右前上方挥动,肘部内收,食指控制好拍形,击球的中上部,手腕辅助发力。(图 11 – 13)

(三)横拍反手攻球

两脚平行开立,腰、髋略向左转的同时,带动前臂向后引拍,手腕稍后曲,肘部略前出,击球的前臂手腕向球右方发力,触球的中上部,前臂和手掌背部的运行方向决定击球方向。(图 11 – 14)

图 11 – 13

图 11 – 14

学习方法及注意事项:

(1)原地徒手及持拍模仿动作,注意身体重心的交换和腰、臂协调一致地用力。

(2)结合步法,在移动中进行攻球模仿动作。

(3)一人发平击球,另一人练习攻球,打一板后再重新发球。

(4)多球练习。一人喂球,另一人练习攻球。

(5)两人的一推一攻练习。要求固定落点和线路,先轻打力求板数,随着技术质量的提高再增加力量。

(6)两人对攻,斜线、直线力量由轻到重,多打板数,体会触球时的肌肉感觉。

(7)一点对两点或多点的连续攻,要求陪练方用推挡推至对方两点或多点,主练者攻到对方的一点。

(8)结合性技术。如左推右攻,推挡侧身及推挡侧身扑正手等(应从有规律开始,待到熟练后再到无规律)。

在攻球时,应注意的问题是引拍时,大臂直向后拉,出现牵肘,影响击球力量;手腕过分僵硬或上翘,影响手腕的灵活性;直板反手发力时,肘部支出横拉,攻球侧旋;横拍反手攻时,手腕乱动,拍面角度不固定,影响命中率。

六、搓球

搓球是一项过渡性技术,用它对付下旋来球比较稳健,常为进攻创造条件,也是初学削球时必须掌握的入门技术。根据击球方位的不同,分为正手搓球和反手搓球。根据击球时间、回球落点和旋转,又分为快搓、慢搓、摆短、劈长、转与不转及侧旋搓球。

(一)反手搓球

站位近台,击球时,拍面后仰,屈臂后引,前臂向前用力为主,配合手腕动作。根据来球旋转的程度调节拍面角度和用力方向,来球下旋强,拍触球的底部,向前用力大些;来球下旋弱,拍触球的中下部,向下用力大些。(图 11 – 15、图 11 – 16)

图 11 – 15

图 11 – 16

(二)正手搓球

击球前,身体稍向右转,向左上方引拍;击球时,前臂和手腕向左前下方用力,将球击出。(图 11 – 17)

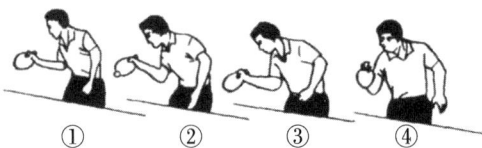

图 11 – 17

(三)学习方法及注意事项

(1)徒手模仿动作,注意前臂、手腕的发力方法。

(2)自抛球在台上,弹起后,将球搓过网,反复体会前臂、手腕发力摩擦球的动作。

(3)搓接固定旋转、落点的发球。

(4)斜线或直线对搓,在熟练的基础上结合各种搓球。

(5)搓球和攻球结合练习。

(四)应注意的问题

前臂、手腕僵硬,不会摩擦,只是碰击球,易吃旋转;滥用手腕,造成臂、腕用力脱节。

七、发球

发球是乒乓球比赛中每一分的开始,是乒乓球技术中唯一不受对方制约和限制的技术,在规则允许的范围内,可以最大限度地施展自己的战术意图。发球的种类很多,根据旋转可分为转与不转和侧旋发球等。

(一)正手下旋与不转球

持球手将球抛起后,持拍手向后上方引拍,拍呈横状并略微前倾。

（1）发下旋时，手臂向前下方挥摆，用球拍下部靠左的位置摩擦球的底部，触球瞬间手腕有一爆发力。

（2）发不转时，动作的轮廓与发下旋时一致用球拍下部偏右的位置，触球的中下部，触球瞬间用拍推球。

（二）学习方法及注意事项

（1）徒手做抛球接发球的模仿动作。

（2）两人一个发球，一个接球，只进行发接球练习，要求定点线。

（3）结合规则对发球的要求进行练习。

（4）发球结合抢攻，提高发抢意识。

八、接发球

（一）接发球的判断

判断的正确与否，直接影响接发球的方式和接发球的成败。为了判断发球的旋转性质、旋转强度及来球线路落点，应利用各种信息进行综合分析。

（1）就对方发球时的站位决定自己接发球的站位。

（2）观察对方发球前的引拍方向。

（3）观察球拍触球瞬间摩擦球的方向，判断球的旋转性质。

（4）观察发球时挥臂的动作幅度和手腕用力大小，判断球的落点长短和旋转强弱。

（5）根据发球的第一落点判断来球的长短。

（6）根据球在空中的飞行弧线判断旋转。

（7）根据手感判断来球的旋转。

（8）记住不同性能球拍的颜色及各自的性能。

（二）学习方法及注意事项

（1）接上旋转（奔球）。正反手攻球或推挡回接，拍面适当前倾，击球的中上部，调节好向前的力量。

（2）接下旋长球。用搓球、削球、提拉球回接，搓或削时多向前用力。

（3）接左侧上下旋球。可采用攻球和推挡（搓球或拉球）回接，拍面稍前倾（后仰）并略向左偏斜，击球偏右中上（中下）部位，以抵消来球的左侧上（下）旋力。

（4）接右侧下、下球。可采用攻球或推挡（搓球或拉球）回击，拍面稍前倾（后仰）并向右偏斜，击球偏左中上（中下）部位；回接要点和方法与接左侧上、下旋球相同。

（5）接近网短球。用快搓、快点或台内突击回接，主要靠手腕和前臂的力量。

（6）接转与不转接。在判断不准的情况下可轻轻地托一板或撇一板，但要注意弧线和落点。

（7）接不同性能球拍的发球。长胶、生胶、防弧胶的发球基本属不转球，用相应的方法回接。

（8）接高抛发球。如球着台后拐弯的程度大,应向拐弯方向提前引拍。

九、弧圈球

弧圈球是一种上旋力非常强的进攻技术,它与攻球相比,在对付强烈下旋球及低于网的来球时更加稳健,因此被广泛使用。

（一）正手弧圈

左脚在前,右脚稍后,身体略向右扭转,腹微收,髋稍向右后方压转,左肩略高于右肩。击球时,右脚掌内侧蹬地,以腰髋的扭转带动手臂向左上方挥动,击球瞬间,快速收缩前臂,直拍的中指（横拍的食指）应加速成手腕在触球瞬间的甩动。

图 11 – 18

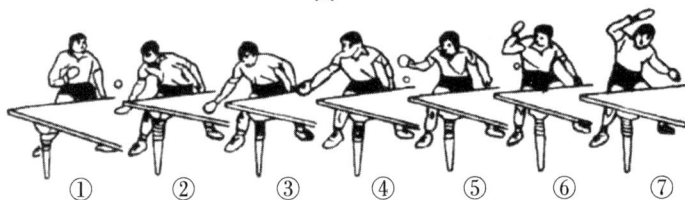

图 11 – 19

（1）加转弧圈。手臂在腰的带动下向后下方引拍,球拍低于来球,在来球的下降期或高点后期,摩擦球的中部或中上部,向上发力为主略带向前。（图 11 – 18、图 11 – 19）

（2）前冲弧圈。重心稍高于拉加转弧圈,手臂自然向后引拍,球拍与来球同高或稍低于来球,在来球的上升后期或高点期,摩擦球的中上部或中部,向前发力为主,略带向上。（图 11 – 20、图 11 – 21）

图 11 – 20

①　　　　②　　　　③　　　　④　　　　⑤　　　　⑥

图 11－21

（二）反手弧圈

两脚基本平行开立,腰、髋略向左转,稍收腹,肘关节略向前出。前臂向左后方画一小弧引拍,手腕下垂。击球时,两脚向上蹬伸,展腹、腰、髋略向右转,以肘关节为轴,前臂向上方发力,手腕配合用力,摩擦球的中上部。

（三）学习方法及注意事项

（1）徒手做模仿动作,认真体会动作要领。

（2）自抛自拉练习。体会腰、臂的协调用力。

（3）一人发平击球或下旋球至某一点,一人练习拉。体会正确的击球点和触球瞬间的摩擦动作（可用多球进行）。

（4）一人推挡,一人拉。定点定线。要求先轻,随着提高再增加力量和旋转。

（5）两点或三点对一点连续拉。要求拉者在左右移动中进行练习,范围由小到大,落点从有规律到无规律。

（6）对搓斜球,其中一方侧身抢拉或反手拉。

（7）一点搓两点,另一方搓中抢拉。

打弧圈球时应注意的问题是不会运用身体重心的力量,只靠手臂发力,影响击球的力量和旋转;手臂伸得过直,球拍沉得过低,整个动作向上太多,缺少向前的力量;撞击球力量过大,摩擦力小,易吃旋转;引拍时向后拉手过多,球拍离身体太近,不易发力。

十、削球

削球是一种防御性技术,具有稳健性好、冒险性小的特点。通过旋转和落点的变化,调动对手,伺机反攻削球,使对手被动,甚至失误。

（一）正手削球

右脚稍后,体略右转,双膝微屈,拍形近似垂直,引拍至肩高附近。在来球的下降期,前臂在上臂的带动下,随着身体重心的移动向下,向前、向左挥动,触球的中下部,手腕控制好拍形并有一摩擦球的动作。

（二）反手削球

左脚稍后,体略左转,拍形竖立,引拍至肩高。前臂在上臂的带动下,随身体重心的移动向下,向前、向右挥动,在来球下降前期触球的中下部,手腕控制好拍形并有一摩擦球动作。

学习方法及注意事项：

（1）徒手模仿动作，做好引拍、挥拍等动作。

（2）用正手或反手削对方发来的平击球。

（3）斜线对斜线或直线对直线。用正手或反手削对方拉过来的球。

（4）一点削多点，或多点削一点，从有规律到无规律。

（5）削与攻、挡结合练习。

削球时应注意的问题是拍形过分后仰，易出高球或出界；引拍不到位，限制了前臂的下切动作，难于移搓攻步选位，形成用手够球，难以控制球和加转。

第二节　乒乓球的基本战术

通过对本节的学习，旨在让大家了解乒乓球的基本打法及运用。希望大家在了解乒乓球基本打法的基础上灵活运用，从而形成有自身特点的个人打法体系。

一、发球抢攻战术

发球抢攻是我国直板快攻打法的"撒手锏"，是力争主动、先发制人的主要战术。各种类型打法的运动员都普遍采用发球抢攻来抢占每个回合的上风。发球战术运用的效果主要取决于发球的质量和第三板进攻的能力。发球抢攻战术因打法的类型不同而有所差异，但常用的发球抢攻战术，主要有以下几种：

（1）正手发转与不转。

（2）侧身正手（高抛或低抛）发左侧上（下）旋球。

（3）反手发右侧上（下）旋球。

（4）反手发急球或急下旋球。

（5）下蹲式发球。

二、接发球战术

接发球战术与发球抢攻战术同样重要，在某种意义上讲，接发球水平的高低可以反映运动员的实战能力以及各项基本技术的应用程度。事实上，接发球者只是暂时处在被控制状态，如果你破坏了发球者的抢攻意图或者为他制造了障碍，减弱了对方抢攻的质量，也就意味着已经脱离被控制状态，变被动为主动了。常用的接发球战术有：

（1）稳健保守法。

（2）接发球抢攻。

（3）盯住对方的弱点处，寻找突破口。

（4）控制接发球的落点。

（5）正手侧身接发球。

三、搓攻战术

搓攻战术是进攻型打法的辅助战术之一，主要利用搓球旋转的变化和落点的变化为抢攻创造机会。这一战术在基层比赛中被普遍采用。搓攻战术也是削球型打法争取主动的主要战术之一。常用的搓球战术有：

（1）慢搓与快搓结合。

（2）转与不转结合。

（3）搓球变线。

（4）搓球控制落点。

（5）搓中突击。

（6）搓中变推或抢攻。

四、对攻战术

对攻战术是进攻型打法在相持阶段常用的一项重要战术。快攻类打法主要依靠反手推挡（或反手攻球）和正手攻球（或正手拉弧圈球）的技术，充分发挥快速多变的特点来调动对方。常用的对攻战术有以下几种：

（1）紧逼对方反手，伺机抢攻或侧身抢攻、抢拉。

（2）压左突右。

（3）调右压左。

（4）攻两大角。

（5）攻追身球。

（6）变化击球节奏，加力推和减力挡结合，发力攻、拉与轻打轻拉结合，也可造成对手的被动局面。

（7）改变球的旋转性质，如加力推后、推下旋；正手攻球后，退至中远台削一板对方往往来不及反应，可直接得分或创造机会球。

五、拉攻战术

拉攻战术是以攻为主的选手对付削球的主要战术。为了发挥拉攻的战术效果，首先要具备连续拉的能力，并有线路、落点、旋转、轻重等变化；其次要有拉中突击和连续扣杀的能力。常用的拉攻战术主要有：

（1）拉反手后，侧身突击斜线或中路追身球。

（2）拉中路杀两角或拉两角杀中路。

（3）拉一角或杀另一角。

（4）拉吊结合，伺机突击。

（5）拉搓结合。

（6）稳拉为主，伺机突击。

六、削中反攻战术

我国乒坛名将陈新华以及第43届世乒赛男单冠丁松成功地运用削中反攻的战术创造了辉煌，令欧洲选手手足失措，无以应对。这种战术主要靠稳健的削球，限制对方的进攻能力，为自己的反攻创造有利条件。它不仅增强了削球技术的生命力，也促进了攻防之间的积极转化。常用的削中反攻战术主要有：

（1）削转与不转球，伺机反攻。

（2）削长短球，伺机反攻。

（3）逼两大角，伺机反攻。

（4）交叉削两大角，突击对方弱点。

（5）削、挡、攻结合，伺机强攻。

七、弧圈球战术

由于弧圈球战术把速度和旋转有效地结合起来，稳健性好，适应性强，许多著名选手已用它去替代攻球或扣杀。常用的战术如下：

（1）发球抢攻。

（2）接发球果断上手。

（3）相持中的战术运用。

第三节　乒乓球竞赛规则与裁判

现行的《乒乓球竞赛规则》于1982年开始，从结构和内容上都与国际《乒乓球竞赛规则》接轨，其中《乒乓球比赛规则》《乒乓球竞赛规程》已完全一致。《规则》是对乒乓球竞赛原则性的规定；《规程》则是实施规则条款的一些具体规定。本节只对乒乓球的规则作一个简单的介绍。

一、乒乓球竞赛规则

（一）定义

（1）球处于比赛状态的一段时间，叫作一个"回合"。

（2）不予记分的回合叫作"重发球"。

（3）记分的回合叫作"得分"

（4）握着球拍的手叫作"执拍手"。

（5）用握在手中的球拍或执拍手手腕以下部分触球叫作"击球"。

（6）"阻挡"：对方击球后，处于比赛状态的球尚未触及本方台区也未超过比赛台面或其端线，即触及本方运动员或其穿戴的任何物品。

（二）合法发球

（1）发球时，球应放在不执拍手的手掌上，手掌张开和伸平。球应是静止的，在发球方的端线之后和比赛台面的水平面之上。

（2）发球员须用手把球几乎垂直地向上抛起，不得使球旋转，并使球在离开不执拍手的手掌之后上升不少于16厘米。

（3）当球从抛起的最高点下降时，发球员方可击球，使球首先触及本方台区，然后越过或绕过球网装置，再触及接发球员的台区。在双打中，球应先后触及发球员和接发球员的右半区。

（4）从抛球前球静止的最后一瞬间到击球时，球和球拍应在比赛台面的水平面之上。

（5）击球时，球应在发球方的端线之后，但不能超过发球员身体（手臂、头或腿除外）离端线最远的部分。

（6）运动员发球时，有责任让裁判员或副裁判员看清他是否按照合法发球的规定发球。

①如果裁判员怀疑发球员某个发球动作的正确性，并且他或者副裁判员都不能确信该发球动作不合法，一场比赛中此现象第一次出现时，裁判员可以警告发球员而不予判分。

②在同一场比赛中，如果运动员发球动作的正确性再次受到怀疑，不管是否出于同样的原因，不再警告而判失一分。

③无论是否第一次或任何时候，只要发球员明显没有按照合法发球的规定发球，他将被判失一分，无须警告。

（7）运动员因身体伤病而不能严格遵守合法发球的某些规定时，可由裁判员做出决定免予执行，但须在赛前向裁判员说明。

（三）合法还击

对方发球或击球后，本方必须击球，使球直接越过或绕过球网装置，或触及球网装置后再触及对方台区。

（四）击球次序

（1）在单打中，首先由发球员合法发球，再由接发球员合法还击，然后两者交替合法还击。

（2）在双打中，首先由发球员合法发球，再由接发球员合法还击，然后由发球员的同伴合法还击,再由接发球员的同伴合法还击,此后,运动员按此次序轮流合法还击。

(五)比赛状态

当球在发球员不执拍手中被抛起前静止状态的最后一刻起即处于比赛状态,直到:

(1)球触及除比赛台面、球网、网柱、执拍手中的球拍或执拍手手腕一下部位以外的任何东西。

(2)或者这个回合被判为重发球或判一分。

(六)重发球

1.出现下列情况应判重发球

(1)如果发球员发出的球,在越过或绕过球网装置时,触及球网装置,此后成为合法发球或被接发球员或其同伴阻挡。

(2)如果接发球员或同伴未准备好时,球已发出,而且接发球员或其同伴均没有企图击球。

(3)由于发生了运动员无法控制的干扰,而使运动员未能合法发球、合法还击或遵守规则。

(4)裁判员或副裁判员暂停比赛。

(5)在双打时,运动员错发、错接。

2.在下列情况下可暂停比赛

(1)由于要纠正发球、接发球次序或方位错误。

(2)由于要实行轮换发球法。

(3)由于警告或处罚运动员。

(4)由于比赛环境受到干扰,以致该回合结果有可能受到影响。

(七)一分

除被判重发球的回合,下列情况运动员得一分:

(1)对方运动员未能合法发球。

(2)对方运动员未能合法还击。

(3)运动员在发球或还击后,对方运动员在击球前,球触及除球网装置以外的任何东西。

(4)对方击球后,该球越过本方端线而没有触及本方台区。

(5)对方阻挡。

(6)对方连击。

(7)对方用不符合规定的拍面击球。

(8)对方运动员或他穿戴的任何东两使球台移动。

(9)对方运动员或他穿戴的任何东西触及球网装置。

(10)对方运动员不执拍手触及比赛台面。

（11）双打时，对方运动员击球次序错误。

（12）执行轮换发球法时，接发球运动员或其双打同伴，包括接发球一击，完成了13次合法还击。

（八）一局和一场比赛

（1）在一局比赛中，先得11分的一方为胜方，10平后，先净胜2分的一方为胜方。

（2）一场比赛由奇数局组成（可采用五局三胜或七局四胜制）。

（3）一场比赛应连续进行，但在局与局之间，任何一名运动员都有权要求不超过两分钟的休息时间。

（九）轮换发球法

（1）如果一局比赛进行到10分钟仍未结束（双方都已获得至少9分时除外），或者在此之前任何时间应双方运动员要求，应实行轮换发球法。

①当时限到时，球仍处于比赛状态，裁判员应立即暂停比赛。由被暂停回合的发球员发球，继续比赛。

②当时限到时，球未处于比赛状态，应由前一回合的接发球员发球，继续比赛。

（2）此后，每个运动员都轮发一分球，直至该局结束。如果接发球方进行了13次合法还击，则判发球方失一分。

（3）换发球法一经实行，该场比赛的剩余部分必须继续实行，直至该场比赛结束。

二、乒乓球运动场地、器材

乒乓球比赛场地的地面应是坚硬不滑的硬木，球场的标准为长14米、宽7米，球场上空5米以内不得有障碍物；比赛场地须用75厘米高墨绿色或淡蓝色挡板围住，同邻近的场地及观众隔开；标准乒乓球台由两块台桌组成，每块1.37米，总长2.74米。台面的宽度为1.525米，厚3.5厘米，台面与地面相距76厘米，乒乓球台面四周为宽2厘米的白线，分别称为边线和端线，台面中间的3毫米宽的白线为中线，其上架以长1.83米、高15.25厘米的球网。（图11-22）

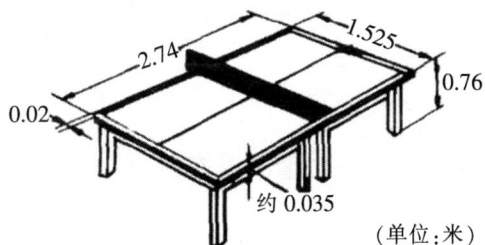

（单位：米）

图11-22

第十二章

羽毛球

羽毛球运动是在一块长方形的平地上,画上单打和双打合用的场地线(长 13.4 米,单打场地宽 5.18 米,双打场地宽 6.1 米),中间悬挂球网(网两边在支柱顶端处高 1.55 米,中间高 1.524 米),参加活动的双方共用一只羽毛球,各备一把羽毛球拍进行的运动。

现代羽毛球运动始于英国。19 世纪 60 年代,一批退役的英国军官把印度孟买的"普那"(Poona,球用圆形硬纸板插上羽毛制成,板是木质的)带回英国。早期的场地呈葫芦状,中间狭窄处张挂球网进行活动,后来加以改进,成为现代的羽毛球运动。

1873 年,在格拉斯哥附近的鲍弗特公爵的伯明顿庄园里进行了羽毛球表演。为了纪念,这项运动便以伯明顿这个庄园命名,所以,英语中的羽毛球被称为"Badminton"。1877 年第一次成文的羽毛球规则在英国出版,1877 年由国际羽联制定了会员国共同遵守的羽毛球规则。

第一节　羽毛球的基本技术

羽毛球的基本技术一般包括握拍技术、发球技术、击球技术和基本步法。学习羽毛球的基本技术,明确相应的动作要领,掌握羽毛球的学习方法与步骤,了解学习过程中的注意事项,是提高羽毛球实战能力的基本前提。

一、握拍法技术

羽毛球运动的技术中,学会正确的握拍方法是掌握合理、准确、全面的击球技术的前提条件,而不正确的握拍方法会妨碍各种击球技术的掌握和技术的进一步提高。不同角度击球或击出不同路线的球也要相应地用不同握拍法。因此,不但初学者从一开始就应十分重视学会正确的握拍方法,就是已有一定水平的运动员也应在实践中不断改进和完善自己的握拍法。握拍技术可分正手握拍法和反手握拍法两种。

(一)正手握拍法
用握拍手手掌同一个朝向的拍面击球叫正手击球,正手击球时的握拍方法为正手握拍法。

动作要领:握拍时,先用左手拿住拍颈,使拍面与地面垂直。再张开右手,使手的小鱼际肌靠在拍柄底托处,虎口对准拍柄的内侧小棱边,然后小指、无名指和中指并拢握住拍柄,小指与无名指在柄的末端应稍紧,负责不使球拍脱手,食指与中指稍微分开,用食指和拇指轻松地环扣住拍柄。(图 12 - 1)

(二)反手握拍法

用握拍手手背同一个朝向的拍面击球叫反手击球,反手击球时的握拍方法为反手握拍法。

动作要领:在正手握拍法的基础上,拍柄稍向外转,食指收回,拇指第二指节顶贴在拍柄内侧的宽面上,其余四指并拢握住拍柄,手心与拍柄之间应有一个明显的空洞。(图 12 - 2)

图 12 - 1

图 12 - 2

(三)学习方法

(1)学生按正手或反手握拍法握好球拍。

(2)学生做正手或反手击球的挥拍动作。

(3)学生做正、反手交换击球的球性练习。

(四)注意事项

(1)握拍要放松。

(2)握拍要灵活。

二、发球技术

羽毛球比赛的规则规定只有发球一方得分才算得分,而接发球者得分只能夺得发球权。因此,发球作为进攻的开始,发球的好与坏,可以直接影响我们争取主动或者使我们处于被动局面。掌握好发球技术,并在比赛中按对手的优缺点选择有利于自己进攻的发球法,去迫使对手措手不及或处于被动,从而达到争取主动而得分的目的。因此我们说发球是第一拍进攻,它决定着你能否旗开得胜。

发球大致可分为正手发球和反手发球。正手发球时,单打一般站在发球区内离发球线 1 米左右的中线附近。双打站位可稍靠前。左脚在前,右脚在后,两脚间距同肩宽,上身自然伸直,重心在右脚上。右手握拍向后、侧举起,肘部稍屈。左手用拇指、食指、中指夹持球的中部,举在身前,两眼注视对方的位置和准备接球的情况。(图 12-3)正手发球时,站在发球区内较靠近前发球线的位置上。右脚在前,左脚在后,上身自然伸直,重心放在右脚上,左手以拇指、食指和中指捏住球,置于腹前,右手反手握拍,肘部略抬起使拍框下垂于左腰侧,两眼注视对方的位置和准备接球的情况。(图 12-4)一般来说,发网前球、发平球、发平高球的技术,均可以用正手发球和反手发球的技术来进行,而发高远球,则普遍采用正手发球法。

基本的发球技术有发高远球、发平球和发网前球。在单打比赛中,以上几种发球应用得较普遍,而在双打比赛中,则以发网前球结合发平球或者平高球为常见。

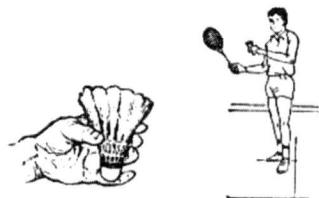 

图 12-3 图 12-4

(一)高远球

高远球就是把球发得又高又远,使球向对方的后场上方飞行,发球后的路线与地面形成的角度(仰角)要大于45°,而在对方场区底线附近(界内),形成垂直下落。发高远球可以使对方退到离开我们自己场区最远的底线去击球,如果发高远球的质量较高,既发得高又发得远,则可以限制对方的一些进攻战术,使对方在接发高远球的时候,不容易马上组织进攻。在对方体力不足的时候,发高远球也可以使对方消耗更大的体力。(图 12-5)

① ② ③ ④ ⑤ ⑥ ⑦

图 12-5

动作要领:

(1)准备发高远球的时候,站在离前发球线 1 米左右,发球场区中线附近,面对球网,左脚在前,右脚在后,两脚之间自然分开。

(2)身体重心放在右脚上面,身体自然地微微向后仰,右手向右后侧举起,肘部稍弯曲,左手拿球(可拿手的任何部位)并自然地在胸前弯曲。

(3)发球的时候,左手把球举在身体的靠右前方并放下,使球落下;右手同时由大臂带动小臂,从右后方向前,往左前上方挥动,大臂开始挥动的时候,身体重心由右脚慢慢地移到左脚。

（4）当球落到击球人手臂向下自然伸直能触到球的部位的一刹那,握紧球拍,并利用甩手腕的力量,向前上方鞭打用力击球,当把球击出的同时,手臂向左上方挥动,击球之后,身体重心也由右脚移至左脚,身体微微向前倾。

（二）平高球

平高球是指发出球的弧线高度比高远球低,并使球飞向对方后场底线附近的一种发球方法。它可以迫使对方匆忙向后移动接球,从而限制对方大力扣杀等。

（1）正手平高球。做好准备姿势,发球方法与发高远球基本一致,主要运用前臂带动手腕发力,拍面与地面的仰角在120°～130°之间。

（2）反手平高球。做好准备姿势,主要以前臂带动手腕从左下方向右上方快速挥拍,用反拍面正击球托,拍面与地面的仰角在120°～130°之间。

（三）平快球

平快球是指发出的球既平又快,直接飞向对方后场底线附近的一种发球方法,它用于突然快速,往往使对方来不及做准备,是抢攻的主要发球技术。

（1）正手平快球。做好准备姿势,发球方法与发高远球相似,区别在于:击球前,前臂快速摆动,手腕和手指突然向前发力击球,拍面与地面的仰角在110°左右,击球力的方向应更平直一些。

（2）反手平快球。做好准备姿势,发球方法与反手发平高球相似,区别在于:拍面与地面的仰角在110°左右,击球力的方向应更平直一些。

（四）网前球

网前球是指发出的球贴网而过,落在对方前发球线附近场地内的一种发球方法。它可以限制对方做进攻性的回击,但要求较高技术。

（1）正手网前球。做好准备姿势,以前臂和手腕带动挥拍,幅度要小,力量稍轻,拍面稍后仰,握拍较放松,利用手腕与手指力量从右向左横切推送,使球贴网而过。

（2）反手发网前球。做好准备姿势,前臂带动手腕使球拍从左下方向右前上方做半弧形挥动,用球拍对球做横切推送动作,使球贴网而过。

（五）学习方法

（1）按各种发球的技术要领反复做挥拍模仿练习。

（2）用细绳把球吊在击球点（身体右侧前下方）的高度,反复进行发球练习。

（3）人体左侧对着墙（距离60厘米）做发球挥拍练习。

（4）在对方场地上画好圆圈,把球发到圈内。

（六）注意事项

（1）挥拍路线为自右后→右前下方→左上方的画弧（正手）。

（2）挥拍时,以肩为轴,由上臂带动前臂、前臂带动手腕发力（正手）。

（3）掌握好击球时球拍的仰角。

(4)严格控制击球力量和掌握好用力的方向(反手)。

三、击球技术

依据击球动作特点,击球技术可分为高手击球技术、网前击球技术和低手击球技术三大类。这里重点介绍前两类。发球仅是击球的开始,而真正激烈的争夺是在发球后的接发球或发球抢攻以及这以后的对拉击球上。因此合理、协调、有力、有效的击球将是得分的最基本保证。

(一)高手击球技术

高手击球是指击球点高于头部的击球。它分为高远球、平高球、扣杀球和吊球等。它一般在后场用来主动进攻或调动、控制对方。

1. 高远球

(1)正手高远球:击球时,首先看准来球的方向和高度,采取移动步法到适当位置,击球点选择在右肩稍前的上空,身体半侧向球网,左脚在前,右脚在后,身体重心落在右脚的前脚掌上,然后将拍子举到肩上,拍面朝网准备挥拍击球;当球下落到接近击球点时,胸部扩张,握拍手的前臂向后移动肘关节向后

图 12 - 6

侧提高,使球拍引至头后,自然伸腕,接着在右腿蹬地和腰腹协调用力下,大臂带动前臂向上,肘关节迅速上升,前臂明显向前甩出;触球时,手臂伸直,闪动手腕把球击出,身体重心由右脚移到左脚上。(图 12 - 6)

(2)反手高远球。准备击球时,改成反手握拍,步法到位后,右脚前叉跨到左侧底线,背向球网,身体重心在右脚,球拍举在左胸前,拍面向上,双膝微屈,击球时下肢由屈到伸。当球在右侧上空下落时,以大臂带动手腕的闪动,在右侧上方伸直手臂向后击球,并伴随右腿的蹬力,迅速转体面向球网,迈出右脚回中心位置。

(3)头顶击高远球。准备击球时,上体向左稍后仰,右脚在后,球拍绕过头顶后,再从左上方向前挥动,用前臂带动手腕以鞭打状产生爆发力,将球击出,击球点选择在头顶前上方或左前上方,击球托的后下底部。

2. 平高球

击平高球的方法与击高远球的方法是基本一致的,它们的技术特点和要求的区别在于:在击球点上的拍面仰角小于击高远球时的拍面仰角、善于控制球的飞行弧线和落点。

3. 扣杀球

扣杀球是指把高球在尽量高的击球点上用大力挥击下压到对方场区内的一种击球方法。这种球力量大、弧线直、落地快,给对方的威胁很大,是进攻的主要技术。

(1)正手扣杀球。准备击球时,身体左转并后仰,左脚在前,右脚在后,挺胸成弓形,

右臂在右后上摆起,手腕后伸,然后肘部带动前臂全速前上挥动;当击球点在肩的前上方时,前臂内旋,腕前屈微收,闪腕发力杀球,球拍正面击球托的后部,使球直线下行。

(2)反手扣杀球。准备击球时,背向球网,反手握拍上举,肘部往右上摆起,前臂快速往右上并稍外旋,手腕内收闪动,挥拍切击球托的后下部,使球向前下直线飞行。如果要扣杀斜线球,则挥拍切击球托的左侧后下部。

(3)头顶扣杀球。方法与头顶击高远球的方法相似,区别在于击球的力量比击高远球大;发力方向是向前下方的;击球点稍前些;拍面角度要小些。

4.吊球

把对方击来的高远球从后场还击到对方场地并轻轻落于网前区,称为吊球。它是后场进攻的主要技术之一。

(1)正手吊球。准备击球时,身体半侧向球网,左脚在前,右脚在后,拍转到身后,然后手臂向上挥拍,在击球的一刹那,突然减慢速度,用手指控制拍面,利用手腕的快速闪动,拍面切击球托的下部。如果要吊对角网前,拍面向左下方切击球托的左侧后下部;如果要吊直线球,拍面由后上稍往右前切击球的后下部。

(2)反手吊球。准备击球时,背对球网,反手握拍上举,肘部往右上摆起,前臂快速往右上并稍外旋,手腕内收闪动,球拍切击球托的后下部,使球向前下直线飞行。如果要吊对角网前,后切击球托的左侧后下部。

(3)头顶吊球。准备击球时,身体半侧向,左脚在前,右脚在后,上臂往右上挥动,前臂稍向肩后摆,手腕稍后伸,然后由右后上稍往右前切击球托的后下部,球拍与地面的仰角应控制在于90°左右,使球向下直线飞行。

(二)网前击球技术

网前击球是一种可以调动对方,使战术多变的击球方法。它包括搓球、推球、钩球、扑球和挑球等。

1.搓球

准备击球时,右脚在前,左脚在后,成弓箭步,球拍前伸,然后前臂稍外旋,手腕稍后伸,内收闪动,用手腕和手指控制球拍,搓切来球的右下底部。

2.推球

动作与搓球基本一样,只是在击球的一刹那,拍面几乎与网平行,主目腕部的转动及手指的力量向前快速闪动,将球快速推到对方的底线附近。

3.扑球

准备击球时,蹬步上网,身体右侧扑向网前,迅速举拍向前,拍面前用腕部和手指的力量向前下方闪击,触球后球拍立即回收。

4.钩球

动作与搓球基本一样,只是在击球的一刹那,拍面斜向对方右(左)网前,用腕部、带动手指由伸腕到收腕,肘部也随着回收,触球托的右(左)后部。

5.挑球

动作同正手放网前球。击球前前臂充分外旋,手腕尽量后伸。击球时,从右下向右前方至左上方挥拍击球。在此基础上,若球拍向右前上方挥动,挑出的是直线高球。

(三)学习方法

(1)按动作要领反复做各种击球动作的徒手练习。

(2)用细绳把球吊在各种高度上,反复练习各种击球。

(3)两人用球做原地定点练习,互相观察动作是否正确。

(4)移动步法做各种击球练习。

(5)用各种击球方法将球击入对方场地内的圆圈内,进行准确性练习。

(四)注意事项

(1)击球点要高。

(2)保持动作的一致性。

(3)发力正确,且能控制力量。

(4)准确控制拍面角度。

四、步法

步法是指运动员在场上为了跑到适当的位置击球而采取的快速、合理、准确的移动方法。羽毛球的移动步法包括起动、移动、到位配合击球和回动四个环节。步法移动一般都是从场地中心位置开始,按移动方向可分为上网步法、后退步法和两侧移动步法。右手持拍者,到位击球时的最后一步一般都是右脚在前,而左脚总是靠近中心位置,像轴心一样。

(一)上网步法

(1)蹬跨步上网步法。左脚后蹬,侧身将右脚向球的方向跨出一大步击球。向右前场上网,用正手击球,向左前场上网,用反手击球。

(2)两步蹬跨上网步法。右脚稍前,左脚稍后,上网时,左脚向右前方迈一步,紧接着右脚跨一大步到位。向右前场上网,用正手击球,向左前场上网,用反手击球。

(3)前交叉蹬跨上网步法。右脚稍前,左胸稍后,上网时,右脚向右前方迈一小步,左脚接着前交叉再迈一步,紧接着左脚后蹬,侧身将右脚向球的方向跨一大步,用正手击球。或稍向左转身,以右脚向左前场迈一步,左脚再迈一步,紧接着左脚后蹬侧身将右脚向前跨一大步,用反手击球。

(二)两侧移动步法

(1)向右侧蹬跨步。右脚稍前,左脚稍后,移动时,左脚用力起蹬,右脚向右侧跨出一大步到位。

(2)向右并步加蹬跨步。右脚稍前,左脚稍后,移动时,左脚先向右脚并一步,紧接着,以左脚步掌内侧用力起蹬,右脚向右侧跨出一大步到位。

(3)向左侧蹬跨步。右脚稍前,左脚稍后,移动时,左脚用力起蹬向左,右脚同时左跨一步到位。

(4)向左蹬转跨步。右脚稍前,左脚稍后,移动时,左脚先向左后侧方退一步,紧接着右脚经左脚前向左侧跨一大步到位,成背对网姿势。

(三)后退步法

(1)三步并步后退右后场。右脚稍前,左脚稍后,后退时,右脚先后撤一步,左脚跟着后撤一小步,紧接着右脚再向右后撤一步,成侧身对网姿势。

(2)三步交叉步后退右后场。右脚稍前,左脚稍后,后退时,右脚往右后侧蹬转后退一小步,左脚接着经右脚后面交叉退一步,紧接着右脚再后撤一大步到位,成侧身对网姿势。

(3)两步后退左后场。右脚稍前,左脚稍后,后退时,左脚先往左后蹬转撤一小步,紧接右脚经左脚前向左后侧方跨出一大步到位,成背对网姿势。

(4)三步后退左后场。右脚稍前,左脚稍后,后退时,以左脚前掌为轴右脚向左后方蹬转,使身体转向左后方;同时,右脚经左脚前向左后场区跨一步成背对网姿势;接着,左脚迈一步,右脚再迈一步。

(四)学习方法

(1)徒手按照各种步法的动作要领进行单个步法练习。

(2)进行固定线路的多方向步法练习。

(3)进行随意线路的多方向步法练习。

(4)结合技术进行综合练习。

(五)注意事项

(1)击完球后一定要注意回动。

(2)移动时注意控制好身体的重心。

(3)最后一步时重心在右脚上。

第二节 羽毛球的基本战术

通过本节学习,希望能够回答出以下问题:①你是如何培养并提高自己战术意识的?请举例说明。②如果你参加一场羽毛球比赛,针对不同类型的选手,你会运用哪些战术?③羽毛球全面身体素质包括哪几个方面?应如何提高?④羽毛球专项身体素质训练的基本特点和要求是什么?

一、羽毛球基本战术

(一)基本技术与战术的关系

羽毛球技术是指符合人体运动科学原理,在竞赛规则允许的范围内,充分发挥身体潜在能力,有效地完成动作的合理方法,是羽毛球比赛中,为了一定目的的专门动作方法的总称。

羽毛球战术是指运动员在比赛中为表现出高超的竞技水平和战胜对手而采取的计谋和行动。任何战术的目的都是为了更好地发挥自己的技术特长,制约对方特长的发挥,控制和掌握比赛的主动权,从而争取比赛的胜利。战术一般是由战术思想、战术意识和战术行动组成。

组成羽毛球战术行动的基本要素是技术、战术方法和战术形式这三个方面。技术是战术的基础,是组成战术所必不可少的基本要素。先进的技术必然促进战术的发展与变化,而战术的不断发展与变化,同样又反过来促进原有技术的更新与发展。它们之间同样也存在着相互联系、互为影响、共同发展的辩证关系。

(二)羽毛球主要基本技术在战术中的作用

1. 发球技术的战术作用

发球技术不仅是羽毛球比赛中每一个比赛段落的开始,也是羽毛球技术方法中唯一可以不受对方击球方法的制约而由自己随意运用的一项技术。根据击球后球飞行弧线和落点的不同,发球可分为发高远球、发网前球、发追身球和发平高球等。

(1)发高远球的战术作用

通常是为了迫使对方退至底线击球,以减小和削弱其扣杀的威胁,同时增加其扣杀后迅速抢网进攻的难度。一般在单打比赛中运用较多,属控制对方后场、后发制人的发球战术。

(2)发网前球的战术作用

根据对方不同的回球,伺机进行下一回合的抢攻;抑制对方后场进攻技术特长,削弱其强有力的威胁;对方接网前球技能较差,则以发网前球抢占主动权。发网前球抢攻战术运用效果的好坏,主要取决于发球的质量和进攻技能的高低。

(3)发平高球的战术作用

通常与发网前球结合变化使用。针对队员接发球站位比较靠前,或在准备向前接网前球时,出其不意地突然发出快速越过其头顶落至其后场的低平球,使其措手不及而陷入被动;诱其在慌乱中盲目进攻失误,以利自己的进攻。

总之,发球是一项完全可以凭自己的主观愿望发出各种不同的线路、弧度、速度和落点,与自己下一拍击球有机地结合来争取主动,达到控制对方和破坏对方进攻的战术目的的技术。但是,这一战术目的能否成功,在很大程度上取决于发球质量和与下一拍击球衔接技能的高低。衡量发球质量高低的标准通常表现在准确与变化这两个方面。所谓准确是指：发球的弧度、落点和对对方队员接发球意图的判断等方面的准确性。所谓变化是指：发球的节奏、方法、弧度和落点等方面的变化。在发球中除了要重视发球的方法、弧度和落点等方面的变化外，还必须加强对发球节奏变化能力的培养。所谓发球的节奏变化主要体现在：第一，在规则允许的范围内，从双方运动员都做好发球和接发球的准备，到你开始发球所用的时间变化。第二，虽然采用同一种发球方法，但是在每一次发球中，从发球挥拍开始到发球结束，这一动作完成速度的变化。

2.高球技术的主要战术作用

（1）高远球的主要战术作用

由于高远球的飞行弧度较高，到达对方底线所需要的时间较长，而且不易被对方拦截。因而它能迫使对方远离"中心位置"退到底线击球，从而拉开其场上移动距离，并可调整场上比赛节奏。例如，本方处于被动状态时，就可利用"高远球"滞空时间长的特点，争取回位的时间，从而摆脱被动局面。

（2）平高球的主要战术作用

平高球飞行弧度比较低，到达对方底线所需的时间相对较快，如果掌握好的话，击球动作通常多带有突然性。所以在实战中，能和"吊球"很好地结合使用，常能出其不意地快速调动对方的站位，使其顾此失彼，从而为自己创造更有利的进攻机会。

由于球在空中飞行的弧度和快慢的不同，所以它们也就具有不同的战术作用。一般而言，高远球通常具有防守的性质，主要在防守与被动状态中运用较多；平高球通常具有进攻的性质，主要较多地运用在进攻和相持状态时。因此，从战术运用的角度说，运动员在平时的训练和比赛中应明确这两种技术在战术运用上的不同之处。为了能在比赛中把这两种技术尤其是平高球的战术作用充分地运用好，一定要对击球后球飞行的弧度和落点的准确性提出特别高的要求。

3.吊球技术的主要战术作用

通常它和高球结合使用，一前一后，起调动对方位置和为本方寻找突击进攻的作用。吊球技术主要有轻吊、劈吊和假动作吊球三大类。

（1）轻吊球的技术特点与主要战术作用

击球落点比较贴网，能有效地拉开对方移动的距离。但是，与劈吊球技术相比，球在空中飞行的速度相对要慢一些。

（2）劈吊球的技术特点与主要战术作用

球速相对较快，与杀球技术动作一致性强，但击球的落点一般要比轻吊球离网远一些。

（3）假动作吊球技术的特点与主要战术作用

击球前期动作和"杀球"动作极为相似，只是到击球瞬间才突然变化为轻吊球，如果运用得当,将对对方产生很大的欺骗性。但在运用时,通常需要有比较充裕的击球时间。因此,一般在主动状态,尤其是在双打中运用较多。

4.杀球技术的主要战术作用

杀球是一种最具威力的进攻性击球技术方法。它具有击球力量大、飞行速度快和落地时间短的特点。因此,良好的杀球技术不但会给对方造成接球的困难,是有利于自己得分的最有效的技术方法,而且它在空间和时间上都能起到控制场上进攻态势、限制对方直接进行有效反击的战术作用。杀球技术主要有大力杀球(又称重杀球)、劈杀球、突击杀球、点杀球四大类。在战术上,各类杀球必须灵活运用,既要有方法、力量、线路和落点上的变化,还必须强调结合高球、吊球灵活运用,这样才能收到更好的效果。

5.搓球技术的主要战术作用

由于击球后,球在过网的瞬间绕不同轴伴有较强烈的旋转,因而使对方难以捕捉最佳的击球时机和合适的击球部位,进行快速准确的还击,以致对方击球困难甚至还击失误,从而使自己获得主动控制权。比赛中,良好的搓球往往能起到控制前场、迫使对方队员只能挑后场高球,从而为自己创造有利进攻得分机会的战术作用。

6.推球技术的主要战术作用

比赛中由于推球后球的飞行速度较快,弧度较平,运用得当,往往能迫使对手不得不从后场被动低手还击,从而为自己下一步创造更有利的进攻得分机会。推球是一项对运用时机需要准确把握的技术,运用不当,极易遭到对方的反击而转入被动或失分。

7.勾对角球技术的主要战术作用

根据队员击球时在场上所处的位置不同,一般又分为网前高手钩对角球、网前低手钩对角球和中场钩对角球三种击球方法。勾对角球技术的主要战术作用是:可突然使来球改变飞行的路线,从而迫使对方改变原来的直线运动方式,增大移动和还击的难度。比赛中通常可用来对付场上直线运动速度较快但身体转动不够灵活的大个队员。

8.挑球技术的主要战术作用

战术作用主要是防守和过渡,当你在实战中处于被动状态或不利于马上进攻时,就可以通过挑高球来争取时间,调整自己的位置和比赛的节奏。目前在女子双打比赛中,良好的挑球技术往往兼有消耗对方体力后发制人的战术作用。

9.接杀球技术的战术作用

接杀球技术主要包括放网、钩对角球、挑后场球和抽球四种方法。它们的战术作用主要是稳固防守,避免失误;增大对方下一拍还击的难度,破坏对方进攻的连续性;利用抽球等防守反攻性技术伺机反击。这里应该注意的是,必须对对方的下一拍击球意图,能及时做出准确的判断,并能有针对性地、灵活地运用上述技术,出其不意,攻其不备。

(三)提高战术水平的训练方法

主要是指一些让球员能量力而行地去实践各种战术行动的训练方法。

1. 固定战术训练方法

把几项基本技术根据战术要求组织起来,按固定线路反复练习,由于球路固定,重复次数多,能使动作连贯和提高击球质量,并形成不同的战术基本球路。现介绍几种固定战术训练方法。

(1)高吊战术类

直线高球吊对角球路练习、直线高球吊直线球路练习、对角高球吊对角球路练习、对角高球吊直线球路练习。

(2)高杀战术类

直线高球杀对角球路练习、直线高球杀直线球路练习、对角高球杀直线球路练习、对角高球杀对角球路练习。

(3)吊杀战术类

吊直线杀对角球路练习、吊直线杀直线球路练习、吊对角杀直线球路练习、吊对角杀对角球路练习。

(4)杀上网战术类

杀直线上直线网前搓直线球路练习、杀直线上直线网前推对角球路练习、杀直线上直线网前钩对角球路练习。

以上球路可根据各人的需要及战术需要,提出许多简单的战术组合加以训练。

以上说的是杀直线上直线网前的处理办法,也可以是上对角网前的处理办法,也还有杀对角上直线与上对角网前的球路,不再一一列举。

(5)吊上网战术类

与杀上网战术类相同。

以上均属于进攻类型的固定战术训练方法。有关防守类型的固定战术训练,就很难提及,因为防守已处于被动情况下,能把球防住就不容易了,如再加上固定有时难度就更大了。当然,对于一些尖子队员也会提出固定防守球路之要求。特别是对角球路之防守要求,将是对高一级运动员所要求的。

2. 半固定战术训练方法

这是在固定战术训练的基础上发展起来的训练方法。其特点是对训练的基本技术组合有固定要求,但对击球路线和落点不做固定的要求,以使球路有变化余地,使之更接近于实战要求。

(1)高吊战术类

在进行这种训练中,进攻者只能使用高球或吊球来控制对方,创造半场主动机会或得分。例如,二点打四点的训练法就属于高吊战术类之一。又如高吊对攻也属于高吊战术类,但它更接近于实战要求。

（2）高杀战术类

在进行这种训练中，进攻者只能使用高球或杀球来进攻，而且还得要求不能超过二或三拍就得杀球，以强化杀球进攻的意识。例如，高杀进攻训练法，另一方练接高杀，一攻一守。轮流交换。又如高杀对攻，双方都可采用高杀进攻对方，这是一种培养抢攻意识的训练法。

（3）吊杀战术类

在进行这种训练中，进攻者只能采用吊球或杀球的技术，也称为下压战术训练。例如，吊杀训练法，一方进攻采用吊杀技术，一方接吊杀练防守技术。轮流交换，不固定其直线或对角，也不规定吊的次数与杀的次数。又如吊杀对攻训练法，双方都可利用吊杀来进攻，要求上网要快才能控制主动权，不然很快就会失主动权被对方进攻。

（4）杀上网战术类

在固定训练法中要求杀球之路线是直线还是对角，上网后也规定是搓还是推与勾。但在不固定或半固定训练法中，杀球就不规定直线或对角，上网之后也不规定搓、推、勾。这样训练对进攻者可提高灵活运用杀球及搓、推、勾之技术，而防守者也能增加防守难度。

（5）吊上网战术类

与杀上网训练法一样，不规定吊直线或对角，上网之后也不规定搓、推、勾的技术。这种训练法可提高吊球及搓、推、勾技术的熟练程度，而防守者也能增加防守难度。

（6）高吊杀战术类

也称为攻守训练法，在这种训练中，一般属于较高水平运动员的训练法。例如，高吊杀训练法，进攻者可采用高球、吊球、杀球来组织全面进攻，而防守者只能防守不能进攻，一方提高全面进攻能力，另一方提高全面防守能力。这是目前较普遍采用的训练法。又如高吊杀对攻训练法，或简称为"对攻"，双方都可抢先进攻，接近于战术训练，最接近比赛之形式。

以上是进攻战术训练法，反之防守训练法也同属于各种类型之中。在防守中要强调守中反攻之意识。因此，对角球路就很重要。

3. 多球战术训练方法

多球战术训练法是一种行之有效的战术教学与训练方法。它可以根据固定战术球路，连续不断地供球，并可改变速度、力量及落点，也可无规律地根据战术之需要供送球，这样，不仅可以强化战术意识，而且可以作为加大训练强度和密度、加大运动负荷的训练方法。多球战术训练可根据规定的战术球路供球，有利于提高和强化战术的连续性、意识性。多球训练易于控制供球的速度、落点、弧度，可以对不同训练水平的运动员调整训练难度。多球训练可根据不同训练水平，增多供球数量，增加训练组数，这样有助于提高专项耐力、速度和力量等身体素质，并可培养运动员勇敢顽强的意志品质。对于具有特长的运动员可通过多球训练强化其特长更突出。

多球战术训练的作用,优点不少,但也有局限性。因为它不以近似正式比赛和训练的击球方式供球,供球的速度、力量、弧度与正式比赛、训练还是有所不同,而且多球训练时,供球的位置是相对固定的,因此,运动员的注意范围比较小,对扩大运动员的注意范围作用不大。因此,训练中应将多球战术训练与战术训练结合起来。

在进行多球战术训练应注意的事项:随着训练水平的不断提高,增加供球的难度,加强供球速度、落点、弧度、力量的变化;要掌握好固定球路、半固定球路、无规律球路训练的合理安排,注意循序渐进的原则,先固定球路,再半固定球路,最后无固定球路,并注意多种练习的穿插安排,逐步加大运动负荷;多球训练不能取代战术训练,因此,应安排一定时间进行正常的战术训练,这样不但可以弥补多球战术训练之不足,还可以防止一些不利因素的影响。

4. 多人战术陪练训练法

多人战术陪练是采用两人以上的陪练,以增加攻防的速度、拍数、难度,以及提高攻防的战术训练负荷的一种训练方法。多人战术陪练法有以下几种:

(1)二一式前后站位陪练法

二一式前后站位陪练法是以两人前后站位进行进攻,一人防守的训练方法。进攻的二人在全场区内前后站位,后场的进攻者负责以高、吊、杀等技术进行全面进攻,前场的进攻者负责在前场区以搓、推、勾等技术进行进攻。这种前后站位的两人进攻陪练的训练法,可以加强进攻的速度和难度,是提高一人防守的难度和能力的一种训练方法。

(2)二一式左右站位陪练法

该法是一种既适合于练进攻,也适合于练防守的较广泛的训练法,是战术训练经常运用的训练方法。

(3)二一式对攻陪练法

二一式对攻陪练法,即一人对二人的战术训练法,对抗双方在单打场区内采用自己所掌握的各种战术与技术,组织各种球路有意识地在场上进行互相争夺主动权的控制与反控制的训练。这种训练对一人说难度较大,由于对方是二人,因此就不易获得主动权,如果场上移动速度不快,反应不灵,耐力较差,那就很难完成好这种训练。这种训练对高水平的运动员提高场上控制与反控制能力,提高稳妥性、场上反应、起动、回动、前后速度的耐力的水平均有较好的效果。

(4)三二式前后站位陪练法

三二式前后站位陪练法,是一方为三人(一前二后)一方为二人,主要是训练二人这一方的双打防守及转攻的战术意识的一种手段,对提高双打防守及防转攻的能力很有好处。

5. 实战练习比赛训练法

实战练习比赛训练法是要求运动员利用掌握的各种战术,以计分的方式进行训练的方法。它是检验运动员战术的有效性和战术的灵活性较为常用的训练手段。运动员通过实战训练,可以根据场上的变化情况,不断变化自己所采用的战术,达到多种战术配合运用之目的,又可以培养运动员的战术意识,是一种培养运动员战术能力的有效手段。

(1)半场区的战术训练比赛。这种方法适用于力量较弱的运动员进行。

(2)全场区对半场的战术练习比赛。这种方法适用于水平悬殊较大的队员之间进行。

(3)采取让分进行的战术练习比赛。这种方法适用于水平有差距的运动员之间进行。

(4)采用不换发球(乒乓球式)得分法进行练习比赛。这种方法有利于提高稳定性。

(5)计时计分练习比赛。这是在平时训练中常用的战术训练法,它有利于训练时间换项目不互相等待之需要。

(6)每一阶段有计划地安排循环比赛法。

(7)按照比赛条件(气候、场地、对手、时间)进行战术模拟训练比赛。

6.参加各种等级的正式比赛

这是提高战术水平的最直接、最有效的一种方法。这种正式比赛有高水平的和低水平的,有单项的也有团体。通过正式比赛来发现实际战术水平。

战术意识的内容包括使用技术的目的性、行动的预见性、判断的准确性、敏捷性、出手动作的隐蔽性(一致性)等八项。羽毛球对抗比赛中,双方始终贯彻发挥与反发挥、制约与反制约的剧烈斗智,因此,正确运用战术、减少体力消耗对夺取比赛胜利具有重要意义。

讲解法、直观法、反馈法是提高战术理论知识主要的教学训练方法。提高战术水平的训练方法主要有固定、半固定、多球、多人、实战训练法和正式比赛。

二、羽毛球身体素质训练

(一)全面身体训练

发展全面身体素质训练是提高专项身体素质的基础。虽然全面身体素质训练与专项身体素质训练在内容、方法、手段以及起的作用等方面有所不同,但其根本目的是一致的,都是为了提高运动员的专项运动水平和运动成绩。因此,全面身体素质训练与专项身体素质训练在训练过程中是不可分割、互相影响、互相促进的,相互之间有着紧密联系的关系。

全面身体训练是指在运动训练中以各种各样的身体练习方法和手段来提高运动员各器官系统的机能,全面地发展运动素质,改进身体形态,目的是为运动员专项运动素质和技术达到最大限度地提高打下良好的基础。

1.速度素质训练

速度素质是指肌体(整体或某一部分)快速运动的能力。速度素质一般分为反应速度、动作速度、位移速度(移动速度)三种。反应速度是指有肌体对各种信号刺激快速做出应答的能力;动作速度是指有肌体快速完成某一动作的能力;位移速度,是指有肌体在单位时间内快速通过某一距离的能力。

速度素质是羽毛球运动中最为重要的素质之一,这是由羽毛球运动项目自身特点和发展趋势决定的。在羽毛球运动中,要求运动员必须具有快速的反应速度能力、起动变向速度能力,挥拍击球时前臂、闪腕迅速完成各种技术动作的综合速度能力。

(1)反应速度的训练方法

①听口令或看信号的各种起动跑、变速跑。如站立式、半蹲式、背向式的各种跑动练习。

②10～20米变速、变向跑,要求运动员变速向前、向后、向左、向右的跑动。

③10～30米加速跑,要求运动员由慢到快突然加速跑至终点。

④10～20米往返跑,要求运动员在这段距离内重复跑动(次数由教练员决定)。

⑤练习内容交换练习。要求运动员在10～30米内交换各种跑动内容并重复练习,如前跑后退、侧身并步跑、后退突转向前跑交换进行。

⑥听、看信号后突然迅速地做出相应的动作(随着信号复杂程度的变化,让运动员做出相应的动作应答)。

(2)动作速度的训练方法

①按慢→快→最快→快→慢的速度节奏进行原地5″、3″、3″、5″的小步跑、高抬腿、前跨跳、左右交叉跳练习。

②高频率跑楼梯、蹬跨、跳楼梯练习。

③快速俯卧撑练习。

④快速高频率密步绕障碍物跑练习。可根据队员身高、年龄用羽毛球筒(或竹竿等)15～20个左右,每个障碍物间隔距离为1～1.2米。

⑤20″十字跳练习。

⑥20″原地向上跳练习。

⑦20″弓步前后交叉跳练习。

⑧杀球、平抽、推球挥拍练习。

⑨20″转髋跳练习。

⑩1′单摇、双摇跳绳练习。

(3)位移速度的训练方法

①20米、30米、50米、60米各种距离快速跑。

②短距离往返跑。要求队员在10～15米距离内快速折回转身跑或进退跑。

③越障碍速度跑练习,要求运动员用最快速度在20米中绕越若干个障碍物(可用球筒、竹竿等做障碍物)。

④后退转身跑。要求运动员在10～15米距离内,先后退跑,听到信号后突然转身向

前冲刺跑,跑到规定距离后又快速向后退。依次往返 3 ~ 4 次。

⑤四角跑(边长约 6 米)。要求运动员跑动中听到信号后突然转身向相反方向。

⑥接力跑。要求运动员在相距 10 ~ 15 米的两终点处准备,当一运动员跑到另一终点后,下一个运动员再接着向另一个终点跑。也可根据运动员的多少分成若干个组做竞赛跑练习。

⑦快速前并步或侧身并步绕障碍物移动练习。要求运动员在移动前降低重心,当听到信号后快速向前移动。

2. 力量素质训练

力量素质是指肌肉在活动(运动)时,克服阻力的能力。力量有绝对力量、相对力量、速度力量、力量耐力等几种。力量是运动员训练水平赖以提高的基础之一,力量发展得好坏决定着运动员发展的可能性。

力量素质训练过程中应注意防止单一,一定要采用多形式、多方法的练习手段,从而使运动员在身体机能各方面都得到全面系统的发展和提高。

力量素质的基本训练形式:

①负荷强度小,重复次数多。

这种强度刺激练习,肌肉的张力和紧张性低,虽然它增长力量的速度不很快,但不容易因超强度刺激练习而产生伤病,有利于在训练中采用。

②强度中等,重复次数中等。

这种强度刺激练习,能导致运动员肌肉和力量的增长,在有一定力量素质训练基础后可采用。

在力量素质训练中,练习强度和重复次数的安排大体分为两种:第一种为均衡式,如采用强度为 65% ~75% 重复次数为 6 ~8 次的反复练习。第二种为金字塔式,这种训练安排总的原则是随着负荷强度的增加,而递减重复次数,其优点,一是把增大肌肉横断面积的练习与改善肌肉内协调练习紧密结合起来,因为一般说在 40% ~85% 的强度之间,主要是增大肌肉横断面的面积,超过 85% 直至最大负荷强度,主要是改善肌肉协调能力。二可使有肌体有一个适应过程,尤其是心理上的适应过程。三是防止外伤。

力量训练的基本内容有哑铃屈臂伸、哑铃头后伸、哑铃曲腕、哑铃摆臂、哑铃绕肩、哑铃上举、哑铃扩胸和哑铃体前平举;杠铃挺举、杠铃负重转腰、压腰、杠铃负重半蹲、杠铃负重跳跃、杠铃负重蹬跨和杠铃负重深蹲;仰卧起坐、左右体侧起;立定跳远、跳台阶、原地纵跳、10 米单脚跳和蛙跳;单、双摇跳绳;俯卧撑、双杠曲臂伸和单杠引体向上。

在力量素质训练中应注意要求运动员精力集中地去完成各种练习动作(特别是上器械类练习时),以防发生伤害事故。此外还应注意加强对练习质量和动作规范的要求,使队员在练习中充分拉长肌肉。训练间歇过程中,一定要注意做各种相关的放松练习,并且注意训练内容与专项的要求紧密结合,而这种结合应是多方面的,如动作发力、动作结构、动作的基本形式、动作的发力速度和肌肉收缩方式等。

3. 灵敏素质训练

灵敏素质指人体通过视听器官在各种复杂的条件下,经过大脑思维后及时做出快速、协调、准确灵活地完成动作的能力。灵敏能力的好坏取决于大脑的思维反应过程及大脑对肢体的支配能力。

(1)灵敏素质训练的基本方法

①视觉反应练习,采用各种手势、信号。要求运动员看到手势或发出的信号后及时准确地判断,做出按要求和规定的应答。在做各种手势信号时,突然性要强,变化要多,速度要快,目的是通过练习提高运动员的视觉反应和快速做动作的能力。

②听觉反应练习,采用口令、哨声或其他声音。要求运动员在最短时间内做出快速的动作应答,目的是通过各种练习提高运动员听力反应和快速做动作的能力。

③动作速度练习,采用各种动作交叉变化手段。要求运动员在较短时间内,快速准确地完成,目的是提高运动员在短时间内完成各种动作姿势与变化速度的能力。

(2)灵敏素质训练的基本内容

①根据手势做各种进退、变向跑动、移动练习。

②听口令或哨声做各种变向移动练习。

③两人相互跟踪跑动练习。

④两人或三人追逐练习。

⑤老鹰捉小鸡练习。

⑥在一定范围内以球击人练习。

⑦在一定范围内手接羽毛球练习。

⑧报数练习。先明确2～9号数中的任一号数作为"不报数",当报到有此号数的及其倍数时,要求该队员用击掌或踩地动作来表示,如确定7为"不报数",那么,读到7、14、17、21、27、28等均不能报出来,反之则违例(此练习通常是4人以上)。

4. 柔韧素质训练

柔韧是指各关节活动幅度的大小。柔韧素质的提高不仅取决于各关节软骨、关节囊和韧带弹性以及肌肉伸展能力等,而且还取决于神经系统对肌肉收缩和放松的调节能力。柔韧素质能力的好坏,直接影响着动作的质量。柔韧素质一般分为静力柔韧和动力柔韧两类。

(1)柔韧素质训练的基本方法

①静力柔韧练习,是通过压肩、拉肩、压腰、压腿等使各关节韧带具有良好的伸展性和灵活性。

②动力柔韧练习,是通过扩胸、踢腿、绕肩、绕腰等使各关节韧带具有良好的弹性和收缩性,促进肌肉的爆发能力。

（2）柔韧素质训练的基本内容

有两臂向前后绕肩练习、压肩练习、拉肩练习、前后翻肩练习；左右做体侧弯腰练习、前后弯腰练习；直腿压腿练习、迈步压腿练习、踢腿练习、纵横劈叉练习、前后交叉分腿跳练习、木马分腿跳练习；扩胸练习、体转练习、腰大回环练习。

（二）专项身体训练

专项身体训练是指在运动训练中以专项本身的动作以及与专项运动特点和结构相似的练习，提高运动员专项运动所需要的各器官系统机能，发展专项运动素质，最大限度地提高专项水平和专项运动成绩。

羽毛球运动作为一个运动项目，具有它自身的特点，如速度快，移动快，爆发力强，耐力、柔韧、灵敏性好等。在场上具体表现为：转体侧身和弯腰动作速度快，下肢移动是由垫步、并步、跨步、跳步、蹬步来完成，步法专业性极强，上手击球出手快，手腕、前臂及肩爆发力强。因此，在专项身体素质训练中一定要围绕这几方面的特点进行。如综合跑、综合跳、场上分解步法练习，以及步法移动练习（手示）、多球练习等。

专项身体训练的基本方法有用网球拍、小哑铃作挥拍练习、拉橡皮筋练习、掷实心球练习、羽毛球掷远练习；场上直线进退跑练习、场上左右两侧摸边跑练习、场上低重心四角移动跑练习、场上分解步法练习、场上综合全面步法练习、综合跳练习、综合跑练习；场上多球练习等。

专项身体素质训练应结合羽毛球运动项目特点，明确训练目的，调整好训练内容及手段。在练习过程中，要求队员不仅在动作结构和动作发力上要与专项运动特点的实际需要紧密地结合起来，而且在思想上、心理上和作风上也要有实战的要求，特别是下肢练习是整个专项素质训练的关键。羽毛球运动的五大步法在专项身体素质练习中，一定要使队员掌握并正确运用，要求队员在练习时，正确了解每种步法的结构、重心的交换、步法之间连接的基本要求，并正确理解垫、并、跨、蹬、跳之间的相互关系，这样才能在练习中正确地加以运用，否则只是学会了这五大步法，而没有理解步法之间的关系和连接要求，在场上的移动中仍然会发生移动慢、乱跑动、移动不到位等现象，从而影响今后运动技术水平的提高和发展。

总之，全面身体素质训练和专项身体素质训练是羽毛球运动训练中较为重要的组成部分，要认真抓好，为运动员在今后的专项运动发展和攀登运动技术水平高峰打下坚实的基础。

第三节　羽毛球竞赛规则与裁判

一、羽毛球比赛规则

（一）比赛分类

羽毛球比赛分为男子单打、女子单打、男子双打、女子双打、男女混合双打五项。

（二）计分方法

除非另有商定,一场比赛均采用三局二胜制,采用每球得分制。率先得到 21 分的一方赢得当局比赛;如果双方比分打成 20 比 20,获胜一方需超过对手 2 分才算取胜;如果双方比分打成 29 比 29,则率先得到第 30 分的一方取胜。

（三）挑边方法

比赛前,双方应掷挑边器。赢的一方将在接发球和选择场区间做出选择,输方在余下的一项中做出选择。

（四）交换场区

（1）在第一局结束和第三局开始前,双方交换场地。

（2）在第三局中,有一方先得 11 时,双方仍应交换场区。

（五）比赛的连续性

（1）一场比赛自第一次发球起到比赛结束应连续进行。下列情况除外:①每场比赛的第二局与第三局之间,允许有不超过 5 分钟的间歇。②遇有运动员不能控制的情况,主裁判员可根据需要暂停比赛,保留原得分数,续赛时由该分数算起。

（2）任何情况下,都不允许运动员为恢复体力或喘息,或接受场外指导而暂停比赛。

（3）除非特殊情况(比如地板湿了,球打坏了),球员不可再提出中断比赛的要求。但是,每局一方以 11 分领先时,比赛进行 1 分钟的技术暂停,让比赛双方进行擦汗、喝水等。

（4）除上述规定的间歇时间外,运动员未经主裁判员允许,不得在一场比赛结束以前接受场外指导或离开场地。

（5）只有裁判员有权暂停比赛。

（六）发球

（1）发球员和接发球员应站在斜对角的发球区内,脚不触及发球区和接发球区的界线。

（2）从发球开始到球发出之前,发球员和接发球员的两脚必须都有一部分与球场地面接触,不得移动。

（3）发球员的球拍应首先击中球托。

（4）在发球员球拍击中球的瞬间,整个球应低于发球员的腰部。

（5）在击球瞬间,发球员的拍杆应指向下方,使整个拍头明显低于发球员的整个握拍手部。

（七）违例

（1）球从网孔或网下穿过,球不过网,球触及运动员的身体和衣服,球触及球场外其他物体或人。

（2）比赛中,球拍与球的最初接触点不在击球者网的这一边(击球者在击中球后,球拍可以随球过网)。

（3）击球时,球停滞在球拍上,紧接着被拖带抛出。

（4）同一运动员两次挥拍,连续两次击中球。

（5）比赛时,运动员的球拍、身体或衣服触及球网或球网的支撑物。

（6）运动员的球拍或身体从网上侵入对方场区。

（7）运动员的球拍或身体从网下侵入对方场区导致妨碍对方或分散对方注意力。

（8）比赛时,运动员故意分散对方注意力的任何举动,如喊叫、故作姿态等。

（9）同方两名运动员连续击中球。

（10）球触及运动员球拍后继续向其后场飞行。

（11）发球时,球挂在网上,停在网顶或过网后挂在网上。

（八）重发球

（1）遇不能预见或意外的情况,应重发球。

（2）除发球外,球过网后挂在网上或停在网顶,应重发球。

（3）发球时,发球员和接发球员同时违例,应重发球。

（4）发球员在接发球员未做好准备时发球,应重发球。

（5）比赛中,球托与球的其他部分完全分离,应重发球。

（6）司线员未看清,裁判员不能做出裁决时,应重发球。

（7）"重发球"时,最后一次发球无效,原发球员重新发球。

（九）死球

（1）球撞网并挂在网上,停顿在网顶。

（2）球撞网或网柱后开始向击球者网的这一方地面落下。

（3）球触及地面。

（4）宣报"违例"或"重发球"。

（十）发球区和接发球区

发球员的分数为 0 或双数时,双方运动员均应在各自的右发球区发球或接发球。发球员的分数为单数时,双方运动员均应在各自的左发球区发球或接发球。

（十一）"违例"的判罚

（1）发球方"违例",则判换发球权。

（2）接发球方"违例",则判发球方得分。

（十二）发球错误的判罚

（1）运动员发球顺序或方位错误,在下一次发球前发现,如此球为发球方获胜,应判胜球无效,由原来应轮发球的发球员在应站的方位上重发球。

（2）接发球运动员站错方位,在下一次发球前发觉,如此球为接发球方获胜,也应判胜球无效,纠正方位,重发球。

（3）发生上述两种错误,如发生错误的一方输球,则应判比赛有效,不再重发球,也不再纠正运动员的方位或顺序,直到该局比赛完毕。

(4)如运动员的上述错误在下一次发球后才发现,应判比赛有效,不再重发球,也不纠正运动员的方位或顺序,直到该局比赛完毕。

二、羽毛球比赛场地

(一)球场

球场应是一个长方形(图 12 - 7),根据图中所示尺寸,用宽 40 毫米的线画出。场地线的颜色最好是白色、黄色或其他容易辨别的颜色。所有场地线都是它所确定区域的组成部分。网柱或代表网柱的条状物应放置在边线上。

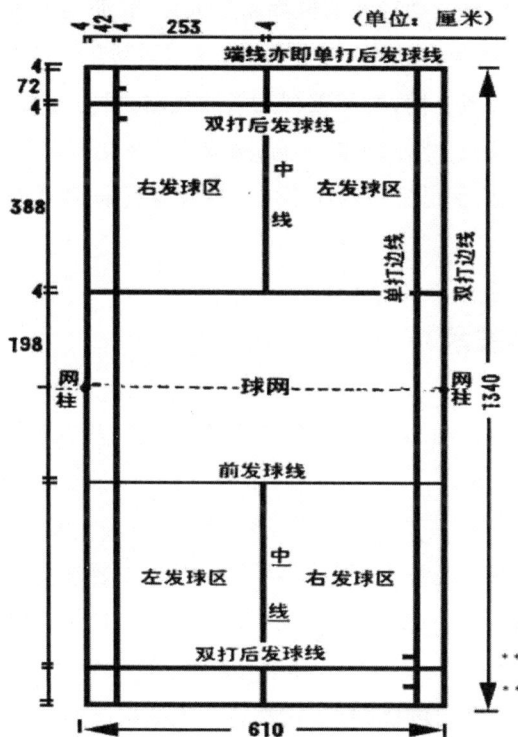

图 12 - 7　单、双打共用场地

(二)网柱

网柱两端离地面的高度为 1.55 米,球网中央离地面的高度为 1.524 米。网柱必须稳固地同地面垂直,并使球网保持紧拉状态。网柱或代表网柱的条状物应放置在边线上。

第十三章

网　球

网球运动被誉为除足球运动之外的世界第二大运动,亦是首届现代奥林匹克运动会的唯一球类项目。自 1885 年网球传入中国以来,这项运动在我国的开展已有 100 多年的历史。在中华人民共和国成立前,网球被视为贵族运动,参与者极少。在改革开放以后,随着我国国力的增强和人民生活水平的提高,网球运动在党和政府的亲切关怀下,得到了空前快速的发展。现今,人们已把打网球当成一种健身娱乐、陶冶情操、丰富生活、促进身心发展的重要手段。

第一节　网球的基本技术

网球基本技术是网球运动的核心内容,包括基本步法、基本握拍法和各项技术。

一、握拍法

握拍是学习网球最基本的技术环节。学习网球,首先要学会怎样握拍。正确的握拍方法会使初学者感到球拍是手臂的延伸和手掌的扩大,并且保证击球的效果和质量。初学者必须按正确的方法握拍。握拍基本方法有四种:东方式、大陆式、西方式和双手握拍法。这四种握拍方法都有各自的优缺点,初学者要根据自己的特点和习惯选择不同的方法。(图 13 - 1)

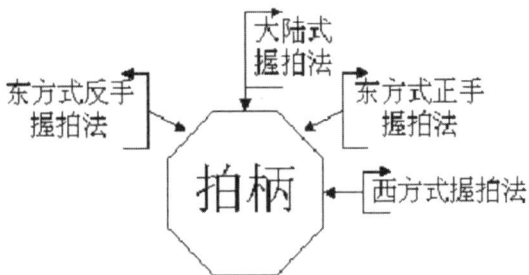

图 13 - 1

二、步法

网球是一项除发球技术外,各项技术运用都需在移动中完成的运动。网球场上,情况千变万化,球员需根据场上情况,不断变换方向,通过各种步法以满足急停、转身、变向的需求,有效地控制身体,调整好人与球的距离。网球运动中有句俗语:手法是基础,步法是关键。由此可见,步法的好坏将直接影响到球员技术水平的正常发挥。通常步法包括跑步、交叉步、并步、侧步、滑步、后退步和小碎步等。

(一)分腿垫步的技术动作

分腿垫步是一种起到衔接、变速的串联步法,它能及时地调整身体状态,使运动员能快速地向任何方向移动。可运用于底线击球、接发球、随击球上网、发球上网等技术中。

动作要领:

(1)从准备姿势起,注意力集中在球上,观察对手动向。

(2)当对手击球瞬间,在吸气的同时,两脚分开,有弹性地踏跳,双脚落地瞬间呼气,使身体处于可向任何方向移动的状态。

(二)击球步法的技术动作

击球步法是打落地球时挥拍击球瞬间的脚步动作,分开放式步法,关闭式步法和半关闭式步法。目前较为流行的步法是开放式步法和半关闭式步法。

(1)开放式步法:击球时双脚平行于底线的姿势。

(2)半关闭式步法:击球时,左脚向侧前方跨出的姿势。

典型的击球步法为关闭式,即左脚向侧前方跨出,越过右脚使身体完全侧对球网,这种击球步法无论平衡还是力量发挥都有不合理之处,已逐渐被淘汰,取而代之的是半关闭式和开放式步法。半关闭式的优点在于:击球时的上步使身体重心很好地从后向前转移,从而保证了力量的发挥,同时,侧身对网的姿势使你能轻易地打出直线和斜线球;开放式的优点在于:能尽早地接到球,尤其是准备仓促时,如接发球或回击离身体很远的球等,但它对挥拍的用力、方向和幅度的控制要求较高,初学者不宜采用。因此,初学者最好采用半关闭式步法。

两步制动时以倒数第二步做第一次制动,紧接着跨出最后一步,同时身体后倾,两膝屈曲,重心下降,用脚内侧蹬地,以抵抗移动的惯性,使身体处于有利于做一个动作的状态。

移动动作要领:判断及时快反应,抬腿弯腰移重心;脚步转换衔接好,身体快移重心稳。

(三)步法的学习方法

(1)学习掌握步法移动中的基本要领和基本步法。例如,滑步、跑步、跨步、踮步、交叉步等。

（2）徒手练习前后、左右移动的脚步动作。

（3）结合挥拍动作练习步法。

（4）利用多球进行步法练习。练习中应注意由慢到快、由易到难。

（5）有时步法练习要和专项身体训练结合起来，以增强下肢起动速度和力量。

（6）在练习某一项步法时，可以规定组数和次数，或要求在规定时间内完成一定的组数和次数。

（四）学练步法应注意的事项

（1）步法起动的快慢与准备姿势有着密切的关系，正确的准备姿势有利于步法的快速起动。

（2）为保持击球动作的稳定性，前后左右移动应尽量保持身体重心在相近的水平面上，不要有太大的高低起伏。

（3）迅速而有力的蹬地动作将会加快起动速度，左右移动时，要侧蹬和侧跨；前后移动时，要后蹬和前跨。这是网球运动步法移动的主要特点。

（4）步法移动时，注意身体离球的距离要适当，这样更便于有效地击球挥拍。

三、正、反手击球

（一）正手击球

正手击球是网球技术中最基本的击球方法，是初学者最先学习的击球技术。正手击球，击球有力、速度快。一场比赛，正手击球的机会较多，有经验的运动员是依靠正拍来创造机会进而得分制胜。对初学者来说，网球最重要的是先把球打过网并且要落在球场内，而正手击球恰恰容易做到这一点。下面以右手握拍为例介绍正拍击球的动作要领。

1. 正手击球的技术动作

正手击球动作由四个动作技术环节组成：准备姿势、后摆引拍、挥拍击球和随挥跟进。

（1）准备姿势

面对球网，两脚自然开立与肩同宽或略大于肩宽，两膝放松，重心稍前移，落在前脚掌上，左手扶住拍颈，拍面与地面垂直，拍头指向对方，注意对方来球，做好击球准备。

（2）后摆引拍

当判断来球需要用正拍回击时，要快速向后引拍，持拍的手臂放松向后向上拉拍，引拍的路线是直线向后，球拍指向球场后端的挡网，拍底正对着球网，拍头向上稍高于手腕，转动双肩，重心后移，左脚前踏，左肩对网，尽量保持侧身迎击球，左手一定要随着侧身转体而指向前面的来球。

（3）挥拍击球

击球时应转动身体，用力蹬腿，以肩关节为轴，手腕固定，用大臂挥动小臂，提前挥拍，沿着来球的轨迹挥出去，击球点一般在左脚右侧前方与腰齐高的高度击球。当来球较高时,就快速后退;来球较低时应上前,屈膝,让球保持与腰齐高的高度击球。

（4）随挥跟进

球触拍后,使拍面平行于网的时间尽量长些,挥拍沿着球飞行的方向前送,重心前移落在左脚上,身体转向球网,拍头随着惯性挥到左肩的前上方,肘关节向前,用左手扶住拍颈,随挥跟进结束,立即恢复到准备姿势。

2. 正手击球的特点

（1）击球全过程眼睛要始终盯住球。

（2）尽早、尽快地后摆引拍。

（3）击球点正对着前髋。

（4）击球时,握紧球拍,绷紧手腕。

（5）球拍随球送出,充分随挥至左前上方。

（二）反手击球

反手击球是网球基本技术中最常见的击球方法。初学者一般是先学习正手击球后再学反手。当正手有了一定的基础后,再学反手比较容易。反手击球动作技术有些与正手相似,因此,学反手击球也不是一件很难的事。

1. 反手击球的技术动作

反手击球动作由四个动作技术环节组成:准备姿势、后摆引拍、挥拍击球和随挥跟进。

（1）准备姿势

反手准备姿势与正手击球相同。面向球网,双脚分开与肩同宽,屈膝,上体稍前倾,重心落在前脚掌上,左手扶住球拍拍颈,拍面与地面垂直,拍头指向对方,注意对方来球,做好击球准备。

（2）后摆引拍

当判断对方来球朝你的反手方向飞来时,扶住拍颈的左手应迅速帮助右手握拍变换反手握拍法,向左转肩转髋带动球拍向左后方摆动,后摆时肘关节自然弯曲,拍头稍翘起,指向后方,右脚向左前方上步,右肩或者是右背对着球网,重心移向左脚,打反手的后摆动作应比正手的后摆要完成得早,整个动作要连贯、协调,左手始终扶住拍颈,直到开始做前挥动作为止。

（3）挥拍击球

球拍由后向前上方挥出,前挥时手臂仍保持弯曲,直到随挥结束后才伸直,击球点在右脚左侧前方,击球时球拍与右脚应在一条直线上,高度在膝与腰之间（比正手击球稍低）,拍触球时手腕绷紧,拍面与地面保持垂直,击在球的中部,要有"以手背击球"的意识,用转体和专肩的力量使重心前移右脚上。

（4）随挥跟进

击球后,球拍沿着球飞行的方向向前向上送,重心前移落在右脚上,挥拍在右肩上方结束,拍头指向前方,左手稍提起来保持整个身体的平衡,身体转向球网,恢复原先的准备姿势。

2.反手击球的特点

(1)击球全过程眼睛要始终盯住球。

(2)迅速转体、转肩,球拍及早后摆。

(3)向上挥拍,球拍随球送出。

(4)击球时,握紧球拍,绷紧手腕。

(5)随挥动作在旁侧的高处结束。

(三)双手握拍打反手

双手反拍击球,可说是五花八门,千变万化,许多人握拍和挥拍动作都各不相同。但是,对于一般初学者,提倡双手反拍的握拍方法是,右手用东方式反拍握法,加上左手用东方式正手握拍方法。这种握拍法,易于控制拍面,挥拍自如有力,击球点范围较大。

1.双手反拍击球的技术动作

双手反拍击球动作由四个动作技术环节组成:准备姿势、后摆引拍、挥拍击球和随挥跟进。

(1)准备姿势

一般采用双脚平行、身体侧向来球。

(2)后摆引拍

向后引拍要简单,幅度要小。手臂要随转体而自然地向后拉拍,并尽可能地保持两只手臂贴近身体。拍头位置稍低于击球点,但不要低于手腕。保持拍柄的底部正对来球。在向后引拍时,要保证肩膀确实转动有力,保持上身的扭转,并可以从右肩膀的后面看到来球。引拍结束时,应保证重心确实踏在后脚上,同时收紧下颌,伸展背肌,保持身体的平稳。

(3)挥拍击球

向前挥拍时,一定要靠重心前移来带动转体前挥球拍。在挥拍过程中,尽量保持拍面持续垂直地面,并沿着由下向前、稍向上的轨迹挥动。击球点的位置一定要固定在体侧,离身体约一个球拍的距离,高度与腰部同高。球拍触球时,右臂伸直,拍面垂直地面,并有向前推击的感觉。同时保持收紧下颌,眼睛盯住球。

(4)随挥跟进

随挥动作要充分向前、向上、向右外上方挥拍,环绕至右肩上方,并保证左臂不要挡住脸部,最好与下颌接触。挥拍结束时,重心要充分落在前脚上,并保持后脚确实与地面接触,后脚鞋底正对后面的挡网。

2.双手反拍击球的特点

(1)击球全过程眼睛要始终盯住球。

（2）迅速移动到击球位置，并正确地做好后摆。

（3）击球时，握紧球拍，绷紧手腕。

（4）随挥动作在旁侧的高处结束。

（四）正反手击球技术的学习方法

1. 徒手挥拍练习

体会挥拍时向后拉拍、转肩及腰部扭转和重心交换等动作要领。

2. 对墙练习

练习者距墙6米，将球击向墙面大概1.4米左右的高处，等球反弹落地后再连续击球，先练正手击球，再练反手击球。

3. 多球练习

站在底线后，用多个球练习，分别练习正手击打不落地球过网，然后击打落地球过网。

4. 两人的练习

（1）一人面对挡网3米左右站立，另一人背靠挡网正面抛球，让同伴进行正手击球练习。熟练后，再逐渐拉长距离击球，反复练习，然后进行同样的反手击球练习。

（2）一人站在底线中间，另一人站在网前用球拍喂送多球，让同伴依次正手多球练习，然后进行反手多球练习。喂的过程中，加大难度。

（3）用发球区作小场地练习。将球尽量打在发球区内，分别进行连续多回合正手击球和反手击球，然后再进行正反手交替击球练习。

（五）学练正反手击球技术应注意的事项

（1）在教学过程中，要注意循序渐进的原则，先慢打再快打，先轻再重，先稳再凶，由浅入深，逐步掌握。

（2）要特别注意多在跑动中练习击球。

（3）握拍要正确，提前准备，注意力集中，眼不离球。

（4）触球时手腕要坚固，击球动作简单化，击球时重心要稳，击球后球拍跟进动作要完整而柔和。

四、发球

发球是网球运动中唯一由自己掌握，不受对方水平高低影响的重要技术，也是评价运动员水平高低的主要标志之一。发球有平击发球和旋转发球两类。旋转发球又分为三种：切削发球、侧上发球和上旋发球。

切削发球是一般运动员经常使用的一种，可用于第一发球和第二发球，是每个初学者必须要经常练习和掌握的技术。切削发球带有侧旋性，落地后球旋向对手的右外侧，能将对手拉出场外；平击发球几乎没有旋转，球速快、力量大、过网点低，常用于第一发球，这种发球方式往往能直接得分；侧上旋发球的特点是飞行弧度大，落地弹跳高且弹向对手左侧;上旋发球的飞行弧度大,落地弹跳最高,便于发球者上网截击,但掌握其技术难度大。

（一）发球的技术动作

发球基本技术包括握拍法、握球、准备姿势、抛球和挥拍击球等技术环节组成。

1. 握拍法

发球一般宜采用大陆式握拍法,但初学者开始学习平击发球时,可采用东方式握拍法。当手腕力量增强,发球动作熟练后,再转换成大陆式握拍法。

2. 握球

一般握一个球时,用手指和手掌配合托住球;握两个球时,用拇指、食指和中指握住上面一球,用无名指和小手指夹住下面一个球。

3. 准备姿势

在端线后自然、放松地站立,两脚分开与肩同宽,两前脚踝与端线约成45°角,重心落在后脚上,肩侧对球网,前脚与端线保持10厘米左右的距离,右手持拍置于腰部高度,左手持球自然靠近拍面。

4. 抛球

发好球的关键是抛球,即要把球抛到你可以最有效地击球的那一点上。抛球不是一个抛掷动作,而是一个"释放"球的动作。抛球臂直臂向上抬起的同时,逐渐地抬平手腕,利用手臂向上的惯性使球平缓地离开手指,将球抛向目标处。平击发球的抛球点应在前额偏右侧上方,球落下时,在端线内50～80厘米处。切削发球的抛球点在平击发球抛球点的右侧,球落下时,在端线内30厘米左右处。侧上发球的抛球点在平击发球抛球点的左侧,球落下时,在接近你端线处。上旋发球的抛球点在头顶后上方。

抛球的高度应比能用球拍击到球的高度高出30厘米左右为宜。

（二）发球的特点

（1）使用大陆式或东方式反拍握拍法。

（2）用指尖轻轻地拿住球,抛球到位。

（3）球拍正确地置于背后并抬起肘关节。

（4）保持抬头看球。

（5）击球时,在身体前击球做扣腕动作,并使重心跟进。

（6）球拍横挥至身体的另一侧,完成随挥动作。

（三）发球技术的学习方法

（1）在发球线后蹲下,左手抛球,右手持拍由下而上挥动,将球击打到对方发球区内;基本掌握后,由发球线后移动2～3米后,再继续练习蹲下发球;最后移至底线后,练习蹲下发球。这种方法简单易学,便于初学者在击球的过程中体会向上—向前—向下挥拍的感觉。

（2）坐在小凳上,分别在发球线后、中场和底线后,练习坐着发球。体会稳定重心后的手臂、手腕的击球动作。

（3）在发球线后站立，练习向对方发球区发球。主要体会向下挥拍击球的感觉；练习熟练后，向后移动 2～3 米，继续练习，体会向前—向下挥拍的感觉；最后移至底线处练习发球，体会向上—向前—向下挥拍的感觉。

（4）对墙练习，在网球墙上画一条与网齐高的线，并标出中心拉带线。在中心拉带线两侧间隔 2 米处的横线上方各画一条竖线；然后距墙 6 米左右，练习发球，并分别发向两个目标区。

（5）在球网上放置六个小标志物，把左右半场分成 A、B、C 三个区段。练习发球时，让球分别从每个区段通过，并落在发球区内。左右区轮换发球。

（四）学练发球技术应注意的事项

（1）抛球不稳。

（2）发球下网。

（3）发球出界。

（4）发球无力。

五、接发球

接发球是网球基本技术之一，也是最难掌握的技术。面对越来越快的发球速度，接球员必须在第一时间对发来的各种不同球速、落点和旋转的球，做出快速的判断和反应，并选择适当的击球技术，才能接好发球。

（一）接发球的技术动作

接发球动作技术有握拍、接发球站位、准备姿势、击球和随挥跟进技术环节组成。随挥动作在旁侧的高处结束。

1. 握拍

准备姿势时的握拍法，宜采用既不是正手也不是反手，而是处于中间状态的握拍法。单手击球选手一手持拍，一手扶拍颈。双手击球选手用双手握住球拍，但不可握得太紧。

2. 接发球站位

一般应站在对方发球最大角度的分角线上，这种站位不论对手发内角球还是外角球，均能应付自如；或根据对手发球的特点加以调整。如对手习惯发切削球，在右半区接发球时站位就应向外移动一些。接对方第一发球时可站在端线外 1 米左右的位置上；接第二发球时则可向前移动，站在端线上或端线内。

3. 准备姿势

有两种准备姿势：两脚前后错开的踏进型和两脚开立与端线平行的平衡型。两种方式均采取膝关节弯曲的低姿势进行接发球。采用何种姿势，可根据自身喜好加以选择。

（1）平行站立准备姿势

两脚左右开立,比肩略宽,屈膝,身体前倾,重心落在前脚掌,持拍手置于腹前,抬头注视对手发球情况。

（2）前后脚错开准备姿势

两脚前后错开,屈膝,身体前倾,持拍手置于腹前,抬头注视对手发球情况。

（二）接发球的特点

（1）从球离开发球员手的一刹那,眼睛始终不能离开球。

（2）站位要正确,两脚要提起脚跟。

（3）发球越快,接发球的后摆动作幅度越小。

（4）握紧球拍,绷紧手腕,做好充分的随挥动作。

（5）要是对方发球不上网,接发球尽量要打得深,如果上网,击球打在他的脚下。

（三）接发球技术的学习方法

1. 多球式的接发球练习

根据队员的接发球训练的要求,教练员用多球发球,给队员进行专门的接发球练习。为了增加送球的力量,可站在发球区域附近位置发球,应注意发球的落点、力量、旋转等,与实际发球相似。

2. 与发球员配合的接发球练习

对方有一至二名队员练发球,结合实战,进行接发球练习,可练习接发球破网、接发球抢攻、接发球随球上网。

3. 提高接发球准确性的练习

对方有多人轮流发球,要求接发球把球回击到指定的区域内。

4. 提高接发球实战能力的练习

有目的地安排进行单打或双打战术练习,互相对抗,以提高接发球在实战中的心理素质。

（四）学练接发球技术应注意的事项

（1）准备接发球时要放松。只需在击球时使劲,身体紧张会影响腿部的移动。

（2）向前迎接球,要主动进攻,不要被动应付,注意提起脚后跟,使重心向前,不能脚跟着地。

（3）注意力高度集中,当对方将球上举抛球时,眼睛应一刻不停地注视着球。

六、截击球

截击球是网球运动中富有冒险性和惊险性的技术,是在网前进行的一种攻击性击球方法,即当球在落地之前将来球击回对方场区,可以在网前截击,也可以在场内任何地方截击空中球。它回球速度快、角度大,一旦得手马上就能得分,在网球比赛中是一种重要的得分手段。主要的截击技术有正、反手基本截击球,正、反手低位截击球,高位截击球和中场截击球。

（一）截击球的技术动作

截击球的动作技术包括握拍、准备姿势与站位。

1. 握拍

所有截击球都用大陆式正手握拍法。这是因为在网前短兵相接，根本来不及改变握拍法，大陆式正手握拍法则能自如地进行各种截击球。初学者刚开始时，用一般的东方式正手和反手握拍来进行网前截击，但当水平有一定的提高时，就会发现在网前进行截击时，是没有时间变换正反握拍方法的。因此，建议在网前截击时采用大陆式握拍法。

2. 准备姿势与站位

面对球网两脚自然开立约与肩同宽，双膝微屈，脚跟提起，重心落在前脚掌上，上体前倾，球拍放在身体前面，略高于正反拍底线击球的准备姿势，拍头高于握拍手，左手轻托拍颈，眼睛注视来球。当对手击球的一刹那，就应该从对手的击球位置、挥拍动作判断出来球的方向、高度和路线，以便及早起步快速移动。

（二）截击球的特点

（1）眼睛始终盯球。

（2）握紧球拍，绷紧手腕。

（3）在身体前面击球。

（4）保持拍头向上。

（5）用较短的撞或推击动作击球。

（三）网前截击球技术的学习方法

1. 镜子练习方法

对着镜子，结合步法分别练习正手截击动作和反手截击动作。注意动作的规范性。

2. 一人对墙练习

（1）对墙距离 2 米左右，用球拍颠球 5 次，然后正手将球推送上墙，再用球拍接住接住球颠 5 次。连续 10 个回合后，改颠球 4 次，再连续 10 个回合，改颠球 3 次，依次类推，直到直接与墙进行正手截击练习。

（2）方法同上，进行反手截击练习。

（3）随着对墙练习的熟练程度的提高，逐渐与墙拉开距离，进行正反手截击练习。

3. 两人的截击练习

（1）正手截击练习时，一人在网前用左手接住同伴扔向右侧的球。要求是跨步上前抓球；然后再跨步上前用右手抓球，接着右手握住拍颈上前挡球；等稍熟练后，再握住拍柄中部挡球；最后握住拍柄底部进行常规的截击练习。

（2）反手截击练习时，方法同上。

（3）两人相距 2 米左右，一人用球拍颠球 5 次后，将球传送给同伴，同伴接住球也同样颠球 5 次,再送回对方。练习 10 个回合后,开始改颠 4 次、3 次、2 次、1 次,直至双方直接进行截击练习。这种方法一般先从正手截击练习开始,然后再进行反手截击练习。

(4)两人在网前相距 4 米左右,沿斜线隔网站立,交替进行正反拍连续截击练习,距离可适当拉开。

(5)教练在发球线后多球喂送,让学生分别进行定点的正手截击练习、定点的反手截击练习。

(6)教练在底线击球,学生在网前截击直线球,教练将球回击到网前,学生再将球截击过网。

4.三人的截击练习

(1)三人在网前做二对一的连续截击练习。

(2)两人在底线后,一人在网前,进行二对一的连续截击练习。三人可轮流交换练习。

5.四人的截击练习

(1)二对二的网前相互连续交替截击练习,可采取碰到直线球的学生以斜线球回击、碰到斜线球的学生以直线球回击的练习方法。然后进行交换练习。

(2)两人站在底线,两人站在网前,连续交替截击练习。

(四)学练截击球技术应注意的事项

(1)在对方击球前或击球的一瞬间,重心就要开始前移,做到人到球到。

(2)击球时双肘关节应放在前面,眼睛始终盯着球,以身体的力量和短小的撞击动作来截击球。

(3)随着对方来球的高低,要随时调整击球时的拍面角度,始终保持击球点在身体侧前方。

(4)中场截击后应立即向网前移动,占据网前有利位置。

(5)截击低球,最好使球的落点深,以增加对方回球的难度;截击高球,要采取进攻的打法,以求截击直接得分。

七、高压球

高压球是在头上进行大力扣杀的击球方法,是上网战术体系中重要的一环。在网球比赛中,打出一个漂亮的高压球,会使自己精神振奋;相反,如果打失误一个应该得分的高压球,则会影响自己的竞技状态。高压球有落地高压球和凌空高压球两种。

(一)高压球的技术动作

(1)高压球的动作与发球动作相似,握拍也与发球握拍相同。当对方挑高球时,应立即侧身转体并用短促的垫步向后退,同时侧身,持拍手上举,在头部位向后引拍,重心在两脚前脚掌上,后腿弯曲,随时准备跳跃扣杀。

(2)准备击球时,非持拍手上举指向来球的方向和高度,击球法与发球时击球一样,击球点在右眼前上方;如果跳起高压,用腿起跳,转体,挺胸,收腹,击完球后用左脚着地,同时右脚向前跨,准备再上网截击。

(3)近网高压击球点可偏前,便于下扣动作的完成,远网后场高压的击球点可稍后,击球动作向前下方挥击,以防下网。

(4)击球后的跟进动作尽量像发球那样完整,起跳高压时要保持身体平衡。

(二)高压球的特点

(1)眼睛自始至终盯住球。

(2)当对方挑高球就马上后退侧身对网。

(3)调整好步法,跟进重心,在身体前面击球,要用力扣腕。

(4)充分完成好随挥动作。

(三)高压球技术的学习方法

(1)对着镜子练习高压球挥拍练习,注意保持左手充分上指、球拍上举的击球前准备动作。

(2)练习后退高压球的侧后交叉步步法。

(3)自抛高球,待球落地反弹后进行高压球练习,然后再进行不等球落地的高压球练习。

(4)教练在网前高凳上手抛高球,让学生进行连续的高压球练习,并逐渐增加前后左右移动的高压球练习。

(5)学生在网前,教练抛送高球,要求学生等球落地弹起后方可做高压击球练习。

(四)学练高压球技术应注意的事项

(1)准备打高压时要尽早进入击球位置。

(2)整个击球过程中,要眼不离球。

(3)打高压球时应果断,不能犹豫。

八、挑高球

挑高球是一项使用频率相对较低但又十分重要的一项技术。它在双打中的使用率要远远高于在单打中的使用率。比赛中,当自己处于被动的时候,使用挑高球可以使自己赢得宝贵的时间,回到有利的位置恢复身体的平衡;也可用挑高球来破坏对方进攻的节奏;当对手上网时,可用挑球过顶的方法,迫使对手回撤,从而取得比赛的主动权。

挑高球包括上旋挑高球、平击挑高球、削击挑高球和截击挑高球四种。

(一)挑高球的技术动作

(1)握拍法与底线抽球时相同。

(2)准备姿势与引拍动作与抽球相同。

（3）重心落在后脚上，眼睛盯球，击球点应靠后。

（4）擦击球的后部，并给拍头加速，拍头摆速越快，越会产生强烈的上旋，使球更快地坠落。以很陡的弧线做大幅度的随挥动作。

（二）挑高球的特点

（1）眼睛盯住球，边移动，边向后引拍。

（2）击球时，手腕固定，加长击球时间。

（3）跟着球出去的方向，向高处做随挥动作。

（4）击球后，迅速回防。

（三）挑高球技术的学习方法

（1）找一堵较高的墙，设定一个目标，离墙 15 米左右，对墙挑高球。要求尽量碰到墙上设定的位置。反复进行正反手挑高球练习。

（2）站在底线后边，自抛球，用正反手做挑高球练习。要求使球的落点靠近底线附近。

（3）教练在网前喂球，球速由慢到快，位置由中间到两边，学生分别用正反手做挑高球练习。

（四）学练挑高球技术应注意的事项

（1）眼睛看球，动作放松。

（2）由低向高地挥拍。

（3）进攻与防守要结合使用。

九、放小球

放小球是一项较难掌握的技术。小球放好了，往往能获得出其不意的效果：或者直接得分，或者打乱对手击球节奏，迫使对手回球质量不高，继而一击得分。反之，小球放高了或放远了，则易受对手攻击而失分。此外，至关重要的是放小球的时机。一般情况下，当出现浅球时，而对手又处在底线后的位置时，可采用放小球技术以突然袭击；或在对手被拉开，一边出现明显空当时采用。

放小球可分为正、反手落地球放小球和凌空放小球两种。

（一）放小球的技术动作

（1）准备姿势及引拍动作同正反手击球动作技术基本一样。

（2）击球时，侧身对网，眼睛要盯住球，拍面稍开放，轻轻削击球的下部，尽量使拍触球的时间长一些，拍头沿着前下方移动，形成下旋球，球落地后跳得低。

（3）击球后，球拍一定要朝着球出去的方向做随挥动作。

（4）结束时，应面对球网，迅速跑到有利位置上准备下一次击球。

（二）放小球的特点

（1）眼睛始终盯住球。

（2）准备动作要尽量隐蔽好。

（3）球拍抚摸球,使球速减低。

（4）随挥动作较小。

（三）放小球技术的学习方法

（1）对墙距离 3 米左右,分别用正反拍削送球上墙,等球落地一次后再轻削送球上墙。反复练习。

（2）离墙大约 6 米,分别用正反拍削送球上墙,等球落地两次后再轻削送球上墙。反复练习。

（3）两人在发球区的小场地上轻打练习。

（4）教练在底线多球喂送,学生在网前放小球练习。

（5）教练在底线多球喂送,学生在底线放小球练习。

（四）学练放小球技术应注意的事项

（1）了解并明确放小球的时机。

（2）做好引拍动作,隐蔽放小球的意图。

（3）击球动作要柔和,将来球力量"卸"掉。

（4）触球后拍子往前上带送动作的幅度,应根据来球不同速度和离网的距离加以调整。

十、反弹球

反弹球是一项由被动变为主动的过渡性技术,主要是用来回击对着脚下打来的球,或在发球上网和随击球上网的冲上网途中,来不及到位打截击球而被迫还击刚从地面弹起的低球。反弹球不管是正拍还是反拍,都是很难打的。但在正拍一边打比较舒服些。不论哪种方法,打反弹球时都需要高度集中注意力。

（一）反弹球的技术动作

（1）握拍法与正、反手抽球时相同。

（2）在第一时间屈膝弯腿下降身体,同时将球拍下撤至接近地面完成后摆。

（3）眼睛向下注视击球点,头部固定保持好与拍子的姿势,手腕紧锁,拍面基本与地面垂直,击球点在前脚前,击球时身体和球拍同时向上,拍面直直地向前上将球提拉过网。

（4）反弹球打近网短球时,手腕不能松动,从低处迅速垂直向上升起,稍稍摩擦击球,使球一过网就立即下降。

（5）反拍反弹球的击球点要比正拍更靠前些。

（二）反弹球的特点

（1）眼睛始终盯住球,后摆引拍幅度小。

（2）降低重心击球,击球时,绷紧手腕,拍面靠近地面并稍向前倾。

（3）适度地随挥动作。

（三）反弹球技术的学习方法

（1）原地面对挡网,自抛反弹球练习。

（2）离墙大约8米,将球打向稍高的位置,等球弹回后,对落地第二次时的球进行反弹球练习教练在底线多球喂送,学生在网前放小球练习。等球弹回后再挑向高处,进行第二次落地的反弹球练习,反复进行练习。

（3）教练在网前提供多球,学生在底线附近进行反弹球练习。要求应击球过网。

（4）教练在网前与中场学生进行截击与反弹球的连续练习,尽量争取多回合练习。

（四）学练反弹球技术应注意的事项

（1）身体重心下降,击球时拍头由低向高提起。

（2）眼睛要始终注视着击球点,防止击不准球。

（3）在击反弹球的向前动作中,尽量使动作连贯,不要有停顿,及时向网前靠近。

（4）根据对方的站位,力争反弹球的落点平而深,这样才能由一时的被动转为主动。

第二节　网球的基本战术

网球战术是指运动员在比赛中,根据网球运动规律及临场比赛情况的发展变化,有意识地运用合理技术所采取的有目的、有针对性的行动。网球战术的制定与运用必须要以技术的掌握为基础,在运动员素质和训练条件大致相同的情况下,技术的掌握可以而且较易达到较高的水平,而战术意识的培养与战术运用能力的提高,则需要一个长期的过程。

一、基本战术

（一）网球比赛的战略

技术是初级竞技的需要,战术则是高级竞技的需要。战术的策划与运用必须要以技术的掌握为基础,这是属于一个非常广泛的智力范畴。在运动员素质和训练条件大致相同的情况下,技术可以而且较易达到接近的水平,而战术意识的培养与战术运用能力的提高,则有赖于对智力和头脑思维潜能的开发,这是一个长期的需要在实践中细心体会的过程。所以,掌握了基本的击球技术只可以说是学会了用球拍去打球,而更艰巨的任务是要学会用头脑去打球,用正确的战略技术去赢取胜利。

1.要了解对手,做好心理准备

在制定比赛战术之前,首先要通过观察比赛与别人的介绍来了解将遇到的对手的一些情况,然后再来制定比赛战术,做到心中有数,在比赛的全过程中要始终保持清醒的意识,坚持攻对方弱点的战术。对方发球差时,一定要加强发球抢攻采用靠前的站位,使对方感觉到我方抢攻的决心,造成心理压力导致双发失误;判断好对方发球的落点,在球的上升期时击球,造成对方猝不及防;在有把握的情况下,沿接球区边线击直线球,以较快的节奏、较深的落点,迫使对方横向跑动接球,如能配合伺机上网则更具威胁。

对方反拍底线回球差时,一定要尽可能让他用反拍击球。迫使他连续地以不擅长的方式击球直至出现失误。如对方努力侧身用正拍击球时,他的正手区域必然暴露出较大空当,这时果断边线,即可调动对方大范围跑动救球,获得以静制动的优势。

对付拥有良好底线技术,正反拍击球极少失误,但回避上网、退守底线的选手,可以打出力量不大但角度很大的小斜线球,迫使对方放弃熟练的底线横向移动,不得不跑出斜上和斜下的不熟悉线路去回击球。也可以放网前小球迫使对方到达网前,从而打出两侧穿越球,或挑球过对方头顶而直接得分。

2. 控制节奏,减少失误

每个人打球都有属于自己的节奏:慢速型、快速型、混合型。比赛时遇到不同类型的对手就一定要以我为主,打出自己熟悉的节奏,迫使对方跟着本方的节奏走,这样才有较大的获胜把握。

擅长慢速打法者应尽量保持在底线与对方周旋,要有极好的耐性去磨,直至拖垮对方。面对上网型对手多使用挑高球策略,没把握的情况下坚决不要上网。记住:坚持就是胜利。

快节奏打法的特点是速战速决,多打一个回合就多一分风险。面对磨攻颇佳者,千万不可与之纠缠,必须用速度和力量持续冲击对方,使之回球质量下降。同时要看准时机迅速占据网前有利位置截击得分。

具备混合型技术者要具有扎实的基础,否则,什么都会或什么都不精,则很容易跟着对手节奏走,导致很快失利。切忌以慢制磨、以快制狠,要明确以快制慢、以稳制狠的战术思想。

3. 技术全面化

要达到业余中高级水平的基本条件是技术的全面化。发球、接发球、正反手底线抽球、网前截击、高压球等基本技术,都要达到能熟练运用的水准。可以暂时不具备出彩的特长,但不可有明显拖后腿的缺点。平日,薄弱技术环节多加强多练习,当技术水准达到均衡时再去发展自己的"撒手锏"——特长球。

4. 争取上网截击

截击球技术是网球比赛中有时决定胜负的关键,因此在网球比赛中,一有机会,选手们就会果断快速上网截击。上网截击不仅击球速度快、角度大,使对手来回跑动,疲于应付,而且站在网前处于主动,从心理上占了优势。

网前截击可以采用发球上网、接发球上网和等对手打一个浅球时上网等时机。对于一名初学网球者,必须要克服被球击中身体的恐惧心理,选择好时机,争取上网截击。

(二)单打基本战术

单打战术的运用需要凭借运动员个人的技术、智慧和体力等因素。要头脑冷静,适应能力强,能灵活多变。既能控制球路,不轻易失球,又能积极主动进攻,这样,才能扬长避短,争取主动,以达到取胜的目的。

1.发球战术

发球要考虑落点、力量和旋转等因素的变化,才能有良好效果。如果准备在第一发球后上网,发球时可站在靠近端线中点标志的地方,发球要深,一般发向对方软弱的一边。第一发球应尽量利用大力发球,以加强攻击性,给对方造成压力。不能总向着一个目标发球,若发出的球有角度,使球反弹出边线,就能迫使对方离开基本位置,则发球效果良好。若对方站位离中线较远,可发球至接发人的中线附近,以牵制对方。第二发球应具有稳定性,以保持较高的命中率,可尽量减少双误。

2.接发球战术

在接对方发角度大而且弹出边线的球时,若球速慢,可用进攻方法还击;亦可还击大角度球,以牵制对方发球后抢攻。接大角度球时,不要向后跑,而应向前迎球,用抽球还击。接发球时应选择合适位置,其标志是正手和反手各有1/2的机会接球。切忌在中场等球,应将中场视为接球时不站人的区域。

当对手发球上网时,最有效的方法是在对手上网跑动过程中把球击向他的脚部,即把球击向发球线附近。如果对手上网速度快,已占据了有利位置,则有三种破网方法:一是把球直线击向对手的发球区边线附近;二是斜线击向右发球区边线附近;三是调高球,击向对手左第角附近。

3.底线对抽战术

在网球比赛当中,双方有许多时候都是处于在底线附近对抽阶段,这时要不断变换击球方法,如采用上旋和下旋结合;采用斜直线结合;用大角度调动对手。即轮流改变球的方向,使对手左右跑动,不要让对手有规律地移动,有些球交替打两个角,有些则要打追身球,要使对手总是在猜测判断,一旦对手打出一个浅球,就要向前打随击球上网。

4.改变不利打法战术

有些选手习惯在端线上很耐心地打过来,对付这样的选手是:改变打法,如处理浅球时,不要总是打随击球,应回打一个浅球或者放一个小球,迫使对手上网,如果他的截击技术不是很好,就可以使其失误,放小球会使对手大吃一惊,即使命中率很低,也要试一试;放小球后,要像打随击球一样,继续向前上网,准备截击得分。

(三)双打基本战术运用

网球双打比赛和单打比赛一样具有悠久的历史,最早的英国温布尔顿网球比赛就有双打比赛,现在的大奖赛、巡回赛、团体赛等都有双打比赛。

双打是业余网球比赛的主要项目,它比单打更具有社交性,体力要求也比单打低,深受网球爱好者的喜欢,特别是它可以充分利用场地,解决了场地少的矛盾,同时又可以切磋球艺、增加情趣。掌握了网球基本技术后,需要了解双打与单打不同的场上战术,其明显的区别是场地扩大了,在场上由原来的 2 人增加到 4 人;其次是击球的路线和落点的不同,双打的比赛战术同单打就有了区别。

1. 互相鼓励,协作配合

双打要求两个队员配合得像一个人,才能把两个人的长处结合起来,打出比任何一个人单打水平都高的比赛。由于双打战术的机动灵活,变化比单打复杂得多,双打战术成功与取胜的关键是两个队员是否默契配合。默契配合是建立在双方互相信任的基础上,并通过长期的合作中锻炼出来的。两个队员要紧密合作、互相鼓励。如同伴打好一个球就要祝贺,战术不对时要多商量,切记不要埋怨。因此,双打的根本是两个人如同一个整体,无论如何都要并肩战斗,移动要一致,相互间的距离不能拉开 3.5 米以上。

2. 双打站位

双打比赛,一般是能够控制网前的队容易得分,所以在脑子里要有一个目标开始双打比赛。

图 13 - 2

如图 13 - 2 所示,发球员 A 应站在中点和单打线的中间,发球后直接上网。发球员同伴 B 在发球线和球网之间,稍偏向单打线,应该做到只向两侧各移动一步,就能封住单打和双打的狭道,以及球场中区的斜线球。

接球员 C 在接右区发球时,应该站在端线靠近单打线处(以右手为例)。

在接左区发球时,则应稍靠中间站一些。接球员首要任务是将球打过去,然后考虑上网。

接球员同伴 D 应站在发球线前边,偏近中线,目的是警戒对手网前选手打来的中路球。当接球员击球后向前时,接球员的同伴应移动到自己那半场的中间更靠近球网的位置。

3. 发球好的人先发球

让发球好的人先发球,集中精力把球发好。不要企图以发球直接得分,在双打比赛中,第一发球命中非常重要。要做到这一点,发球时要加上旋转,同时用 3/4 的速度,使球曲线进入发球区内,特别是第二发球,应该让球保持侧旋,尽量减少双误。发球要有目的,水平一般的选手,反拍都比较差,所以发球应该以其反拍为攻击目标。在右区发球时发向对方的内角,在左区发球时发向对手的外角,但偶尔也要朝其正拍方向发,以干扰对手的预测。

4. 接发球的策略

双打比赛与单打比赛的接发球有所不同。双打接发球常常是打斜线球为主,但如果站在网前的对手不时地截击接发球时,可以打一些直线球。虽然直线球要越过网的最高部位成功率较低,而且击球命中的范围也很小,但较适合在此种情况下使用。如果接发球被拉开得很远,可以进行挑高球,让自己有充裕的时间回位,并迫使对手离开网前的控制位置。

(四)根据自然环境制定战术

在室外打网球,应该考虑到风向、阳光和气温等自然环境的影响。

1. 风向

一般来说,顺风打球比较轻松,利用风的速度打球会增加球的威力,球速加快,会使对手回防不及,但也可能对自己不利,因为击出的顺风球极易飞出端线。因此,在击球时不必全力击球,同时在击球时要增加旋转。

顺风打球时,有机会就要积极上网,因为网前截击比在端线对抽受风的影响要少,对手所处逆风打过来球速度上会慢一些。这对网前截击特别有利。

逆风打球时,可以放开全力击球,不必担心球会打出界。当对手上网时,尽可能地挑高球,球要挑得深,一般情况下由于逆风的阻力,球往往会落在场地内。一旦挑了一个很深高球,对手会跑回去打落地球,这时应随球上网截击。

2. 阳光

大多数的网球场是按南北朝向修建的,在网球比赛中总是有一方的队员是朝着太阳,正对太阳一方的队员在发球时,应轻微改变自己的发球站位,或者向上抛球略低于正常高度。如果比赛前,你的对手已选择发球,那么,你就尽可能选择正对太阳一边接发球,使你能在交换场区后背朝太阳发球。

3. 气温

在盛夏季节打比赛,气温很高,体力消耗很大,确实是对人的心理和意志的考验。因此,比赛时,要尽可能地调动对方,让对方前后、左右地奔跑尽快地消耗体力,一旦对方先跑不动,那么本方取胜的概率就很高。

在冬天比赛,要充分地做好准备活动,避免发生运动创伤。冬天比赛,在挑边时,不妨先选择接发球,接发球一方较有利。因为天冷,开始时,身体各关节较僵硬,发球质量难以保证。

二、身体训练方法

身体训练包括一般身体训练和专项身体训练两部分。一般身体训练是指全面协调地发展运动员的力量、速度、耐力、灵敏和柔韧等身体素质。其中力量、耐力、速度是三项基本素质。专项身训练是针对性地结合网球基本技术,加强专项素质的训练。一般身体训练和专项身体训练两者有着紧密的联系,在训练过程中,两者要结合起来。全面身体训练是基础,通过一般身体训练,促进专项身体素质的发展。专项身体训练要有鲜明的专项特性。选择专项素质的练习方法时要充分考虑网球运动的特点。

1. 力量素质练习

力量是网球运动重要的身体素质之一,是发展身体各项技能的基础。运动员有力地抽球,快速地发球,凶猛地高压球,都需要良好的力量素质。力量反映出运动员肌肉收缩的强度。

训练内容:

投掷实心球、铅球,练哑铃、火棒、杠铃等,做爆发性的力量性练习。

(1)实心球可两个对掷或一个人对墙掷。做双手头上掷、双手胸前掷、左右手交替掷及双手向背后掷等。

(2)哑铃可根据个人力量来选择重量,做收小臂、头上举、头后举、侧平举、前平举、卷手腕等。也可利用拉力器来练习。

(3)杠铃根据个人力量增减重量,做卧推、推举、挺举、负重下蹲等,以提高力量。

2. 速度素质练习

网球运动是通过快速跑动完成网球击球动作。跑动速度快慢直接影响击球的效果,因此,发展速度非常重要。

训练内容:短距离冲刺(30～50 米)。短距离加速跑、变速跑,各种反应跑及 15 米左右距离的折回跑及跑的其他有关专门动作的练习。

3. 耐力素质练习

耐力是指人能长时间进行肌肉活动的能力。耐力好,能提高运动员的身体活动能力,疲劳出现较晚。出现疲劳后必然会使肌体工作能力下降或限制肌体的工作时间。

在网球比赛中,运动员要保持最佳的竞技状态,必须要有良好的体力、耐力素质,这是相当关键的。

进行耐力训练可以使神经系统在长时间、大强度工作情况下而不疲劳。耐力训练能提高人体内脏器官的工作能力,加速新陈代谢,运动员的生理机能增强了就能保证紧张的肌肉活动得以实现,保证肌体在长时间内连续工作。

网球比赛中运动员的跑步、移动节奏是极不规律、不定向的,时而迅速,时而缓慢,有跑有跳有走,因此,在跑步作为耐力训练时,要求多种多样,不断变化。

训练内容:采用各种周期性项目的中、长距离跑的练习。练习时间持续在 30 分钟以上。如中、长距离跑,自行车、滑冰、划船及中长距离游泳等,以提高心肺功能。

4. 灵敏素质练习

发展灵敏素质,必须熟练地掌握各种击球技术,同时要不断提高大脑皮层神经过程的灵活性。

发展灵敏素质时,可结合信号、手势、球和各种游戏等提高灵敏度和神经兴奋性。

训练内容:通过打篮球、排球、踢足球等提高灵敏度和协调性。同时还要练习各种跳跃,如三级跳、蛙跳、单足交替连续多级跳、原地屈膝收腹跳、侧跳、纵跳等,以提高协调性及弹跳力。

5. 柔韧素质练习

有了很好的柔韧性,才能掌握高超的技术。网球技术动作的完成与肌肉韧带的拉长、关节活动范围的增大(特别是肩关节)有着很大关系。提高柔韧性的唯一方法,就是多做伸展运动的体操,或借助器械做一些柔韧性练习。

(1)手臂上拉。拉长手臂肌肉,两手交替进行。

(2)面对墙站立,双脚离墙 1 米左右,双手扶墙,双腿直立,脚跟不要离地,身体向前倒,以拉长小腿肌肉。

(3)双膝跪下,后仰,臀部坐在脚跟上,拉长大腿肌肉的韧带。

(4)原地站立,双臂向头后做伸展运动,拉长肩关节韧带。

(5)腹背运动,向前、向后及向两侧屈体;腰绕环,拉长背部及腰两侧。

第三节　网球竞赛规则与裁判

一、场地

网球场长 23.77 米,双打宽 10.97 米,单打宽 8.23 米,用中央高度为 0.914 米的球网将全场横隔为两等区;球网两端悬挂在 1.07 米高的网柱上,网柱中心距边线外 0.914 米;除端线宽度为 10 厘米外,其余各线均为 5 厘米。场地丈量都从线的外沿计算;端线后至少要有 6.40 米的空地,边线外至少有 3.66 米的空地。(图 13 - 3)

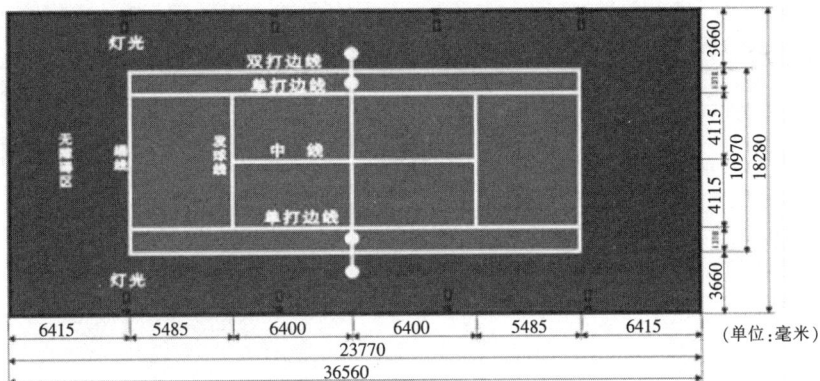

图 13 - 3

二、主要规则

网球运动是两名或两队球员隔网相对,在单打或双打场地上,用球拍在来球第一次落地后或凌空击球过网,将球打在对方场区界线内或界线上,以造成对方失误而得分。

正式比赛时,男子单打或双打采取五盘三胜制,女子单打、双打和混合双打采取三盘两胜制。运动员每胜一球得一分,先得 4 分为胜一局,如遇双方各得 3 分时,某一方须净胜 2 分才算胜一局;一方先胜 6 局为胜一盘,当局数为 6 平时,一般采用平局决胜制,即先得 7 分者为胜该局及该盘;若比分为 6 平时,某方须净胜 2 分才能胜该局及该盘。

目前,为了缩短比赛时间,国际网联推出了一种新计分法——无占先记分法,在世界各国不同等级的比赛中使用。具体运用规则是:当比分为 3∶3 时,再打 1 分就决出该局胜负,由接发球员决定在左区或右区发球。

比赛时挑选到发球权的一方先发球,一局结束后,由对方发球(双打时第三局为先发球方的另一名队员发球),依次类推,直至终场。决胜局时,由轮到的发球员在右区发第一分球,然后由对方在左区和右区发第二分及第三分球,此后轮流交替发球(双打时仍按原先的发球秩序进行),直至决出胜负。

交换场地时,双方应在每盘的第一、三、五等单数局结束后,以及每盘结束对方局数之和为单数时进行。决胜局时,运动员应在每六分及决胜局结束时交换场地。

比赛过程中,发生下列情况,均判失分:

发球员连续两次发球失误;在球第二次着地前未能还击过网;还击的球触及对方场区界线外地面、固定物;还击空中球失败、连击;过网击球;除手中的球拍外,运动员身体或穿戴的物件触球;抛拍击球;"活球"期间身体、球拍或穿戴的物件触网和网柱;接球员的身体、球拍在发球员发出的球着地前触球。

第十四章

武　术

中华武术有悠久的历史和广泛的群众基础,是一项具有独特民族风格的传统体育项目,也是中华民族在长期生活与斗争实践中逐步积累和发展起来的一项宝贵文化遗产。武术套路运动是以技击动作作为素材,以攻守进退、动静急徐、刚柔虚实等矛盾运动的变化规律编成的整套练习形式。按练习形式可分为单练、对练、集体演练三种类型,单练包括徒手的拳术与器械。狭义的武术指的就是武术套路。

第一节　武术基本功

一、武术基本功练习

(一)手形(图 14 - 1)

(1)拳:四指并拢卷握,拇指紧扣食指和中指的第二指节处。拳眼向上为立拳,拳心向下为平拳。

(2)掌:四指并拢伸直,拇指弯曲紧扣于虎口处或外展成八字掌。

(3)勾:五指捏拢屈腕。

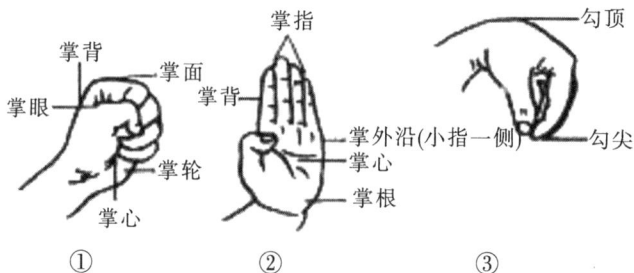

图 14 - 1　手形示意图

图 14 - 2 步形示意图

（二）步形（图 14 - 2）

①弓步：两脚前后开立（约为本人脚的四五倍），前腿屈膝大腿近水平，后腿挺膝伸直脚尖内扣，上体正对前方。做到前腿弓，后腿绷，挺胸塌腰沉髋，前脚同后脚成一直线。弓左腿称左弓步，弓右腿称右弓步。

②马步：两脚平行开立（约为本人脚长的 3 倍），脚尖正对前方，屈膝半蹲，大腿近水平，身体重心落于两脚间，脚尖微内扣。做到挺胸、塌腰、头顶、脚跟外蹬。

③虚步：两脚前后开立，后腿外展45°，屈膝半蹲，前脚绷直稍内扣，虚点地面，膝微屈，重心落在后腿，挺胸塌腰，眼平视。左脚在前为左虚步，右脚在前为右虚步。

④歇步：两腿交叉站立，与肩同宽，屈膝全蹲，前脚全掌着地，脚尖外展，后脚前掌着地，大小腿重叠，臀部坐于后小腿接近脚跟处。左脚在前为左歇步，右脚在前为右歇步。

⑤仆步：两脚左右开立，略宽于马步，一腿全蹲，大小腿贴紧，臀部略高于小腿，前脚掌着地，膝与脚尖外展约45°，另一腿挺直、平铺、脚尖内扣；挺胸、塌腰、开胯，上体微前倾，眼向仆腿方向平视。仆左腿为左仆步，仆右腿为右仆步。

二、基本手法练习

（一）冲拳

两脚左右开立与肩同宽，两拳抱于腰间，拳心向上，肘尖向后，挺胸、收腹、直腰。右拳以拳面为力点向前猛力冲出，同时转腰、顺肩，右肘关节过腰后、臂内旋、伸直、高与肩平。同时左肘向后牵拉。

（二）推掌

预备姿势同冲拳。右拳变掌，指尖朝前，当右臂接近伸直时，以掌根外侧为力点向前推出。推击时要转腰顺肩，臂伸直高与肩平，同时左肘向后牵拉。

（三）勾手

见本节基本手型练习。

（四）架拳

预备姿势同冲拳。右拳向下、向左、向上经头前向右上方划弧架起，拳眼向下，眼看左方。

（五）亮掌

预备姿势同冲拳。右拳变掌，向右，向上划弧，至头部右前上方时，抖腕亮掌，臂成弧形,掌心向前,拇指一侧朝下。头随右手向右转动,亮掌时,向左转头、注视左方。

三、压腿练习

(一)正压腿

面对肋木,一腿提起,脚跟架在肋木上,脚尖勾起,双手按在膝上。两腿伸直,立腰、收髋,上体向前屈,并向前向下做压振动作。

(二)侧压腿

侧对肋木站立,将一腿举起,脚跟架在肋木上,脚尖勾起,两腿伸直,立腰、并髋,上体向被压腿侧屈下压。

(三)仆步压腿

仆步,两手分别抓握两脚外侧,平仆脚尖里扣,挺膝,全蹲腿脚尖外展,开胯。臀部向下振压,尽量贴近地面。

四、肩部练习

(一)压肩

面向肋木,两脚左右开立与肩同宽,上体前俯,两手握肋木,挺胸,塌腰,收髋,做下振压肩动作。

(二)双臂绕环

(1)前、后绕环:两臂同时或依次做向前和向后绕环。

(2)左、右绕环:两臂同时做向左或向右绕环。

(3)交叉绕环:一臂向前,另一臂向后,同时划立圆绕环。

五、腰部练习

(一)俯腰

并步站立,上体前俯,两腿挺膝伸直,两手尽量贴地或抱住两小腿,使胸部贴近腿部,持续一定时间再起立。

(二)甩腰

两脚开立,两臂上举,以腰、髋关节为轴上体做前后屈的甩腰动作。

(三)涮腰

两脚开立,略宽于肩,两臂下垂。以髋关节为轴,上体前俯,两臂向前下方伸出,然后向前、向右、向后、向左翻转绕环。要求逐渐增大绕环幅度。

六、腿法练习

(一)正踢

两脚并立,两臂侧平举,两手立掌。左腿上半步,左腿支撑,右脚脚尖勾起向前额猛踢。两眼向前平视。左右行进间交替进行。

（二）外摆

预备姿势同正踢。右脚向右前方上半步,左脚尖勾紧,向右侧上方踢起,经面前向左侧上方摆动,直腿落在右腿旁。眼平视。练习时左右交替进行。

（三）弹踢

两脚并立。右腿屈膝提起。提膝接近水平时,要迅速猛力挺膝,向前平踢(弹击),力达脚尖。大腿与小腿成一直线,高与腰平。

七、跳跃练习

（一）大跃步前穿

左脚向前跨步腾起,右腿屈膝前摆,左腿向后撩摆,小腿略屈,脚面绷直。同时双手由前向上摆托身体在空中呈反弓形,双腿依次落地。

（二）腾空飞脚

右腿蹬地腾空,左腿上摆压膝,左脚收控于右腿侧,脚面绷直,脚尖向下,右腿向前上方弹踢,脚面绷直;同时两臂由下向前、向头上摆起,右手背迎击左手掌手,右手掌近击右腿脚面,左手在击响的同时摆至左侧方变勾手,勾尖向下,略高于肩膀,上体微前倾,两眼平视前方。

八、组合练习

预备姿势:并步抱拳。

拗弓步冲拳:左脚向左迈出一步成左弓步,同时左手向左平搂后收回腰间抱拳,右拳向前冲拳成平拳,目视前方。

弹踢冲拳:右腿向前弹踢,同时左拳由腰间向前冲拳,右拳收回腰间抱拳,目视前方。

马步架打:右脚落地,左转体90°下蹲成马步,同时左拳变掌屈臂上架,右拳由腰间向右冲拳,目视右方。

歇步冲拳:左脚后插成右歇步,同时右拳变掌经头上向左下盖,掌外沿向前,身体左转90°,左拳收回腰间抱拳,目视右手,紧接左拳向前冲拳,右拳变掌收回腰间,目视左拳。

提膝仆步穿掌:起立,身体左转,随即左拳变掌,手心向下,右拳变掌,手心向上,由左手背上穿出,同时左腿提膝,左手顺势收至右腋下,目视右手。左脚落地成左仆步,左手掌朝前,沿左腿外侧穿出,目视左掌。

虚步挑掌:左腿屈膝支撑,右脚上步成右虚步,同时左手向上挑起、向后划弧成勾手,略高于肩,右手由后向下、向前右腿外侧挑掌,高与肩平,目视前方。

收势:左脚向右并步,抱拳。

第二节　初级长拳

一、青年拳甲段

(一)预备姿势

两脚并步站立,两臂垂于身体两侧,五指并拢贴靠腿外侧,目向前平视。然后两手握拳收抱腰侧,拳心向上。(图14－3)

(二)预备动作

1.弓步十字手

左脚向前一步放成左弓步,同时两拳变掌,两臂交叉向前平伸,右掌在上,左掌在下,掌心均向外,目视两手。(图14－4)

图14－3　　　　　　　　图14－4

2.虚步勾手

重心后移,左脚回收半步成左虚步。同时两掌变勾分别向两侧后下方勾挂,勾尖均向上,目向左平视。(图14－5)

3.上步对拳

左脚向前半步,右脚向前并步站立,同时两手握拳,直臂由两侧向前平举,拳心均向下。目向前平视。(图14－6)

图14－5　　　　　　　图14－6

4.抱拳

两脚不动,两拳屈肘收抱腰侧,拳心均向上。目向前平视。(图14－7)

图14-7　　　　图14-8

5.并步按掌

两脚不动,两拳变掌由两侧向上划弧,至头顶时,掌心向下,手指相对,经胸前下落按于腹前,臂微屈。目向左平视。(图14-8)

(三)套路动作

1.上步架打

上体向左后转,左脚先上一步,右脚再上一步成马步。同时两手握拳,左拳屈肘架于头上方,拳心向前;右拳由腰侧向右冲出,拳眼向上。目视右拳。(图14-9)

2.右架打

上体向右后转,左脚随转体向前上一步成马步。同时,右拳屈肘架于头前上方,拳心向前;左拳落下由腰间向左冲出,拳眼向上;目视左拳。(图14-10)

图14-9　　　　图14-10

3.弓步托掌

上体左转90°,左腿屈膝半蹲,右腿伸直成左弓步。同时右拳变掌由腰间向前上方托起,掌心向前,拇指分开;左拳变掌收回右腋下,掌心向下。目视右掌。(图14-11)

4.虚步挂掌

重心后移,左脚撤回半步成左虚步。同时右手握拳收回腰侧,拳心向上;左掌由下向前上方挂至左耳侧,掌心向右。目向前平视。(图14-12)

图 14 – 11 图 14 – 12

5. 上步踢腿

左脚向前半步,腿微屈;右脚绷直向前平踢。同时,左掌变拳收抱腰侧,目向前平视。（图 14 – 13）

6. 退步勾挂

右脚回落上体右转 90°,左脚收至右脚侧,两腿屈膝成丁步。同时左拳变掌由上向下划弧,至后方时成勾手,勾尖向上。目向左平视。（图 14 – 14）

图 14 – 13 图 14 – 14

7. 上步架打

上体向左后转 180°,左、右脚先后上步成马步。同时,左手握拳,屈肘架于头前上方,拳心向前;右拳由腰侧向右冲出,拳眼向上。目视右拳。（图 14 – 15）

8. 架踹

上体右转 90°。右脚支撑;左脚勾起,以脚跟向前下方踹出。同时,左拳收抱左腰侧;右拳变掌屈肘架于头前上方,掌心向前上方。目向前平视。（图 14 – 16）

9. 弓步击掌

左脚向前落步成左弓步。同时,右手向前下方划弧收回,屈肘收抱腰侧;左拳变掌向前击出,掌指向上。目视左掌。（图 14 – 17）

图 14 - 15

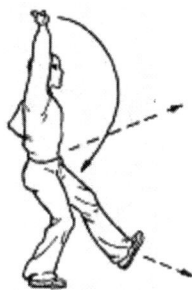

图 14 - 16

图 14 - 17

图 14 - 18

10. 勾踢

(1)右拳变掌,由后向前下方摆动,两腕交叉,掌心均向外。(图 14 - 18)

(2)上动不停,重心移至左脚。右脚向左前方勾踢,上体左转45°。同时,两手分开,左掌屈肘架于头上方,掌心斜向上;右手变勾向右侧伸直平举。目向前平视。(图 14 - 19)

11. 小缠冲拳

(1)右腿屈膝抬起,右勾变拳则侧向前摆动;左手抓握右手腕。(图 14 - 20)

图 14 - 19

图 14 - 20

(2)上动不停,右脚震地落步,左脚提起。同时,右臂外旋使右手向外抓握收回右腰侧。(图 14 - 21)

(3)上动不停。上体右转,左脚向左落步成马步。同时,左手变拳由腰侧向左击出,

247

拳眼向上;右拳屈肘收抱右腰侧。目向左平视。(图14-22)

图14-21　　　　　　　图14-22

12. 上步击掌

上体向左后转180°。右脚上一步成马步。同时左拳屈肘收抱腰侧,拳心向上;右拳变掌,向右击出,指尖向上。目视右掌。(图14-23)

13. 退步横肘

上体向右后转180°。右脚向后退一步;左脚收回半步成左虚步。同时,右手握拳收抱腰侧,拳心向上;左手握拳,右臂弯曲,使小臂随转体向右横击,拳心向后。目向左平视。(图14-24)

图14-23　　　　图14-24　　　　　　图14-25　　　　　　图14-26

14. 跳步横肘

(1)右脚蹬地跳起,同时左拳向左下方直臂摆动。(图14-25)

(2)上动不停。左脚经右腿前方落步,右腿随即落步,两腿屈膝成马步。同时左拳向后,向前摆动,至前方时,屈肘竖拳,拳心向后。目向左平视。(图14-26)

15. 并步按掌

左脚向右脚并步站立。同时两拳变掌由两侧向头上划弧,然后经胸前下落按于腹前,臂微屈。掌心均向下。目向左平视。(图14-27)

(四)收势

两臂垂直于体侧,五指并拢贴靠腿外侧。目向前平视。(图14-28)

图 14 – 27   图 14 – 28

二、青年拳乙段

(一)预备姿势

预备姿势及预备动作与甲段相同。

(二)套路动作

1. 垫步冲拳

(1)左脚向左侧上一步并跳起落步,右脚提起。同时上体左转 90°。两手变拳收抱腰侧,拳心均向上,目向前平视。(图 14 – 29)

(2)上动不停,右脚向前落步成右弓步。同时,右拳由腰间向前冲击,拳眼向上。目视右拳。(图 14 – 30)

图 14 – 29   图 14 – 30

2. 退步横掌

上体右转 90°,右脚向后退一步成左弓步。同时,右拳变勾向右后方勾挂,再变拳屈肘收抱腰侧,拳心向上。左拳变掌,向左前方横击,掌心向上。目视左掌。(图 14 – 31)

3. 弓步击掌

两脚不动,上体左转 90°。左掌内翻屈肘回收至右腋下,掌心向下;右拳变掌,向前上方直击,掌心向下。目视右掌。(图 14 – 32)

图 14 - 31　　　　　　　　　　　　　图 14 - 32

4. 右横掌

（1）重心后移，左脚后撤半步成左虚步。同时，左手顺右臂向前抓，掌心向前；右掌翻转至头上方，掌心向前上。目视左手。（图 14 - 33）

（2）上动不停，左手握拳收抱腰侧，拳心向上；右掌向前横击，掌心向上，目视右掌。（图 14 - 34）

图 14 - 33　　　　　　　　　　　　　图 14 - 34

5. 退步砸拳

左脚向后退一步成右仆步，同时左转90°。右拳向前下方砸击，拳心向上，目视右拳。（图 14 - 35）

6. 跳踢

（1）左腿上摆，右脚向上跳起。（图 14 - 36）

（2）上动不停，上体右转90°。同时左脚落地支撑地面，右脚尖绷直向前平踢，两手握拳收抱腰侧。（图 14 - 37）

图 14 - 35　　　　　　　图 14 - 36　　　　　　　图 14 - 37

7. 马步横打

上体左转90°,右脚向右落步成马步。同时,右臂伸直后引,接着向前横打,拳心向下。目视右拳。（图14-38）

8. 退步勾挂

上体右转90°,左脚收至右脚内侧成丁步。同时,左手向右下方划弧,然后变勾手置于左侧。目视左下方。（图14-39）

图14-38　　　　　图14-39

9. 退步击掌

上体左转90°,右脚后撤一步成左弓步。同时,左手变掌由腰间向前直击,掌指向上。目视左手。（图14-40）

10. 换步击掌

右脚向前半步,左脚后退一步成右弓步。同时,左掌变拳屈肘收抱腰侧,拳心向上;右拳变掌向前直击,掌心向前。目视右手。（图14-41）

图14-40　　　　　图14-41

11. 挂压

(1)右脚撤回半步成右虚步。右掌变拳收抱腰侧;同时左拳变掌,屈肘架于头上方,掌心向前上方。目向前平视。（图14-42）

(2)上体右转90°,右腿向右横挂成右仆步。同时右拳变掌由右向前下方压,掌心向前下方。目视右掌。（图14-43）

图 14 – 42   图 14 – 43

12. 横肘

（1）上体稍直立，右掌向右上方摆动。（图 14 – 44）

（2）上动不停。右腿屈膝半蹲；右脚向前移半步成左虚步。同时，右掌变拳屈肘收抱腰间，拳心向上；左手握拳，屈肘使左小臂向右横击，拳心向后。目向左平视。（图 14 – 45）

图 14 – 44   图 14 – 45

13. 上步击拳

（1）右脚向前上一步，上体左转 90°；左脚提起。同时，左拳变掌向下勾挂。（图 14 – 46）

（2）上动不停，左脚前落，上体左转 90°。右脚上步成马步。同时右拳向右冲出，拳眼向上；左手变拳屈肘收抱左腰侧，拳心向上。目视右拳。（图 14 – 47）

图 14 – 46   图 14 – 47

14. 跳步捋打

（1）上体右转 90°，左脚经右腿前摆，左脚蹬地跳起，同时左拳变掌向前抓捋；右拳屈

肘收抱腰侧,拳心向上。(图 14 – 48)

（2）上动不停,右脚向前落步成右弓步。同时,左手握拳收抱腰间;右拳向前冲出,拳眼向上。目视右掌。(图 14 – 49)

图 14 – 48　　　　　　　　　图 14 – 49

15.撤步按掌

（1）右脚向后撤一步,上体右转 90°。同时,两拳变掌向两侧分开。(图 14 – 50)

（2）上动不停,左脚向右脚并步站立。同时两掌向头上划弧,再经胸前落下置于腹前,臂微屈,掌心向下。目向左平视。(图 14 – 51)

图 14 – 50　　　　　　　图 14 – 51　　　　　　图 14 – 52

（三）收势

还原成立正姿势,目向前平视。(图 14 – 52)

第三节　简化太极拳

太极拳是我国传统体育武术内容之一,很早以前就在民间流传。几个世纪以来,实践证明太极拳是一种有效的健身与预防疾病的良好手段。练习太极拳除增强体质外,还是辅助治疗高血压、溃疡病、心脏病、肺结核等疾病的有效方法。现在,人类已经进入了 21世纪,追求健康的身体和文明的生活方式已成为了一种趋势。太极拳在增强人们的身心健康方面正在发挥着重要作用。近年来,随着我国经济快速发展,人们的生活水平日益提高,习练太极拳的人越来越多,遍布城乡,并走向世界,传播到五大洲的一百多个国家和地区,受到了各国人民的喜爱,成为一项世界性的运动。

一、起势

（1）两脚并拢，身体自然直立，头颈正直；两臂自然下垂，两手指尖轻贴大腿侧；眼向前平视。

（2）左脚向左慢慢开步，与肩同宽，脚尖向前。

（3）两臂慢慢向前平举，两手高与肩平，与肩同宽，手心向下。

（4）上体保持正直，两腿屈膝下蹲；同时两掌轻轻下按至腹前，两肘下垂与膝相对；眼平视前方。

要点：头颈端正，下颏要微向后收，头顶用意向上虚虚领颈，颈部不要松弛，不可仰头或低头。身体直立或下蹲时，要敛臀收腹，躯干正直，不可挺胸凸肚突臀前俯后仰；左脚开步时，重心先移向右腿，左脚跟先离地，随之前脚掌再离地，轻轻提起全脚，高不过右踝；向左开步落脚时，前脚掌先着地，随之全脚掌逐渐踏实。这种重心转换的做法，体现了太极拳运动"轻起轻落，点起点落"这一重要步法规律。两手臂前平举时，手起肘随将臂举起，肘关节微屈，保持沉肩垂肘的要领，不要掀肘耸肩；屈蹲下按掌时，两掌要随屈膝主动下按，协调一致，掌心下按到终点（腹前）定式时，须舒指展掌，不要坐腕向上翘指。

学法提示：（1）并脚直立；（2）开步站立；（3）两臂前举；（4）屈膝下按。（图14-53）

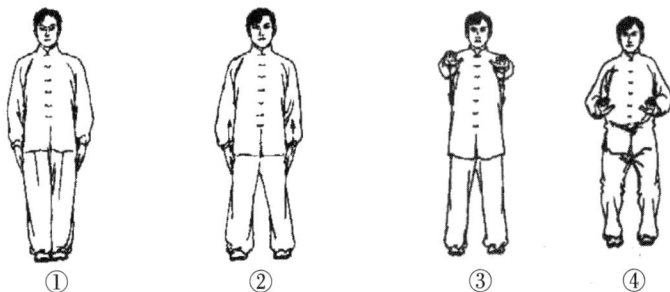

① ② ③ ④

图14-53

二、左右野马分鬃

（1）上体微向右转，身体重心移至右腿上；同时右臂收在胸前平屈，手心向下，左手经体前向右下划弧放在右手下，手心向上，两手心相对成抱球状；左脚随即收到右脚内侧，脚尖点地；眼目视右手。

（2）上体微向左转，左脚向左前方迈出；同时左右手随转体慢慢分别向左上、右下错开；眼视左手。

（3）上体继续左转，右脚跟后蹬，右腿自然伸直成左弓步；左右手随转体继续向左上、右下分开，左手高与眼平，手心斜向上，肘微屈；右手落在右胯旁，肘也微屈，手心向下，指尖向前；眼视左手。

（4）上体慢慢后坐，身体重心移至右腿，左脚尖翘起，微向外撇（大约45°～60°），同时两手准备抱球。

（5）左脚掌慢慢踏实，左腿慢慢前弓，身体左转，身体重心再移至左腿；同时左手翻转向下，左臂收在胸前平屈，右手向左上划弧放在左手下，两手心相对成抱球状；右脚随即收到左脚内侧，脚尖点地；眼视左手。

（6）上体微右转，右腿向右前方迈出；同时左右于随转体慢慢分别向左下、右上错开；眼视右手。

（7）左腿自然伸直成右弓步；同时上体继续右转，左右手继续随转体分别慢慢向左下，右上分开，右手高与眼平，手心斜向上，肘微屈；左手落在左胯旁，肘也微屈，手心向下，指尖向前；眼视右手。

（8）与（4）解同，唯左右相反。

（9）与（5）解同，唯左右相反。

（10）与（6）解同，唯左右相反。

（11）与（7）解同，唯左右相反。

要点：上体不可前俯后仰，脚部必须宽松舒展。两臂分开时要保持弧形。身体转动时要以腰为轴。弓步动作与分手的速度要均匀一致。做弓步时，迈出的脚先是脚跟着地，然后脚掌慢慢踏实，脚尖向前，膝盖不要超过脚尖；后腿自然伸直；前后脚夹角约成45°～60°（需要时后脚脚跟可以后蹬地）；野马分鬃式的弓步，前后脚的脚跟要分在中轴线的两侧，它们之间的横向距离（即以动作行进的中线为纵轴，其两侧的垂直距离为横向）应保持在10～30厘米。

学法提示：（1）抱球收脚；（2）上步错手；（3）弓步分手；（4）轻体撤脚；（5）抱球收脚；（6）上步错手；（7）弓步分手；（8）转体整脚；（9）抱球收脚；（10）上步错手；（11）弓步分手。（图14－54）

① ② ③ ④ ⑤ ⑥

⑦

⑧　　　⑨　　　⑩　　　⑪

图 14－54

三、白鹤亮翅

（1）上体微向左转，左手翻掌向下，左臂平屈胸前，右手向左上划弧，手心转向上，与左手相对成抱球状；眼视左手。

（2）右脚跟进半步，上体后坐，身体重心移至右腿；上体先向右转，面向右前方，眼视右手；然后左脚稍向前移，脚尖点地，成左虚步，同时上体再微向左转，面向前方，两手随转体慢慢向左下、右上分开，右手上提停于右额前，手心向左后方，左手落于左胯前，手心向下，指尖向前；眼平视前方。

要点：完成姿势胸部不要挺出，两臂上下都要保持半圆形，左膝要微屈；身体重心后移，右手上提、左手下按要协调一致。

学法提示：（1）转体抱手；（2）虚步分掌。（图 14－55）

图 14－55

四、左右搂膝拗步

（1）右手从体前下落，由下向后上方划弧举至右肩外侧，肘微屈，手与耳同高，手心斜向上；左手由左下向上、向右下方划弧至右胸前，手心斜向下；同时上体先微向左再向右转，左脚收至右脚内侧，脚尖点地；眼视右手。

(2)上体左转,左脚向前(偏左)迈出成左弓步;同时右手屈回由耳侧向前推出,高与鼻尖平,左手向下由左膝前搂过落于左胯旁,指尖向前;眼视右手。

(3)右腿慢慢屈膝,上体后坐,重心移至右腿,左脚尖翘起微向外撇,随后脚掌慢慢踏实,左腿前弓,身体左转,重心移至左腿,右脚收到左脚内侧,脚尖点地;同时左手向外翻掌由左后向上划弧至左肩外侧,肘微屈,手与耳同高,手心斜向上;右手随转体向上、向左下划弧落于左脚前,手心斜向下,眼视左手。

(4)与(2)解同,唯左右相反。

(5)与(3)解同,唯左右相反。

(6)与(1)解同。

要点:前手推出时,身体不可前俯后仰,要松腰松胯,推掌时要沉肩垂肘,坐腕舒掌,同时须与松腰、弓腿上下协调一致;搂膝拗步成弓步时,两脚跟的横向距离约30厘米左右。

学法提示:(1)举手收脚;(2)弓步搂推;(3)举手收脚;(4)弓步搂推;(5)举手收脚;(6)弓步搂推。(图14-56)

图 14-56

五、挥琵琶

（1）右脚跟进半步,上体后坐,重心移至右腿上,上体半面向右转。

（2）左脚略提起稍向前移,变成左虚步,脚跟着地,脚尖翘起,膝部微屈;同时左手由左下向上挑,高与鼻尖平,掌心向右,臂微屈;右手收回放在左臂肘部里侧,掌心向左;两手成侧立掌合于体前;眼视左手食指。

要点:身体要平稳自然,沉肩垂肘,胸部放松。左手上起;肘不要直向上挑,要由左向上、向前,微带弧形;右脚跟进时,脚掌先着地,再全脚踏实;身体重心后移和左手上起、右手回收要协调一致。

学法提示:(1)跟步后坐;(2)虚步合手。(图14-57)

图14-57

六、左右倒卷肱

（1）上体右转,右手翻掌(手心向上)经腹前由下向后上方划弧平举,臂微屈,左手随即翻掌向上;眼的视线随着向右转体先右视,再转向前方视左手。

（2）右臂屈肘折向前,右手由耳侧,向前推出,手心向前,左臂屈肘后撤,手心向上,撤至左肋外侧;同时左腿轻轻提起向后(偏左)退一步,脚掌先着地,然后全脚慢慢踏实,身体重心移到左腿上,成右虚步,右脚随转体以脚掌为轴扭正;眼视右手。

（3）上体微向左转,同时左手随转体向后上方划弧平举,手心向上,右手随即翻掌,掌心向上;眼随转体先左视,再转向前方视右手。

（4）与(2)解同,唯左右相反。

（5）与(3)解同,唯左右相反。

（6）与(1)解同。

（7）与(3)解同。

（8）与(2)解同,唯左右相反。

要点:前推的手不要伸直,后撤手也不可直向回抽,随转体仍走弧线。前推时要转腰松胯,两手的速度要一致,避免僵硬;退步时,脚掌先着地,再慢慢全脚踏实,同时前脚随转体以脚掌为轴扭正,退左脚略向左后斜,退右脚略向右后斜,避免使两脚落在一条直线上;

后退时,眼神随转体动作先向左(右)视,然后再转视前手;最后退右脚时,脚尖外撇的角度略大些,便于接做"左揽雀尾"的动作。

学法提示:(1)转体举手;(2)退步卷肱;(3)转体举手;(4)退步卷肱;(5)转体举手;(6)退步卷肱;(7)转体举手;(8)退步卷肱。(图14-58)

图 14-58

七、左揽雀尾

(1)上体微向右转,同时右臂随转体向后上方划弧平举,手心向上,左手放松,手心向下;眼视左手。

(2)身体继续向右转,左手自然下落,逐渐翻掌经腹前划弧至左肋前,手心向上;右臂屈肘,手心转向下,收至右胸前,两手相对成抱球状;同时身体重心落在右腿上,左脚收至右脚内侧,脚尖点地;眼视右手。

(3)上体微向左转,左脚向左前方迈出,上体继续向左转,右腿自然蹬直,左腿屈膝成左弓步;同时左臂向左前方捧出(即左臂平屈成弓形,用前臂外侧和手背向前方推出),高与肩平,手心向后;右手向右下落放于右胯旁,手心向下,指尖向前;眼视左前臂。

(4)身体微向左转,左手随即前伸翻掌向下,右手翻掌向上,经腹前向上、向前伸至左前臂下方;然后两手下捋,即上体向右转,两手经腹前向右后上方划弧,直至右手心向上,高与肩平,左臂平屈于胸前,手心向后;同时身体重心移至右腿;眼视右手。

(5)上体微向左转,右臂屈肘折回,右手附于左手腕里侧(相距约1厘米),上体继续向左转,双手同时向前慢慢挤出,左手心向后,右手心向前,左前臂要保持半圆;同时身体重心逐渐前移变成左弓步;眼视左手腕部。

(6)左手翻掌,手心向下,右手经左腕上方向前,向右伸出,高与左手齐,手心向下,两手左右分开,宽与肩同;然后右腿屈膝,上体慢慢后坐,身体重心移至右腿上,左脚尖翘起;同时两手屈肘回收至腹前,手心均向前下方;眼向前平视。

(7)上式不停,身体重心慢慢前移,同时两手向前、向上按出,掌心向前;左腿前弓成左弓步;眼视前方。

要点:掤出时,两臂前后均保持弧形。分手、松腰、弓腿三者必须协调一致。揽雀尾弓步时,两脚跟横向距离不超过10厘米。下捋时,上体不可前倾,臀部不要凸山,两臂下捋须随腰旋转,仍走弧线。左脚全脚掌着地。向前挤时,上体要正直,挤的动作要与松腰,弓腿相致向前按时,两手须走曲线,手腕部高与肩平,两肘微屈。

学法提示:(1)转体举手;(2)收脚抱球;(3)弓步掤臂;(4)转体下捋;(5)弓步前挤;(6)后坐收手;(7)弓步前按。(图14-59)

图 14-59

八、右揽雀尾

（1）上体后坐并向右转，身体重心移至右腿，左脚尖里扣；右用向右平行划弧至右侧，然后由右下经腹前向左上划弧至左肋前，手心向上；左臂平屈胸前，左手掌向下与右手成抱球状；同时身体重心再移到左腿上，右脚收到左脚内侧，脚尖点地；眼视左手。

（2）同"左揽雀尾"（3）解，唯左右相反。

（3）同"左揽雀尾"（4）解，唯左右相反。

（4）同"左揽雀尾"（5）解，唯左右相反。

（5）同"左揽雀尾"（6）解，唯左右相反。

（6）同"左揽雀尾"（7）解，唯左右相反。

要点：与"左揽雀尾"相同，唯左右相反。

学法提示：（1）收脚抱球；（2）弓步掤臂；（3）转身下捋；（4）弓步前挤；（5）后坐收手；（6）弓步前按。（图 14 - 60）

图 14 - 60

九、单鞭

（1）上体后坐，重心逐渐移至左腿，右脚尖里扣；同时上体左转，两手（左高右低）向左弧形运转，直至右臂平举，伸于身体左侧，手心向左，右手经腹前运至左肋前，手心向后上方；眼视左手。

（2）重心再渐渐移至右腿上，上体右转，左脚向右脚靠拢，脚尖点地；同时右手向右上方划弧（手心由里转向外），至右侧方时变勾手，臂与肩平；左手向下经腹前向右上划弧停于右肩前，手心向里；眼视左手。

（3）上体微向左转，左脚向左前方迈出，右脚跟后蹬，成左弓步；在身体重心移向左腿的同时,左掌随上体的继续左转慢慢翻转向前推出,手心向前,手指与眼齐平,臂微屈;眼视右手。

要点:上体保持正直,松腰,完成式时,右臂肘部稍下垂,左肘与左膝上下相对,两肩下垂;左手向外翻转掌前推时,要随转体边翻边推出,不要翻转太快或最后突然翻掌。全部过渡上下要协调一致,如面向南起势,单鞭的方向(左脚尖)动作,应向东偏北(大约为15°)。

学法提示:(1)转体运臂;(2)勾手收脚;(3)弓步推掌。(图14-61)

图14-61

十、云手

(1)重心移至右腿上,身体渐向右转,左脚尖里扣;左手经腹前向右上划弧至右肩前,手心斜向后。同时右手松勾变掌,手心向右前;眼视左手。

(2)上体慢慢左转,重心随之逐渐左移;左手由脸前向左侧运转,手心渐渐转向左;右手由右下经腹前向左上划弧。至左肩前,手心斜向后,同时右脚靠近左脚,成小开立步(两脚距离约10~20厘米);眼视右手。

(3)上体再向右转,同时左手经腹前向右上划弧至右肩前,手心斜向后;右手向右侧运转,手心翻转向右;随之左腿向左横跨一步;眼视左手。

(4)同(2)解。

(5)同(3)解。

(6)同(2)解。

要点:身体转动要以腰脊为轴,松腰、松胯,不可忽高忽低。两臂随腰的转动而运转,要自然圆活,速度要缓慢均匀;下肢移动时,身体重心稳定,两脚掌先着地再踏实,脚尖向前。眼的视线随左右手而移动。第三个"云手",右脚最后跟步时,脚尖微向里扣,便于接

"单鞭"动作。

学法提示:(1)转体松勾;(2)云手收脚;(3)云手开步;(4)云手收脚;(5)云手开步;(6)云手收脚。(图 14 - 62)

图 14 - 62

十一、单鞭

(1)上体向右转,右手随之向右运转,至右侧方时变成勾手;左手经腹前向右划弧至右肩前,手心向内;重心落在右腿上,左脚尖点地;眼视左手。

(2)上体微向左转,左脚向左前侧方迈出,右脚跟后蹬,成左弓步;在身体重心移向左腿的同时,上体继续左转,左掌慢慢翻转向前推出,成"单鞭"式。

要点:与前"单鞭"式相同。

学法提示:(1)转体勾手;(2)弓步推举。(图 14 - 63)

图 14 - 63

十二、高探马

（1）右脚跟进半步，身体重心逐渐后移至右腿上；右勾手变成掌，两手心翻转向上，两肘微屈；同时身体微向右转，左脚跟渐渐离地；眼视左前方。

（2）上体微向左转，面向左前方，右掌经右身旁向前推出，手心向前，手指与眼同高；左手收至左侧腰前，手心向上；同时左脚微向前移，脚尖点地，成左虚步；眼视右手。

要点：上体自然正直，双肩要下沉，右肘微下垂。跟步移换重心时，身体不要有起伏。

学法提示：（1）跟步翻掌；（2）虚步推掌。（图 14 - 64）

图 14 - 64

十三、右蹬脚

（1）左手手心向上，前伸至打手腕背面，两手相互交叉，随即向两侧分开并向下划弧，手心斜向下，同时左脚提起向左前侧方进步（脚尖稍外撇）；身体重心前移；右腿自然蹬直，成左弓步；眼视前方。

（2）两手由外圈向里圈划弧，两手交叉合抱于胸前，右手在外，手心均向后；同时右脚向左脚靠拢，脚尖点地；眼平视右前方。

（3）两手臂左右划弧分开平举，肘部微屈，手心均向外；同时右腿屈膝提起，右脚向右前方慢慢蹬出；眼视右手。

要点：身体要稳定，不可前俯后仰。两手分开时，腕部与肩齐平；蹬脚时，左腿微屈，右脚尖回勾，力点在脚跟，分手与蹬脚须协调一致，右臂和腿上下相对。如面向南起势，蹬脚方向应为正东偏南约90°。

学法提示:(1)弓步分手;(2)抱子收脚;(3)分手蹬脚。(图14－65)

图14－65

十四、双峰贯耳

(1)右腿收回,屈膝平举;左手由后向上、向前下落至体前,两手心均翻转向上,两手同时向下划弧,分落于右膝盖两侧,眼视前方。

(2)右脚向右前方落下,重心渐渐前移,成右弓步,面向右前方,同时两手下落,慢慢变拳,分别从两侧向上、向前划弧贯拳至面部前方,成钳形状,两拳相对,高与耳齐,拳跟都斜向内下(两拳中间距离约10～20厘米);眼视右拳。

要点:完成式时,头顶正直,松腰松胯,两拳松握,沉肩垂肘,两臂均保持弧形。双峰贯耳式的弓步和身体方向与右蹬脚方向相同。弓步的两脚跟横向距离约10～20厘米。

学教法提示:(1)屈膝落手;(2)弓步贯拳。(图14－66)

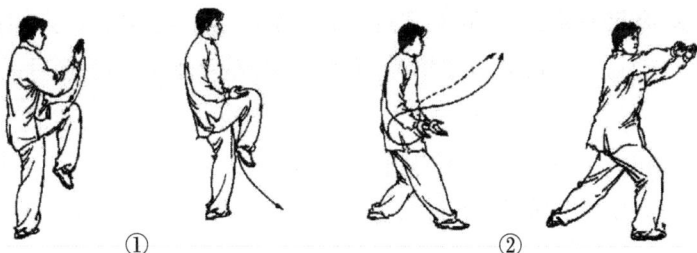

图14－66

十五、转身左蹬脚

(1)左腿屈膝后坐,身体重心移至左腿,上体左转,右脚尖里扣;同时两拳变掌,由上向左右划弧分开平举,手心向前;眼视左手。

(2)身体重心再移至右腿,左脚收到右脚内侧,脚尖点地;同时两手由外圈向里圈划弧合抱于胸前,左手在外,手心均向后,眼平视左方。

(3)两手臂左右划弧分开平举,肘部微屈,手心均向外;同时左腿屈膝提起,左脚向左前方慢慢蹬出;眼视左手。

要点:与"右蹬脚"式相同,唯左右相反。左蹬脚方向与右蹬脚方向成180°(即正西偏北约30°)。

学法提示:(1)转身分掌;(2)收脚抱手;(3)分手蹬脚。(图14－67)

①　　　　　　　　　②　　　　　　　　　③

图14－67

十六、左下势独立

(1)左腿收回平屈,上体右转;右掌变成勾手,左掌向上、向右打弧下落,立于右肩前,掌心斜向后;眼视右侧。

(2)右腿慢慢屈膝下蹲,左髋由内向左侧(偏后)伸出,成左仆步;左手下落(掌心向外)向左下顺左腿内侧向前穿出;眼视左手。

(3)身体重心前移,左脚跟为轴,脚尖尽量向外撇,左腿前弓,右腿后蹬,右脚尖里扣,上体微向左转并向前起身;同时左臂继续向前伸出(立掌),掌心向右,右勾手下落,钩尖向后;眼视左手。

(4)右腿慢慢提起平屈,成左独立式;同时右勾手变掌,并由后下方顺右腿外侧向前弧形上挑,屈臂立于右腿上方,肘与膝相对,手心向左;左手落于左胯旁,手心向下,指尖向前;眼视右手。

要点:右腿全蹲时,上体不要过于前倾;左腿伸直,左脚尖须向里扣,两脚脚掌全部着地;左脚尖与右脚跟踏在中轴线,上体要立直,独立的腿要微屈,右腿提起时脚尖自然下垂。

学法提示:(1)收腿勾手;(2)仆步穿掌;(3)弓腿起身;(4)独立挑掌。(图14－68)

①　　　　　　　　　②　　　　　　　　　③

④

图 14－68

十七、右下势独立

(1)右脚下落,左脚前,脚尖着地,然后左脚前掌为轴脚跟转动,身体随之左转,同时左手向后平举变成勾手,右掌随着转体向左侧划弧,立于左肩前,掌心斜向后;眼视左手。

(2)同"左下势独立"(2)解,唯左右相反。

(3)同"左下势独立"(3)解,唯左右相反。

(4)同"左下势独立"(4)解,唯左右相反。

要点:右脚触地后必须稍微提起,然后再向下仆腿。其他均与"左下势独立"相同,唯左右相反。

学法提示:(1)收腿勾手;(2)仆步穿掌;(3)弓腿起身;(4)独立挑掌。(图 14－69)

①　　　　②　　　　③

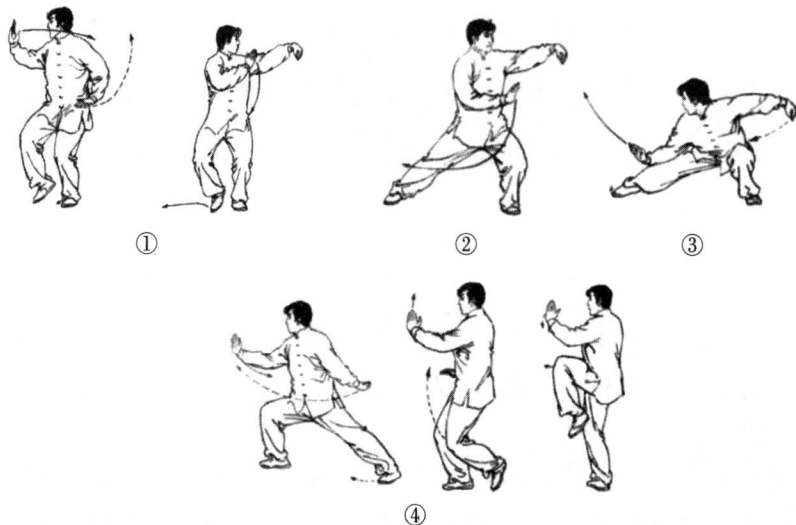

④

图 14－69

十八、左右穿梭

(1)身体微向左转,左腿向前落地,脚尖外撇,右脚跟离地,两腿屈膝半坐成半坐盘式;同时两手在左胸前成抱球状(左上右下);然后右脚收到左脚内侧,脚尖点地;眼视左前臂。

（2）身体右转，右脚向右前方迈出，屈膝弓腿成右弓步；同时右手由脸前向上举并翻掌停架在右额前，手心斜向下；左手先向左下，再经体前向前推出，高与鼻尖齐；手心向前；眼视左手。

（3）身体重心略向后移，右脚尖稍向外撇，随即身体重心再移到右腿，左脚跟进，停于右脚内侧，脚尖点地；同时两手在胸前成抱球状（右上左下）；眼视右前臂。

（4）同（2）解，唯左右相反。

要点：完成姿势面向斜前方（如面向南起势，左右穿梭方向分别为正西偏北和正西偏南，均约30°）。手推出后，上体不可前俯，手向上举时，防止引肩上耸。一手上举一手前推要与弓腿松腰上下协调一致。做弓步时，两脚跟的横向距离在30厘米左右。

学法提示：（1）落脚抱球；（2）弓步架推；（3）跟步抱球；（4）弓步架推。（图14－70）

图 14－70

十九、海底针

（1）右脚向前跟进，身体重心移至右腿，左脚稍向前移举步；右手下落经体前向后、向上提抽至肩上耳旁，左手下落至体前侧。

（2）左脚尖点地成左虚点；同时身体稍向右转；右手再随身体左转，由右耳旁斜向前下方插出，掌心向左，指尖斜向下；与此同时，左手向前、向下划弧落于左胯旁，手心向下，指尖向前；眼视前下方。

要点：身体要先向右转，再向左转。完成姿势，面向正西。上体不可太前贴。不要低头和臀部凸出。左腿要微屈。

学法提示：（1）后脚跟步；（2）虚步插掌。（图14－71）

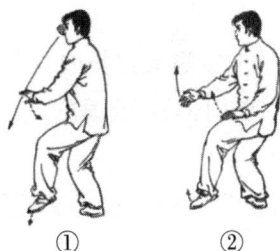

图 14 - 71

二十、闪通臂

（1）上体稍向右转，左脚微回收举步。同时两手上提。眼视前方。

（2）左脚向前迈出，脚跟着地；左右两手分别向左前、右后分开；左手心向前，右手心向外。眼视前方。

（3）重心前移，左腿屈膝弓成左弓步；同时右手屈臂上举，停于右额前上方，掌心翻转斜向上，拇指朝下；左手由胸前随重心前移慢慢向前推出，高与鼻尖平，手心向前。眼视左手。

要点：完成姿势上体自然正直，松腰松胯；左臂不要完全伸直，背肌要伸展开；推掌、举手和弓腿的动作要协作一致。弓步时，两脚跟横间距离不超过 10 厘米。

学法提示：（1）提手收脚；（2）上步分手；（3）弓步架推。（图 14 - 72）

图 14 - 72

二十一、转身搬拦捶

（1）上体后坐，身体重心移至右腿上，左脚尖里扣；身体向右后转，然后身体重心再移至左腿上；与此同时，右手随着转体向右。向下（变拳）经腹前划弧至左肋旁，拳心向下；左掌上举于头前，掌心斜向上；眼视前方。

（2）向右转体，右拳经胸前向前翻转撇出，掌心向上；左手落于左胯旁，掌心向下，指尖向前；同时右脚收回后（不要停顿或脚尖点地）即向前迈出，脚尖外撇；眼视右拳。

（3）身体重心移至右腿上，左腿向前迈出一步；左手上起经左侧向前上划弧拦出，掌心向前下方；同时右拳向右划弧收到右腰旁，掌心向上；眼视左手。

（4）左腿前弓成左弓步，同时右拳向前打出，拳眼向上，高与胸平，左手附于右前臂里侧;眼视右拳。

要点:右拳不要推得太紧,回收时前臂要慢慢内旋划弧,然后再外旋停于右腰旁,拳心向上。向前打拳时,右胸随拳略向前引伸,沉肩垂肘,右臂要微屈;弓步时,两脚横向距离在 10 厘米左右。

学法提示:(1)转身握掌;(2)上步撇拳;(3)上步拦掌;(4)弓步打拳。(图 14 - 73)

图 14 - 73

二十二、如封似闭

(1)左手由右腕下向前伸出,右拳变掌,两手手心逐渐翻转向上并慢慢分开回收;同时身体后坐,左脚尖翘起,身体重心移至右腿;眼视前方。

(2)两手在胸前翻掌,向下经腹前再向上、向前推出;腕部与肩平,手心向前;同时左腿前弓成左弓步;眼视前方。

要点:身体后坐时,避免后仰,臀部不可凸出。两臂随身体回收时,肩、肘部略向外松开,不要直着抽回,两手推出宽度不要超过两胸。

学法提示:(1)后坐收掌;(2)弓步推掌。(图 14 - 74)

图 14 - 74

二十三、十字手

(1)屈膝后坐,身体重心移向右腿,左脚尖里扣,向右转体;右手随着转体动作向右平摆划弧,与左手成两臂侧平举,掌心向前,肘部微屈;同时右脚尖随着转体稍向外撇,成右侧弓步;眼视右手。

(2)身体重心慢慢移至左腿,右脚尖里扣,随即向左收回,两脚距离与肩同宽,两腿逐渐蹬直,成开立步;同时两手向下经腹前向上划弧交叉合抱于胸前,两臂撑圆,腕高与肩平,右手在外,成十字手,手心均向后;眼视前方。

要点:两手分开和合抱时,上体不要前俯。站起时,身体自然正直,头要微向上顶,下颏稍向后收;两臂环抱时须圆满舒适,沉肩垂肘。

学法提示:(1)转身摆掌;(2)收脚合抱。(图14-75)

图 14-75

二十四、收势

(1)两手向外翻掌,手心向下,两臂慢慢下落,停于腹前;眼视前方。

(2)两腿缓缓蹬直,同时两掌慢慢下落至大腿两侧,然后收左脚成并步直立;眼视前方。

要点:两手左右分开下落时,要注意全身放松,同时气也徐徐下沉(呼气略加长)。呼吸平稳后,再收左脚做走动休息。

学法提示:(1)翻掌下落;(2)并步直立。(图14-76)

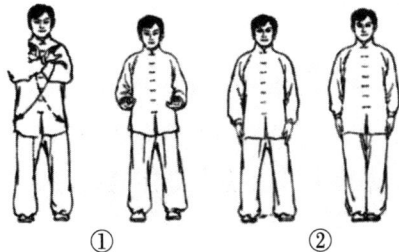

图 14-76

271

第十五章

游　泳

游泳是一项老幼皆宜的体育运动项目。经常进行游泳锻炼,能够有效地提高身体各个系统、器官的机能,促进身心健康,塑造健美的体型。随着人们生活水平的逐渐提高和游泳场馆的增加,游泳正在成为越来越多的人喜爱的体育项目。游泳比赛的项目众多,各种泳姿风格各异,其独特的魅力使得游泳成了最受欢迎的竞赛项目之一。本章主要介绍了蛙泳和自由泳的基本技术及其练习训练方法。

第一节　游泳的基本技术

一、蛙泳

蛙泳是一种模仿青蛙游泳动作的一种游泳姿势,也是最古老的一种泳姿,2000—4000年前,在中国、罗马、埃及就有类似这种姿势的游泳。18 世纪中期,在欧洲,蛙泳被称为"青蛙泳"。由于蛙泳的速度比较慢,在 20 世纪初期的自由泳比赛中(不规定姿势的自由游泳),蛙泳不如其他姿势快,使得蛙泳技术受到排挤。在当时的游泳比赛中,一度没有人愿意采用蛙泳技术参加比赛,随后国际泳联规定了泳姿,蛙泳技术才得以发展。

(一)蛙泳的技术动作

蛙泳的技术环节分为蛙泳身体姿势、蛙泳腿部技术、蛙泳手臂技术、蛙泳配合技术

1.蛙泳身体姿势

蛙泳在游进之中,身体不是固定在一个位置上,而是随着手、腿的动作在不断地变化。当一个动作周期结束后,身体应展胸、稍收腹、微塌腰,两腿并拢,两臂尽量伸直,颈部稍紧张,头置于两臂之间,眼睛注视前下方。整个身体应以身体的横轴为轴做上下起伏的动作。(图 15 - 1)

图 15 - 1

2.蛙泳腿部技术

蛙泳的腿部动作是推动身体前进的主要动力之一。它的主要动作环节可分为收腿、翻脚、蹬夹水和滑行四个阶段,这四个环节是紧密相连的完整动作。收腿是为了翻脚、蹬水创造有利的位置,同时既要减少阻力,又要考虑到手腿配合因素的需要。开始收腿时,两腿随着吸气的动作,自然放下,同时两膝自然逐渐分开,小腿向前回收,回收时两脚放松,脚跟向臀部靠拢,边收边分。收腿时力量要小,两脚和小腿回收时要收在大腿的投影截面内,以减少回收时的阻力。(图15-2)

图 15-2

收腿结束后,大腿与躯干约成120°～140°角,(图15-3)两膝内侧大约与髋关节同宽。大腿与小腿之间的角度约为40～45°角,并使小腿尽量成垂直姿势,这样能为翻脚、蹬水做好有利的准备。

图 15-3

翻脚:在蛙泳腿的技术中,翻脚动作很重要,它直接影响到蹬水的效果。收腿即将结束时,脚仍向臀部靠近,这时膝关节向内扣,同时两脚向外侧翻开,使脚和小腿内侧对好蹬水方向,并为大腿发挥更大力量做好积极准备。收腿与翻脚、蹬水是一个连续的完整动作过程。正确的翻脚动作,是在收腿未结束前就已开始,在蹬水开始完成。如果翻脚后,腿稍有停滞,则会破坏动作的连贯性并增大阻力。(图15-4)

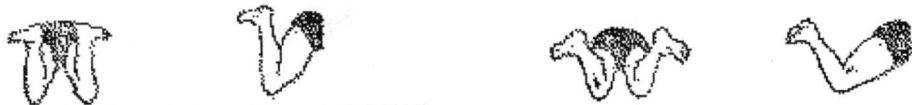

图 15-4　　　　　　　　　　　　　　　　　　　图 15-5

蹬夹水:蛙泳腿部动作效果的好坏,完全取决于蹬夹水技术的正确与否。蹬水应由大腿发力,先伸髋关节,这样使小腿保持尽量垂直对水的有利部位,向后做蹬夹水的动作,其次是伸膝关节和踝关节。(图15-5)

蹬夹水的动作实际是一个连续的完整动作,只是蹬水在先,夹水在后。实际上在翻脚的动作中,两膝向内、两脚向外已经为蹬夹水固定住唯一的方向。(图15-6)

蹬夹水效果的好坏不但取决于腿部关节移动的路线和方向,以及蹬夹水时对水面积的大小,最主要的是取决于两腿蹬夹水的速度和力量的变化,蹬夹水的速度是从慢到快,力量是从小到大的。

图 15－6

滑行:蹬夹水结束后,脚处于水平面的最低点,这时身体随着蹬水的动力向前滑行,腰部下压,双脚接近水面,准备做下一个循环动作。(图 15－7)

图 15－7

3.蛙泳手臂技术

蛙泳手臂划水动作可以产生很大的推动力,掌握合理的手臂划水技术,并且使之与腿和呼吸动作协调配合,能有效地提高游进速度。它的主要动作可分为开始姿势、划水、收手和向前伸臂几个阶段。这几个阶段也是紧密相连的完整动作。

(1)开始姿势

蹬水结束时,两臂并拢伸直,掌心向下,使两臂和身体成一直线,保持流线型姿势,向前滑行划水。(图 15－8)

图 15－8

(2)划水

要求在划水中动作的开始阶段,两臂内旋,掌心转向外斜下方,并稍勾手腕。紧接两臂分开,并开始屈肘,使两手掌和前臂对准后下方。当手掌和前臂产生压力感时,逐渐加速向后划水。(图 15－9)

图 15－9

蛙泳臂划水方向是依次向侧、下、后、内方,划水路线是呈桃心形。(图 15－10)划水结束时,肘不超过两臂肩的垂直面。

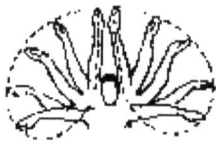

图 15－10

(3)收手

收手是由向后划水转到向前伸臂的过渡动作,也是划水的继续。当划水阶段结束时,

两手靠近,上臂稍外旋,两臂由下向前上方收至下颏前,掌心转向内斜下方。(图15-11)

图15-11

(4)伸臂

伸臂是紧接收手动作,由伸肩关节和肘关节来完成的。由于先伸肩关节,继而伸肘关节,所以两手不是完全沿直线向前移动,而是向上,再向前伸。

4.蛙泳配合技术

手臂滑下(抓水)的同时,开始逐渐抬头,这时腿保持自然放松、伸直的姿势。手臂划水时,头抬至眼睛出水面,腿还是不动。只有收手时才开始收腿,并稍向前挺髋,这时头抬至口出水面,并进行快速、有力的吸气。伸手臂的同时低头,用鼻或口鼻进行呼气,并且在手臂伸至将近二分之一处时,进行蹬夹水的动作,之后,让身体伸展滑行一段距离,蹬速度降低时进行第二个周期的动作。

在蛙泳的游进过程中,一般都是一个周期一次呼吸,这样有利于肌体的有氧供应,从而降低疲劳速度。需要注意:在抬头吸气前,必须要将体内的废气全部吐完,这样才能吸进新鲜氧气。

(二)蛙泳学习方法

1.学习腿部动作

(1)陆上模仿

①坐撑模仿蛙泳腿:坐在板凳池(岸)边上,上体稍后仰,两手支撑于体后侧,两腿伸直并拢,髋关节展开,身体成一条直线,做蛙泳腿的收(腿)、翻(脚)、蹬夹(水)、停(一会儿)的动作练习。

收——大腿带小腿,边收边分。大腿与躯干的角度不能小于90°。

翻——向外翻脚,勾脚尖,膝关节稍内扣,以小腿内侧斜对蹬的方向。

蹬夹——移脚心对准侧后方向逐渐用力,逐渐加速,边蹬边夹。

停——两腿并拢伸直放松,做明显的停顿动作。

初学者在练习时,可以先进行分解练习,即每做一个动作稍停,想清楚之后,再做下一个动作,这样逐渐过渡到连贯的动作。刚开始时,可以用眼睛看着自己腿的动作是否正确。

这种练习只是在学习的初期用以理解正确的动作概念,它的重点是体会翻脚时的肌肉感觉,其优点是自己能判断动作的错误与否,缺点是容易造成收大腿过多的错误动作。

②俯卧模仿蛙泳腿:以大腿的上三分之一处贴近板凳或池(岸)边成俯卧,这样既省力,又可控制大腿少收。

（2）水上练习

①固定支撑做蛙泳腿的练习：手扶池（岸）边或同伴的手。

水中练习要注意以下几点：

躯干：双肩浸入水中，腹部肌肉稍紧张。

收：放松慢收，稍挺髋，脚跟尽量贴近臀部，大腿与躯干的角度不得小于90°。

翻：向外翻脚要充分，脚和小腿内侧对准水，脚心向侧后斜上方。

蹬夹：向侧后做弧形蹬夹要连贯，并逐渐加速、用力，要感觉到小腿内侧及脚心有阻力。

停：并拢伸直漂的时间不能太长，以免身体下沉，要有意识地增加向上抬腿的力量。

以上练习，为了保证动作的准确性，最好在专业人士指导下进行。

②蛙泳腿和呼吸的练习：腿部动作基本掌握之后，就开始做腿和呼吸的配合练习。边收边抬头，翻脚时已吸气完毕；边蹬边低头，用鼻或口鼻慢慢呼气，在抬头吸气前，迅速用嘴将体内的余气吐光。此练习应反复多练，在以后的学习过程中也用穿插进行附带型的练习。

③滑行做蛙泳腿的练习：蹬池（岸）边或者蹬池底滑行后做蛙泳腿的练习。身体自然放松，两腿蹬水后漂浮的时间稍长，注意体会蹬腿的效果及动作的节奏。

④扶板做蛙泳腿的练习：两臂伸直肩放松，两掌心相对，抓住扶板的边缘，小臂置于板上，肘关节正好处在扶板的末端。肩与水平面差不多齐平，眼睛向前看，身体保持平稳的姿势。

再进行水上练习时，初学者最好在腰上带上浮漂，以帮助身体上浮，使脚的蹬夹水方向正确。

2. 学习手臂动作以及和呼吸的配合技术

（1）陆上模仿

站立，上体前倾，两臂前伸，掌心向下做蛙泳臂的动作，基本掌握之后，配合呼吸练习，伸手低头呼气。

（2）水上练习

①站立水中做划臂练习。

②在水中边走边做划臂和呼吸的练习。

③俯卧滑行做划臂练习。

④俯卧滑行做划臂和呼吸的练习。

3. 学习完整配合技术

（1）陆上模仿

两脚分开站立，两臂上举并拢伸直紧贴耳际，两臂和单腿配合呼吸做练习。

这种练习，重点时体会臂、腿与头部呼吸之间的配合，一般在学习的初期练习，以后没有练习的价值。

（2）水上练习

①单臂、腿和呼吸的配合练习：一手扶板或扶池（岸）边或抓同伴的手进行练习。注意身体要平，不能"立着"做。

②水中滑行做臂和腿的分解配合：即先划一次手，再蹬一次腿，体会手臂动作在先腿在后的动作概念。

③臂、腿连贯配合练习：可以低头憋气或抬头进行，重点体会臂腿的配合时机。

④臂、腿、呼吸的完整配合练习：在做此练习时，开始可以做多次臂腿配合，一次呼吸的练习；也可做多次蹬腿一次手臂和一次呼吸的动作练习；还可以做抬头不做呼吸的臂腿配合练习。

（三）注意事项

（1）蛙泳腿部动作关键是翻脚、蹬夹水的路线和慢收快蹬的节奏。注意蹬夹腿后一定要并腿滑行漂浮片刻。

（2）两臂划水动作宜小不宜大，主要是配合好呼吸动作。

（3）抬头吸气应向前伸下颚，不要抬头过高，注意呼吸的节奏。

（4）能配合游 15～20 米后，要多加强长距离游，在反复游的过程中体会和改进动作。

二、爬泳

爬泳，俗称自由泳。游爬泳时，人在水中成俯卧姿势，两腿交替上下打水，两臂轮流划水，动作很像爬行，所以人们称之为"爬泳"。爬泳是四种竞技游泳技术中速度最快的一种姿势，在游泳比赛的自由泳项目中（不规定泳姿的比赛），运动员都采用这种姿势，所以通常人们也称之为"自由泳"。

（一）自由泳技术动作

1. 自由泳的身体姿势

游自由泳时，身体要尽量保持俯卧的水平姿势。但是为了取得更好的动作效果，头部应自然稍抬，两眼注视前下方，头的三分之一露出水面，水平面接近发际，双腿处于最低点，身体纵轴与水平面约成 3°～5°的仰角。（图 15－12）

图 15－12

爬泳游进中，身体可以围绕身体纵轴做有节奏的转动，转动的角度一般为 35°～45°之间。（图 15－13）如果速度加快，角度就会相对减少。

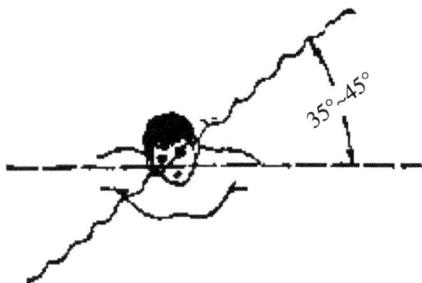

图 15 - 13

这种转动是由于划臂、转头和吸气而形成的自然转动,并不是有意识地做转动。转动所带来的好处有以下几点:

(1)便于手臂的出水和空中移臂,并缩短移臂的转动半径。

(2)有助于手臂在水中抱水和划水,使手臂划水的最有力部分更接近于身体中心的垂直投影面。

(3)由于臀部随身体轻度的转动,腿打水时,产生部分侧向打水动作,可以抵销移臂时造成身体侧向偏离的影响,维持身体平衡。

(4)便于呼吸。

2. 自由泳腿部动作

在自由泳技术中,大腿动作除了产生推动力外,主要起着维持身体平衡的作用,它能使下肢抬高,以及协调配合双臂有力的划水。

自由泳腿的打水动作,几乎与水平面成垂直方向进行,从垂直面看,两腿分开的距离约为 30 ~ 40 厘米,膝关节弯曲的角度约为 160°。(图 15 - 14)

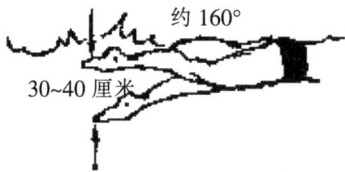

图 15 - 14

游进中,腿向上打水时,脚应接近水平;向下打水时,不应超过身体在水中的最低部位。正确的打水动作是脚稍向内旋,踝关节自然放松,向上和向下的打水动作应该从髋关节开始,大腿用力,通过整个腿部,最后到脚,形成一个"鞭状"打水动作。向下打水的效果最大,因此应用较大的力和较快的速度进行;而向上则要求放松、自然,尽量少用力,并且速度相对要慢。

从腿向上动作开始,当大腿带动小腿,从下直腿向上移至踝关节、膝关节、髋关节与水平面平行时,大腿稍向上而终止移动,并开始向下打水。当大腿开始向下打水时,由于惯性的作用,此时小腿和脚仍继续向上移动,而使膝关节弯曲形成一个大约 160°角。这使小腿和脚达到了最高点,由于大腿继续向下移动,而带动小腿和脚完成向下打水动作。

当大腿向下打水到最低点并向上抬起时,小腿和脚与大腿仍保持一个角度,并继续向下移动打水,直至完全伸直为止,才随大腿向上移动,开始第二个循环动作。

3.自由泳臂部动作

自由泳的臂部动作是推动身体前进的主要动力。它分为入水、抱水、划推水、出水和空中移臂等几个阶段,这几个阶段在划水动作中是紧密相连的一个完整动作。

(1)入水

臂入水时,肘关节略屈,并高于手臂,手指自然伸直并拢,向前斜下方且插入水。注意手掌向外,动作自然放松。

手入水的位置应在肩的延长线上,或在身体的中线和肩的延长线之间。(图 15 – 15)入水的顺序为:手—小臂—大臂。

图 15 – 15

手切入水后,手和小臂继续向前下方伸展,手由向前—向下—稍有向内的运动变为向前—向下—稍向外的运动。

(2)抱水

臂入水后,应积极插向前下方,此时小臂和大臂应积极外旋,并屈腕、屈肘。在形成抱水的动作中,开始手臂是直的,当手臂划下至与水平面约成 15°～20°角时,应逐渐屈肘,使肘关节高于手。在划水开始前,也就是手臂约与水面成 40°角时,肘关节屈至 150°左右。(图 15 – 16)

图 15 – 16

抱水动作主要是为了划水做准备,因此是相对放松和缓慢的。抱水就好像用臂去抱一个大圆球一样。抱水时,手的运动为向后—向下—向外的三个分运动组成。

(3)划推水

手臂在前方与水平面成 40°角起之后方与水平面约成 15°～20°角止的运动过程都是滑水动作。它分为两个阶段:从抱水结束到划至与水面垂直之前称为"拉水",过垂直面后称为"推水"。

拉水时,应保持高肘姿势,手向内—向上—向后运动。当拉水结束时,手在体下接近中线,这时,肘关节弯曲的角度约为 90°～120°角,小臂由外旋转为内旋,掌心由向内后方

方向变为向外后方。(图 15 - 17)

图 15 - 17

向后推水是通过屈臂到伸臂来完成的。在推水过程中,手是向外——向上——向后的运动。肘关节要向上、向体侧靠近,并且手掌始终要与水平面保持垂直。

整个划推水过程,手掌的运动路线并不是始终在一条直线上和同一平面上,实际上是一个较复杂的三度曲线。从身体的额状面来看是一个"S"形,从身体的矢状面来看是一个"W"形。(图 15 - 18)

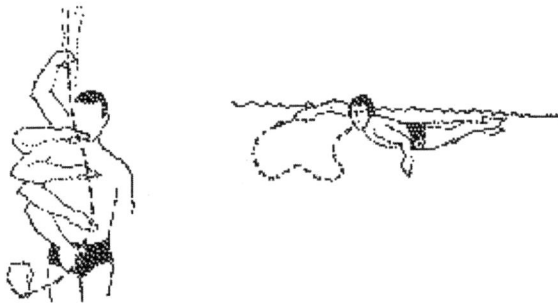

图 15 - 18

在整个划水过程中,肩部应配合手臂进行向前—向下—向后的合理转动,这样有利于加长划水路线和加大划水力量。

(4)出水

在划水结束后,臂由于惯性的作用而很快靠近水面,这时,由大臂带动肘关节做向外上方的"提拉"动作,将小臂和手提出水面。小臂出水动作要比大臂稍慢一些,掌心向后上方。(图 15 - 19)

图 15 - 19

手臂出水动作应迅速而不停顿,但同时应该柔和,小臂和手掌应尽量放松。

（5）空中移臂

臂在空中前移的动作是手臂出水的继续，不能停顿，一臂的动作应该放松自如，尽量不要破坏身体的流线型，要和另一臂的划水动作协调一致，并且要注意节奏。在整个移臂过程中，肘部应始终保持比手部高的位置。（图15-20）

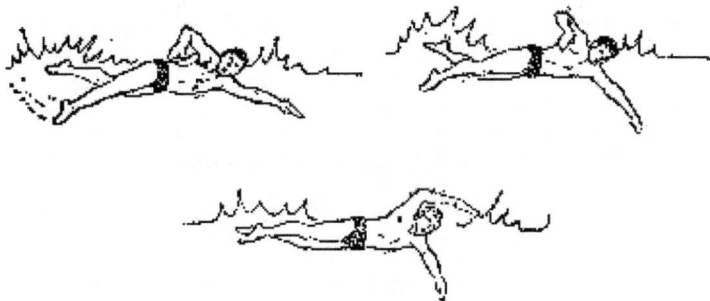

图15-20

4.臂、腿和呼吸和配合技术

爬泳的配合技术分为：两臂的配合技术、两臂和呼吸的配合技术以及完整的配合技术。

（1）两臂的配合技术

爬泳两臂的正确配合是保障前进速度均匀性的重要条件，并且还有利于发挥肩带力量积极参与划水。根据划水时两臂所处的位置，可以把手臂的配合技术分为三种：即前交叉、中交叉、中前交叉和后交叉。一般优秀运动员都采用中前交叉的技术。

（2）两臂和呼吸的配合技术

爬泳技术中的呼吸技术较为复杂，但是它的好坏，将直接影响着划水力量和速度、耐力的发挥。

爬泳的呼吸和手臂的配合为：一次呼吸N次划水（N＞2）。吸气时，头随着肩、身体的纵向转动转向一侧，使头在低于水面的波谷中吸气。此时，同侧臂正处在出水转入移臂的阶段。（图15-21）

图15-21

移臂时，头转向正常位置。同侧臂入水时，开始慢慢呼气，并逐渐用力加快呼气的速度。

（3）完整的配合技术

即呼吸、手臂和腿的配合。因为手臂是产生推进力的主要来源，因此在配合中，呼吸和腿的动作都应该服从于手臂动作的需要。

呼吸、手臂和腿的配合比例主要有三种：1∶2∶2（即一次呼吸，两次手臂动作，两次打腿的动作）；1∶2∶4；1∶2∶6。（图 15－22）

也有极少数优秀运动员采用 1∶2∶8 的技术。

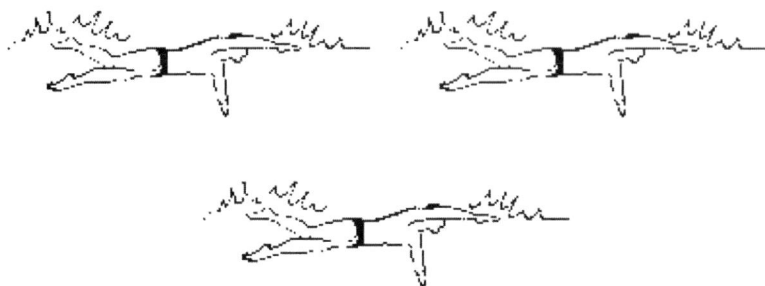

图 15－22

（二）自由泳学习方法

1．学习腿部动作

（1）陆上模仿

①俯卧在池台（或其他地方），两腿伸直，脚尖稍内旋，做直腿上下打的练习。

②俯卧在池边，腿放在水中做以上练习。

③膝关节和小腿放松，大腿用力带小腿，做屈腿下打、直腿上抬的"鞭状"打水动作。

（2）水上练习

①手扶池（岸）边或浅水底，身体成水平姿势，两腿上下交替打水。注意两腿上下的幅度不宜过大。

②同上练习，配合低头和转头吸气的动作。

③滑行打水：由蹬边或蹬水底开始，重复憋一口气的距离进行练习。

④扶板打水：两手扶住扶板的近端进行打水练习，并逐渐配合低头呼气、转头吸气的技术。

2．学习臂的动作以及臂与呼吸的配合技术

（1）陆上模仿

①单臂模仿：上体前倾，两腿前后成弓步，同侧臂扶住膝关节，另一臂做直臂的划水练习。重点注意空中移臂的技术。

②同上练习，要求注意划水路线。

③同时练习，配合转头呼吸的动作。

④双臂模仿：两脚开立，上体前倾，先做分解动作，即一臂前伸，一臂做划水动作。逐渐缩短两臂之间的停留时间进行练习。

⑤双臂与呼吸的配合：同侧臂开始划水时呼气，移臂的前半部转头吸气。

（2）水上练习

①站在浅水中，做上面陆上模仿①～⑤的练习。

②在水中一边走动,一边做上面陆上模仿①~⑤的练习。

3.学习完整的配合技术

水上练习

(1)由滑行打腿开始,等身体平稳后做一臂划水的动作,另一臂前伸。无须注意屈臂和曲线划水,以推水为重点,不配合转头吸气。做一次或两次以上的划水动作,中间滑行打腿的时间较长。

(2)重复以上练习。注意屈臂和曲线划水,缩短中间滑行打腿的时间,增加划臂的次数。

(3)重复以上练习。双臂配合用"前交叉"的技术进行分解练习。

(4)重复以上练习。配合呼吸进行练习,可采用一次划臂一次呼吸的练习,如果不习惯两边转头,也可采用两次划臂一次呼吸的技术。注意为了能顺利地完成呼吸动作,在转头吸气时,身体可适当地加大转动的幅度。

(5)重复以上练习。由"前交叉"技术逐渐过渡到"中前交叉"的技术,反复练习,直至动作熟练。

(三)注意事项

(1)要加强踝关节灵活性的练习和肩关节灵活性的练习,加强手臂力量的练习。

(2)注意高肘、屈臂划水,要求高肘、大拇指先入水;以移臂的惯性入水后,臂向前下方伸展,入水时大臂贴近耳缘;划水时屈臂向脚的方向做"S"形划水。抱、划、推水时,注意力量从轻到重,速度从慢到快,注意移臂时,小臂放松,利用惯性移臂和入水。

(3)吸气时,由移动臂带动肩、躯干和头部进行滚动,强调在抬头吸气前,一定要把肺内的多余气体用嘴和鼻用力吐尽。

第二节 游泳训练与竞赛

一、游泳陆上训练

游泳陆上训练,方法变化多,运用灵活,发展各项身体素质比较全面,效果比水中训练的效果更快,可以练到水中不容易练到的素质。通过陆上多种练习,运动员建立了更多的条件反射,掌握了多种技巧,提高了身体的协调能力,有利于掌握正确的技术和改正错误动作。游泳陆上训练分为柔韧性训练和力量性训练。

(一)柔韧性训练

身体的柔韧性强度,是保障力量发挥的基础。陆上柔韧性训练是贯穿于整个游泳训练始终的。在练习游泳技术的同时,也要进行柔韧性的强化练习。坚持柔韧性训练,有益于游泳技术的提高,柔韧性提高后,能更细化游泳技术动作,在不增加力量的情况下,提高速度。陆上柔韧性的练习,简单来说就是"压腿、压臂"。

1.压腿动作

盘腿坐在地上,脚掌对脚掌,双手扶住脚腕,弯腰用力用头碰触脚掌,保持至少2分钟,挺胸再次下压。

2.压臂动作

双臂一前一后绕在背后,双手拉紧,保持至少2分钟,换臂再进行。

(二)力量性训练

在游泳中,要想划水更加有力有效,必须进行上肢力量训练;要想在水中更好的控制身体位置,必须加强运动员陆上腰腹肌力量训练;要想在出发及转身中能快速有力地蹬离出发台和池壁,必须加强运动员腿部力量练习。此外,为了避免运动损伤,应进行综合的力量练习,提高全身的柔韧性和协调性。

1.杠铃训练

(1)卧推,分两种:①最大重量;②轻重量。

(2)负重半蹲、全蹲,同样也分为最大重量和轻重量的训练方法。

(3)颈后肘屈伸。

(4)双臂体前屈伸。

(5)体后提拉。

(6)曲腕。

2.哑铃训练

(1)体前臂屈伸。

(2)体侧直臂提拉。

(3)肩上举。

3.壶铃训练

(1)体前提拉。

(2)体侧提拉。

(3)体后提拉。

4.腰腹肌力量训练

(1)负重仰卧起坐。

(2)两头起。

(3)负重俯卧抱头起,它的负重训练方式同样分为两种:①最大力量;②徒手做,多次数。

5.实心球练习

(1)向前上方投掷。

(2)后抛。

6. 引体向上和肋木悬垂举腿

7. 跳台阶和立定跳远

8. 有氧跑

二、水上训练

运动员的技术训练和专项训练水平的提高,主要是通过水上训练来实现。合理地采用水上的各种训练方法,是提高运动成绩的关键。水上训练方法是多种多样的,应结合运动员具体情况合理采用。一般采用的方法有如下几种:

(1)各种姿势逐渐增加距离的游泳。

(2)各种姿势的混合式游泳。

(3)各种姿势的手臂和腿分解练习。

(4)戴划水掌或负重游。长划臂蛙泳、潜泳和水球等。

三、游泳竞赛

游泳比赛必须在泳池内进行。国际标准游泳池长 50 米,宽至少 21 米,深 1.80 米以上。设 8 条泳道,每条泳道宽 2.50 米,分道线由直径 5～10 厘米的单个浮标连接而成。运动员比赛必须站在出发台上出发(仰泳除外),出发台高出水面 50～75 厘米,台面积为 50×50 厘米。男子和女子各有 16 个游泳比赛项目,除了男子 1500 米自由泳,女子 800 米自由泳以外,其他项目男女一样。奥运会目前正式比赛项目有四种泳姿:自由泳、仰泳、蛙泳和蝶泳。其中仰泳、蛙泳和蝶泳的比赛距离都在 100 米到 200 米之间,自由泳则分 50 米、100 米、200 米和 400 米,以及女子 800 米和男子 1500 米。个人混合泳也是奥运会的比赛项目,它的长度有 200 米和 400 米两种,运动员必须在比赛过程中分别使用不同的泳姿,顺序则是仰泳、蛙泳、蝶泳和自由泳。其他的接力项目还有 4×100 米和 4×200 米自由泳接力。

第三节　游泳竞赛规则与裁判

一、各种泳姿的规则要求

(一)自由泳

(1)自由泳比赛中可采用任何泳式。

(2)转身和到达终点时,可用身体任何部分触池壁。

(3)在整个泳程中,运动员身体的一部分必须露出水面,在转身过程中允许运动员完全潜入水中,但在出发和每次转身后潜泳距离不得超过 15 米,在 15 米前运动员的头必须露出水面。

(二)仰泳

(1)运动员面对出发端,两端抓住握手器,两脚(包括脚趾)应处于水面下,禁止蹬在水槽内、水槽上或用脚趾钩住水槽边。

(2)出发和转身后,运动员应蹬离池壁,并在整个游进过程中呈仰卧姿势。除在做转身动作外,运动员必须始终仰卧。仰卧姿势允许身体做转动动作,但必须保持与水平面小于90°的仰卧姿势。头部位置不受此限。

(3)在整个游进过程中,运动员身体的某部分必须露出水面。在转身过程中,允许运动员完全潜入水中。但在出发和每次转身后,运动员潜泳距离不得超过15米,在15米前运动员的头必须露出水面。

(4)在转身过程中,当运动员肩的转动超过垂直面后,可进行一次连续单臂划水或双臂同时划水动作,并在该动作结束前开始滚翻。一旦改变仰卧姿势,就不允许做与连续转身动作无关的打水或划水动作。运动员必须呈仰卧姿势蹬离池壁。转身时运动员身体的某部分必须触壁。

(5)运动员在到达终点时,必须以仰姿势触壁。

注:"除在做转身动作外"应理解为"只有在完成连贯的转身动作过程中才可以改变仰卧姿势"。

(三)蛙泳

(1)出发和每次转身后,从第一次手臂动作开始,身体应保持俯卧姿势,两肩应与水面平行。

(2)两臂和两腿的所有动作都应同时在同一水面上进行,不得有交替动作。

(3)两手应同时在水面、水下或水上由胸前伸出,并在水面或水下向后划水。除最后一个动作外,在手臂的完整动作中,两肘不得露出水面。除出发和每次转身后的第一次划水动作外,两手向后划水不得超过臂线。

(4)在蹬腿过程中,两脚必须做外翻动作,不允许做剪夹、上下交替打水或向下的海豚式打水动作。只要不做向下的海豚式打腿动作,允许两脚露出水面。

(5)在每次转身和到达终点时,两手应在水面、水上或水下同时触壁,触壁前两肩应与水面平行。在触壁前的最后一次向后划水动作结束后,头可以潜入水中,但在触壁前的一个完整或不完整的配合动作中,头应部分地露出水面。

(6)在每个以一次划臂和一次蹬腿顺序完成的完整动作周期内,运动员头的某一部分应露出水面。只有在出发和每次转身后,运动员可在全身没入水中时,做一次手臂充分的向后划至腿部的动作和一次蹬腿动作。但在第二次划臂至最宽点并在两手向内划水前,头必须露出水面。

(7)出发或转身后,当身体完全投入水中时,允许做一次海豚式打水动作,接蛙泳蹬水动作。

（四）蝶泳

（1）除在做转身动作时,身体必须始终俯卧外,从出发和每次转身后的第一次手臂动作开始,至下一个转身或到达终点止,两臂均应与水面平行。任何时候都不允许转成仰卧姿势。

（2）两臂必须在水面上同时向前摆动,并同时在水下向下划水。

（3）两脚的动作必须同时进行,允许两腿和两脚在垂直面上同时做上下打水动作。两腿或两脚可不在同一水平面上,但不允许有交替动作。

（4）在每次转身和到达终点时,两手应在水面、水上或水下同时触壁,触壁前两肩应与水面平行。

（5）在出发和每次转身后,允许运动员在水下做一次或多次打水动作和一次划水动作,这次划水动作必须使身体升到水面。

（五）混合泳

（1）个人混合泳须按照下列顺序进行比赛：

①蝶泳;②仰泳;③蛙泳;④自由泳(仰泳、蛙泳及蝶泳以外的任何泳式)。

（2）混合泳接力须按照下列顺序进行比赛：

①仰泳;②蛙泳;③蝶泳;④自由泳(仰泳、蛙泳及蝶泳以外的任何泳式)。

（3）在个人混合泳和混合泳接力项目的仰泳转蛙泳过程中,运动员转肩动作超过垂直面之前必须呈仰泳姿势触及池壁。

二、游泳比赛中的出发

（1）自由泳、蛙泳、蝶泳的各项比赛必须从出发台起跳出发,仰泳项目在水中出发。当听到总裁判发出长哨声信号后,运动员应站到出发台上,两脚距出发台前缘相同距离;仰泳各项运动员下水。在总裁判发出第二声长哨时,仰泳运动员应迅速游回池端做好出发准备;仰泳运动员在水中做好出发准备。当所有运动员都处于静止状态时,发令员应发出"出发信号"(鸣枪、鸣哨、电笛或口令)。运动员在听到"出发信号"后才能做出发动作。

（2）运动员如在"出发信号"发出之前出发,应判出发抢码犯规。第一次出发抢码犯规,发令员就应召回运动员并组织重新出发。第一次出发抢码犯规以后,无论哪个运动员抢码犯规(不论该运动员是第几次犯规),均应取消其比赛资格或录取资格。如果在"出发信号"发出之后发现运动员抢码犯规,应继续比赛,在该组比赛结束后取消犯规运动员的录取资格。如果在"出发信号"发出前发现运动员抢码犯规,则不再发"出发信号",取消抢码犯规运动员的比赛资格后,再次组织出发。

（3）发令员发现运动员抢码犯规或总裁判判定运动员抢码犯规鸣哨后,应连续不断地发出召回信号直至将运动员召回。如因裁判员的失误或器材失灵而导致运动员抢码犯规,发令员应将运动员召回重新出发,不作为一次抢码犯规。

三、游泳比赛和犯规

（1）运动员必须在自己的泳道内比赛完毕,否则即算犯规。

（2）游出本泳道,或用其他方式干扰、阻碍其他运动员者应取消其录取资格。

（3）由于某运动员犯规而影响了被干扰、阻碍的运动员获得优良成绩时,则应准许受干扰阻碍的运动员补测成绩,或直接参加决赛。如在决赛中发生上述情况,应令该组重新决赛（犯规运动员除外）。

（4）比赛中运动员转身时必须使身体某一部分触及池壁。转身必须从池壁完成,否则即算犯规。

（5）在比赛中除自由泳可在池底站立外,其他泳式（包括自由泳）均不得跨越或行走,否则即算犯规。

（6）在比赛中,运动员不得使用或穿戴任何有利于其速度、浮力的器具（如手、脚蹼等,但可戴护目镜）,否则即算犯规。

（7）每一个接力队应有四名队员,接力比赛中任何一名队员犯规即算该队犯规。任何接力队员在一次接力比赛中只能参加一棒比赛。

（8）接力比赛时,如本队的前一名运动员尚未触及池壁,而后一名运动员即离台出发,应算犯规。如该运动员重新返回并以身体任何部分触及池壁再行游出时,不作犯规论。

（9）接力比赛前三棒运动员游完后,在不影响其他运动员比赛的情况下尽快离池,并不得触停其他泳道自动计时装置,否则即判犯规。运动员全部到达终点要尽快离池,否则即判犯规。

（10）在一项比赛进行过程中,当所有比赛的运动员还未游完全程前,未参加比赛的运动员如果下水,应取消其原定的下一次的比赛资格。在接力比赛中,当各队的所有运动员还未游完之前,除了应游该棒的运动员外,任何其他接力队员如果进入水中,该接力队员将被取消录取资格。

（11）游泳的出发口令:"各就位""鸣枪"。运动员在鸣枪前出发,应判抢码犯规,发令员将用哨声召回,重新组织运动员出发,第二次无论谁抢码犯规均将取消比赛资格。

（12）预赛结束后,有两名以上运动员成绩相等而超过了原定的参加决赛人数时,确定参加决赛人选的办法如下:

①如采用自动计时装置,预赛后,同组或不同组的运动员成绩相同者,都必须重赛,按重赛后的名次确定参加决赛的人选。

②如采用的是人工计时,预赛后,同组的运动员成绩相同者,不重赛,按预赛的名次确定参加决赛人选。不同组的运动员成绩相同者,按下列三例精神确定重赛的运动员,根据

重赛后的名次确定参加决赛人选。

A. 在某项预赛后,两组或两组以上的运动员成绩相同,需要确定一名参加决赛,应按各组终点名次最前的一名参加重赛。重赛后名次最前的一名运动员参加决赛。

B. 在某项预赛后,A 组甲、乙、丙(按终点名次排列顺序)运动员与 B 组甲运动员成绩相同,需要确定两名参加决赛。A 组丙应淘汰,由 A 组乙和 B 组甲重赛,重赛后优胜者与 A 组甲参加决赛。

C. 在某项预赛后,A 组甲乙运动员与 B 组甲、乙运动员成绩相同需要确定两名参加决赛:应由这四名运动员一起重赛,重赛后名次列前的两名运动员参加决赛。

③重赛应在所有有关运动员游完预赛至少一小时后(或经有关方协商确定时间)进行。以抽签方式安排泳道。

第十六章

跆拳道

跆拳道是朝鲜民族的传统武艺,有悠久的历史,护身护国、身心双修是其修炼的目的。20世纪初,日本帝国主义侵占了朝鲜半岛,殖民政府担心习武被用作广大被奴役的人民群众奋起反抗的手段,因而跆拳道遭到禁止。1945年以后,跆拳道这一传统武艺开始苏醒、发展。1961年9月,韩国成立了唐手道协会,后更名为跆拳道协会。1966年国际跆拳道联盟(ITF)成立。1973年世界跆拳道联合会成立。2000年跆拳道被正式列为奥运会比赛项目,它分男女多组级别。

1992年10月,中国跆拳道协会筹备小组正式成立,标志着我国正式开展跆拳道运动。北体学生贺璐敏获得我国第一枚亚洲比赛金牌;运动员王蒴获得了我国第一个世界冠军;陈中在2000年悉尼奥运会上获得我国第一个奥运冠军;在2004年雅典奥运会上陈中再夺奥运金牌,北京姑娘罗薇也走上冠军领奖台,显示了中国跆拳道后来居上的气势。

第一节　跆拳道的基本技术

一、跆拳道的段位和级别

跆拳道分为十级九段,初学者都从升级开始,一直到入段。十级的级别最小,在级别中一级最大,然后才可以入段,在段位中一段最小,九段为最大。初学者一般带白色的腰带,其他颜色的腰带则代表不同的级别,他们分别是:十级——白色带、九级——白黄带、八级——黄带、七级——黄绿带、六级——绿带、五级——绿蓝带、四级——蓝带、三级——蓝红带、二级——红带、一级——红黑带、一段至九段——黑带。

二、跆拳道基本技术

(一)准备姿势和步法

1. 准备姿势

准备姿势也称实战姿势或预备姿势,是竞赛跆拳道比赛中双方开始时的基本站立姿势。准备姿势应便于进攻和防守反击以及步法的移动。

（1）动作过程

两脚开立与肩同宽,两臂垂直于体侧。左脚或右脚向另一脚的前方迈出,两脚相距一步距离前后站立,使身体侧对方,同时两手半握拳,沉肩、两臂屈肘自然垂放(左脚在后是左架准备姿势,右脚在后是右架准备姿势)。重心落在两脚之间,膝部略弯曲,眼睛平视对方面部,下颚微收。(图16-1)

（2）要领

两臂所放位置不是固定的,也可以一臂垂直或两臂都垂下。(图16-2)两脚之间的距离和重心的高低可根据具体情况进行调整,原则上是在移动时能最快调整好身体重心。若重心下降,大小腿之间的夹角几乎90°,则为低位准备姿势。(图16-3)

图16-1　　　　　　图16-2　　　　　　图16-3

2.基本步法

在跆拳道技术体系中,步法是其中重要的一环,尤其是运动员刚开始接触跆拳道这项运动时,要用较多的时间来进行专门的步法练习。由于规则限制,在比赛中运动员主要是用腿攻击和防守反击,因此运动员的步法是否灵活,在一定程度上决定了他的进攻和防守或反击是否能够达到目的,这也使得步法训练在跆拳道训练中占据着重要地位。

（1）上步

动作过程:右架准备姿势(以下简称"右架")站立,右脚向前上一步,成为左架准备姿势(以下简称"左架")。反之左架亦然。(图16-4)

要领:上步时通过向左拧腰髋完成,两臂在体侧自然上下移动,重心不要起伏过大。

（2）后撤步

动作过程:右架站立,左脚向后撤一步,成为左架准备姿势,反之左架亦然。(图16-5)

要领:后撤步时重心保持平稳移动,通过向左拧腰转髋完成,两臂在体侧自然上下移动。

图 16 – 4   图 16 – 5

（3）前跃步

动作过程：右架站立，两脚同时向前跃进一步，保持右架准备姿势，反之左架亦然。（图 16 – 6）

要领：向前跃步时，重心不宜起伏过大，尽量使重心平稳移动，两脚稍离地即可。

（4）后跃步

动作过程：右架站立，两脚同时向后回撤一步，保持右架准备姿势，反之左架亦然。（图 16 – 7）

要领：向后回撤时，重心不宜起伏过大，尽量使重心平稳移动，两脚稍离地即可。

图 16 – 6   图 16 – 7

（5）原地换步

动作过程：右架站立，两脚原地前后交换，由右换成左架，反之左架亦然。（图 16 – 8）

要领：重心不宜起伏过大，尽量使重心平稳移动，两脚稍离地即可。

图 16 – 8   图 16 – 9

（6）垫步

动作过程：右架站立，右脚向左脚内侧上步，同时左腿迅速抬起以便进攻和防守。（图

16 - 9)

要领:右脚垫步时,左脚要迅速提起,重心落在右腿上,右膝微屈。

(7)侧移步

动作过程:第一种步法是以前脚为轴,后脚插向左(右)侧方向移动,用以改变与对手的站位方向;(图 16 - 10)第二种步法是右架站立,右脚先向右(或左)侧移动一步,随之左脚也迅速向右(或向左)侧移动一步。(图 16 - 11)

要领:一般是将身体重心移向前脚,以利于后腿攻击。

图 16 - 10　　　　　　　　　　图 16 - 11

(二)拳的基本进攻与防守技术

1.拳的进攻

拳的进攻是跆拳道比赛中较为常用的动作之一,但往往很难得点,不是运动员得分的主要技术,它主要用来防守和配合腿的进攻。运动员右架站立,左手拳则为前手拳,右手拳则为后手拳。这里介绍后手拳的动作过程。

动作过程:右架站立,右脚向后蹬地,腰部与上体快速有力地向左前方扭转,借以增加出拳的速度和力量。在右脚蹬地的同时,右臂快速前伸,肘关节抬起,前臂内旋,拳心向下方转动,使拳面、前臂、肘关节与肩成一条直线。同时身体重心移至左腿上,用拳击打对方胸、腹部。(图 16 - 12)

图 16 - 12

要领:用拳击打的一刹那,腕关节要紧张,将拳握紧,同时憋气,以加大出拳的力量。也可以用前手拳击打。一般是为了在距离较近时,出拳击打后使两者间的距离拉大,并趁机使用腿攻技术,如使用劈腿、横踢等。

2.基本防守技术

在实战中,除了躲闪外,格挡是防守的基本形式。防守技术按身体姿势和防守位置可分为上段防守、中段防守和下段防守。上、中、下的区分以锁骨和髋关节为界限。

(1)上段防守

保护头颈部不受打击的技术。

①单臂格挡法:实战姿势开始,当对方的拳或脚攻向自己的头部时,左(右)手(拳)自内向外做格挡动作,将来拳或来脚挡在左前臂外面。

要点:手臂要用力,但动作幅度要小。

②单臂上架法:实战姿势开始,当对方的上劈拳或劈腿自上而下击向自己的头顶时,自己的左(右)手劈肘自下而上横架于头顶之上,阻挡来拳或来脚的攻击。

③双臂格挡法:即当对方连续攻击自己的头颈两侧时,可几乎同时用左右臂上举格挡对方的双侧进攻。

④双臂交叉上架法:当对方臂拳或臂腿自上而下大力下劈时,迅速前腿弓步,两臂交叉自下而上架挡来拳或来腿。

(2)中段防守

保护锁骨以下至髋关节部位的技术方法。

①单臂格挡法:当对方的拳或脚攻向自己中段部位时,用左臂向内或向外格挡对方的来拳或来脚。

②按掌格挡法:当对方攻击自己中段下部时,自己重心迅速稍作后移,同时前手变掌屈肘,向内向下快速阻挡对手的拳或脚的攻击。

③双臂外格法:前脚迈出,同时两臂屈肘交叉置于胸前,拳心向内;随前弓步落地,两臂迅速由胸前向左右两侧分开阻挡来拳或来腿。

要点:由里向外格挡时,两臂分开的距离以肩宽为度,两臂外旋,手心向前。

(3)下段防守

保护髋关节以下的技术方法。

①单臂下挡法:前脚向后成弓步,同时,后臂由屈到伸向斜下外截,用手腕格挡;前手变拳置于腰间。

②两臂交叉格挡法:后脚前迈成弓步,两臂体前屈肘交叉,手心向内;成弓步时,两臂自胸前向下交叉推击,阻挡对方的低腿进攻。

要点:格挡时身体下沉,以增加下肢的力量。

(三)脚踢的基本进攻技术

跆拳道以其变幻莫测、优美潇洒的腿法闻名于世,被世人称为踢的艺术,这是跆拳道区别于其他格斗的一个重要特点。跆拳道的腿法讲究变化多端和灵活多样,对人体的柔韧性、大脑反应的灵敏性、身体运动的稳定性都有很高的要求,是对人体机能和体能的综合考验。实战过程中运用脚踢时要根据具体情况,如对方所处位置、暴露的部位、防守的姿势以及双方的距离,选择不同的踢法。跆拳道的基本踢法很多,这里我们介绍下面几种基本进攻技术。

1. 前踢

实战姿势开始。(图 16-13)右脚蹬地髋关节以向左旋转,双手握拳置于体侧;同时,右腿以髋关节为轴屈膝上提。(图 16-14)当大腿抬至水平或稍高时,髋关节向前送,向前顶,小腿以膝关节为轴向前上方踢出,力达脚尖,整条腿踹直。(图 16-15)踢击后迅速放松,右腿沿原路线弹回,将右脚放置在左脚前面成实战姿势。

动作要领:膝关节夹紧,小腿放松,要有弹性;髋往前送,高踢时髋往上送;小腿回收与前踢的速度一样快。主要攻击部位有面部、下颏、腹部、裆部。前踢亦可用于防守。将前踢发力部位由脚尖改换为脚跟时,前踢动作就变为前蹬动作,动作方法要点相同。

图 16-13　　　　　　图 16-14　　　　　　　　图 16-15

2. 侧踢

实战姿势开始;(图 16-16)右脚蹬地右腿以髋关节为轴屈膝提起,两手握拳置于体侧;(图 16-17)随即左脚以前脚掌为轴外旋 180°,髋关节向左旋转,右腿以膝关节为轴向前蹬伸,右脚快速向右前上方直线踢出,力点在脚跟。(图 16-18)发力后沿起腿路线收腿、放松、落下(原处或向前均可),再次回到实战姿势。

动作要领:起腿时大小腿、膝关节夹紧;踢出发力时头、肩、腰、髋、膝、腿和踝成一直线;大小腿直线踢出,原路线收回。侧踢动作的主要攻击部位有膝部、腹部、肋部、胸部和头面部。

图 16-16　　　　　　图 16-17　　　　　　图 16-18

3. 后踢

实战姿势开始,转身后腿后撤背对对方。(图 16 – 19)重心后移至左脚,右脚蹬地后屈膝提起,右脚贴近左大腿,两手握拳置于胸前;(图 16 – 20)随即左脚蹬地伸直,右脚自左大腿内侧向后方直线踢出,力达脚跟。(图 16 – 21)踢击后右脚沿原路线快速收回,成实战姿势。

动作要领:起腿后上体和大小腿折叠收紧;后踢时动作延伸要长,用力延伸;转身、提腿、出脚动作连续一次性完成,不能停顿;击打目标在正后方偏右后踢动作的主要攻击部位有膝部、腹部、裆部、胸部和头面部。

图 16 – 19　　　　　图 16 – 20　　　　　图 16 – 21

4. 劈腿

实战姿势开始。(图 16 – 22)右脚蹬地,重心前移至左脚;同时,右腿以髋关节为轴屈膝上提,两手握拳置于胸前,(图 16 – 23)随即充分送髋,上提膝关节至胸部,右小腿以膝关节为轴向上伸直,将右腿伸直举于体前,右脚过头。(图 16 – 24)然后放松向下以右脚后跟(或脚掌)为力点劈击,一直到地面,成实战姿势。

动作要领:腿尽量往高、往头后举,要向上送髋,重心往高起;脚放松往前落,落地要控制;起腿要快速、果断;踝关节要放松。劈腿的主要攻击部位有头顶、脸部和锁骨。

图 16 – 22　　　　　图 16 – 23　　　　　图 16 – 24

5. 摆踢

实战姿势开始。右脚蹬地重心前移,右腿以髋关节为轴屈膝上提,两手握拳置于体侧;(图 16 – 25)左脚以前脚掌为轴外旋180°,右腿以膝关节为轴继续向前上方伸成直线,(图 16 – 26)顺势右脚的脚掌用力向右侧屈膝鞭打,(图 16 – 27)顺鞭打的姿势上体右转,右腿屈膝回收,(图 16 – 28)右脚落回原处,成实战姿势。

图 16 – 25　　　　　图 16 – 26　　　　　图 16 – 27　　　　　图 16 – 28

动作要领：提膝、伸直、右侧屈膝鞭打动作要连贯快速，没有停顿；击打点在体前偏右侧，以腿掌为击打点；左脚旋转支撑要保持平衡，踹击后迅速将腿收回。摆踢攻击的主要部位是头部和腹胸部。

6.后旋踢

实战姿势开始。两脚以两脚掌为轴内旋约 180°，身体随之右转约 90°，两拳置于胸前。（图 16 – 29）上体右转，与双腿拧成一定角度。（图 16 – 30）右脚蹬地将蹬地的力量与上体拧转的力量合在一起，将右腿向后上以髋关节为轴直腿摆起，（图 16 – 31）右脚继续向右后旋摆鞭打，同时上体向右转，带动右腿弧形摆至身体右侧，右腿屈膝回收；（图 16 – 32）右脚落到右后成实战姿势。

图 16 – 29　　　　　图 16 – 30　　　　　图 16 – 31　　　　　图 16 – 32

动作要领：转身、旋转、踢腿连贯进行，一气呵成，中间没有停顿；击打点应在正前方，呈水平弧形；屈膝起腿的旋转速度要快；重心在原地旋转 360°。后旋踢攻击的主要部位有面额和胸部。

图 16 – 33

7. 推踢

实战姿势开始。右脚蹬地,重心前移,右脚以髋关节为轴提膝前蹬,用右脚脚掌向前蹬推,力点在脚掌,推力向正前方。(图16－33)

动作要领:提膝后尽量收紧膝关节;重心往前移,利用身体的重量和力量;推的时候腿往前伸展、送髋;推的路线水平往前。推踢的主要攻击目标是腹部。

8. 横踢

实战姿势开始。右脚蹬地,重心前移至左脚,右脚屈膝上提,两拳置于胸前;(图16－34)左脚前脚掌碾地内旋,髋关节左转,左膝内扣;(图16－35)随即左脚掌继续内旋至180°,左腿膝关节向前抬至水平状态,小腿快速向左前横向踢出;(图16－36)击打目标后迅速放松收回小腿。(图16－37)右腿落回原地成实战姿势。

动作要领:膝关节夹紧,向前提膝走直线;支撑脚外旋180°;髋关节往前顺,身体与大小腿成直线;严格注意击打的力点在正脚背;踝关节放松,击打的感觉是"面团""鞭梢"。横踢攻击的主要部位有头部、胸部、腹部和肋部。

图16－34　　　　图16－35　　　　图16－36　　　　图16－37

9. 旋风踢

实战姿势开始。攻方左脚向左侧前方跨一步,左脚内扣落地,身体向右旋转约180°;左脚落地的同时右腿随身体继续右转向右后摆起,此时身体已转动180°,左脚起跳,在空中用左横踢腿击对方腹部或头部,右脚落地支撑。(图16－38)

图16－38

动作要领:攻方上步转体动作要迅速果断,左脚内扣落地时脚跟对敌;左脚随身体右转向后侧摆起时不要过高,以能带动身体旋转起跳为宜;左脚蹬地起跳,身体腾空,不过膝,目的是快速旋转出腿;左腿横踢时,右腿向下落地,要快落站稳,即横踢目标的同时右脚落地。

10. 双飞踢

实战姿势开始。攻方先用右横踢攻击对方右肋部,同时,左脚蹬地起跳,身体腾空右转,腾空高度在膝关节以上,但不宜过高;左脚起跳后在空中用左横踢迅速踢击对方胸部或腹部;左右脚交换,右脚落地支撑,左脚横踢目标后迅速前落,成左右势实战姿势。

动作要领:右腿横踢目标的同时,左脚蹬地起跳。左脚起跳后迅速随身体右转横踢目标。两腿在空中交换,右脚先落地。

(四)各种基本技术的练习方法

1. 准备姿势和步法练习方法

①模仿、对镜练习法。

②多种步法配合练习法。

③步法配合动作练习法。

④听口令完成练习法。

2. 格挡练习方法

①徒手练习法。

②两两配对练习法。

③格挡后反击练习法。

3. 技术训练方法

①自我训练法:对镜练习法;模仿练习法。

②配合训练法:听口令完成技术动作;踢脚靶练习法;踢组合靶练习(一踢多)。

③利用外界条件和环境的练习方法:模拟比赛环境练习法;水阻练习法;踢打沙袋练习法。

④条件实战训练法。

⑤实战训练法。

(五)易犯错误及纠正方法

表 16 - 1 跆拳道技术易犯错误及纠正方法

技术名称	易犯错误	纠正方法
准备姿势	上肢及肩部过于紧张,身体过于侧对	自然放松,尽量使上体朝向正面
	后脚膝关节过于外张	后脚内旋,两膝相夹
步法	移动过慢,重心不稳	身体重心随步法移动
	身体过于起伏	重心平稳移动,两脚稍离地即可
拳进攻	拳击时腕关节放松了	握紧拳,腕关节紧张
	出拳无力	用力蹬腿和快速转腰

技术名称	易犯错误	纠正方法
前踢	髋部没有向前送;击打时脚面没有绷直	前送髋,绷直脚面
	提膝时没有直线出腿;支撑腿没有积极配合髋部的转动	直线出腿,配合髋部的转动
	小腿弹出时,大腿没有制动,并没有快打快收的折叠小腿的过程	制动大腿,再鞭打小腿
侧踢	击打对方时,髋部没有展开,致使击打的力度不够	击打时展开髋部
	大小腿折叠不够,或是蹬出的速度不快	大小腿折叠紧,并迅速蹬出
后踢	身体转到背朝对方时没有制动,以致腿不是直线踢出	压肩制动,直腿踢出
	提起腿时,两腿没有"擦"着起;后踢没有积极配合髋部的转动	两腿"擦"紧,展髋
劈腿	提膝时大小腿折叠不够,起腿高度不够	大小腿折叠紧,大腿贴胸
	支撑腿没有积极配合身体向上和向前移动,"拖"在了后面	支撑腿配合身体移动
	上体过于后仰,没有前压,使得下劈力量不足	上体跟上,不要后仰
摆踢	出击脚直着伸出,没有一定弧度的摆动	踢小腿,并折叠小腿
	小腿过于紧张,没有自然放松,小腿和脚掌没有横着鞭打	小腿放松,张胯,不翻肩
后旋踢	击打腿抡圆了去划弧,在开始时没有一个向斜后方向蹬伸的动作	踢小腿并蹬伸
	身体向后转动时,提腿速度慢;支撑腿没有积极配合髋部的转动	快速起腿,支撑腿积极配合转动
	击腿后,小腿没有继续鞭打,造成过早翻身	小腿横着鞭打,不翻肩
推踢	大小腿收不紧,起腿速度太慢	小腿收紧,快速起腿
	上体太直,重心不能迅速前移,不利于发力和衔接下一个动作	重心随动作前移
横踢	腿上提时,没有直线上提,大小腿没有叠紧,击打时脚面没有绷直	叠紧,直线上提,绷脚面
	小腿弹出后,在弹直的一刹那,没有制动的过程	适时制动小腿
	提膝不到位,就弹出小腿,造成打不到点上	提膝到位再弹小腿
上段格挡	单纯上架,没有向外横拨并反击	向外横拨并反击
中段格挡	格挡幅度过大,也没有反击动作	幅度小,并反击

技术名称	易犯错误	纠正方法
下段格挡	格挡幅度过大,没有调整重心,没反击	幅度小,调整重心并反击
旋风踢	躯干没有稍后仰,上体前压,使腿的长度没有被充分利用	稍后仰,身体拉开
	大小腿折叠不够,击打的力度不够;击打时脚面没有绷直	大小腿折叠紧,绷脚面
	支撑脚没有积极配合身体的转动	支撑脚积极配合转动
双飞踢	第一踢完全没有做出来,只是前踢了一下	转髋横踢
	两腿交换时,髋部扭转过慢,身体过于后仰	快速转髋,含胸

第二节　跆拳道训练与竞赛

跆拳道的基本技术比较简单,从技术角度而言,一般分两类九种技术,一类脚的技术,指踝关节以下脚的部位所使用的技术,包括横踢、前踢、后踢、侧踢、旋踢、钩踢、推踢和下劈;一类拳的技术,指握紧的拳头使用直拳击打。步法以及各种组合技术均为这两类技术的演变和发展。有人曾经做过统计,两类技术可以变化出3200多种。为此初级训练应当以练好两类技术的基本功和技术为第一目的,为高水平训练打下良好的基础。高水平跆拳道训练应当以实战需要为标尺,从比赛当中发现问题,改进关键技术环节,使之合理、有效、实用。如果在高水平训练阶段发现两类技术有重大缺陷,回过来去进行补偿性训练,势必影响高水平阶段的训练。

一般训练方式有以下几种

(1)靶位训练。作为跆拳道训练的常规手段进行。应当注意多设计移动靶、难度靶和仿真靶位练习。

(2)攻防训练。目的明确,要求严格,有针对性,手段和方法多样,能体现实战战术意图。设定条件的难度高于竞赛要求,选择好陪练选手和其他模拟手段和方法,防止伤病出现。

(2)智能和心理负荷训练。对运动员的智慧因素进行开发,在训练中培养竞赛所需要的心理承受能力,加大负荷和强度。

(4)实战训练。创造与竞赛相同的实战氛围和情境,及时进行技术评定,制定改进措施和办法。

二、基本规律与发展趋势

世界各国选手的基本技术及其训练方式大体雷同,但高水平选手在技战术连接、变化组合及综合实战能力的培养和实际运用方面的表现和训练方法截然不同,选手之间的实力差距也是在这方面体现出来。常见的训练类型可以分为技术型,即着力通过完美的技术训练,在比赛中依靠技术取胜,多数亚洲选手属于此种类型。力量型,即突出竞技跆拳道要求的力量素质训练,在比赛中依靠凶悍的攻击力量迫使对手就范。欧洲和中东地区的选手多数具备这样的特点。散手型,即在训练中强调实用,不论技术好坏、力量大小,注重最后得分的结果,形成看上去没有特点但比赛非常实用的打法。

由于竞赛规则决定了技战术的目的和运用方式,因此比赛中技战术的功利性和目的性很强,但选手往往难以充分展示和使用在训练中获得的多样化的技术;一般地讲,选手在比赛中所表现的技术和战术水平能够占训练的 40% ～50% 就相当不错了。明确哪些是比赛中经常用的技术和战术,训练中就加重这些技术战术的比重,是作为一名跆拳道教练员的题中应有之意,但是这一条简单的规律在训练实践中并非能够充分运用和掌握,就单个技术而言,在平常训练中金牌选手和未取得名次的选手好像差别不大,但局限在 11分钟比赛时间内,两者的差距显而易见。重大国际比赛的明显标志是,比赛的水平越高,技战术表现形式和得分的手段趋向简单、精练、实用和有效,表现出高级的简单的特征。

跆拳道是智慧型的格斗项目,战术设计和训练是高水平跆拳道训练的核心内容。战术设计和训练的一般规律是围绕技术以及技术之间的相互关系、体力分配和假动作三个方面,前者占主导地位。战术的另一个重要因素是要结合选手个人的特点进行,如同没有相同的两片树叶一样,同样的技术具体到每一个选手身上,表现力各不相同。如何把同样的技术通过训练纳入不同身心水平、不同级别的选手身上,的确是一个难题。

研究技术动作相互间的关系是进行高水平训练的关键环节,仔细琢磨跆拳道的各类基本技术,会发现技术之间存在着相生相克、相互联系、相互制约的辩证关系。一种技术可以破另一种技术,环环相扣,有常规的技术,有反常规的技术,各种技术之间强调协调发展,例如步法和踢法、击头和击腹、前腿和后腿、拳和脚、真动作和假动作等。

智能作为制胜的关键因素,在训练中无统一模式,多数以灵活机动、快速多变的战术表现形式反复在选手头脑中"成像",技术动作形成动力定型,而战术反应和所表现的智慧则以下意识或者无意识的状态在比赛中出现。总的来说,智慧训练十分重要但在平常训练中难以把握和实施,是训练中的重点和难点。

关于技术动作训练的要点,世界跆拳道联盟副总裁、竞技跆拳道的开山鼻祖李仲佑先生说过,跆拳道技术动作的要点一句话:"快打快收、收比打快。"此话不长但寓意深刻,这大概是李先生 50 多年跆拳道生涯的高度概括和总结。仔细在训练实践中去品尝这句话的深刻含义,会感到韵味无穷。技术动作的训练同时讲究发力顺序和认准主要工作肌群和工作方式,一些选手采取远端肌群首先发力显然是动作速度慢、击打效果差的主因。

在跆拳道比赛中,从得分的结果看,使用脚的技术约占 90% ～95% ,其中前后横踢技术在这一比例中占主导地位。训练中存在的问题是,忽视对拳的技术进行必要的训练。

竞赛规则的导向,使比赛向更加激烈的方向发展,拳的技术在进攻和防守以及战术行动中的作用和意义日趋显著。国内比赛选手很少用拳的技术,主要有两个原因,一是选手平常训练不够,忽略了拳的技术训练,二是拳在比赛中的得分裁判不能给予计分,导致选手对拳的技术失去信心。截至目前,国内比赛还没有一例使用拳的技术得分的情况。根据规则,拳的技术符合三个条件和一种情况就应当计分:姿势正确、击打部位准确、符合规则要求的力度,用拳击倒对手(打在允许击打的部位)的情况。在重大国际比赛中,拳的技术使用逐步上升,得分的情况也开始出现。

高水平比赛中步法和假动作的作用明显,带有战略性,可进行攻防转换,实施战术意图。因此在训练中应当尽可能安排好步法和假动作训练。步法训练最好结合特长技术的训练,注意发力腿的落点,许多选手在训练中仅仅追求踢靶的力度,而忽视落点,久而久之练成了单一的技术好看而不中用,无法形成比赛技术。步法的种类也应当区分清楚,例如移动、滑动、跳动、挪动、跑动等。

三、专项素质和体能的特点

本项目是有氧和无氧代谢交替出现、供能混合型的瞬间操作技术的非周期对抗项目,协调好供能和节能的关系,中枢神经系统传导的敏感性至关重要。

爆发力、速度、柔韧是突出的专项素质。强调腰腹背力量、单腿支撑能力、被动肌群和局部专门肌群素质。目前国内选手比较薄弱的素质是柔韧性。跆拳道计分要求动作的准确性和鞭打式力度,有时候裁判员在比赛中往往根据选手技术动作的幅度来判断是否得分,因而动作的幅度不仅仅是技术问题,也是实战的要求。曾获得世界冠军的韩国选手徐圣教 35 岁退役后仍能横叉前后滚翻,其柔韧性可见一斑。

四、高水平运动员的显著特征

(1)技术全面:能够全面娴熟掌握和运用跆拳道的技术,在全面发展技术的基础上,有以多种技术为核心的个人特长技术。

(2)战术突出:根据自身条件组合成进攻和得分技能,在比赛中处理和应对复杂的情况和局面,战术设计合理,战术性能良好。

(3)攻击性强:有正确的进攻概念和意识,并使之根据不同情况,有多种实现和表现形式,达到有效进攻的目的。

(4)身体形态好,重心高,爆发力突出,灵活协调。

(5)智商高,心理品质良好,能够在激烈的比赛中保持冷静的头脑。

(6)专项素质好。具备跆拳道选手应有的爆发力、速度和柔韧性。

五、几项常规得分技术及其训练

(1)后横踢。此项技术尤其在闭势和腾空状态下运用;规则和人体生物力学使得这一技术在比赛中的运用十分普遍。据有的专家统计,比赛中横踢技术占80%。

(2)后踢。比赛中经常可以看到,是跆拳道突出的技术之一,分进攻和反击两类。裁判在计分时一般要根据是哪一类的后踢而在力度和技术幅度上有双重标准。

(3)击头技术。包括前腿空中变线,或运用横踢、跳踢等技术点击对方头部。腾空单击,控制对方距离,腾空状态下运用后旋踢、后踢等技术击头。多点突击,连续动作开始,结束动作突然打向对手头部。常见于左右横踢(双飞或多飞)佯攻对手两肋部,最后击向头部。伺机巧击,在强烈击头意识驱使下,善于选择并制造出最佳击头时机,运用多种技术,巧妙完成对头部的攻击。居高强击,运用自上而下的、无所顾忌地强行对头部攻击,多见于"以高打小"的比赛中。抢点迎击,"彼不动,我不动,彼若动,我先动",在对手发动进攻的同时,起腿抢占高点,同时击打。

六、遵循动态规律是技战术的基本规律

(1)大动。技术动作外形、战术变化清晰可见。

(2)小动。相对大动的不易被觉察的动作,例如各类假动作、移动、跳动、跑动、转动等。

(3)内动。看似不动,实质却是操作思维,实施战术意图的过程。

此外,男女选手的训练和比赛特点区别较大。女子运动员使用动作数量相对较少,技术动作难度不大,以"乱中取胜"和"大动得分"为主。男子运动员使用动作多,有较多难度技术,动作变化和连接快,以"直接取分"或"内动得分"为主。

七、训练选手熟悉比赛规则和场地

比赛是在规则指导下进行的,选手对规则熟悉与否直接关系到比赛的结果,而这一点恰恰是训练中容易忽视的内容。教练员训练课的焦点一般集中在技术动作和训练的课本身的质量,容易忽视用规则来衡量训练本身。即便在分阶段训练时,规则的要求应当是贯穿始终的。通过对技术运用过程、幅度和击打部位的认定,在瞬间(1秒钟原则)做出反应,这是跆拳道的计分办法区别于其他交手格斗项目的核心点。而训练中的难点在于,完全按照规则进行过于逼真的训练不是训练,而不注意在规则导引下的训练则使选手比赛中无所适从,所练就的技术和战术得不到承认。因此有条件的队伍应当有裁判教练,经常从规则的角度对选手进行培养和训练。实践中下列情况能够获得意外收获。

(1)迫使对手退往边线或诱使对手犯规等,使对手被判"警告"或"扣分"得负分。

(2)重视进攻后不失分,提高所获分数的价值分。

(3)主动进攻,敢于使用高难度技术动作,平局情况下获得优势判定分。有时候主动进攻带有决定意义,优势判定依据四种情况,主动进攻性、使用技术动作的数量、高难度技术和比赛态度,四种情况依次选择。奥运会跆拳道比赛决赛出现平局,则加赛进行突然死

亡法。可见,在比赛中的每一个环节都是重要的。

八、比赛水平和得分难度成正比

高水平比赛对选手的技战术准确程度、击打力度、速度、精确程度要求极高。连续得分的情况几乎难以见到。反差较大比分的情况不多见,优秀选手往往凭 1 ~ 2 分获胜。但高分情况逐步上升,近年国际比赛决赛的得分情况一般在 10 分左右,意味选手在每局比赛中要得 3 分以上。击头趋势增强,并能为其他技战术得分创造必要条件,但 KO 情况不多。

九、值得研究和探讨的问题

(1)正确理解基本功和基本技术,用实战要求作为检验标准,重视战术基本功和技术的训练,以战术要求设计并进行基本功、基本技术训练。技术训练是手段,能力培养是过程,比赛获胜所需要的竞技能力是目的。为此需要加大技术转化为能力的训练的力度。继承当代一切成功的训练经验和成果,排除外来传统训练模式的负面影响,用现代竞技跆拳道的发展和要求看待训练,逐步建立全新的、先进的训练体系。

(2)突出技战术训练目的性、针对性和系统性,并用多种手段和方法,操作性要强,防止训练异化现象。认真研究技术动作的关键环节,发现存在的主要问题,寻找合理解决问题的方法手段。

(3)加强体能和专项身体素质训练。重视与专项能力相关的力量素质、速度素质、柔韧素质的训练,防止忽略对重点肌群和关节柔韧性的练习。如脚的支撑力量、髋关节灵活性、腰腹背力量包括上肢力量的练习。合理的柔韧性练习和力量素质不相矛盾,应加大对柔韧性和肌肉伸展练习的力度。

(4)设置常规训练指标应体现多样化、有效化原则,包括静力动力练习、垫上练习等。常规项目至少应包括:11 分钟跑、超长跑、3 分钟跳绳、跳深、50 米折返跑、30 米冲刺、30 秒高抬腿等。增加体能训练中助力和阻力练习、逆向练习、空中练习的比例。智能对于制胜有重要意义和作用,增强训练中有关智能部分的内容,并通过具体的手段和方法予以贯彻落实。

(5)加强军事理论学习,从军事经典战役中得到启发。通过对战例的解剖和分析,找出取胜或失败的根本原因,从而提高分析、研究问题的能力。采取个别谈话、临场技术评定和分析、语言复述实战内容等方式,增强运动员独立思考和判断能力,强化其“把握时机、选择动作”能力的培养。

(6)安排有运动员参与的技术分析课、理论课和研讨课,全面发展和增强运动员的综合素质和能力。

十、处理好训练中的几个重要关系

(1)特长技能训练和薄弱环节训练。以"特长"技能训练为主,同时兼顾可能对"特长"技能产生深刻影响的薄弱环节的训练。

(2)专项身体素质训练和技战术训练。前者是根本,应高度投入,后者是竞技能力的"载体"。应采取立体交叉式手段,用技战术训练促进体能及专项身体素质训练,防止将二者截然分开。

(3)模拟实战训练和"实战"。无论训练中的实战何等逼真,但比赛中不可预见的因素很多,总是与真实竞赛中的"实战"有相当差距。防止实战和"实战"严重脱节,最大限度缩小这种差距是教练员、运动员能力的表现,也是提高水平的关键。

(4)技术训练和竞技能力的培养。技术训练是竞技能力形成的基础,竞技能力是技术的表达形式,优秀运动员所谓的感觉、下意识、熟能生巧等均是竞技能力的体现。加快把技术转化为竞技能力是核心,防止出现"有技无能"现象。

(5)基本功训练和尖端技术训练。就基本功而言至少包括两方面含义,一是"磨"出来的基本功,其特点为相对较长时间重复性训练,需要量的积累达到质的变化。一是用实战相关的战术基本功,与前者相反,相对较短时间内可以形成,非周期性练习多。尖端技术指比赛中具有有效得分能力的技术动作,有的以难度技术出现,也有的以"高级的简单"动作出现。尖端技术的基础是"磨"出来的基本功,形成却在于战术基本功。为此,必须重视战术基本功的训练,防止进入"磨"基本功式或教学式训练的误区。

(6)主力队员和非主力队员的训练。提高陪练水平也是提高训练水平的有效途径,交手项目的主力和非主力之间可能迅速转换,主力队员应了解并认识到陪练选手的辛苦,非主力选手应当具有甘做人梯,愿为铺路石的精神,超越对手的勇气和技术,防止假陪假练。继承和独创,吸收优势项目以及高水平队伍的成功经验,同时独立自主、自力更生,敢于创新,把创新、个性化作为检验训练工作的指标。

(7)一般战术风格和专项风格。"快速多变、灵活机动、出其不意、攻其不备"为一般战术风格,应体现在技战术训练的各个环节;"快、准、狠、变"作为专项技术风格,则是检验训练质量的常规标准。专项战术风格寓于一般战术风格和特点之中,是一般战术风格和特点的深化、细化、具体化和实用化。没有专项特点的战术风格是失败的,离开一般战术风格和特点难以形成专项战术风格。

(8)进攻和反击。进攻是战略要求,反击是战术行动也是进攻的一种形式。注意全面理解进攻的内涵,深化对进攻的认识和研究,明确进攻有多种实现形式这一基本概念。

(9)遵守规则和合理利用规则。作为裁判计分分胜负的项目,规则和裁判的执裁方式方法对技战术的形成以及取胜有巨大的作用和反作用力。教练员和运动员应精通规则,对规则的条款了如指掌,对裁判员的执法过程和心理状态非常清楚。在此基础上,做到能够利用规则发挥技战术,在比赛中处于主动地位。

（10）单一技术和成套技术组合。单一是成套的基础,成套是单一技术的高度组合,二者辩证统一。绝大多数得分的表现形式通过最后的单一技术完成,同时几乎所有得分的单一技术均由成套技术策应和创造而来。高水平比赛中一些超一流选手或强弱反差大的对抗,也可能出现直接单击得分的现象,但目前这类理想化境界的得分十分罕见。因此,训练主攻方向仍是和实战紧密联系的、高难度的成套组合技术。高难度系数原则下的成套组合技术的训练还可作为意志品质、作风和专项身体素质训练的重要内容。

（11）常规技术和技术创新。常规技术训练遵循训练和比赛的一般规律,技术创新是竞技体育发展的重要原则和规律,是制胜的法宝。以世界冠军为目标,必须对技术动作进行创新。现阶段"多飞""多后踢""击头"特技等已提供了基本思路。

（12）教练员和运动员。一个好的教练员首先应当具备良好的综合能力和素质,并且能把自身的各方面知识、能力、品格等同时运用和表现在训练过程中。要善于发现运动员存在的问题,使教学过程与运动员相融,运动员应做到有思想、有头脑,理解训练过程,防止教与学相克。

第三节　跆拳道竞赛规则与裁判

一、跆拳道竞赛规则

1. 比赛场的区划

比赛场 12 米×12 米,内定有 8 米×8 米的面积称为比赛区,其外围部分称为警戒区。比赛区与警戒区以两种不同颜色区划,如比赛场为单一颜色,则以宽度 5 厘米的白线区分。

2. 选手服装

选手必须穿着世界跆拳道联盟所认可的道服和保护装备。选手进入竞赛区前必须穿着护具(护胸)头盔、护裆、护裆、护手胫,护脚胫必须穿入道服内。

3. 重量区分

重量种类	男子组	女子组
鳍量级	不可超过 54 公斤	不可超过 47 公斤
蝇量级	54 公斤以上不可超过 58 公斤	47 公斤以上不可超过 51 公斤
雏量级	58 公斤以上不可超过 62 公斤	51 公斤以上不可超过 55 公斤
羽量级	62 公斤以上不可超过 67 公斤	55 公斤以上不可超过 59 公斤
轻量级	67 公斤以上不可超过 72 公斤	59 公斤以上不可超过 63 公斤
中乙级	72 公斤以上不可超过 78 公斤	63 公斤以上不可超过 67 公斤
中量级	78 公斤以上不可超过 84 公斤	67 公斤以上不可超过 72 公斤
重量级	84 公斤以上	72 公斤以上

奥林匹克运动会体重区分如下：

重量级别	男子组	女子组
第一量级	不可超过 58 公斤	不可超过 49 公斤
第二量级	58 公斤以上不可超过 68 公斤	49 公斤以上不可超过 57 公斤
第三量级	68 公斤以上不可超过 80 公斤	57 公斤以上不可超过 67 公斤
第四量级	80 公斤以上	67 公斤以上

4. 比赛时间

男子组及女子组应为三回合，每回合三分钟，中间休息一分钟。

5. 比赛开始前及结束后的程序

(1)选手依主审命令面对面站立准备，依主审命令"立正"和"敬礼"行标准礼，标准礼为鞠躬自然姿势，即腰部前倾超过 30°头部下倾超过 45°，双手握拳贴于双腿两侧。

(2)依主审宣布"准备"和"开始"。

(3)比赛最后一回合结束后选手须依分别位置面对面站立，并依主审命令"立正""敬礼"的口令相互敬礼，之后选手应以站立姿势等待主审宣布判决成绩。

(4)主审以举起自己的手至优胜的一边宣布优胜者。

(5)选手退场。

6. 合法攻击

(1)拳攻击：以紧握拳头的食指及中指的前端部位攻击。

(2)脚攻击：以脚踝以下部位所做的攻击。

7. 有效得分部位

(1)身躯的中段部位自肩峰底部水平线下延至肠骨水平线，以有效的拳攻击及脚攻击的，但不得攻击无护具保护的背部。

(2)脸部前面以两耳骨线为基础，只允许脚攻击。

8. 有效得分

有力且准确击中身体的得分部位即可得分，但被对手击中护具而倒地者，其被攻击的部位非合法的得分部位，如此的攻击将视同不得分。有效攻击得分为每次一分并累积。胜负的成绩为三回合的总和。

9. 无效攻击有下列情形者，得分无效

(1)击出有效攻击后，故意倒地。

(2)击出有效攻击后，故出违规动作。

(3)以违规的动作攻击。

10. 应警告的违规动作

(1)接触行为：①抓对方；②抱对方；③推对方；④以躯干接触对方。

(2)消极行为：①故意逾越警戒线；②背向对手逃避；③故意倒地；④假装受伤。

(3)攻击行为:①用膝盖碰撞或攻击;②故意攻击下裆;③故意踩脚或攻击小腿与足部任何部位;④用手或拳头打对方的脸部。

(4)不合情宜行为:①选手或教练以举手表示得分或扣分;②选手或教练有不良的言论或任何不规矩的行为;③教练在比赛当中离开教练席。

11.应予扣分的违规动作

(1)接触行为:①摔对方;②故意以手或手臂抓住对方攻击的脚使对方摔倒。

(2)消极行为:①逾越警戒线;②故意抵触比赛的进行。

(3)攻击行为:①攻击已倒地的对手;②故意攻击背部和后脑;③用手或拳头剧烈地攻击对手脸部。

(4)选手或教练有剧烈或极端的言论或行为。

12.选手故意不遵守比赛规则或主审的命令,主审得以宣告该选手落败,以作惩罚

13.选手被扣满三分,主审得宣告该选手落败,以作处分

14.优势的判决

第一款,由同分造成的平手,以三回合中获得有效得分较多的选手为优胜者。第二款,第一款以外的情况造成的平手,于三回合后主审根据优势来判决。第三款,优势判决应以竞赛中表现的主动积极行为为基础。

15.判决

第一款,因 KO 而获胜。第二款,因主审终止竞赛而获胜(RSC)。第三款,经得分或优势判决而获胜。第四款,因对方弃权而获胜。第五款,因对方丧失竞赛资格而获胜。第六款,因对方技术犯规而获胜。

16.击倒(KO)

第一款,因对手的攻击,而使得除脚底以外的身体任一部分触及地面。第二款,当选手摇晃站立,且无意志或能力继续攻击或防御。第三款,因受到强而有力的攻击,而由主审宣告该选手无法继续应战时。

二、跆拳道竞赛主裁判执裁原则和步骤

1.上场前的准备

(1)热身活动。

(2)检查着装,仪表整洁,不得携带可能对选手有伤害的物品(手表、金属物等)。

(3)集中注意力,排除干扰。

2.进入场地

(1)精神饱满,自然大方,不卑不亢。

(2)观察双方运动员和教练员及裁判员等是否就位,服装是否符合规则要求。

(3)发出口令、手势指挥双方上场。

3. 口令与手势要求

（1）严格按竞赛规则的要求使用口令和手势。

（2）及时、准确、清晰地表达自己的判断（但不能夸张），口令要响亮、果断，动作要敏捷、干脆，应避免与运动员有身体接触。

（3）尽量减少比赛的中断，不要做不必要的、多余的手势。

（4）发布口令或做手势时要威严自信，表情自然。

4. 站位与移动

（1）位置：主裁判与两名运动员应保持锐角三角形的位置关系，以便观察判断并及时控制比赛。

（2）根据级别、身高等情况与运动员保持一定距离，注意不能距运动员过近或过远，以不影响运动员正常发挥水平为原则。

（3）根据场上情况不断移动位置，移动时要迅速敏捷，步法灵活。

（4）不允许从正在比赛的双方运动员中间穿行。

5. 主裁判对犯规的指导原则

根据制定规则总的精神，主裁判在执裁过程中的根本任务有三条，即：倡导公平竞争的比赛、保护运动员的安全、保证运动员技术水平的发挥和比赛的顺利进行。主裁判的任何判罚都应该遵守这个精神，而不应该拘泥于刻板地、机械地执行规则条款。规则在讨论、制定、修改的过程中，充分地考虑了各种可能出现的情况、双方运动员的利益以及维护比赛的公平性、严肃性。因此，主裁判应按照规则条文的规定，公平、准确地执行判罚。同时，主裁判应根据以下几方面的情况做出合理的判罚。

（1）有意无意。根据规则的精神，原则上对有意或故意的犯规给予较重的判罚，对无意或不可预料的犯规给予较轻的判罚。

（2）有先有后。运动员在比赛的全过程中，无论是正常的发挥技术或是出现犯规，都存在着严格的时间概念。

（3）有主有次。有时出现双方犯规，有主次或主动被动的情况，主裁判应分清主次，判罚引起犯规的主要责任方。

（4）有轻有重。根据受伤的程度衡量判罚尺度。

（5）有利无利。主裁判判罚应针对犯规一方，有利于公平竞争，有利于运动员技术发挥，有利于比赛顺利进行。

（6）"黑白"分明。裁判对犯规行为应坚决地按照规则规定执行。

6. 击倒后的处理

（1）立即暂停比赛，将运动员分开并将进攻者置于远处。

（2）读秒。

①手势、口令清晰，根据情况可采用站立或半跪姿势。

②兼顾全场及另一名运动员。

③即使运动员在读秒过程中表示再战,主裁判也必须读到"八",使运动员获得休息。

④数到"八"之前要做出结束或继续比赛的判断,如发现运动员目光呆滞、神志不清,膝盖抖动或发软,不能保持身体平衡等情况,应结束比赛。

⑤必要时及时指挥临场医生进场急救。

⑥即使一局或整场比赛时间到,主裁判也要继续读秒。

(3)如果双方运动员同时被击倒,应在两人中间读秒,并注意双方运动员的情况,如有任何一方尚未恢复,主裁判将继续读秒。主裁判读到"十"后双方都不能再战,应按当时得分情况判定胜负。

(4)主裁判判定被击倒的一方不能继续比赛,可不读秒或在读秒过程直接判另一方获胜并指挥抢救。

7.获胜方式

(1)击倒胜(KO胜):一方运动员用合理的技术击倒另一方而结束比赛。

(2)主裁判终止比赛胜(RSC胜):根据主裁判判断或医生诊断一方运动员在计时一分钟甚至一分钟后难以继续比赛,或不服从主裁判继续比赛的命令时,可判RSC胜。

(3)比分或优势胜(判定胜)。

①不同分时,分数领先者胜。

②同分时,因扣分造成同分时,三局中得分多者获胜;除第一种情况外出现同分,即双方得分(或)扣分相同时,主裁判根据三局的比赛情况判定占优势者获胜;比赛中表现出的积极主动行为是优势判定的依据。

(4)对方弃权胜(弃权胜):一方因故主动提出放弃比赛或规定时间未到场,另一方则弃权胜。

(5)对方失去资格胜(失格胜):如称重不合格或其他参赛资格不符合规定,另一方则失格胜。

(6)主裁判判犯规胜(犯规胜):如被扣分累计达3分,判犯规胜。

8.局间休息与退场

(1)主裁判局间休息时应该站在指定位置(第一副裁判对面的警戒线中心点),面向比赛场地站立,要求严肃自然,目光平视。

(2)判比赛结果并审验记录表,签名确认后方可退场。

休闲 编

第十七章

健身跑

早在两千多年前,古希腊的埃拉多斯山岩上就镌刻着:"如果你想聪明,跑步吧！如果你想健美,跑步吧！如果你想强壮,跑步吧！"跑步之所以长盛不衰,就在于它是"最完美"的运动,其技术特点简单、易掌握,男女老少均可参加,又不受场地、器材限制,可在田径场、公路、树林、公园及田间小路等地练习。因此,自德国学者阿肯 1947 年提出"长、慢、远"的现代健康跑步方法以来,"健身跑"活动被人们视为"有氧代谢运动之王"而风靡全球。

第一节　健身跑的健身价值

跑步是一项全身性运动,它通过人体上肢的协调配合,动员储藏在人体的脂肪,消耗热量,促进体能的全面协调发展。跑步的主要健身作用有:

一、增强心肺功能

健身跑对于心血管系统和呼吸系统有很大影响和作用,特别是长跑时,由于四肢肌肉需要的血量明显增加,心脏必须加强供血功能,才能适应跑步的需要。心脏在跳动时,从而供给肌肉较多的血液。跑步又是增强呼吸器官功能的积极而有效的手段。长跑时呼吸加快,胸廓活动范围增大,使呼吸肌的力量增强,肺活量增加,肺内气体交换得到改善,从而使人体呼吸机能也相应得到提高。

二、促进新陈代谢,有助于控制体重

超重和肥胖往往是患病的危险因素,而活动少则是引起超重和肥胖的重要原因之一。因此,控制体重,是保持健康的重要原则之一。健身跑能消耗大量能量,减少脂肪存积,同时是控制体重、防止超重和治疗肥胖的好方法。对于消化吸收功能较差或体重不足的体弱者,适量的跑步能促进新陈代谢,改善消化吸收,增进食欲,起到适当增加体重的作用。

三、增强神经系统的功能

户外或郊外跑步对增强神经系统的功能有良好的作用。长期进行健身跑锻炼,能使神经兴奋与抑制、传导与反应等机能得到明显的改善;可以使人的精力充沛,动作迅速、准确、有力;使人体对外界刺激的适应能力有明显的提高;对于消除脑力劳动的疲劳,预防神经衰弱,调整人体内部的平衡,调剂情绪,振作精神也有极好的作用。

第二节 健身跑的基本技术与练习方法

一、上体动作

上体正直并稍向前倾,使头与身体基本成一条直线,不要左右摇摆,双眼应该平视前方,面部和颈部肌肉放松。臂与手在摆臂时以肩为轴前后动作,左右动作幅度不超过身体正中线。手和胳膊尽量放松,肘关节弯曲约90度。两臂的摆动除了维持身体平衡外,还能帮助两腿的蹬地和摆动,加快跑的速度。两手自然半握拳,前摆时手稍向内,后摆时肘稍向外。

二、下肢动作

两腿的后蹬动作是推动身体前进的主要力量,后蹬的动作要领是,后蹬时要使髋、膝、踝三关节充分伸直,使后蹬的力量与运动方向相一致,以推动身体前移的速度。腿的前摆可以加大跑的步伐,前摆时大腿应该积极向前上方抬高,同时带动髋关节尽量前伸,小腿要保持放松且自然下垂,前摆下落动作须用前脚掌着地,接着向后方尽力蹬伸。脚落地时,要注意缓冲,应该采取前脚掌先着地,然后过渡到全脚着地的方法。脚跟只是轻微地接触地面。双脚均应该落在同一行进线上,以保证身体向前运动的轨迹。

三、健身跑的练习方法

健身跑因不受性别、年龄、体质和场地器械等条件的限制,可因人、因时、因地进行,只有科学的进行练习才可能使肌体受益,否则造成锻炼没有效果或对身体会产生一些不良影响。常采用的练习方法有:

（一）走跑交替

走跑交替是指在跑的过程中跑了一阵后,再走一阵,走和慢跑交替进行的跑法,此法适合体质较弱者。采用此方法锻炼要做到每周跑 3~6 次,长期坚持,持之以恒,运动水平提高后可改用其他运动强度较大的方式进行锻炼。可以参照以下方法练习:

①跑 200 米走 100 米 + 跑 300 米走 100 米 + 跑 400 米走 100 米 + 跑 600 米走 100 米

+跑 800 米。

②跑 400 米走 200 米 + 跑 600 米走 100 米 + 跑 800 米走 50 米 + 跑 1000 米。

(二)跑跳交替

跑跳交替即跑一段之后跳 3～5 下,再跑一段,再跳 3～5 下,这样跑跳交替进行。跑的速度可根据自己的身体状况采用慢速跑或中速跑,或稍快速度,动作要放松,协调、轻快自如,具有良好的节奏。

(三)慢速放松跑

这种方法比较简单,其特点:一是跑的速度是慢的,慢的程度可以根据自己的体质而定,体弱者可以比走步稍快一些,体质好可以跑得快一些;二是心血管的负荷以及全身的代谢功能以保持有氧代谢为前提,也就是说尽可能地避免剧烈运动所产生的"氧债"情况。在跑的过程中,心跳的频率以 180 减去自己的年龄数为宜。

(四)匀速跑

匀速跑就是在跑的过程中以固定的速度进行一定时间或距离健身跑的方法,可采用以下方式练习:

①中等速度或中等以下速度匀速跑 3～5 分钟、5～10 分钟、10～13 分钟。

②中等速度或中等以下速度匀速跑 600～1000 米、1000～2000 米、2000～4000 米。

(五)变速跑

变速跑就是在跑的过程中快跑一阵后,再慢跑一阵,快跑和慢跑交替进行的跑法。这是适合体质较好的长跑爱好者的跑法。当慢跑时,肌肉活动不很激烈,吸入的氧气就可以满足肌肉活动的需要,这时肌肉活动所需的能量是靠有氧代谢来保证的。当快速跑时,肌肉活动就比慢跑激烈得多,肌肉物质代谢对氧气的需求就大大增加,这时,由于身体的呼吸和血液循环机能的限制,不能满足运动时对氧的需要,于是,只能靠无氧代谢来供给肌肉活动时所需的能量了。这样,变速跑不但能够有效地提高肌肉有氧代谢的能力,而且能积极地改善肌肉进行无氧代谢的能力,这对发展一般耐力、提高肌体的速度耐力素质提高人体机能大有益处。练习时可采用以下方法:

①中速跑 100 米慢跑 100 米 + 中速跑 100 米慢跑 100 米,进行 4～5 组。

②中速跑 200 米慢跑 100 米 + 中速跑 200 米慢跑 50 米 + 中速跑 400 米慢跑 20 米 + 中速跑 600 米慢跑 10 米 + 中速跑 800 米。

(六)重复跑

重复跑就是不严格控制间歇时间,心率基本恢复正常时再进行下一次跑。不断地重复练习,可采用以下方法:

600～800 米 ×2～4 次的重复跑;800～1000 米 ×2～4 次的重复跑。

(七)间歇跑

间歇跑的目的就是要发展专项耐力。该训练将专项跑的距离分段。每一段跑的速度一定要大于专项跑的速度。各段之间以慢跑或走作为短暂的休息。例如：

①600～800 米×2～4 次的间歇跑,中间休息 3～5 秒。

②800～1000 米×2～4 次的间歇跑,中间休息 4～6 秒。

（八）定时跑

定时跑有两种情况,一种是每天必跑一定时间,而不限速度和距离。可参照下列方法：

第一阶段:适应期 10～20 周,每周 3 次,每次连续 15 分钟;巩固期 6～8 周,每周 3 次,每次跑 15 分钟。在这一阶段中,应注意呼吸要有节奏;上身、两臂、双肩及颈部要放松;要用脚掌有弹性地着地。

第二阶段:适应期 6～8 周,每周 3 次,每次 30 分钟;巩固期 4 周,每周至少 3 次,每次 30 分钟。此阶段结束后,既可以停留在这个水平,也可以向更高阶段发展。那些拥有充足的跑步时间,而身体又允许进行更大强度锻炼的人,可以每周跑 3 次,每次 45 分钟,最长可达 1 小时。

另外一种就是 12 分钟定时跑,刚开始在 12 分钟内不限制跑的距离和速度,而达到一定的水平后,尽可能地在 12 分钟内跑出 2000～2400 米的距离,逐渐再提高。

（九）原地跑法

原地跑法是一种不受场地、气候、时间和设备等条件限制的跑步锻炼方法。跑的时间长短,完全取决于本人的承受力和需求,可以根据跑步的速度专门挑选合拍的音乐,在音乐声伴奏下进行锻炼。初跑者,以慢跑速度进行较好,每次可只跑 100 复步左右,锻炼 3～5 个月后,根据自己身体情况和锻炼效果,每次可跑 500～800 复步,原地跑的速度也可逐渐加快,动作也可逐渐加大,如采用高抬腿跑等,以便逐渐增加运动强度和运动量,充分发挥跑步的健身效用,也可在跑的过程中加上原地跳跃,既可舒展筋骨、锻炼弹力,又可减轻跑步后的疲劳。

四、呼吸方法

在健身跑的过程中,要注意掌握好呼吸节奏,一般采用"两步一吸、两步一呼"的方法,也可以采用自我感觉适宜的呼吸节律。最好在呼吸时口、鼻并用,单纯用口呼吸,尤其在寒冷的冬季,容易造成运动中的不适。

在中长距离跑中,能量消耗大,下肢回流血量减少,氧债不断积累,当达到一定程度时,就会出现呼吸急促、胸闷难忍、下肢沉重、动作不协调,甚至有恶心现象,这在运动生理学上称为"极点"。"极点"出现后,适当减缓运动速度,并注意加深呼吸,坚持下去,上述反应就会逐步缓解与消失。随后机能重新得到改善,供养增加,运动能力有将提高,动作变得协调有力,生理过程出现新的平衡,此种现象称为"第二次呼吸"。

极点的出现是一种正常的生理现象,不要害怕和紧张,更不要中途停止运动。可以适当减慢跑速,有意识加大呼吸深度,减少呼吸次数,调整呼吸与动作节奏,并以顽强的意志和毅力坚持跑下去。

五、准备活动与整理活动

(一)准备活动

准备活动就是在运动之前使人体能够有准备地从安静状态逐步地过渡到运动状态。虽然跑步速度不快,但是总的能量消耗还是很大,生理负荷较重。所以,身体的各个组织、器官、系统,都需要有一个逐步适应的过程。通过做准备活动可以提高运动时心肺的适应性,使运动器官很快地从安静状态过渡到运动状态;可以使人体的体温得到提高,使之更能适应肌腱结构的重复伸展和收缩,以此减小肌肉与韧带之间的黏滞性(减少阻力),增加弹性;可以促使关节囊分泌出更多的润滑液以减少关节的摩擦力,增加关节的灵活性。这些变化能加大人体运动的幅度,提高速度、力量、灵敏性和柔韧性,从而预防肌肉、韧带和关节的损伤。

因此,在健身跑之前一定要做准备活动,是使身体从相对安静状态逐步过渡到肌肉适度紧张状态,提高中枢神经系统的兴奋性和各器官的活动能力,以适应跑步的需要。为此,可先做摆臂、摆腿、弯腰、转体、下蹲及其他体操动作,特别要注意活动髋、膝踝关节。全身达到发热,身体感觉轻快,心率达到 85 次/分以上,就可开始跑步。

(二)整理运动

在锻炼之后做整理活动的目的是使练习者更好地由紧张的运动状态逐步过渡到安静状态。事实上,运动对人体所引起的生理变化,并不是随着运动的停止而消失的。由于热能消耗很大,需要大量的氧气供应,因此,内脏器官还在继续加强工作,以补偿运动时缺少的氧气。紧张的奔跑后突然停下来,容易造成血液淤积在下肢,影响回流,从而产生一系列不良反应,如恶心、呕吐、面色苍白、心慌,甚至昏倒。所以,往往在不只是加重了疲劳,而且有昏倒的可能。另外,整理活动还可以缓解跑步后的肌肉紧张和僵硬,恢复肌肉的弹性,有助于消除疲劳、促进体力的恢复。放松活动一般包括走步、伸展上肢、压腿、调整呼吸等也可先慢走一段距离,再做几节放松操,配合深呼吸,时间一般为 3~5 分钟。

六、练习注意事项

跑步健身要遵守循序渐进原则,距离和速度从短慢开始,适应后逐渐增加,跑时量力而行,留有余地,避免心脏负担过重和使身体疲惫不堪。

早晨练习跑步为最佳,跑前可先做操或打打拳;早上没有时间亦可安排在下午跑步。睡觉前不宜跑步,但可散步。

跑步时呼吸自然,口鼻兼用且有节奏地呼吸。呼吸配合:二步一吸、二步一呼或三步一吸、三步一呼均可。

如有感冒、发热、腹泻,暂不宜跑步;妇女在月经期间,也暂停跑步锻炼。

冬天跑步时,穿衣多少要根据天气寒冷程度、个人抗寒能力和跑步运动量来确定,以跑时不感到太冷又不大量出汗为原则。跑步后,要及时穿衣,若衣服被汗水浸湿,要擦身换衣,注意保暖以防感冒。

慢性病患者练习跑步,要经医生的许可,并做好自我身体检查和按时去医院复查。

第十八章

气排球

第一节　气排球的基本技术

一、气排球运动的特点

了解气排球运动的特点、基本技术的特征,对理解和把握规则精神,更好地执行规则,具有重要的意义。

由于气排球的轻、飘特性,所以产生了气排球特有的技术。

1. 简单易学,准入"门槛"低,亲和性高

2. 观赏性和趣味性强。

3. 具有较高的健身价值和社会价值。

4. 技术的全面性和独特性。

5. 推广和普及前景良好。

二、气排球的基本技术特征

气排球基本技术包括无球技术和有球技术。无球技术有:准备姿势和移动;有球技术有:发球、点球、传球、扣球和拦网,其中点球包括捧垫球、托垫球、捞垫球。

发球:大力旋转球正面上手大力发球、勾手大力发球、跳发球、侧旋球等。

托垫球:中、高位球,球在腹前、胸前;"追胸前";二传球。

捧垫球:双手掌心朝上,十指自然张开,全手掌触及球。

捞垫球:来球较远时,单手掌心朝上,五指自然张开,全手掌触及球,向前上方捞击球。

第二节　气排球竞赛规则与裁判

为适应迅猛发展的气排球运动,必须要有全国统一、规范的《气排球竞赛规则》。

2013 年,国家体育总局排球运动管理中心,中国排球协会组织相关人员编写、出版了由中国排球协会审定的第一部《气排球竞赛规则》。

一、比赛参加者

(一)球队组成

一个球队由 10 人组成,其中有 1 名领队,1 名教练员,8 名运动员;领队、教练员可兼运动员。

只有登记在记分表上的球队成员,方可进入场地和参加比赛。一经教练员、队长在记分表上签名确认后,即不得更换。

(二)队长和场上队长

队长应有队长标志,赛前在记分表上签字,并代表本队抽签。

比赛中如队长在场上,为场上的队长如他被换下场时,由教练员或队长制定另一名场上队员担任场上队长。

在教练员缺席的情况下,场上队长在比赛中可以请求换人和暂停。

只有场上队长在死球时可以向裁判员请求:

对规则的执行进行解释;但当第一裁判员解释后,不得与裁判员纠缠与争辩,否则判该队"延误比赛"。

转达本队队员提出的问题和请求。

如果对裁判员的解释不满意,可以选择抗议并立即向第一裁判员声明,保留其在比赛结束时将正式抗议卸载记分表上的权利。

比赛结束后,感谢裁判员,并在记分表上签字。

二、比赛方法

(一)记分方法

比赛采用每球得分制,即胜一球得一分。

胜一场:比赛采用三局两胜制,胜两局的队为胜一场。如果 1:1 平局时,进行决胜局的比赛。

胜一局:第 1、2 局先得 21 分同时超过对方 2 分为胜一局,当比分 20:20 时,比赛继续进行至某队领先两分为胜一局。

决胜局,先得 15 分同时超过对方 2 分的队伍获胜,当比分 14:14 时,比赛继续进行至某队领先两分为胜一局。

决胜局 8 分时双方队伍交换场地进行比赛,比赛按照交换时的阵容继续进行。

(二)弃权与阵容不完整

某队被召唤后拒绝比赛,或无正当理由而未准时达到比赛场地时,则宣布该队弃权。

对方以每局21∶0的比分和2∶0的比局获胜。

某队被宣布一局或一场比赛阵容不完整时,则输掉该局或该场比赛,判给对方获胜或该场比赛所必要的分数和局数。

阵容不完整的队保留其所得分数和局数。

(三)场上位置和轮转

1.四人制场上位置

靠近球网的2名队员为前排队员其位置为3、2号位。

另外两名队员为后排队员,其位置为4、1号位。

2.五人制场上位置

靠近球网的3名队员为前排队员其位置为4、3、2号位。

另外两名队员为后排队员,其位置为5、1号位。

3.位置错误

当发球队员击球时,如果队员不在其正确位置上,则构成位置错误犯规。

当发球队员击球时的犯规与对方位置错误同时发生,则判为发球犯规。

当发球队员击球后的犯规与对方位置错误同时发生,则判位置错误范围。

4.位置错误的判罚

该队被判失去1分,由对方发球。

队员必须恢复到正确位置。

5.轮转

轮转次序、发球次序以及队员位置的确定均以位置表为依据。

某队得1分,同时得发球权后,所有队员必须按顺时针方向轮转一个位置,由2号位队员轮转至1号位发球。

6.轮转错误

没有按照轮转次序进行发球为轮转错误,按照顺序进行如下判罚:

该队失1分,由对方发球;

队员的错误轮转次序必须纠正。

记录员应准确地确定其错误何时发生,从而取消该队自犯规发生后的所有得分,对方得分仍然有效。

如果不能确定犯规发生的时间,则仅判失1分,由对方发球。

如某队因对方被判罚而得1分,本方所得该分后也必须轮装一个位置,原该分该轮的发球队员不再发球,轮转由下一轮发球队员发球。

三、比赛行为

(一)界内球、界外球

(1)界内球:球触及比赛场区的地面包括界限为界内球。

（2）界外球：球接触地面的部分完全落在界线以外；球触及场外物体、天花板或非比赛成员；球触及标志杆、标志杆以外的网绳、网柱、球网；球的整体或部分从非过网区以外过网；球的整体从网下穿越；球过了中线延长线过网就是犯规。

（二）击球的性质

（1）球可以触及身体的任何部分。

（2）球必须被击出，不可接住或抛出。

（3）击球时（包括第一、二、三次击球），允许身体不同部位在一个动作中连续触球。

（三）击球时的犯规

（1）连击。

（2）持球。

（3）4 次击球。

（4）借助击球。

在判断持球与连击犯规时要考虑气排球技术特性及特有的技术：托垫球、排垫球、捞垫球等。

（四）脚过中线

队员的一只（两只）脚部分越过中线触及对方场区的同时，其余部分接触中线或置于中线上空是允许的，不判为犯规。队员除脚以外，身体任何其它部位触及对方场区为犯规。

（五）触网

（1）队员触网即犯规，比赛过程中在任何情况下都不得触网。

（2）队员击球后可以触及网柱、全网长以外的网绳或其他任何物体，但不得干扰比赛。

（3）由于球被击入球网而造成球网触及队员，不算犯规。

（六）发球的执行

发球队员在发球击球时，不得踏及端线和发球区以外地面

跳发球起跳时，脚不得踏及或超越跳发球限制线。起跳空中击球后，脚可以落在任何位置。

发球队员必须在第一裁判员鸣哨后 8 秒钟内将球击出。

发球队员将球抛起，未触及发球队员而落地，允许再次发球，时间连续计算在 8 秒钟内。

发球队员在裁判员允许发球鸣哨的同时或之前发球，则重新发球。

（七）发球掩护

发球队的队员个人或集体不得利用掩护阻挡对方观察发球队员和球的飞行路线。

发球队的队员个人或集体挥臂、跳跃或左右移动，或集体密集站位遮挡球的飞行路

线,则构成发球掩护。

(八)发球犯规与位置错误

如果发球犯规与对方位置错误同时发生,判发球犯规。

如果发球后犯规(规则 13.6.2),与对方位置错误同时发生,判位置错误犯规。

(九)进攻性击球

进攻性击球的定义:

除发球和栏网外,所有直接击向对方的球都是进攻性击球。

球的整体通过球网垂直面(包括触及球网后再进入对方空间)或触及对方队员,则认为完成进攻性击球。

进攻性击球的限制

进攻线后(后场区),队员可以对任何高度的球完成进攻性击球,但击球起跳时脚不得踏及或越过进攻线。

(十)进攻性击球的犯规

(1)在对方空间击球。

(2)击球出界。

(3)在前场区,完成进攻性击球,球的飞行轨迹没有高于击球点,球过网时没有明显向上的弧度(包括水平飞向过网)。

(4)对处于本场区内商于球网上沿的对方发球完成进攻性击球。

(十一)拦网与拦网犯规

拦网定义:拦网是队员靠近球网,在高于球网处阻挡对方来球的行动,与触球点是否高于球网无;只有前排队员可以完成拦网。

拦网试图:没有触及球的拦网行动为拦网试图。

完成拦网:触及球的拦网行动被认为完成拦网。

进入对方空间拦网:

允许拦网队员的手过网拦网,但不得干扰对方击球。过网拦网的触球必须在对方进攻性击球之后。在对方进攻性击球同时或之前拦网触球均为犯规。

当球飞向过网而尚未过网,有同队队员准备击该球时,不能过网拦网。

拦网犯规:

(1)后排队员完成拦网或参加完成拦网的集体。

(2)拦对方的发球。

(3)拦网出界。

(4)从标志杆外进入对方空间拦网。

(5)挫网队员过网拦网,在对方进攻性击球同时或之前触求。

(6)当球飞向过网而尚未过网,有同队队员准备击该球时充成控网。

四、比赛间断与延误比赛

(一)正常的比赛间断

正常的比赛间断有"暂停"和"换人"。

每局比赛中,每队最多请求 2 次暂停,每次暂停时间为 30 秒。

五人制:每局比赛中,每队最多请求 5 人次换人,所换队员不受位置限制。

四人制:每局比赛中,每队最多请求 4 人次换人,所隐队员不受位置限制。

(二)不符合规定的请求

(1)在比赛进行中或裁判员鸣哨发球的同时或之后提出请求。

(2)无请求权的成员提出请求。

(3)同一队未经过比赛过程再次请求换人。

(4)超过所规定正常间断次数的请求。

在比赛中第一次没有影响和延误比赛的不符合规定的请求应予拒绝而不进行判罚。

同一场比赛中再次提出不符合规定的请求应判延误比赛。

(三)延误比赛的类型

(1)换人延误时间。

(2)在裁判员鸣哨恢复比赛后,拖延暂停时间。

(3)请求不合法的替换。

(4)再次提出不符合规定的请求。

(5)球队成员拖延比赛的继续进行。

(四)对延误比赛的判罚

"延误警告"和"延误判罚"是对全队的延误比赛的判罚。

延误比赛的判罚对全场比赛有效。

所有延误比赛的判罚都记录在记分表上。

在一场比赛中,对一个队的成员的第一次延误比赛,给予"延误警告"。

在一场比赛中,同一队的任何成员造成任何类型的第二次以及其后的延误比赛,都给予"延误判罚",对方得 1 分,并由对方发球。

局前和局间的延误比赛判罚记在下一局中。

五、不良行为

(一)轻微的不良行为

对轻微的不良行为不进行处罚,但第一裁判员有责任防止运动队

出现接近被处罚程度的行为。

(1)通过场上队长进行口头警告;

（2）向相关队的成员出示黄牌，虽然没有处罚，但要登记在记录表上，警告该队其行为已经接近被处罚的程度。

（二）给予处罚的不良行为

按程度分为三类：

粗鲁行为：违背道德准则或文明举止。

冒犯行为：诽谤或侮辱的言语或形态，或有任何轻蔑的表示。

侵犯行为：人身攻击、侵犯或威吓行为。

（三）判罚的实施

（1）轻微的不良行为

警告：不处罚

形式1：口头警告；

形式2：出示黄牌。

（2）租鲁行为——裁判员出示红牌，对方得一分并发球。除

（3）冒犯行为——裁判员出示红牌＋黄牌（同持一手），取消该局比赛资格，无其它判罚。被判罚的球队成员必须坐在本队球队席上。如果被判罚的是教练员，则失去该局的指挥权利。

（4）侵犯行为一裁判员出示红牌＋黄牌（双手分持），取消该场比赛资格，离开比赛控制区，无其他判罚。

六、裁判员职责

（一）工作程序

裁判员鸣哨中止比赛后，应立即以法定手势表明：

第一裁判员鸣哨中止比赛，他应指出：

（1）得分的队。

（2）犯规的性质。

（3）犯规的队员（必要时）。

第二裁判员鸣哨中止比赛，他应指出：

（1）犯规的性质。

（2）犯规的队员（必要时）。

（3）跟随第一裁判员指出得分的队。

第一裁判员不用出示犯规性质和指出犯规队员，只指出得分的队。

（二）第一裁判员的权力

（1）他自始至终领导该场比赛，对所有裁判员和球队成员行使权力。

（2）比赛中，他的判定为最终判定，如果发现其他裁判员的错误，他有权改判。他甚

至于可撤换不称职的裁判员。

(3)他有权决定涉及比赛的一切问题,包括规则中没有规定的问题。

(4)他不允许对其判定进行任何讨论。但当场上队长提出请求时,他应对判定所依据的规则和规则的执行给予解释。

(5)太如果场上队长表示不同意他的解释,并立即声明保留比赛结束后将抗议写在记分表上的权力时,他必须准许。

(三)第二裁判员的权力

(1)第二裁判员是第一裁判员的助手,但他也有自己的权限。当第一裁判员不能继续工作,代替第一裁判员执行工作。

(2)可以用手势指出他权限以外的犯规,但不得鸣哨,也不得对第一裁判员坚持自己的判断。

(3)掌管记录台的工作。

(4)监督球队席上的球队成员,并将他们的不良行为报告给第一裁判员。

(5)允许比赛暂停和换人的请求,掌握间断时间和拒绝不符合规定的请求。

(6)掌握各队暂停和换人的次数,并将第二次暂停和第四人次或第五人次的换人告诉第一裁判员和有关教练员。

(7)发现队员受伤,他允许其进行特殊换人,或给予5分钟的恢复时间。

(8)检查比赛场地的条件,主要是前场区。比赛中他还要检查球是否符合比赛的要求。

(四)第二裁判员对以下犯规作出判断,鸣哨并做出手势:

(1)网下穿越进入对方场区和空间。

(2)接发球队位置错误(根据队员站位其脚的着地部位判定)。

(3)队员触及球网下部和第二裁判员一侧的标志杆。

(4)后排队员完成拦网。

(5)球触及场外物体。

(6)球的整体或部分从过网区以外过网,飞入对方场区,或触及他一侧的标志杆。

(7)第一裁判员难以观察时,球触及地面。

第十九章

轮 滑

第一节　轮滑运动概述

　　轮滑运动就是大家熟悉的"滑旱冰"。据资料记载,它起源于 18 世纪初,是由溜冰演变形成的运动项目,兴起于 1863 年。1892 年 4 月 1 日,国际轮滑联盟在瑞士成立,使得轮滑运动向正规化、国际化发展,而 1995 年的 ESPN 第一届极限运动会则把它推向了繁荣期,到了 21 世纪已成为一种时尚的休闲运动,风行世界各地,成为一项全世界青少年为之倾倒的运动。

　　轮滑运动作为一种娱乐项目早在 19 世纪末便传入我国,而作为一种体育项目在我国得到开展,则始于 20 世纪 80 年代初。轮滑在我国还处于发展阶段,但发展较快,作为一种休闲运动,在全国各地都得到了普及,尤其在高校,深受大学生们的喜爱。

　　如今轮滑运动随着它的不断完善,形成了多项轮滑竞技项目,而且在奥运会也出现了它的身影。目前已形成多项轮滑竞技项目:

　　速度轮滑:以单排、双排轮滑鞋为比赛工具的竞赛项目,具体项目有场地赛和公路赛。

　　轮滑球:看上去像是冰球和曲棍球的结合体,双方各出 5 人在 44 米 × 22 米的场地上进行比赛,规则类似冰球,但不允许身体冲撞或阻挡,一场比赛为 2 ~ 3 节,每节 15 ~ 20 分钟,进球多者为胜方。

　　花样轮滑:分为单人、双人轮滑舞和圆形轮滑舞(规定动作)。根据动作的难易程度、舞姿的优美程度打分确定胜方。

　　极限运动和技巧:利用"U"形台做各种各样的惊险、复杂技巧表演动作,它也是轮滑竞技项目中最吸引人的一项。

一、轮滑运动的健身价值

　　轮滑是一种全身的有氧运动,通过上、下肢结合的全身性运动,对改善人的心肺功能、增强四肢和躯干的肌肉力量,增强四肢的协调能力和改善神经系统的调节功能,使神经反射加快。因此,对提高身体的协调性和平衡能力有着积极的作用。同时对提高身体机能、顽强的品质也有良好的影响,对丰富人们的业余文化生活、陶冶人们的情操起到促进作用。

除了上述好处之外,轮滑还具有很多体育项目所不具备的一个特性,就是它可以当作交通工具。一般情况下,在平整的路面上,轮滑都可以代步成为交通工具。在交通越来越拥挤的今天,轮滑不啻为一种流行和时髦的交通工具。

二、轮滑装备

(一)轮滑鞋

轮滑鞋根据形式的不同,分为双排轮轮滑鞋和直排轮轮滑鞋两种。传统的双排轮轮滑鞋主要应用在花式表演和轮滑球运动。直排轮轮滑鞋是近年开始流行的轮滑鞋,主要应用于速度比赛,轮滑球运动和室内休闲运动,是目前轮滑鞋运用的主流。

(二)护具

"学轮滑没有不摔跤的",对轮滑运动爱好者来说,护具是必不可少的,而对初学者来说那就更加重要了。一套完整的护具应该包括头盔、护肘、护掌、护膝等用具。

1. 头盔

头盔分为欧款和美款两种不同款式。选头盔时可以用手敲击一下头盔,听一下声音和自己感觉一下头盔的外壳硬度,硬且厚的外壳最好,内层的泡沫塑料与海绵护垫越细腻越厚越好(海绵护垫应有一套备用的),头带要是"尼龙"材料制成的。好的头盔都附有说明书。佩戴时头带收后,头盔戴在头上松紧比较合适为好(应紧一点,但不能紧到头痛)。

2. 护腕

护腕大致分为三款式:单片式、半包式、手套式。

单片式。这种护腕便宜,但戴着不是很舒服。这种护腕是以手掌下的一块塑料板来支持腕部让其不能活动,这样摔倒时手先落地,不用担心伤到手腕。

半包式。此种护腕由于手腕和手背两块塑料板通过中间的弹性材料连接将手夹在其中,优点是透气性好,较舒适。

手套式。此种护具为高档护具,它就像一双半指手套一样,戴起来很舒适,手还可以活动,在摔倒时又能保护手不受伤,在手掌这一边有一些塑料圆钉保护手掌。

3. 护肘

护肘是保护肘关节的,可防摔和拉伤等。

4. 护膝

好护膝的塑料护板应厚而硬,内层海绵应比较软和厚,戴上后应很舒适和透气。好一点的护膝和护肘还有一个带弹性的外层套,有了这个外套护具穿上后就会始终在肘部和膝盖部位而不是上、下、左、右移动。

第二节　轮滑的基本技术与练习方法

　　轮滑运动非常流行,但轮滑运动是一项需要技巧的运动。掌握其基本技术和练习方法,可以避免运动损伤,尽情享受轮滑给我们带来的乐趣。轮滑的基本技术包括跌倒、站立与平衡、前进、后退、刹车、转弯、旋转等。

一、跌倒

　　人们常说:"未学跑,先学跌",说明了会"跌"的重要性。一般人若未接受适当训练,摔倒时会以最自然的本能反应,容易造成下巴、手腕、手肘及臀部严重受伤。所谓安全跌倒法,就是当要向前或向侧摔倒时,要主动屈膝下蹲,用双手撑地缓冲,减小摔倒的力量;当要向后摔倒时,也要主动屈膝下蹲,降低重心,尽量让臀部先坐下,并注意保护尾骨处,同时低头团身,避免头部向后仰磕地;摔倒时应尽量避免直臂单手撑地,这样很容易损伤手腕。万一摔伤时患部有肿胀、瘀血及疼痛现象,应该立即停止,给予适当的冰敷和压迫,并抬高患部。骨质疏松患者和曾经摔伤并经复健治疗的人不适宜轮滑运动。

二、站立与平衡

　　学习轮滑,首先要从站立、维持身体平衡开始。初始在穿好轮滑鞋之后,应该手扶栏杆或在同伴扶持下,慢慢站起,使身体重心尽量落在 4 个轮形成的长方形的支撑面内,做好站立姿势。然后放开扶栏杆的手,逐渐体会身体在滚动轮上如何维持平衡,从而开始花样轮滑的学习进程。方法如下:

　　(一)原地站立

　　手扶栏杆或在同伴扶持下,两脚向外分开成"八"字形,两腿稍弯曲,两臂自然下垂,上体稍向前倾,但不要低头弯腰,两眼要向前看。

　　(二)原地提踵练习

　　在手扶栏杆或同伴扶持下,原地做双脚和单脚提踵练习,感受两个前轮和制动器的位置,维持好身体平衡。

　　(三)原地两脚交替后移动

　　在手扶栏杆或同伴扶持下,两脚平行站立,在原地做两脚交替前后移动,体会 4 个轮子在脚下的位置和滚动时的感觉。

　　(四)原地踏步

　　手扶栏杆或在同伴扶持下站立,原地做身体重心向左移到左脚上,提起右脚(稍离地面),然后右脚 4 个轮子着地,重心向右移到右脚上,提起左脚。依次两脚交替提起、放下,逐渐加快速度到走路节奏,控制身体重心,维持平衡至独立完成。

三、前进

滑溜的基础来自步行,步行时当重心转移至前脚,后脚同时往侧方向蹬出以使前脚滑出。非溜冰足先轻拖在地上,溜冰足轻轻往前滑动,待稳后非溜冰足再试着腾空。慢慢加长溜冰的距离与时间。具体练习方法有:

(一)外八字前进步行

脚后跟靠拢,脚尖打开约60°,平均张开,上身保持自然,两手叉腰,身体不要晃动,重心踩在一脚上,另一脚运用大腿力量抬起向前走一个脚掌距离;前脚踏出后,重心转移至前脚,接着后脚步行至前脚之间,如此一步步踏稳而走,脚后跟尽量踩在一直线上。

(二)前进葫芦形

又称"8"字形前溜。利用压刃方式前进,两脚平行在地面上画出"8"字形,压内刃使两脚靠近,快碰到时压外刃使两脚分开。可以先使用前进滑行推动,待熟后再体会重心转换及施力的感觉。此为后葫芦形之基础。

(三)前进滑行

滑行时脚呈外八字,右脚前进时,稍稍压外刃,左脚步则稍稍压内刃,右脚用力滑出去,左脚用力推,重心稍微移位右前方,然后就让右脚滑行一阵再换左脚(此时重心要拉回来),推出去左脚要并拢回来,再将重心放到左脚上,继续动作,推出右脚,着地,换左脚用力滑出,右脚推,两脚轮流运作。上半身的姿势:上半身必须正直,两肩平行,对完全不会溜冰的人可以稍微前倾。

(四)全蹲双脚前进滑行

使用前进滑行,待有一定速度,双脚踩平刃成平行,蹲下臀部靠着小腿滑行。

(五)金鸡独立

单脚着地,另一只脚往上抬或往斜后方抬。

(六)单脚前进滑行

由前进滑行的练习慢慢加长单脚滑行的距离,身体挺直踩弓箭步。前进滑行后单脚踩平刃,使滑行方向成一直线,自由足置于斜后方成弓箭步,两手平伸,两眼中视。挺胸,吸气,收小腹,腰用力,双手平伸,后脚伸直往后抬或直接往上抬(直排轮刀)。

(七)侧推

双脚成"丁"字形,重心先放在后脚,前脚朝前,后脚往后推使前脚往前滑。

(八)全蹲单脚滑行

先使用前蹲双脚滑行,待有一定速度且稳度够时,一只脚往前伸直滑行。

(九)蟹步

两只脚成平行,张开180°。

(十)前剪冰

上半身往左转90°(尽量向后转),保持上半身的方向,右脚从左脚前放在左脚左边,左脚向左跨出。前剪冰主要由一个弓箭步和一个交叉步组成。剪冰行进路线成为一个大圈。所以前进时身体必须朝向圆心,先练习静止状态的交叉步再练连续动作。

(十一) 压刃

并排溜冰鞋轮子的架子上有橡皮垫,压溜冰鞋的左侧,左边橡皮垫会被压得较扁,同时造成左边的两个轮子间的距离缩短,此时溜冰就会往左边画出一个圆,而非直线滑行,这动作就叫压刃。刃分内刃与外刃,不论哪只脚,不论前或后滑,压的是靠近身体中间的刃就叫内刃,反之叫外刃。

四、后退

(一) 内八后退步行

方法与前进步行相同,只是后退步行是足尖靠近足跟打开,刚好与前进步行相反。后退步行由基本站立姿势开始,站立姿势是将腰后屈,身体微微前倾,脚尖的方向与前进相反,以八字形站立,在原地踏步熟悉后才以一个脚的步幅向后踏出,学习如何将重心后移,此时脚踝须放松,膝微曲,手伸张以维持身体平衡。

(二) 后退滑行

身体重心落在左脚上,右脚尖略朝外,左脚跟往外翻,腰向左扭转,重心完全落在右脚,用右脚后退滑行;左脚略提起放在右脚前方,右脚跟往外翻,腰向右扭转,重心完全落在左脚,用左脚后退滑行,右脚略提起放在左脚前方,再重复。

(三) 后退葫芦形

(1)足尖靠拢,脚后跟大约45°,两膝弯曲上身微前倾,两足压内刃,上身挺直,双手平举。

(2)两脚同时向两旁推开。

(3)两脚推开后,向外画弧(弧形不用画得太大),并向内收,改为外八字。

(4)两脚同时向内夹紧。

(5)在两脚跟尚未相碰,两脚转变为内八字,同时往外推开。

(6)重复。

(四) 单脚后退滑行

(1)利用后葫芦产生后退动力后,两足平行,膝弯曲,重心压低,重心移到一足,另一足从斜后方抬起,形成弓箭步,而溜冰足可练习压平刃、外刃,即为单脚弧线动作。

(2)利用后退滑行动作,自由足向前移到斜后方,溜冰足蹲低成弓箭步,即完成单脚弧线动作。

(五) 后剪冰

同前剪冰,主要由两个动作组成:一是弓箭步,一是交叉步。动作要领:上半身转向圆心,重心在内脚外刃,外脚往外前方推,外脚从内脚前面切到里面,重心移到外脚内刃,内脚离地面,做后推刃动作,外脚从内脚后面绕回来。

五、刹车

(一)直排后刹

就是双脚平行,把有刹车的那一脚向前推出,脚尖微向上,让刹车器磨到地面就可以。将刹车器越用力地压向地面,就可以越快停下来。刹车时身体重心一定要放低,保持在两脚中间,不可以太前太后。

(二)"八"字刹

(1)内"八"字刹。适用于平缓长下坡,也可用在速度较慢时刹车。动作要领:两脚张开,成内"八"字,两脚弯曲蹲低,身体微向前倾,抬头两眼直视前方。由于脚内"八",所以会往前滑,此时两脚用力往外撑,就可以慢慢刹车。

(2)外"八"字刹。外"八"字刹是将身体重心置于前方。

(3)后"八"字刹。身体向前倾斜,脚尖不是向内靠而是两脚的两跟向内才对,大腿外侧的肌肉用力向下压。

(三)"T"字刹(T-STOP)

单脚前溜,后脚自由足伸直垂直地放在滑行足后面,类似弓箭步,重心完全置于溜冰足上,抬头挺胸收腹,上身保持正直,后脚与前脚的轮子保持垂直轻轻接触地面,慢慢会停下来。

(四)雪犁刹车

前溜 T 字刹车时看自己的脚是呈倒"T"字形,雪犁刹车则是正"T"。姿势以左脚刹车为例,将右足转个90°,左足往左跨一大步再将右脚膝盖弯曲,这时重心很自然地放在右脚上。前溜时以右足单足旋转后,再将左足放在地上刹。或是先做磨合变成后溜之后再将左足抬起,放在右足后做刹车。此时溜冰者的姿势是后溜,前脚弯,维持往后溜,后脚直,脚板垂直行进方向,用轮子与地面的摩擦来刹车。刹车效果好,但技术不好,会转。雪犁刹车制动较大,速度太快不适合用。

(五)旋转刹车

又称"二"字刹或单侧刹。将两只脚并拢,接下来先稍微蹲低,再把身体提起,顺势将身体转90°,注意转的瞬间是很平顺地将溜冰鞋转过来。

六、转弯

(一)前滑转弯

前滑的转弯是在掌握了直线滑行基本动作的基础上进行的,一般采用向前压步的方法。在前滑中,如果向左转弯,要先使身体重心在左脚上,身体略向左方前倾,右脚向后侧后方蹬地后,收腿提到左脚的左前方,左脚再向右脚的右后方蹬地,推动右脚向左滑行,重心随即移到右脚上,上体略向左转。如此往复。右转的动作正好相反。

(二)后滑转弯

倒滑压步转弯的动作,两脚必须一前一后,向左压步转弯时,必须左脚在后,右脚在前。而向右压步转弯时,就和向左压步转弯相反,必须左脚在前,右脚在后。

以向左倒滑压步转弯为例。在进入转弯地点前,两脚分开呈左脚在后、右脚在前的状态,重心移到右脚,抬起左脚向左侧跨出,重心开始向右移动,重心移动到左脚的时候左脚以内刃落地,并用力压内刃,这时的右脚有两个选择,一是继续做直线倒滑的S动作,二是抬起放到左脚左前方。选择第一种的,在左脚压步的时候,右脚在做S动作,当右脚移动到左脚左前方,也就是与左脚交叉后,抬起左脚向左侧跨出。重复以上动作,选择第二种的,在左脚压步的时候,抬起右脚放到左脚左前方。重心放到右脚,抬起左脚,放到右脚左后方,也就是向左跨出。重复以上动作。

在开始做压步转弯动作的时候,首先你要清楚转弯要滑一个多大的圆,每次出脚压步的时候,轮子应该踩在这个圆的圆弧上,或者说应该踩在落地点的圆切线上。这样做的目的是保证做压步以后,压足回收滑行的时候与滑足交叉的角度正确(向左倒滑压步的时候,压足就是左脚,滑足是右脚;向右压步转弯的时候,压足是右脚,滑足是左脚)。难点和迷惑点就是这个地方。很多人在学习压步转弯的时候都是因为出脚压步的时候角度不对,导致压步后的压足回收不了,出现动作停顿的现象,从而使他们重心不稳,甚至摔倒。

注意:练习转弯时,两手伸出,两臂自然摆动,以保持身体平衡;两脚沿弧线向左前方或右前方滑行,身体不能过分倾斜,以免重心不稳而滑倒。初学者的步子不宜过大。先练习弧度大的转弯,待掌握了动作要领后,再练习小弧度转弯,逐渐加大身体的倾斜度。

七、旋转(双轮)

但无论是哪种旋转,都有几个技术重点:一是单轮脚力要绝对够;二是身体要平衡;三是手部动作。练习时,重心维持在正中间;往左转时,右脚维持在左脚前方,并将脚尖往左勾(带动旋转);上半身及手臂用力以控制平衡;头部、眼睛保持平视正前方;起步双脚与肩同宽,将双脚前后拉开,前脚的后轮不宜超过后脚的前轮太多,双手保持水平并张开90°后,左手于正前方,右手于右方,记住手腕与手轴不可弯曲,整只手臂为一直线。

八、练习轮滑口诀

滑需团身,弯曲求稳;欲进先侧,侧中求正;先倾后蹬,先蹬后滑。

弯滑时:右脚先入,左脚收浮;变位转向,十字交叉;侧斜蹬冰,内紧外松。

倒滑时:左脚在前,右脚稍后;上体后移,向侧蹬冰;重心向内,三转一夹。

九、练习轮滑的注意事项

(1)练习轮滑前,应先做好准备活动,尤其是手腕和下肢各关节及韧带,要充分活动开。

（2）如有可能,应戴一些防护用具,如轮滑专用的护腕、护肘、护膝及头盔等。现在很多体育商店都有这种轮滑的专用护具。

（3）练习前要检查轮滑鞋的螺丝等紧固部件,以免滑行中因轮滑鞋出问题而受伤。

（4）初学者应在初学场内或规定范围内练习,或尽可能在人少的地方练习,不要任意滑行。初次学习轮滑时,最好有滑行熟练的同伴或辅导员进行辅导。

（5）禁止做危险或妨碍他人的动作,特别是在人多的公共轮滑场内,如几人拉手滑行,在速滑跑道上逆行或与大家滑行方向逆行,乱蹦乱跳,在场内横插乱窜,追逐打闹,突然停止等。

（6）学会在摔跤时做自我保护。

应用 编

第二十章

课外体育活动

    课外体育活动是指大学生在课外时间内,运用各种身体练习方法,以发展身体、增强体质、提高运动技术水平和丰富课余文化生活为目的而进行的体育教育活动。高校教育活动不单纯只有课内教育,还有课外教育,包括大量的各种有益于身心发展的课外活动,如科技活动、文娱活动、体育活动、参观活动等。其中课外体育活动参与人数最多、活动时间最充裕,它是高校体育的重要组成部分,也是实现高校体育目标任务的基本途径之一。新世纪的大学生都应当以极大的热情参与课外体育活动,实现身心的全面发展。

    由于课外体育活动在高校教育和高校体育中占有十分重要的地位,所以历来受到党和政府的重视。1990 年国务院批准颁布的《学校体育工作条例》第三章第十条规定:"中等专业学校、普通高等学校除安排有体育课、劳动课的当天外,每天应当组织学生开展各种课外体育活动。"教育部、国家教委 1990 年颁布的《大学生体育合格标准实施办法》中明确规定"早操"每周不得少于 3 次、"课外活动"每周不得少于 2 次;"课外体育锻炼"出勤未达到出勤次数的 85% 者,该项成绩应记为不及格。《中华人民共和国体育法》第二十条中规定:"学校应当组织多种形式的课外体育活动,开展课余训练和体育竞赛……"这些法规条例为高校开展课外体育活动指明了方向。

第一节　课外体育活动的组织形式

    课外体育活动是学生在课余时间里,以发展身体、增进健康、提高运动技术水平和丰富业余文化生活为目的而进行的多种形式和内容的体育活动。课外体育活动的组织形式多样,有规定在高校作息制度中的学生必须参加的体育活动,如早操、课间操、班级体育锻炼;有全校性的课外体育活动,如体育节、体育周和各种形式的体育竞赛;有为少数擅长运动的学生组织的课余体育训练,以及学生根据各自的兴趣爱好自愿加入的体育俱乐部活动;还包括校外各种形式的体育活动,如家庭体育、社区组织的体育活动等。主要有以下几种组织形式:

一、全校性课外体育活动

（一）早操（早锻炼）

早操是作息制度中规定的体育活动。早操可以培养学生的良好生活习惯，并以清醒的头脑、充沛的精力和饱满的热情迎接一天的学习和生活，从而提高学习的效率。早操的内容通常选一些运动负荷不大的活动项目，如跑步、做操、打拳等。早操的时间一般为15~20分钟，运动负荷不宜过大，以免造成过分激动和兴奋，影响文化课的学习。早操的组织应根据高校的实际情况而定，一般采用班级、年级或全校的集体形式进行。

（二）课间操与大课间体育活动

课间操是作息制度中规定的体育活动，是我国中小学校最普遍、最有保障的一种课余体育活动形式。课间操是安排在每天上午第二、三节课之间进行的体育活动。课间操的内容一般有广播操、眼保健操、器械操、游戏、武术、跑步、舞蹈等多种活动项目。课间操的时间一般在15~20分钟；运动负荷不宜过大，以达到积极性休息的目的。

大课间体育活动是在课间操基础上发展起来的一种课外体育活动的组织形式。活动时间比课间操略长，一般为25~30分钟；活动内容更丰富，一般先进行全校统一的体育活动，如广播操等，而后为不同年级、不同班级安排的活动项目。

（三）体育节（体育周）

体育节（体育周）是作息制度中体育活动以外的全校性课外体育活动。一般是利用一个学习日（周）开展的主题性体育活动，如体育知识讲座、体育知识竞赛、体育表演、体育比赛、体育游戏等。体育节（体育周）具有浓厚的节日气氛，能有效地提高学生的体育兴趣，调动学生参加体育活动的积极性，对增强体育意识、提高体育素养、扩大知识面、培养能力等方面具有重要的作用。

（四）各种形式的体育竞赛活动

全校性的体育竞赛活动形式多样，如学校田径运动会、学校趣味体育运动会、各种运动项目对抗赛等。这些活动参与人员多，学生、教师都可以参与；参与形式广，可作为运动员或裁判员参与，也可作为啦啦队成员或普通观众参与。因此，全校性的体育竞赛活动是推动群众性体育运动广泛开展，提高运动技术水平的重要措施，具有宣传面广、教育作用大的特点。

二、团体性课外体育活动

（一）班级体育锻炼

班级体育锻炼是作息制度中规定的体育活动，被列入正式课表，一般每周安排两次，每次一个小时左右。班级体育锻炼是以班为单位，或将学生分成若干锻炼小组，在教师的指导下，由班干部和锻炼小组长带领学生进行的体育活动。班级体育锻炼的内容可以与体育课教学内容结合、与学校传统项目以及学生喜爱的各种运动项目相结合。也可以根据不同季节、不同的场地器材等条件灵活多样地选择。

(二)体育社团(俱乐部)活动

校园内的体育社团(俱乐部)通常是根据学校体育场地设施、体育传统项目、指导力量和学生体育需求等因素筹建,学生根据各自的兴趣爱好等需求自愿加入社团(俱乐部)。体育社团(俱乐部)中有的是为了提高技术水平,带有课余体育训练性质,有的则纯粹是为了丰富课外生活。体育社团(俱乐部)有经费支持,以参与学生缴纳会费形式筹集活动经费,或高校资助、社会赞助一部分活动经费。这种课外活动形式为学生提供了"我要学、我要练"的平台,对学生掌握和提高运动技能、养成运动习惯,培养学生的终身体育意识,都有良好的作用,不论是在参与的积极性,还是参与效果方面都有较好的成效,具有推广价值。

(三)运动队训练

高校运动队是根据本校体育活动基础、本校师资力量,以及场地器材和生源情况,按运动项目,由一些体育尖子或有培养前途的学生所组成。运动队训练目标主要是提高运动水平,代表本校参加各种级别的比赛。运动队训练可以使学生的体育特长得到发展,为国家输送体育后备人才。同时,运动队对普及体育运动知识和技术,吸引广大大学生参与体育活动,推动课余体育活动开展具有示范作用。

(四)个人体育锻炼

个人体育锻炼活动是根据学生自己的兴趣、爱好、需要,按体育锻炼的方法要求,自觉自愿地选择相应的体育锻炼项目,在课外单独进行的体育锻炼活动。它对培养学生体育兴趣爱好,养成体育锻炼习惯具有非常积极的意义。个人体育锻炼活动内容相当广泛,高校通常是为学生提供课外活动的时间、场地设施等活动条件,来推动个人体育锻炼活动的开展。

第二节　高校课外体育活动的特点

课外体育活动与体育课堂教学都是实现高校体育目标的重要途径,但课外体育活动在活动内容、组织形式、活动方式上又不同于课堂教学,它具有自身的特点。

一、课外体育活动的性质具有法定性与自愿性

高校课外体育活动是国家政策规定必须开展的,它对确保学生身心发展,解决一般发展与特殊发展具有重要的意义。绝大多数课外体育活动是属于学生自愿参与的、有较强乐趣性的自主性活动。强调学生可以按照自己的兴趣爱好和特长自愿选择,这样,不仅能发挥学生的积极性和主动性,而且能使学生的才能、个性得到充分发展。也有一些课外体

育活动形式,如早操、课间操和班级体育锻炼,是学生每天学习生活的组成部分,体现了科学的作息制度,规定每个学生都必须参加,属于强制性体育活动。但这种强制性体育活动也是在宣传教育、组织动员的前提下学生自愿参加的。

二、课外体育活动的内容具有多样性

课外体育活动的内容有的与体育课堂教学有着紧密的联系,直接为巩固、扩展课堂教学效果服务,成为课堂教学的延伸和补充。但更多的内容与课堂教学只有间接的联系,不受课程标准或教学计划的限制,是根据本地区、本校的实际情况,学生的不同需求,着眼于增强学生体质,侧重于发展学生的兴趣、爱好与个性特长,培养学生的体育锻炼习惯,开展的内容丰富多彩的活动。课外体育活动的内容有娱乐性体育活动、健身性体育活动、竞技性体育活动等,范围可宽可窄,程度可深可浅。目前一些时尚的体育活动(如攀岩、登山、极限运动、街舞、瑜伽等)进入校园,为校园体育文化增添了现代时尚气息。

三、课外体育活动的形式具有多样性

课外体育活动的形式多种多样,时间可长可短,活动的规模可大可小,参加活动的人数可多可少,只要适合学生的年龄特点,需要什么形式就可采用什么形式。通常,课外体育活动大都以班级、小组为单位的组织形式来开展,以满足学生多种多样的需求和适应高校场地器材的实际,而相对比较松散灵活的体育社团形式更受学生欢迎。

第三节　课外体育活动的实施与管理

一、课外体育活动的实施

课外体育活动的实施是以学生自觉自愿为主、强制规定为辅,自主开放的操作过程,必须制定有关制度,并保证各项制度能有效地实施。主要有:

(1)将课外体育活动纳入高校教育、教学计划,不得以任何理由侵占和挤用。制定课外活动辅导工作岗位职责及必要的活动公约。

(2)积极为课外体育活动提供各种物质条件,并以制度形式加以确定,保证课外活动顺利开展。

(3)制定完备的安全管理制度来防范各种安全问题,如应急处理、事故责任承担等。

(4)适时把握课外体育活动的动向,建立科学的评估和监测体系,建立合理的奖惩制度。

(一)课外体育活动的计划

课外体育活动的计划对课外体育活动的顺利开展具有重要意义。全校性的课外体育活动计划以学年或学期为单位,一般由体育教研室(部)在广泛听取各方面意见的基础上制定,报高校主管领导批准后执行。其主要内容有提出新学年(学期)课外体育活动工作的目标;明确全校课外体育活动的种类和要求,筹划需要增添的器材设备和其他物质条件,考虑辅导力量的配备和学生体育骨干的培养;限定执行计划、完成计划的时间,指定负责人员等。

年级课外体育活动计划通常适合规模较大、学生较多的高校,一般由体育教研室或负责年级体育教学的老师和年级主任共同完成。计划是依据高校课外体育活动的计划以及本年级学生特点加以细化,安排适合本年级学生特点的课外体育活动。

班级课外体育活动计划是落实每天一小时体育锻炼的重要保证,通常是在辅导员、体育教师的指导下,由班级体育委员在征求全班同学的意见后制定并实施。其主要有班级课外体育活动的目标、活动的内容和形式、活动小组的划分、检查评比方法等。活动的时间、场地、器材等一般需按高校的总体安排落实。

体育俱乐部的活动计划由专任负责人根据高校体育工作的总体规划和课外体育活动计划确立自己的目标、任务、运营方式、人员安排、场地器材配置、经费预算等。

(二)课外体育活动的实施

课外体育活动实施需要从领导到教师、辅导员到学生干部,各司其职、各尽其能。在这个过程中,校长或主管校领导为全校课外体育活动总负责人,要求校长或主管校领导经常到活动场地,了解课外体育活动开展情况,以便及时发现问题、解决问题。

体育教师是课外体育活动的业务工作责任人。具体负责指导、协调和组织工作,如编制全校性课外活动计划并付诸实施,协助班主任组织并指导所带年级的课外体育活动等。

班主任是各班级课外体育活动的负责人。课外体育活动的实施必须充分发挥班主任的作用,通过班主任教育、鼓励、引导和督促学生积极参加活动,其具体的职责是了解和掌握本班学生的运动兴趣、运动习惯、基础水平及体育特长等基本情况,协助学生班干部组织本班学生按时出操或开展其他活动,维持本班级纪律和秩序。

学生干部和体育骨干,尤其是班级体育委员对课外体育活动的顺利实施有很大的影响。学生干部的职责是以身作则,组织并带动全班学生积极主动地参加活动。

课外体育活动相对自由度大,尤其是时聚时散的小团体不容易规范管理,建立一支辅导队伍,是开展课外体育活动工作的重要条件。一般来说,体育教师可以通过指导、咨询、协调等形式介入,鼓励、启发学生有计划地锻炼,持之以恒。高校应鼓励各科任课教师能者为师,承担辅导任务并把辅导工作纳入工作量。

(三)落实开展课外体育活动的措施

组织开展课外体育活动需要投入人力,提供一定的经费和物资设备,进行时间、空间的合理安排。可以采取以下方法,对人、财、物、时间、空间进行科学的整合:

确定小组和人员。组建各种类型的课外体育活动小组,在学生自愿报名的基础上确定成员,人数视活动的性质、内容而定,从四五人到二三十人不等。小组在吸收成员时,要在学生自愿的前提下,规定某些条件,主要是看报名者对该活动是否有比较稳定的兴趣。

确定活动时间和地点。由于课外活动的形式多样,高校应对课外活动的时间和地点统筹安排,这样,既可以充分利用活动场地器材,也可以让学生根据自己的兴趣和特长选择活动,避免"冲突"。

确定活动内容。开学初拟出小组活动计划,对每次活动的内容有一个系统的整体性安排。

确定活动形式。形式是为内容服务的,它的原则是富思想性、科学性、知识性、趣味性于丰富多彩的课外活动之中。

确定指导教师。发挥体育教研组(部)全体教师和部分有体育特长的教师的作用,建立辅导教师责任制,做到辅导教师固定,加强指导,提高活动质量。

确定评比、竞赛和奖励办法。适当组织各种类型、各种层次的评比、竞赛和奖励办法,是推动课外体育活动的有效手段,也是了解课外体育活动成效的信息反馈渠道。

二、课外体育活动的跟踪管理

全校性大型体育活动要涉及众多的师生,并需要多方面的工作配合,往往是牵一发而动全身,因此加强大型体育活动管理的关键是加强计划管理和施行有组织的监督。小组活动小型分散,便于开展多种多样的活动,满足学生的不同兴趣和爱好,多方面发展各种才能,使学生得到更多的学习和实践锻炼的机会。因此,加强小组管理,提高小组的活动质量,是提高课外活动质量的中心环节。

由于课外体育活动具有内容多样性和形式灵活性的特点,在实施阶段往往面临更多不确定因素的影响,这就要求在实施中加以跟踪管理,根据实际变动情况及时调整。课外体育活动跟踪是指管理者通过建立管理信息系统,在课外活动实施全过程,对活动进展的有关情况,以及影响其实施的内外部因素进行及时、连续、系统、准确地记录和报告的一系列活动和过程。对课外体育活动进行跟踪管理是为了及时发现问题,寻找差距,以便及时调整,有效地控制和保证课外体育活动的正常运转。课外体育活动的跟踪管理方式主要有:

(一)活动信息收集

(1)数据统计,对参加课外体育活动的班级数人数,或不同时间段参加活动的人数进行统计。

(2)经验判断法,即利用经验来确定课外体育活动开展的情况。

(二)活动状态报告

(1)日常报告。定期(周、月)进行,主要是活动开展和资源使用情况报告。

(2)例外报告。特别事件发生时的报告。

（3）特别分析报告。针对某项课外体育活动,或某一重大问题进行调研、考察后形成的报告。

（三）活动进度控制

为使课外体育活动顺利实施,首先应该对活动涉及的各项工作任务进行实时监控,及时发现问题,寻找差距,以便及时调整。课外体育活动进度控制的内容主要有当前计划完成情况,已完成工作任务的质量,场地设施的使用情况,相关部门人员沟通、协作情况等。

随时校正计划与实施之间差异的前提是检查。检查贯穿于整个课外体育活动实施过程,尤其是对于长期开展的、已形成制度化的课外体育活动,检查能发挥督促和提醒的作用,防止虎头蛇尾。检查主要有检查课外活动工作计划的执行;检查课外体育活动工作的进展;检查课外体育活动是否切实采取措施保证学生的安全和健康;检查课外体育活动在时间、场地、辅导力量、学生参加活动等方面是否发生矛盾;检查课外体育活动与学科课程学习是否发生矛盾。

活动进度要根据具体情况做出适当调整,其原则是从实际出发,从效果出发,总结完善。每组织一次活动,都要在结束以后把主要参与人员集中起来总结经验,对计划、实施过程认真回顾,总结优点,找出差距,提出整改措施。

第四节　高校体育社团

校园体育社团是学生为了满足多方面的体育需求,依据共同的兴趣爱好,自发组织起来的群众性体育组织。校园体育社团在充分满足广大学生日益多元化的体育需求的同时,对推动高校体育工作的开展,建设校园体育文化,丰富课余生活,发挥着越来越重要的作用。教育部、国家体育总局和共青团中央联合制定的《关于开展全国亿万学生阳光体育运动的通知》中,就特别强调了要加强学生体育社团和体育俱乐部的建设。

一、校园体育社团的特征

作为一种由学生自发形成的体育组织,其成员构成、组织机构、活动方式等决定了它主要具有以下几种特征:

（一）组建的自发性

校园体育社团是在高校管理部门的许可下,由学生自发组织起来的。体育社团负责人自愿承担社团的发起和组建工作,学生参与体育社团的初衷基本都是由于在兴趣、爱好、特长等方面具有某种程度的一致性。由于校园体育社团是自发形成的,同时,丰富多彩的活动内容与形式又会吸引不同年级、不同性别或不同专业的学生参加到体育社团中,所以在人员组成上表现为松散性、流动性,学生可以自由选择参加何种体育社团,何时参加、何时退出,由学生的兴趣和自身情况决定。

（二）运作的自主性

自我管理、自我服务、自我发展是体育社团运作的显著特征。体育社团内部民主、关系平等，社团章程制定与修改须由会员通过，社团的经费主要来源于成员所交纳的会费，社团管理以志愿参与为主，活动内容和方式更加贴近学生个体的不同需求，更符合学生的特点，完全体现了学生的自主性。由于体育社团成员加入社团的自愿性和目标的趋同性，从而在活动中表现出极高的热情和主动性，并在彼此的交往和相处中相得益彰，增强了体育社团的凝聚力。体育社团运作的自主性环境能帮助大学生逐步摆脱对教师的依赖，培养他们独立思考、判断、解决问题的能力以及个人行为自律的能力，有意识地培养他们独立的人格。在活动过程中，学生的个性、表现欲和自我肯定的需求可以得到极大限度地满足。

（三）行为的自律性

校园体育社团行为的自律性，首先表现在学生一旦加入体育社团，就应该遵守社团内部的章程和制度，承担相应的责任和义务。学生的主动参与是自律性的重要条件，依靠成员的自觉，实行自我控制，自我约束。同时，自律性还不仅仅是狭义上的自我严格要求，还包括体育社团组织的意见、主张和实现方式要通过组织的自我约束方式来实现，即该干什么、怎样干要看组织成员的集体意志。

二、校园体育社团组建指导

（一）组建校园体育社团的条件

在高校内成立体育社团，通常要求具备下列条件：

（1）由有若干名学生联合发起，发起人必须具有开展该社团活动所必备的基本素质。

（2）学生社团的名称应当符合法律、法规的规定，社团名称还应当反映体育的特征。

（3）有固定的活动场所，有至少一名指导教师。

（4）有相应的组织机构，有规范的章程。

（二）校园体育社团发起人的物色

社团产生的必要条件之一是要有能成为会员的群体。如果某一个群体从集体行动中获得的收益高于他们付出的成本，那么这种群体就极有可能成立一个社团组织。这样的群体称为潜在的社团。但并不是所有潜在的社团都会变成现实的社团。任何社团的成立都必须有一位或者几位发起者，一般情况下，一个新社团的诞生，都是最先发起人担当第一届负责人或是临时负责人。因此，体育社团发起人是核心人物和领头人，其素质和能力是体育社团能否顺利开展活动的前提。

首先，体育社团的松散组织特性决定了发起人在组织内部的影响力主要取决于他的专业水准，唯有热心社团工作并具备较高运动技能水平的成员，才有可能团结并领导其他成员，一道开展大家喜爱的活动。

其次,体育社团工作依赖于全体成员的配合支持。因此,社团发起人必须有群众观念和服务意识。一个理想的发起人应该是一个很好的沟通者、组织协调者,一个全方位的服务者,要甘于奉献,努力为社团成员的锻炼和施展才干创造机会。

再次,体育社团发起人要甘于付出。善于用自己的态度和工作方法去影响和带动其他人,有民主观念和法制意识。在会费收取、经费使用上,在重大活动的计划、组织上,在社团干部的更替及与兄弟社团的交流上等,都应广泛征求成员的意见,民主讨论,透明公开。无论是在校内活动还是开展社团服务,无论是制定章程还是活动的宣传策划,都要遵守纪律。

(三)校园体育社团章程的拟定

体育社团章程一般应包括以下内容:

(1)社团名称。

(2)性质与宗旨。

(3)社团成员的权利与义务,行动的一致性。

(4)组织机构产生程序与职权范围。标明可能有的机构名称及职能,适应本社团发展的制度,如会长负责制、全员公决制、理事会制等。

(5)经费来源及管理办法。写清资金来源和使用办法、财务公开方式等,最好要有专人负责收入与支出账目,定期向社团成员公示财务状况。

(6)章程修改程序。

(7)纪律及其他有关事项。在结合校规校纪的情况下制定社团的规章制度,每一个成员都要坚决执行,这是创建一个好社团的基础。

(四)申请设立体育社团的程序

(1)发起人成立筹备小组,进行各项准备工作。草拟体育社团组织章程,聘请指导老师,联系体育活动场地器材,确立体育社团成立会的时间、地点等。

(2)向高校社团管理机构递交申请文件。主要包括社团申请登记表、体育社团组建方案、体育社团组织章程等。申请人提交的体育社团组建方案要求内容完整,并具有可行性。组建方案中除了说明社团的名称及类型、组织制度及机构、社团人员构成及规模外,还要包括以下内容:体育社团成立的可行性论述,如潜在群体分析;能持续的时间;可利用的资源等;体育社团通过阶段性的活动想要取得的效果和达到的层次,包括长远目标和活动目标;社团的活动办法及社团组建活动中其他需要说明的内容。总之,组建方案要体现体育社团的构想和特色。

(3)经高校社团管理机构审批通过后即可公开招募会员。

(4)召开会员大会。通过组织章程,依章程规定选定负责人及其他工作人员。

(5)组织章程及组织机构通过后体育社团即可开始正常活动。

三、校园体育社团运作指导

(一)整合资源提供保障

目前国内校园学生社团的管理体制通常是校团委受高校委托,在相关部门的支持下,负责校内学生社团的管理工作。体育社团不同于其他类型社团,在体育场地、器材、技术、竞赛等方面,需要体育教研室(部)的指导、支持与协助,为此,体育教研室(部)应主动承担起对体育社团管理的责任和义务,发挥资源优势,对体育社团的活动、体育场地器材使用、竞赛裁判等方面给予支持和指导,为体育社团提供参与体育节、运动会的宣传、组织、表演以及社团评比、表彰和奖励等机会。对影响面广、成绩突出的体育社团,还可作为高校特色,由体育教研室(部)重点培育。

为了使体育社团运作有章可循、有序发展,有必要制定相应的规章制度,如学生体育社团管理办法、体育社团检查评比办法、体育社团场地使用管理规定、体育社团干部培训制度等,确保体育社团规范发展。

指导教师和体育场地是体育社团运作不可缺少的两大因素,可通过资源整合解决技术指导和体育场地的问题。一是体育教研室(部)统筹规划,合理安排人力、物力,为体育社团指派教师和提供固定的体育场馆活动时间,解决体育社团活动安排、比赛组织、裁判工作和活动场地问题。二是同社会联姻弥补校内资源不足,可由体育教研室(部)外聘高水平指导教师帮助体育社团解决指导教师不足;或与社会体育实体合作,以优惠的价格提供场馆给体育社团使用。

(二)体育社团干部的激励

体育社团的学生干部是社团的核心,具有特殊的地位和作用。要采取各种措施,激发体育社团干部的工作动机,调动其积极性,挖掘其潜力,发挥其创造性,从而高效地开展活动。

(1)要清楚地了解每个学生干部的性格特点,准确地把握其价值取向。了解他们加入体育社团的目的是什么,是锻炼能力、扩大交往面,还是其他更功利一些的目的,从而在后续工作中,采取有针对性的工作方式予以引导或激励。

(2)量才而用。尽量使每个学生干部都能在适宜的岗位上,充分发挥其能力特长,使之能力得到施展,其价值得到肯定,这本身就是一个巨大的激励。

(3)为体育社团的发展设定一个有一定难度又非常明确的目标,并且要向每个学生干部清晰地说明实现目标的过程与步骤,使其在受到目标激励的同时,切实感受到它的可实现性,从而激发斗志,提高凝聚力。一方面,对于成绩,在把握其心理价值取向的基础上,要给予肯定和有针对性的适当奖励;另一方面,也要不断以更高的目标作为激励,并给予适当的鞭策。

(4)把握"公平、公正"的原则,加强组织沟通。营造一个轻松、亲切、坦诚的组织氛围,在组织内部要创造一种公信力,使大家产生归属感。将沟通的成果落到实处,使好的意见或建议不断地在社团的发展过程中得到实现。

四、体育社团筹资路径指导

筹款是社团组织的核心能力之一,公信力是社团筹款的先决条件。校园体育社团的公信力是指社会、高校、会员对社团的认可及信任程度。公信力是通过组织的服务来实现的,体育社团必须分析会员的需求,在活动内容、组织形式上不断推陈出新,吸引更多的学生加入到体育社团中来,努力满足他们的需要,才能增加社团的会费收入和活力。但会费收入有限,还应通过多种路径筹款,支撑学生体育社团的生存与发展。

校园体育社团潜在的资助者除高校外,主要有社会基金会或非营利组织、企业、个人。对捐赠者进行有针对性的、细致的研究是成功获得资助的基础,因为这样不仅可以把精力集中到那些最有可能获得资助的目标上,而且还可以通过有针对性地了解资助者,在今后建立积极的相互信任关系。首先,需要明确了解潜在的资助者的资助兴趣,不同的资助者侧重于不同的兴趣和发展方向,资助者可能提供的资助除资金外,还包括各种产品、技术方面的支持或支持性服务,根据以上这些信息,结合自身的情况考虑应该要求多少资助。一旦确定了一个潜在的资助者,就大胆地接触他们,展示出自己的能力和竞争力。

资助者和校园体育社团的关系与体育社团活动的效果及其影响力直接相关。体育社团最初的目的是为了做好活动而联系资助,最终目的也应该落回到活动效果与影响力上,只有这样,资助者和体育社团的关系才能达到平衡。

体育社团要争取创造好的成绩,树立品牌项目,争取高校或社会组织向体育社团"购买"项目或服务,以此获得资助来促进社团的发展。还可以走出校园,广辟渠道,开展面向社会的有偿服务,或寻求社会资金赞助,增强社团自身的"造血功能"。

五、体育社团活动指导

开展活动是社团的生命力所在,教师的指导在学生体育社团活动中起着举足轻重的作用,加强体育社团活动的计划与组织指导,是指导体育社团工作的主要着力点。

(一)保证活动的计划性与经常性

每个社团都有自己的社团活动规划,如招新活动、迎新比赛、欢送比赛、联赛等安排。这样的活动内容都以"制度"的形式规定下来,每学期均按照计划执行。社团活动的计划既要有面向大多数学生的活动,又要有鼓励少数学生脱颖而出的活动。对于一些小型活动,社团自身可以解决的,在学生体协备案即可;对于影响较大,需要高校体育教研室(部)出面协调的,先经学生体协审核,再交由体育教研室(部)定夺。这种分级分层管理,一方面可以减少体育教研室(部)的工作量,更重要的是可以锻炼各体育社团干部的能力,发挥其主观能动性。

(二)力求活动有特色

社团活动是吸引学生的有效载体,要帮助社团建立一套具有自身特点的活动机制。特别是督促社团干部锐意创新,从活动的组织、策划、安排、开展、总结过程等方面进行创新和探索,做到别具匠心,打破传统的活动方式,避免"为活动而办活动",注重活动的质量和效果,增强活动的吸引力,进一步提高社团活动的参与度,使成员更加了解自己所在的社团。

(三)强调活动组织的团队精神

学生体育社团在组织结构的设置上一般都比较简单,学生干部人数也较少,如果单一强调职能与分工不利于活动的开展。许多活动开展时,需要着手建立临时工作小组性质团队,充分调配社团组织中的人力资源,加强社团成员之间的交流,强调组织的整体性和团队精神。

第五节　大型体育活动的策划与管理

高校举办大型体育活动具有参与人数多、组织难度大、影响面广的特点,需要事先进行周密的策划。所谓策划,是在调查、分析高校特点和需要的基础上,遵循一定的程序,对某项体育活动事先进行系统全面的构思和谋划,同时制订和选择合理可行的执行方案。优化活动内容,更好地满足学生的体育需求,确保大型体育活动开展过程中各个环节职责明确,落实到位,提升活动效果。

一、高校大型体育活动策划的步骤及内容

(一)明确目标,确立主题

高校举办大型体育活动是开展群众性体育运动,体现特定校园文化的载体和形式。它能调动学生参加体育活动的积极性,增强体育意识,提高体育兴趣和体育素养,起到凝聚人心、理顺情绪、振奋精神的作用。大型活动都有鲜明的目的性,整个目标体系包括活动的功能、传播价值、影响价值等,要根据本校的中心工作,因地制宜地利用高校的各种优势,制定每次大型体育活动的具体目标,确立主题。

大型体育活动主题通常指明为何要举办活动、举办活动要解决什么问题、达到什么目的,是活动的核心思想和内容的提炼。主题包括活动的主题名称、系列分主题和活动的年度主题等,可以是专题,也可以是综合性的;可以既有中心主题,又有附加主题。确定主题直接关系着体育活动形式、操作手段的策划与实施,是整个活动的"点睛"之笔和活动组织与管理的中心要素,活动内容、时间、形式、地点等要素都要围绕主题来设计和安排,因此活动主题的确立是大型活动成功的关键。

高校有些大型体育活动是根据工作计划和法定程序安排举办的,如每年举行校运会

属于常规性活动,主题原则上是统一的,但高校在每个时期、每个阶段都有不同的中心任务,此类常规活动也应与时俱进、寻找切入点。

大型体育活动主题的提炼,一方面要针对活动的指导思想、目的要求进行反复的酝酿,进而提炼出符合活动要求的主题,彰显活动主旨、运作脉络、参与面等实质特征;另一方面,要用艺术的语言加以修饰,注重语言形象的描述、文化品位的提升、含义广度的延展、个性特质的诉求,以使其具备更大的多维想象空间、更深的底蕴。可以运用艺术手法,渲染、营造与活动主旨相和谐的气氛、情绪,提升主题部分的精神内核。主题词通常要求能准确、生动表达地体育活动的宗旨,文字简练,寓意深刻,朗朗上口,便于宣传和推广。

(二)活动内容与形式的创意与设计

高校大型体育活动主题确定后,要给活动主题寻找一个理想的内容和表现方式需要创意。创意是提出有创造性的想法、构思。创意的本质是创新,追求与众不同,追求意料之外又情理之中的智慧光芒。从创意与设计的关系看,两者既有联系又有区别,一般来说,创意为先,设计在后,没有好的创意,就不可能有好的设计。设计是创意的延续,是创意的具体化。没有设计过程,再好的创意都只能是空的,毫无意义的。活动的创意与设计过程,不仅体现着组织者开展大型体育活动的创造性智慧,也体现着其工作艺术,直接关系到活动的效果。

创意过程可以运用模仿法、移植法、联想类比法、组合创造法、逆向思维法等激发思想的火花和创造性,也可围绕主题召开小组讨论会,以"头脑风暴法"集众人才智。实践表明,"头脑风暴法"是创意工作的捷径,它可激励会议成员无约束地自由思考。尽量提出新奇设想,或结合他人见解提出新设想,通过集合所有创意方案,往往会寻找出最佳方案。

高校大型体育活动内容与形式的设计必须紧扣主题、服务主题,从实际出发,充分考虑学生的体育基础、文化素质和兴趣爱好,具体把握好几个要素,即活动举办的时间、地点,主要内容与形式的设计,大型活动衍生品的开发等。

大型活动举办时间的选择首先要考虑活动主题的客观时间,如活动对季节气候的要求等,还要考虑相似活动传统的举办时间、学生学习时间安排以及是否与其他重大活动相冲突等。

选择地点的具体标准一般要从活动规模的大小,活动所要求的硬件水平考虑场所的容量、设施、可视性、可聚集性等条件,组织者还可以根据地点与主题的相关性、对主题的烘托作用等选择最合适的举办场所。

大型体育活动内容与形式的设计是展示活动主题的关键,是整个活动最终能否取得成效的决定性因素。可在以下几类活动中进行选择或组合,设计出便于高校组织、学生接受,有利于广大学生参与的活动内容与形式:

健身性体育活动——以锻炼身体素质效果显著且简易可行、可测的身体练习为主。如健美操、校园集体舞蹈、《学生体质健康》测试内容等。

竞技性体育活动——以普及性的田径、球类项目为主的体育竞赛。

娱乐性体育活动——以体育游戏、趣味游戏、民俗体育活动为主,如跳绳、呼啦圈、家长参与的亲子类活动等。

体育文化活动——如体育小制作、体育绘画、体育摄影、体育征文和秩序册封面设计、口号征集、团体操编排等。

体育与健康知识普及活动——如体育知识竞赛、讲座、宣传栏等。

大型体育活动内容与形式的设计还包括开发大型活动的衍生品,如在全校学生中征集运动会会徽设计、秩序册封面设计、运动会口号及宣传用语,举办体育知识竞赛、体育与健康为主题的征文竞赛,组织高校教师开展体育与健康知识讲座和裁判法培训,各班级入场式方队设计、宣传创意评比、文明啦啦队评比等。

(三)拟定活动组织流程

从组织上看,高校大型体育活动大多是在有限的时间之内完成的一次性任务,是由多个环节组成,这些环节相互交叉,相互作用。

每次大型体育活动在目标、环境、条件、组织、过程等诸多方面都有特殊性,为了提高活动组织的效率,一般可按活动各组织环节,尽量详细绘制流程图,通过流程图显示所有要求完成的任务、谁负责哪项任务、完成任务允许的时间和任务之间的关系,能够给策划者提供组织实施的整体蓝图,为编制计划提供依据。

工作分解结构图是一种层次化的树状结构,将某项活动按一定的方法划分为可以管理的项目单元。通过对这些单元的控制,协调控制整个活动项目。这种设计最初只是一个流程,建立在大型体育活动提供的要素基础上,在明确各部分人员之后,就可以对工作性质、职责等进行具体的描述与计划安排。

对一些重要的核心环节可进一步采用备忘录方式进行细化。在备忘录上对活动安排日期、时刻、行动、地点、责任等进行详细的解释说明,尽可能详细地考虑所有时间段内应该完成的任务计划,如场地、设备、奖品、相关资料准备、出场人物、来宾接待、进退场顺序安排、工作人员任务分配等,按时间与相关流程,在每个节点注有详尽的工作进度与责任落实操作流程。

二、高校大型体育活动策划的注意事项

(一)重在调动学生参与

举办大型体育活动的目的是为了推动高校体育工作的落实,客观上要求要调动学生全面参与。没有广大学生的参与,活动就失去存在意义,参与、关注大型体育活动的学生越多,取得的效果就越大。因此,在进行大型体育活动策划时应面向全体学生,把能否吸引学生参与作为基本原则。

活动应体现时代感、新颖性和趣味性,从多层面、多角度为学生提供施展才华的舞台,

利用各种手段扩大影响,造成一种声势,做到人人知晓,从而最大限度地吸引学生参与到活动中来,或者对活动进展加以密切关注,享受高校大型体育活动给他们带来的无限欢乐,真正做到"人人参与、个个受益",使其成为学生向往、渴望、难忘的校园生活风景线。

策划者要加强调查研究,关注社会热点,关注国内外体育动态,收集有关信息资料,吸取外校的好经验、好方法,准确把握校园特色、学生年龄特征和体育需求,注入新鲜的元素,不断以新的亮点来吸引学生。

目前,许多高校正在进行一些探索,将运动竞赛或单一的体育活动变为融健身、娱乐、竞技、文化教育为一体的大型体育活动,有以下一些形式与做法值得参考。

综合性运动会:以传统的运动会为基础,加大运动会的前期准备过程,改革运动项目设置,增加娱乐项目的比例,增加集体项目的设置,尤其是将传统竞技运动项目进行改进、延伸、拓展,乃至自编、自创新的内容和形式,集竞技、娱乐、教育、健身为一体,倡导人人参与。

体育文化节:将体育作为一项校园文化内容在一段时间内集中展现,并融入艺术、文化等多项内容,以体育运动项目竞赛、各种民俗体育活动、体育知识竞赛、体育文化传播等内容为主,充分调动每一个学生的参与积极性。

阳光体育活动:有高校以"快乐运动,快乐生活"为主题开展体育活动健身月活动,将竞技项目比赛、广场健身操表演、趣味运动项目比赛、野外定向运动、登山运动、自行车运动等富有群众性、趣味性的各种群众体育文化活动集于一身,以此激发广大同学们的体育兴趣,培养同学们强烈的参与意识和积极向上、勇于拼搏的体育精神,走入大自然,活跃校园体育文化氛围。

(二)必须进行可行性分析

在策划高校大型体育活动时,要用创新的意识来研究活动的内容与形式,力求别出心裁,与众不同。如果说创新赋予大型体育活动策划的魅力,那么,可行性则赋予策划得以实现的保障。追求创意固然重要,但必须以可行性作为前提,没有可行性的创意,只能是空中楼阁。因此,策划前要对高校所能提供的人财物等状况加以仔细了解,形成方案后还要对大型体育活动实施的可行性、有效性进行具体、深入地论证和评价,使活动所需利用的人员、经费、场地、技术设备等与所具备的条件相匹配,不能一味追求造大声势,做大动作,而忽略了本校可能提供的条件。可行性分析一般应包括以下内容:

(1)必要性分析:主要从活动对高校工作量、学生发展产生的影响来分析。

(2)技术可行性分析:主要从活动实施的技术角度评价活动组织开展的可能性。有些活动的主题和内容形式都非常新颖,学生也喜欢,但由于高校自身条件有限,在没有其他资源可以利用情况下,超出能力范围的活动形式与内容不宜选择。

(3)财务可行性分析:主要分析活动所需经费是否控制在预算范围内。

(4)风险因素及对策:主要分析应急能力的适应性,如户外活动要考虑天气的情况、体育竞赛的安全措施问题、关键设备如记分或音响系统故障的排除等,从而确保活动的安全、正常进行。

(三)科学安排,注重细节

策划组织高校大型体育活动一般要涉及多个部门,需要很多人的密切配合,所以建立一个精干、高效的组织实施架构非常重要。组织机构的设立要根据活动规模大小来确定。在组织委员会下通常可按竞赛、仲裁、场地器材、宣传、安全保卫、后勤服务等职能来设立机构。

大型体育活动组织细节问题都极为重要,这种细节最能反映组织者的工作水平,哪怕只是一个微小的组织细节出现问题,都有可能酿成无法弥补的失误。因此,策划要做到细致精确,对活动时间、空间的把握,活动工作人员的调度,活动开展的具体形式、具体步骤等都要考虑周到、安排有序,使操作者十分清楚由何人在何时、何地做何事,以确保活动的圆满成功。尤其要制定并落实安全措施,对每个环节明确安全责任和责任人,确保活动安全、有序进行。

策划高校大型体育活动时还要兼顾计划性与灵活性,使方案具有弹性,即可变性,为活动的操作者留出一定的余地,便于他们在实施过程中遇到突发情况时可以随机应变,保证活动的正常进行。

三、高校大型体育活动计划书的一般格式和内容

将大型体育活动策划细化、有序化,且保证每一步都切实可行,这个过程就是为活动拟订计划。计划书是活动的程序表,是对高校大型体育活动进行策划后展现出的文本,包括活动过程中所涉及的所有要素,并按照合理的秩序将这些要素组织成有机整体。计划书是高校大型体育活动组织与管理工作的前提,它帮助组织者及参与者按照预先安排的项目内容进行,保证活动目标明确、流程规范、节奏适度,从而提升活动质量。高校组织大型体育活动应提前完成活动计划书,以便根据计划书进行筹备。

(一)高校大型体育活动计划书的一般格式和内容

高校大型体育活动计划书的内容包括活动过程所涉及的所有要素,一般格式如下:

1.封面

封面包括计划书名称、活动主办方和承办方(赞助方)、计划书编制者、计划书完成时间。计划书的名称要注意根据活动具体内容及意义拟定,能够全面概括活动,名称要求具体、清楚,如"××××年××高校体育节计划书",也可以写出活动主题后将此作为副标题写在下面。封面设计力求美观、简单,可以用本次大型体育活动的徽标进行适当包装。

2.正文

(1)活动目的(活动宗旨):用简洁明了的语言将目的要点表述清楚;在陈述目的要点时,要将该活动的核心,或活动策划的独到之处及由此产生的意义都明确写出。

（2）活动主题：通过一个短语,简明扼要地说明此次活动的主要内容和主要思想。

（3）活动时间：注明该项活动的总体时间跨度,即该项活动延续多少时间。

（4）活动地点。

（5）参与对象：写明活动主要参与对象,以确定活动的宣传、组织主要应针对哪些群体进行。

（6）活动主要内容：简单列明各项子活动名称和内容,如果各项活动可以确定时间的话,还应注明活动的大致时间。

（7）活动组织：这是活动计划书中最核心的内容,表现方式要简洁明了,使人容易理解,但表述方面要力求详尽,不仅仅局限于用文字表述,也可适当加入统计图表等。对计划的各工作项目,应按照时间的先后顺序排列,绘制实施时间表有助于方案核查。另外,人员的组织配置、相应权责也应在这部分加以说明,执行的应变程序也应该在这部分加以考虑。如果是比赛类活动计划书还要注明奖项设计、参赛要求、竞赛规则、评分标准等。

（8）场地器材：除列出所需的体育场地器材外,还包括活动现场所需的通用设备如广播音响,以及需提供何种方式的协助等。

（9）人员安排：包括具体落实各事项的所有人员的工作任务。

（10）经费预算：即预计活动需要投入多少经费,并将预计的结果以文字形式分项列出细目,然后予以合计。

（11）宣传计划：即在什么时间、以何种形式对此次活动加以报道,使活动获得传播效应。

（12）活动中应注意的问题(也可称之为应急方案)：主要针对一些不确定性因素的应急措施加以说明,如在户外的活动防备阴雨天气影响的措施等。

3. 附件

主要是正文中需要细化的内容,如活动场地的分布等。

（二）编制高校大型体育活动计划书的注意事项

1. 顺序得当

活动计划的先后顺序体现了相关项目内容的重要性,切不可前后倒置或杂乱无章。合理的活动顺序,既方便参与人员集中精力围绕计划开展活动,也易于组织者抓住中心和重点。重要活动还应注意事先预演和排练,尽量熟悉活动程序,防止出错。

2. 内容量适度

活动计划是具体、详细、实际的活动内容,既不能过多,也不能太少。过多,必会影响参与人员的精力和时间,难以收到应有的效果;太少,会使活动过于松散,消耗成本、浪费时间。

3. 主次分清

当活动计划的内容较多时,要注意分清主次和轻重缓急。活动前期参与人员精力比较充沛,解决问题和吸收信息的效率较高,可把重要的、急需解决的问题放在前面,便于集中精力解决。如主题议决难度大,也可按先易后难的原则,把它放在最后,以提高议事效率。

4. 留有余地

任何工作都应考虑周全、留有余地,以应付各种突发事件,安排活动计划更是如此。如果时间安排得过紧过满,发言者没有安排预备人员,座位划分没有富余,那么,一旦出现临时情况就难以应对。所以,要尽量使"变化也在计划中",确保活动顺利开展。

第二十一章

常见运动损伤的预防与急救处理

体育运动过程中发生的损伤,称为运动损伤。了解运动损伤的发生原因、发病规律、预防措施、治疗效果和康复时间,有利于改善运动的条件,改进运动的方法,提高运动的成绩,使体育锻炼更好地达到促进身心健康的效果。

第一节 运动损伤的分类

运动损伤可分为不同的类型,通常有以下几种分类方法:

一、按受伤的组织结构分类

如皮肤损伤、肌肉与肌腱损伤、关节损伤、滑囊损伤、骨损伤、骨骺损伤、神经损伤和内脏器官损伤等。根据北京运动医学研究所的统计,由于运动所造成的严重创伤很少,大部分属小创伤,其中以肌肉、筋膜伤、肌腱腱鞘、韧带和关节囊伤最多,其次是肩袖损伤、半月板撕裂和髌骨软骨病。

二、按伤处皮肤或黏膜完整性分类

（一）**开放性损伤**　伤处皮肤或黏膜的完整性遭到破坏,有伤口与外界相通。如擦伤、刺伤、裂伤及开放性骨折等。

（二）**闭合性损伤**　伤处皮肤与黏膜仍保持完整,无伤口与外界相通。如挫伤、肌肉拉伤、关节扭伤、腱鞘炎与闭合性骨折等。

三、按伤情轻重分类

（一）**轻伤**　伤后能按原计划进行训练。

（二）**中等伤**　伤后不能按原计划训练,需停止患部练习或减少患部的活动。

（三）**重伤**　完全不能训练。

四、按损伤病程分类

（一）急性损伤　指一瞬间遭受直接暴力或间接暴力造成的损伤。特点是发病急,病程短,症状骤起。

（二）慢性损伤　指局部过度负荷、多次微细损伤积累而成的劳损,或由于急性损伤处理不当转化而来的陈旧性损伤。特点是发病缓慢,症状渐起,病程较长。

第二节　运动损伤产生的原因

造成运动损伤的原因是多方面的,可分为直接原因和诱因。直接原因又可分为内部原因和外部原因;诱因可分为各项技术特点和解剖生理学特点。

一、直接原因

（一）内部原因

1.身体条件

(1)年龄:青少年期骨骼发育尚未成熟,因此对外力的抵抗防御能力较弱。发育中的骨和软骨与成人相比也显得软弱。骨的长径生长与骨周围肌腱发育相比,前者显得较慢,所以在骨的突起部、肌肉肌腱附着部都容易发生损伤。

关节由骨和周围的关节囊、韧带所组成。在韧带受暴力损伤时,骨和软骨往往先出现损伤。年龄偏大的人脊柱和关节的柔韧性降低,加之维持稳定的力量下降,因此,运动损伤并不少见。青少年运动损伤最多的是骨折,其次是扭挫伤,而高年龄组软组织钝挫伤占首位,骨折占第二位。

(2)性别:黄种男性身体内脂肪含量平均是体重的13%,而女性高达23%。肌肉含量女性相对少于男性,所以膝关节部的运动损伤发生率女性比男性高。此外,女性激素呈周期性分泌,若月经紊乱,会造成雌激素分泌低下,已知这是造成疲劳骨折的原因之一。

(3)体格、技能:体内脂肪多、体重重的人会使肌肉发达度减小,故身体的灵活性、耐久力相应也较差,更易造成损伤,尤其在抵御造成创伤的暴力时,体重重的人处于不利地位。屈肌群与伸肌群肌力之比是一个很重要的因素,很多情况下会造成肌肉撕裂伤。技术不熟练的锻炼者更易发生损伤。

(4)其他:在身体状况不良(慢性疲劳、贫血、感冒、痛经、睡眠不足等)的情况下,对意外事件缺乏敏锐的判断和快速准确的保护反应,就可能导致运动损伤。

2.心理素质

从事冲撞性较强的运动(如足球)时,如果注意力不集中或集中持续时间不长,发生损伤的危险性增加。情绪不稳定、易急躁、急于求成,或在运动中因畏难、恐慌或害羞而犹豫不决的人,容易造成运动损伤。

(二)外部原因

1. 方法因素

(1)质的因素:有些体育锻炼者由于不顾自身的条件而选择不适宜的运动项目,导致损伤的发生率提高。例如,年龄偏大的人进行足球运动,或试图采用蛙跳增强腰腿部肌肉力量,就会出现膝关节损伤;柔韧性练习时,韧带肌肉被动训练过度会造成肌肉撕脱。所以体育锻炼要科学,并选择适合于自己身体条件的运动项目。

(2)量的因素:运动时间过长、运动量过大、运动频率过高等极易导致过度训练,过度训练是运动损伤的主要原因之一。过度训练是由于锻炼者接受的负荷量太大,使肌体未得到充分恢复所致,其症状表现为:静息心率加快、血压升高、睡眠不佳(失眠、多梦、易惊醒等)、食欲下降、体重减轻、无训练欲望、心情烦躁、易激怒、记忆力下降等。如过度训练不及时纠正,就会使人体免疫机能下降,这样增加了感染和慢性疲劳的发生率。

2. 环境因素

(1)自然环境:雨后路滑、光线不足、气温过高、过低或过于潮湿等,也能引起运动损伤。

(2)人工环境:锻炼者使用劣质器械,锻炼服装和鞋子不合适,缺乏必要的防护器具(如护膝、护踝、护腿等),运动场地不平坦,地面有小碎石或杂物,器械安装不牢固,器械的高低、大小与轻重不符合锻炼者的年龄、性别和训练水平的特点等,所有这些都能成为受伤的原因。

二、诱因

诱因即为诱发因素,它必须在直接原因(如局部负担量过大,技术动作发生错误等)的同时作用下,才可成为致伤的因素。

1. 各项运动技术的特点

由于各项运动项目都有自己的技术特点,人体各部位的负担量不尽相同,因此,各运动项目都会导致人体的易伤部位。例如网球运动易使锻炼者造成"网球肘",长跑运动会导致锻炼者膝外侧疼痛症候群,等等。

2. 解剖生理学特点

某些组织所处的特殊解剖位置在运动中易与周围组织发生磨擦和挤压,如肩袖。运动中由于相互间力学关系的改变,可导致负荷最大的组织发生损伤,如踝背伸 $60° \sim 70°$ 角发力跖屈时,跟腱处于极度紧张状态,但胫后肌及腓骨肌则比较松驰,若突然用力踏跳,可发生跟腱断裂等。

第三节　运动损伤的预防

一、运动损伤的预防重点

运动损伤的种类很多,各个运动项目对人体各部位的运动伤害各不相同。根据国内有关资料显示,运动员总的来说是小损伤多、慢性多,严重及急性者少。这些慢性的小损伤者中,有的是一次急性损伤后尚未完全康复就投入训练而变成慢性损伤,但更多的运动员是由于运动量安排不当造成局部过劳,最终导致过劳伤。因此,应注意对急性损伤作及时而正确的处理,并科学地安排运动量,以防各种组织劳损的发生。

在一般的学校体育运动中,锻炼者运动损伤的发生情况与运动员有相似之处,但也有较大差异。在体育课和课外活动中,学生急性损伤者相对较多,而劳损者较少。因此,要特别注意急性损伤的预防。但学生锻炼时也要注意合理安排运动量,以防发生劳损,其中尤以腱止装置部分的劳损和骨组织的劳损(如胫腓骨疲劳性骨膜炎、软骨炎等)较为多见。此外,学生锻炼时关节扭伤的发生率也较高,尤其以掌指关节及踝关节扭伤最为多见。因此,在从事球类和跑运动项目时应注意手指及足踝关节的扭伤。

二、运动损伤的预防原则及基本方法

一般来说,在体育锻炼中运动损伤的预防应做好以下几个方面的工作:

(一)要从思想上对运动损伤的预防给予重视,并遵守体育锻炼的一般原则,同时,要加强身体的全面锻炼,提高肌体对运动的适应能力

(二)调节身体处于良好的运动状态

1. 锻炼前应作好充分的准备活动

准备活动不但能使基础体温升高,增加肌肉深部的血液循环,提高肌肉的应激性和增强关节柔软性等,也能减少锻炼前的紧张感和压力感,这在很大程度上可以预防损伤的发生。

2. 锻炼后应注意放松活动

放松活动是指在锻炼后通过放松方法使体温、心率、呼吸、肌肉的应激反应恢复到锻炼前的正常水平。从预防损伤的角度来看,这同锻炼前的准备活动一样重要。根据不同的运动项目进行针对性的放松,可以防止锻炼后出现的肌肉酸痛,这有助于缓解精神压力。

3. 加强自我保护

锻炼者除了认真作好准备活动和放松活动外,也应了解和懂得初步处理锻炼后肌肉酸痛、关节不适的方法。肌肉酸痛的早期可做温水浴、物理疗法或自然按摩。如果疼痛持

续或者加重,应去医疗机构进行诊断治疗。同时锻炼中应密切注意自己的身体反应,及早发现运动损伤的早期症状,以便于早发现、早治疗、早康复。

(三)创造锻炼的安全环境

对体育器具、设备、场地等在锻炼前都应进行严格的安全检查,例如,参加网球锻炼时球拍的重量、捏柄的粗细、网拍绳子的弹力应该适合锻炼者个人的情况;在锻炼时应暂时不佩戴项链、耳环等锐利物品;锻炼者应根据运动的项目、脚的大小、足弓的高低选择一双弹性好的鞋子。

(四)注意科学锻炼

科学锻炼包括五大要素,即全面性、渐进性、个别性、反复性、意识性,前三个要素对预防损伤较为重要。全面性是指锻炼者应对体能进行全面训练,而不是单纯针对某一特定动作的反复练习;渐进性是指锻炼者应逐步提高运动负荷和增加锻炼时间,以防肌体一时不能适应而导致运动损伤;个别性是指锻炼必须因人而异。性别、年龄、体力、技术熟练程度不同,活动量和方法也应不同。

(五)加强易伤部位训练

加强易伤部位和相对较弱部位的训练,提高它们的功能,是预防运动损伤的一种积极手段。例如,为了预防腰部损伤,应加强腰腹肌的训练,提高腰腹肌的力量,并增强其协调性和拮抗的平衡性。

第四节　运动损伤的急救

一、运动损伤的急救处理

急救(Emergency Treatment)是对意外或突然发生的伤病事故,进行紧急的临时性处理。其目的是保护伤病员的生命安全、避免再度伤害、减轻伤病员痛苦、预防并发症,并为伤病员的转运和进一步治疗创造条件。因此,无论何种急性损伤,做好现场急救都是十分重要的。

二、急救原则

急救时必须抓住主要矛盾,救命在先,做好休克的防治。骨折、关节脱位、严重软组织损伤或合并其他器官损伤时,伤员常因出血、疼痛而发生休克。在现场急救时,要注意预防休克,若发生休克,必须优先抢救休克。其次,急救必须分秒必争,力求迅速、准确、有效,做到快救、快送医院处理。

急救人员必须分工明确,并要具有高度的责任感和救死扶伤的崇高品德;要临危不惧,判断正确,有熟练、正确的抢救技术和丰富的临场经验。

三、急救方法

(一)急救包扎法

包扎有固定夹板或敷料,限制伤肢活动,避免加重伤情;保护创口,预防或减少感染;支持伤肢,使之保持舒适的位置,减轻疼痛和压迫止血,防止或减轻肿胀等多种作用。包扎时,动作要柔和、熟练、包扎的松紧度应适中,过紧会妨碍血液循环,过松则起不到包扎的作用;绷带包扎要从伤部远心端开始包到近心端,包扎四肢时应使指、趾端外露,以便观察血液循环情况 ,包扎结束时,绷带末端要用胶布粘合固定或把卷带末端纵形剪开缚结固定,但缚结不要在伤口处。要根据包扎部位的形态特点,采用不同的包扎方法。

1. 绷带包扎法

(1)环形包扎法:用于包扎肢体粗细均匀的部位,如手腕、小腿下部和额部等,也是其他包扎法的开始或结束时使用的包扎法。包扎时,先张开绷卷带,把带头斜放在伤肢上并用拇指压住,将卷带绕肢体一圈后,再将带头的一个小角反折,然后继续绕圈包扎,每圈都盖住第一圈,包扎 3~4 圈即可。(图 21-1)

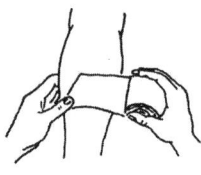

图 21-1　环形包扎法　　　　　图 21-2　螺旋形包扎法

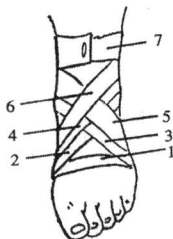

(2)螺旋形包扎法:用于包扎肢体粗细相差不大的部位,如上臂、大腿下部等。包扎时先作 2~3 圈环形包扎,然后将绷带向上斜形缠绕,每圈都盖住前一圈 1/2~2/3。(图 21-2)

(3)反折螺旋形包扎法:用于包扎肢体粗细相差较大的部位,如前臂、小腿、大腿等。包扎时,先做 2~3 圈环形包扎后,用左拇指压住绷带上缘,将绷带向下反折,向后绕并拉紧绷带,每圈反折一次,后一圈压住前一圈的 1/2~2/3,反折处不要在创口或骨突上。(图 21-3)

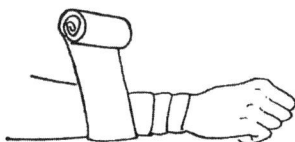

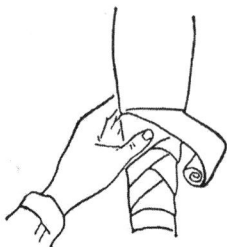

图 21-3　反折螺旋形包扎法　　　　图 21-4　"8"字形包扎法

(4)"8"字形包扎法:多用于包扎肘、膝、踝等关节处。方法有二:一是先在关节处作几圈环形包扎后,将绷带斜形环绕,一圈在关节上方缠绕,一圈在关节下方缠绕,两圈在关节凹面相交,反复进行,逐渐离开关节,每圈压住前一圈的 1/2 ~ 2/3,最后在关节上方或下方作环形包扎结束。二是先在关节下方作几圈环形包扎后,将绷带由下而上,再由上而下地来回作"8"字形缠绕,使相交处逐渐靠拢关节,最后作环形包扎结束。(图 21 - 4)

2. 三角巾包扎法

三角巾应用方便,适用于全身各部位的包扎,主要分手、足、头部和大、小悬臂带三种。

(1)手部包扎法:三角巾平铺,将患者手掌向下指尖对着三角巾的顶角,手平放在三角巾的中央,底边横放于腕部,然后将三角巾的顶角向上反折,再将两底角向手腕背部交叉围绕一圈在腕背打结。足部、头部包扎法与手部包扎法基本相同。(图 21 - 5、图 21 - 6)

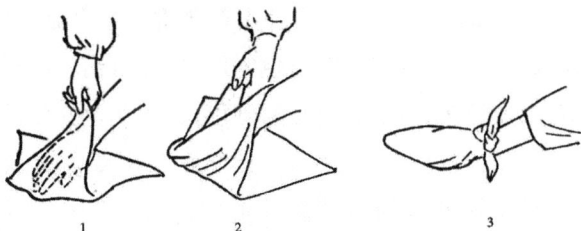

图 21 - 5　手部包扎法

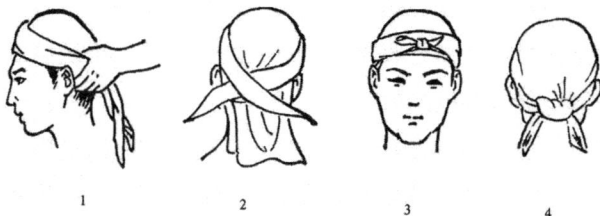

图 21 - 6　头部包扎法

(2)大悬臂带:适用于前臂骨折等上肢损伤,但锁骨和肱骨骨折不能用。将三角巾顶角放在伤肢的肘后,一底角置于健侧的肩上,肘关节屈曲放在三角巾的中央,将下方的底角上折,包住前臂,在颈后与上方底角打结,最后把肘后的顶角折向前面,用橡皮膏或别针固定。(图 21 - 7)

图 21 - 7　大悬臂带

图 21 - 8　小悬臂带

（3）小悬臂带：此法适用于锁骨和肱骨骨折。将三角巾叠成四横指宽的宽带，其中央置于伤肢前臂的下 1/3 处，两端在颈后打结。（图 21 - 8）

（二）止血法

据研究，健康成人平均每千克体重约有血液 75 毫升，总血量可达 4000 ~ 5000 毫升。若急性出血量达到全身总血量的 20% ，即可出现面色苍白、头晕乏力、口渴等急性贫血的症状；若出血量超过全身血量的 30% 时，将可能危及生命。因此，对外出血的伤员，尤其是大动脉的出血，必须立即止血；对疑有内脏或颅内出血的伤员，应尽快送医院处理。

血液从损伤的血管中外流称为出血，按出血的部位可分为外出血和内出血。外出血是指血液从皮肤创口处流向体外，这种出血较为常见，内出血是指血液从损伤的血管内流出后向皮下组织、肌肉、体腔（包括颅腔、胸腔、腹腔和关节腔等）及胃肠道和呼吸器官内注入。这种出血在初期不易被发现，因此较外出血严重。按出血的性质可分为毛细血管出血、静脉出血和动脉出血。动脉出血时血色鲜红，血液自伤口的近心端呈喷射状流出；静脉出血时，血色暗红，血液缓慢流出，毛细血管出血时，血色介于动脉血和静脉血之间，血液在创面上渗出，常能自行凝固。动脉出血的危险性较大，常因失血过多引起休克，但一般所见的出血多为混合型，单纯的动、静脉出血较少见。

常用的止血方法有抬高伤肢法、加压包扎法、指压止血法、止血带止血法，但无论用哪种方法进行临时止血后都应将伤员迅速送往医院进行处理。

1. 冷敷法　冷敷法可以使血管收缩，减少局部充血，降低组织温度，抑制神经感觉，从而达到止血、止痛和减轻局部肿胀的作用。

冷敷止血法常用于急性闭合性软组织损伤。最简便的方法是用冷水冲洗或用冷毛巾敷于伤处，或将冰块装入热水袋（或塑料袋）内进行外敷，用冰块在治疗部位来回移动，每次 20 ~ 30 分钟。有条件的可使用氯乙烷喷射。

2. 抬高伤肢法　将伤肢抬高，使出血部位高于心脏，从而使出血部位的血压降低，减少出血。此法使用于四肢毛细血管及小静脉出血。

3. 加压包扎法　用无菌敷料覆盖出血处，然后用绷带包扎，适用于毛细血管和小静脉出血。

4. 指压止血法　在动脉行走中最易压住的部位称压迫点，指压止血法就是在出血部位的上方相应的压迫点上用拇指或其余四指将动脉压在邻近的骨面上，以阻断血液来源而达到止血的目的。动脉出血时这是最迅速的一种临时止血法。用指压止血法时一定要找准动脉压迫点的位置，但不要在正常人体上进行压迫（特别是颈部的动脉），以防引起意外。

（1）颞浅动脉压迫止血点：在耳屏的前方用拇指摸到搏动后将该动脉压向颞骨面，可用于同侧头额、颞部的临时止血。（图 21 - 9）

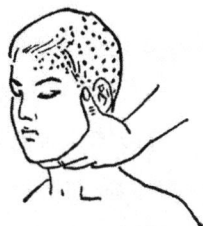

图 21-9　颞浅动脉压迫止血点

图 21-10　颌外动脉压迫止血点

（2）颌外动脉压迫止血点：在下颌角前约1.5厘米处用拇指摸到搏动后将该动脉压向下颌骨上，可用于同侧面部出血的临时止血。（图21-10）

（3）锁骨下动脉压迫止血点：在锁骨上方、胸锁乳突肌外缘，用拇指摸到搏动后将该动脉向后内正对第一肋骨压迫，可用于同侧肩部和上臂出血的临时止血。（图21-11）

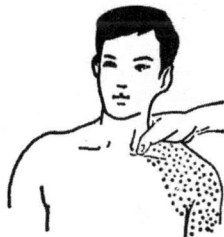

21-11　锁骨下动脉压迫止血点

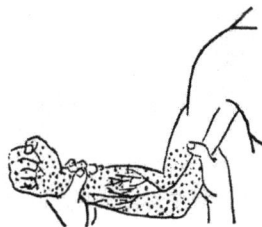

图 21-12　肱动脉压迫止血点

（4）肱动脉压迫止血点：患臂外展，用拇指或其余四指压迫上臂内侧中部，可用于同侧前臂出血的临时止血。（图21-12）

（5）指动脉压迫止血点：在第一指节根部两侧用拇、食指相对夹住，可用于手指出血的临时止血。

（6）股动脉压迫止血点：在腹股沟中点处摸到搏动后用掌或拳向下方的股骨面压迫，用于同侧大腿、小腿出血的临时止血。（图21-13）

图 21-13　股动脉压迫止血点

图 21-14　胫前、胫后动脉压迫止血点

（7）胫前、胫后动脉压迫止血点：用两手的拇指或一手的拇、食指分别按压在内踝与跟骨间和足背横纹的中点，可用于同侧足部出血的临时止血。（图21-14）

5. 止血带止血法

适用于动脉出血。用止血带止血时,止血带要绑扎在伤口的近心端,并要在肢体周周垫上软布后再进行。上肢出血时止血带要扎在上臂(但不要扎在中 1/3 处),下肢出血时止血带扎在大腿靠近伤口的近心端。上肢每隔 30 分钟、下肢每隔 1 小时须放松一次止血带。放松时间 2~3 分钟,并暂时改用压迫止血法,以免引起肢体缺血而发生坏死,但上止血带的最长时间不宜超过 3 小时。用止血带要留有明显的标签,注明用止血带的时间、部位、放松止血带的时间和重用止血带的时间等。

(1)橡皮管止血带止血法:先在要用止血带的部位用三角巾、毛巾或衣服垫好,将止血带的一端留出一部分并用一手的食、中指夹住靠在垫上。另一手将止血带适当拉紧拉长,绕肢体 2~3 圈(压在留出的那一部分止血带上)后,将残留端夹在食、中指间拉出即可。(图 21 - 15)

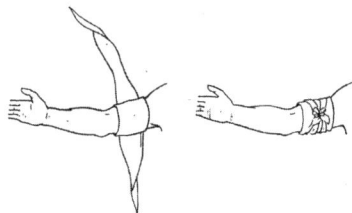

图 21 - 15　橡皮管止血带止血法　　　　图 21 - 16　紧扎止血带止血法

(2)紧扎止血带止血法:在伤口处用绷带、三角巾等勒紧止血,其中第一圈绕衬垫,第二、第三圈分别压在前一圈的上面并适当勒紧,然后打结。这两种方法常用于四肢动脉出血的临时止血。(图 21 - 16)

(三)心肺复苏术

某些意外情况下,如触电、溺水、一氧化碳或某些药物中毒、严重创伤和大出血引起的呼吸、心跳停止后,造成血液循环停止。脑细胞对缺氧十分敏感,一般在血液循环停止 4~6 分钟后大脑即发生严重损害,甚至不能恢复,所以必须争分夺秒进行心肺复苏术,通过人工呼吸和胸外心脏按压使血液循环得以恢复,从而抢救生命。现场心肺复苏术主要为徒手操作,许多场合下这是唯一实用的有效方法。病人心跳、呼吸停止后,全身肌肉松弛,口腔内的舌肌后厌也松弛后坠从而阻塞呼吸道。采取头后仰并抬举下颌,可使舌根部向上抬起,使呼吸道通畅,这样就可以用口向病人口内顺利吹气。心跳停止后,全身的血液循环也会随之停止,脑组织和许多重要脏器得不到氧气及血液的供应,很快就会出现坏死。因此,必须在进行口对口人工呼吸的同时进行胸外心脏按压,人为地维持血液循环,但这必须要在病人肺内有新鲜空气进行气体交换下进行,否则到达脏器的血液含氧量不足,组织仍会发生坏死。因此,在大多数情况下现场心肺复苏术的顺序为:开放气道,人工呼吸,胸外心脏按压。

标准的心肺复苏术包括三:判断意识和畅通呼吸道—人工呼吸—人工循环。

1.判断意识和畅通呼吸道

发现昏迷倒地的病人后,轻摇病人的肩部并高声喊叫:"喂,你怎么了?"若无反应,立即掐压人中、合谷5秒钟。若病人仍未苏醒,立即向周围呼救并打急救电话,然后将患者放置成复苏体位,即病人仰卧,头、颈、躯干平直无扭曲,双手放于躯干两侧。(图21-17)

用仰头举颌法开放病人气道:抢救者一手置于病人前额使头部后仰,另一手的食指与中指置于下颌骨近下颌角处,抬起下颌,保持呼吸道通畅。同时进行以下步骤的判断和操作,并迅速拨打急救电话,将患者送医院做进一步的医疗抢救。(图21-18)

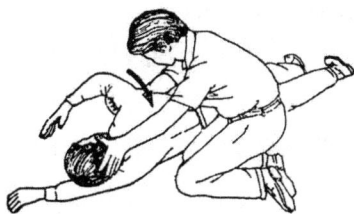

图21-17　患者放置成复苏体位　　　　图21-18　仰头举颌法

2.人工呼吸

畅通呼吸道后要立即判断病人有无呼吸,将脸贴近病人的口鼻,感受有无气息进出,同时眼睛侧视病人胸部,观察其有无起伏,若都无反应则说明病人没有呼吸,要立即进行口对口人工呼吸。

人工呼吸要在保持病人呼吸道畅通和口部张开的情况下进行。操作时用按于病人前额一手的拇指与食指捏住病人的鼻孔,抢救者深吸一口气后,张开口紧贴病人的口(要将病人的口全部包住,若有条件可先用一块无菌纱布盖住病人的口),快而深地向病人口内吹气,直至病人胸部上抬。一次吹气完毕后立即与病人口部脱离,放松捏鼻的手指,以便病人从鼻孔出气,轻轻抬起头部,眼视病人胸部,同时吸入新鲜空气,准备下一次人工呼吸。每次吹入的气量为800~1200毫升。(图21-19)

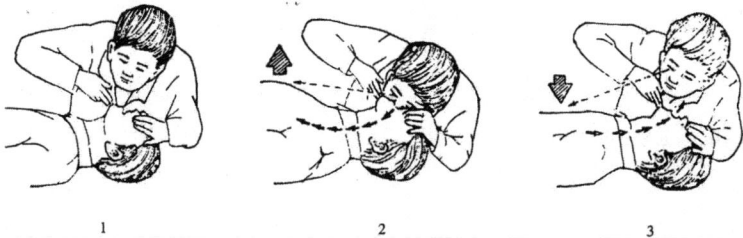

1　　　　　　　　　　2　　　　　　　　　　3
图21-19　口对口人工呼吸

3.人工循环

先判断病人有无脉搏。抢救者一手置于病人前额使其头部保持后仰,另一手在靠近抢救者一侧触摸病人颈动脉,用食指及中指指尖触及气管正中部位(男子可先触及喉结),然后向旁滑移2~3厘米,在气管旁软组织处轻轻触摸颈动脉搏动。(图21-20)

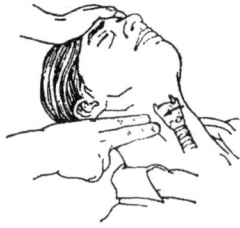

图 21 - 20　触摸颈动脉

判断病人没有脉搏后应立即进行胸外心脏按压。病人应仰卧于硬板床或地上。在气道开放的位置下先进行 2 次人工呼吸,然后抢救者应快速找到心脏按压的部位:首先以食指、中指并拢沿病人肋弓处向中间滑移,在两侧肋弓交点处寻找胸骨下切迹(剑突处),以此作为定位标志。如图 21 - 21。然后将食指和中指的两指横放在胸骨下切迹上方,食指上方的胸骨正中部位即为按压区。将一手掌根重叠放在另一手背上,但手指不要接触胸壁。抢救者双臂应绷直,双肩在病人胸骨上方正中,垂直向下用力按压,按压时以髋关节为支点,以肩臂用力。对成年患者按压的频率为 100 ~ 120 次/分,按压深度为 5 ~ 6 厘米。(图 21 - 22、图 21 - 23)

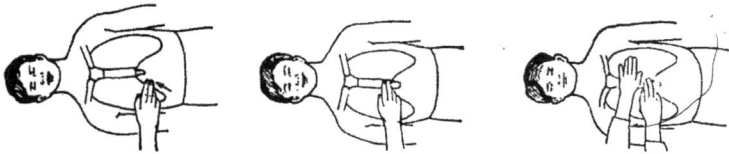

图 21 - 21　胸外心脏按压的定位

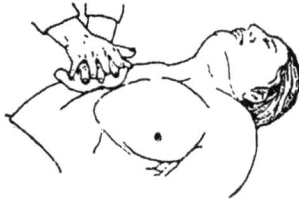

图 21 - 22　按压时的双手位置　　　图 21 - 23　按压时的姿势

单人进行心肺复苏术:遵循上述步骤先进行 2 次人工呼吸,然后进行 30 次胸外心脏按压,即吹气和按压的比例是 2:30,如此反复进行,直到专业医务人员赶到或病人恢复自主呼吸和心跳。

双人进行心脏复苏术:按上述步骤,一人进行口对口人工呼吸,另一人进行胸外心脏按压。此法要求两人必须协调配合,按压与吹气的比例为 5:1 或 4:1,一般是由专业人员进行。

4. 注意事项

(1)开放气道行仰头举颌法时,注意手指不要压迫病人颈前部、颌下软组织,也不要使颈过伸。

（2）进行口对口人工呼吸时，每次吹气量不要过大，否则易造成胃内大量充气。

（3）判断有无脉搏时触摸颈动脉不能用力过大，以免颈动脉受压妨碍头部供血，检查时间不可超过10秒钟。

（4）胸外心脏按压用力应平稳、有规律地进行，不能间断，也不能忽快忽慢，禁止做冲击式猛压，按压时手指不要压在胸壁上，否则易引起肋骨或肋软骨骨折。

（5）按压时用力应垂直向下（特别是肘关节要伸直），不要左右摆动，双手掌要重叠放置，不可交叉放置。按压后放松时定位的手掌根部不可离开胸骨定位点。

第二十二章

《国家学生体质健康标准》测试

《国家学生体质健康标准》(以下简称《标准》)由教育部、国家体育总局共同组织研制,于 2007 年 4 月正式颁布实施,并于 2014 年重新修订。在高校实施《标准》是为了贯彻《中共中央国务院关于深化教育改革,全面推进素质教育的决定》提出的"学校教育要树立健康第一的指导思想,切实加强体育工作"的精神。

《标准》的颁布实施,有利于促进学校、学生、家长及全社会对健康概念的重新认识,有利于明确地帮助和督促学生实现健康目标,有利于科学、综合地评价学生个体体质健康状况。其目的是更好地促进学生积极参加体育锻炼,上好体育课,养成良好的锻炼习惯,进而全面增进学生的体质健康水平。

《标准》适用于普通高等学校的在校学生,《标准》目的在于通过测试和评价,促进学生体质健康发展、激励学生积极进行身体锻炼,养成经常锻炼的习惯,提高自我保健能力和体质健康水平。因此,《标准》既是学生体质健康的个体评价标准,也是学生毕业的基本条件。

第一节 《国家学生体质健康标准》的内容和评价方法

《标准》力图全面准确地评价学生的体质健康水平,也是动态监测学生体质变化的重要指标,中小学生及大学生都必须每年参加一次测试,大学部分的测试内容包含有多项指标,了解这些测试指标并对照自身的差距有针对性地加强体育锻炼,是实施《标准》的重要目的。

一、《标准》的测试项目

《标准》是从身体形态、身体机能、身体素质等方面综合评定学生的体质健康状况。《标准》按百分制记分。大学各年级合计需要测试八个项目,均为必测项目,具体项目为身高、体重、肺活量、50 米跑、男生 1000 米和女生 800 米跑、男生引体向上和女生仰卧起坐、坐位体前屈、立定跳远。

学校每学年对学生进行一次本标准的测试,《标准》各评价指标的得分之和为本标准的最后得分,满分为100分。根据最后得分评定等级:90分及以上为优秀,80.0~89.9分为良好,60.0~79.9分为及格,59.9分及以下为不及格。

学生体质健康标准成绩每学年评定一次,按评定等级记入"国家学生体质健康标准登记卡"。学生毕业时体质健康标准的成绩和等级,按毕业当年得分和其他学年平均得分各占50%之和进行评定。学生测试成绩评定达到良好及以上者,方可参加评优与评奖;成绩达到优秀者,方可获体育奖学分。测试成绩评定不及格者,在本学年度准予补测一次,补测仍不及格,则学年成绩评定为不及格。普通高中、中等职业学校和普通高等学校学生毕业时,《标准》测试的成绩达不到50分者按结业或肄业处理。因病或残疾免予执行本标准的学生,填写"免予执行《国家学生体质健康标准》申请表"。

二、测试指标的意义

(一)身高标准体重

身高标准体重是指身高与体重两者的比例应在正常的范围。它通过身高与体重一定的比例关系,反映人体的围度、宽度和厚度以及密度。身高标准体重是评价人体形态发育水平和营养状况及身体匀称度的重要指标。它可以间接地反映人体的身体成分,其测量方法简便易行,身体质量指数(BMI) = 体重(千克)/身高^2(米^2)。如果你所测得的身高标准体重数值小于或大于同年龄段的身高标准体重的范围,就说明你身体的匀称度欠佳,需要通过调整饮食结构或积极参加体育运动来增加肌肉组织或减少体内多余的脂肪。

身体成分是指人体总体重中脂肪成分和非脂肪成分的比例,它可以十分准确地评价人体的胖瘦状况。通常用体脂百分比,即总体重中体脂的比例来表示。

(二)800米、1000米跑

经常参加有氧代谢运动,可以提高心血管系统的机能水平,有氧代谢运动是指运动时人体需氧量和摄氧量达到动态平衡的运动。做有氧运动时,体内不产生乳酸堆积,心率和呼吸保持在稳定的状态,因而持续运动时间长,安全性高,脂肪消耗多,有利于改善心血管系统的功能。耐力跑可以测试学生耐力素质的发展水平,特别是心血管呼吸系统的机能及肌肉耐力。

(三)肺活量

肺活量是评价人体呼吸系统机能状况的一个重要指标。科学家指出:肺活量低的人难以与肺活量高的人一样同享高寿。肺活量的大小与体重、身高、胸围等因素有着密切的关系。因此,为了将学生身体发育的不同步因素在肺脏机能的评价中得以体现,在《标准》测试中选用了肺活量体重指数。

(四)50米跑

50米跑成绩可综合反映神经过程的灵活性、身体的协调性、关节和肌肉的柔韧性以及肌肉的力量和耐力。它既能部分地反映身体运动的综合素质,也是人从事体育活动、学习运动技能所必须具备的身体基本素质。

（五）立定跳远

立定跳远主要是测量向前跳跃时下肢肌肉的爆发力。力量(最大力量)在体育运动和日常生活中都是非常重要的身体素质。腿部的爆发力是以腿部的力量为基础,没有力量就谈不上爆发力,也谈不上肌肉的耐力。

（六）引体向上

测试学生的上肢肌肉力量的发展水平。

（七）仰卧起坐

仰卧起坐测试是评价力量和耐力的方法之一。由于它能比较安全地测试肌肉的力量和耐力,同时做仰卧起坐时主要是腹肌在起作用,髋部肌肉也参与工作,因此这种测试既评价人腹肌的耐力,也反映了髋部的耐力。由于女生这两部分肌肉的力量和耐力与其某些生理功能有密切的联系,因此将仰卧起坐单独列为女生的一个选测项目。

（八）坐位体前屈

坐位体前屈测试反映的是关节和肌肉的柔韧性。柔韧性差意味着相应的关节和肌肉缺乏运动。长时间缺乏发展柔韧性的练习,可导致关节或关节周围软组织发生变性、挛缩,甚至粘连,因而限制了关节的运动幅度,牵拉时必然产生疼痛,所以扩大关节运动的幅度即扩大了人体活动的无痛范围。

柔韧性指身体各个关节的活动幅度以及跨过关节的韧带、肌腱、肌肉、皮肤和其他组织的弹性和伸展能力,是一个重要的体能成分。

三、《标准》评价指标与权重系数

《标准》评价指标与权重系数详见表 22 - 1。

表 22 - 1　《国家学生体质健康标准》评价指标及权重系数

测试对象	评价指标	权重系数	所占分数
大学各年级	身高标准体重	0.15	15
	肺活量	0.15	15
	坐位体前屈	0.1	10
	1000 米跑(男)、800 米跑(女)	0.2	20
	引体向上(男)、仰卧起坐(女)	0.1	10
	立定跳远	0.1	10
	50 米跑	0.2	20

四、《标准》评分方法

使用评分表对学生的测试结果进行评价(评分标准见表 22 - 2 至表 22 - 7),可分为两个部分,首先是对各项测试结果分别评分,得出相应评价指标的得分和等级;第二部分是对每一个学生给出一个总的得分和等级。下面就分别予以介绍。

1. 先按性别,找到对应的评分表,使用该表查出相应指标所处的档次及其得分

例如:测得大学二年级一位男生的身高为 167.3 厘米,体重为 58.1 公斤,50 米跑为 6.5 秒,坐位体前屈为 21.4 厘米。先找到男生身高标准体重表,在表左侧的身高段里找到该男生 167.3 厘米所处的段,在 167.0 ~ 167.9 之间,再向右查与此对应的体重,58.1 公斤在 57.4 ~ 65.0 的范围内,属于正常体重,得 100 分;再找大学二年级男生评分标准,查 50 米跑的得分,6.5 秒为优秀,得 100 分;坐位体前屈为 21.4 厘米属于优秀,得分为 90。

再如:大学二年级一位女生的身高为 152.5 厘米,体重为 49 公斤,查相应身高标准体重表,在正常体重的 47.7 ~ 57.4 的范围内,得 100 分;测得 800 米成绩为 3'34",查表为良好,得 85 分;测得肺活量为 2940 毫升,为及格,得 78 分;测得 50 米跑成绩为 7.7 秒,为优秀,得 90 分;测得仰卧起坐为 40 个,属于及格,得 74 分。

通过这一步对受试者每一项指标进行评价,我们就可以了解该生在体质健康各个方面的具体情况和等级,教师可以根据每个学生的个体差异,对于不够理想的指标,进行有针对性的锻炼,鼓励学生进步与发展,从而不断提高每个学生的体质健康水平。

如果想要对其进行总体评价,需要就查出的分数进行下一步计算。

2. 等级评价

优秀:总分 90 分以上;

良好:总分 80.0 ~ 89.9 分;

及格:总分 60.0 ~ 79.9 分;

不及格:总分 59.9 分以下。

例如:某年级一位男生身高标准体重为 100 分,50 米跑得 90 分,肺活量 90 分,1000 米跑 80 分,引体向上 90 分,坐位体前屈 80 分,立定跳远 70 分,总分为 $100 \times 0.15 + 90 \times 0.2 + 90 \times 0.15 + 80 \times 0.2 + 90 \times 0.1 + 80 \times 0.1 + 70 \times 0.1 = 86.5$ 分,依据等级标准,该生的体质健康评分等级为良好。

3. 身高标准体重查表补充说明

如果个别学生的身高(太高或太低)在表中查不到时,可按下列方法折算后再查表。

当学生身高低于表中所列出的最低身高段的下限值时,实测身高需要加上与下限值之差,并且身高每低 1 厘米,实测体重需加上 0.5 公斤,再查表确定分值。

当学生身高高于表中所列出的最高身高段的上限值时,实测身高减去与上限值的差值,并且身高每高 1 厘米,其实测体重需减去 0.9 公斤,再查表确定分值。

表 22 - 2　大学生身体质量指数(BMI)单项评分表(单位:千克/米²)

等　级	单项得分	男　生 体重指数	女　生 体重指数
正　常	100	17.9 ~ 23.9	17.2 ~ 23.9
低体重	80	≤17.8	≤17.1
超　重		24.0 ~ 27.9	24.0 ~ 27.9
肥　胖	60	≥28.0	≥28.0

表 22 - 3　大学男生体质测试项目评分标准

项　目		肺活量		50 米跑		坐位体前屈		立定跳远		引体向上		1000 米跑	
单　位		毫　升		秒		厘　米		厘　米		次		分·秒	
等级	得分	大一大二	大三大四	大一大二	大三大四	大一大二	大三大四	大一大二	大三大四	大一大二	大三大四	大一大二	大三大四
优秀	100	5040	5140	6.7	6.6	24.9	25.1	273	275	19	20	3'17"	3'15"
	95	4920	5020	6.8	6.7	23.1	23.3	268	270	18	19	3'22"	3'20"
	90	4800	4900	6.9	6.8	21.3	21.5	263	265	17	18	3'27"	3'25"
良好	85	4550	4650	7.0	6.9	19.5	19.9	256	258	16	17	3'34"	3'32"
	80	4300	4400	7.1	7.0	17.7	18.2	248	250	15	16	3'42"	3'40"
及格	78	4180	4280	7.3	7.2	16.3	16.8	244	246			3'47"	3'45"
	76	4060	4160	7.5	7.4	14.9	15.4	240	242	14	15	3'52"	3'50"
	74	3940	4040	7.7	7.6	13.5	14.0	236	238			3'57"	3'55"
	72	3820	3920	7.9	7.8	12.1	12.6	232	234	13	14	4'02"	4'00"
	70	3700	3800	8.1	8.0	10.7	11.2	228	230			4'07"	4'05"
	68	3580	3680	8.3	8.2	9.3	9.8	224	226	12	13	4'12"	4'10"
	66	3460	3560	8.5	8.4	7.9	8.4	220	222			4'17"	4'15"
	64	3340	3440	8.7	8.6	6.5	7.0	216	218	11	12	4'22"	4'20"
	62	3220	3320	8.9	8.8	5.1	5.6	212	214			4'27"	4'25"
	60	3100	3200	9.1	9.0	3.7	4.2	208	210	10	11	4'32"	4'30"
不及格	50	2940	3030	9.3	9.2	2.7	3.2	203	205	9	10	4'52"	4'50"
	40	2780	2860	9.5	9.4	1.7	2.2	198	200	8	9	5'12"	5'10"
	30	2620	2690	9.7	9.6	0.7	1.2	193	195	7	8	5'32"	5'30"
	20	2460	2520	9.9	9.8	−0.3	0.2	188	190	6	7	5'52"	5'50"
	10	2300	2350	10.1	10.0	−1.3	−0.8	183	185	5	6	6'12"	6'10"

表 22 - 4　男生引体向上加分表(单位:次)

加分	大一大二	大三大四
10	10	10
9	9	9
8	8	8
7	7	7
6	6	6
5	5	5
4	4	4
3	3	3
2	2	2
1	1	1

表 22 - 5　大学女生体质测试项目评分标准

项目		肺活量		50 米跑		坐位体前屈		立定跳远		仰卧起坐		800 米跑	
单位		毫升		秒		厘米		厘米		次		分·秒	
等级	得分	大一大二	大三大四	大一大二	大三大四	大一大二	大三大四	大一大二	大三大四	大一大二	大三大四	大一大二	大三大四
优秀	100	3400	3450	7.5	7.4	25.8	26.3	207	208	56	57	3′18″	3′16″
	95	3350	3400	7.6	7.5	24.0	24.4	201	202	54	55	3′24″	3′22″
	90	3300	3350	7.7	7.6	22.2	22.4	195	196	52	53	3′30″	3′28″
良好	85	3150	3200	8.0	7.9	20.6	21.0	188	189	49	50	3′37″	3′35″
	80	3000	3050	8.3	8.2	19.0	19.5	181	182	46	47	3′44″	3′42″
及格	78	2900	2950	8.5	8.4	17.7	18.2	178	179	44	45	3′49″	3′47″
	76	2800	2850	8.7	8.6	16.4	16.9	175	176	42	43	3′54″	3′52″
	74	2700	2750	8.9	8.8	15.1	15.6	172	173	40	41	3′59″	3′57″
	72	2600	2650	9.1	9.0	13.8	14.3	169	170	38	39	4′04″	4′02″
	70	2500	2550	9.3	9.2	12.5	13.0	166	167	36	37	4′09″	4′07″
	68	2400	2450	9.5	9.4	11.2	11.7	163	164	34	35	4′14″	4′12″
	66	2300	2350	9.7	9.6	9.9	10.4	160	161	32	33	4′19″	4′17″
	64	2200	2250	9.9	9.8	8.6	9.1	157	158	30	31	4′24″	4′22″
	62	2100	2150	10.1	10.0	7.3	7.8	154	155	28	29	4′29″	4′27″
	60	2000	2050	10.3	10.2	6.0	6.5	151	152	26	27	4′34″	4′32″

续表

项目		肺活量		50 米跑		坐位体前屈		立定跳远		仰卧起坐		800 米跑	
单位		毫升		秒		厘米		厘米		次		分·秒	
不及格	50	1960	2010	10.5	10.4	5.2	5.7	146	147	24	25	4′44″	4′42″
	40	1920	1970	10.7	10.6	4.4	4.9	141	142	22	23	4′54″	4′52″
	30	1880	1930	10.9	10.8	3.6	4.1	136	137	20	21	5′04″	5′02″
	20	1840	1890	11.1	11.0	2.8	3.3	131	132	18	19	5′14″	5′12″
	10	1800	1850	11.3	11.2	2.0	2.5	126	127	16	17	5′24″	5′22″

表 22 - 6 800 米、1000 米跑加分表（单位：分·秒）

加分	男生 1000 米		女生 800 米	
	大一大二	大三大四	大一大二	大三大四
10	− 35″	− 35″	− 50″	− 50″
9	− 32″	− 32″	− 45″	− 45″
8	− 29″	− 29″	− 40″	− 40″
7	− 26″	− 26″	− 35″	− 35″
6	− 23″	− 23″	− 30″	− 30″
5	− 20″	− 20″	− 25″	− 25″
4	− 16″	− 16″	− 20″	− 20″
3	− 12″	− 12″	− 15″	− 15″
2	− 8″	− 8″	− 10″	− 10″
1	− 4″	− 4″	− 5″	− 5″

表 22 - 7 女生一分钟仰卧起坐加分表（单位：次）

加分	大一大二	大三大四
10	13	13
9	12	12
8	11	11
7	10	10
6	9	9
5	8	8
4	7	7
3	6	6
2	4	4
1	2	2

第二节 《国家学生体质健康标准》测试的操作方法

掌握合理的测试方法方能获得准确的测量结果,特别是对于肺活量和台阶的测试要求严格按操作规程来进行,否则测量误差将会很大,影响《标准》的得分。

一、身高

(一)测试目的

测试学生身高,与体重测试相配合,评定学生的身体匀称度,评价学生生长发育及营养状况的水平。

(二)测试方法

受试者赤足,立正姿势站在身高计的底板上(上肢自然下垂,足跟并拢,足尖分开约60°角)。足跟、骶骨部及两肩胛区与立柱相接触,躯干自然挺直,头部正直,耳屏上缘与眼眶下缘呈水平位,成绩以厘米为单位,精确到小数点后一位。测试误差不得超过0.5厘米。

(三)注意事项

(1)身高计应选择平坦靠墙的地方放置,立柱的刻度尺应面向光源。

(2)严格掌握"三点靠立柱""两点呈水平"的测量姿势要求。

(3)水平压板与头部接触时,头顶的发结要放开,饰物要取下。

(4)测量身高前,受试者不应进行体育活动和体力劳动。

(5)定期校对仪器。

二、体重

(一)测试目的

测量学生的体重,与身高测试相配合,评定学生的身体匀称度,评价学生生长发育的水平及营养状况。

(二)测试方法

测试时,杠杆秤应放在平坦地面上,受试者赤足,男性受试者身着短裤,女性受试者身着短裤、短袖衫,站在秤台中央。读数以千克为单位,精确到小数点后一位。测试误差不超过0.1千克。

(三)注意事项

(1)测量体重前,受试者不得进行剧烈的体育活动和体力劳动。

(2)受试者站在秤台中央,上下杠杆秤动作要轻。

(3)定期校对仪器。

三、800 米或 1000 米跑

（一）测试目的

测试学生耐力素质的发展水平,特别是心血管呼吸系统的机能及肌肉耐力。

（二）测试方法

受试者至少两人一组进行测试,站立式起跑。当听到"跑"的口令后开始起跑。计时员看到旗动开表计时,当受试者的躯干部到达终点线垂直面时停表。以分、秒为单位记录测试成绩,不计小数。

（三）注意事项

（1）心脏有病的学生不能参加测试。

（2）凡办理过"免于执行《国家学生体质健康标准》申请"者不再测试。

（3）成绩记录:单位（分/秒）,如 3′29″填写为 3.29。

四、肺活量

（一）测试目的

测试学生的通气功能。

（二）测试方法

使用干净的吹嘴。被测试者进行一两次较平日深一些的呼吸动作后,更深地吸一口气,向口嘴处慢慢呼出至不能再呼出为止。每位受试者测一次,以毫升为单位,不保留小数。

（三）注意事项

（1）电子肺活量计应保持通畅干燥,吹气筒的气管必须在上方,以免口水或杂物堵住气道。

（2）导气管存放时不能打折。

（3）定期校对仪器。

五、立定跳远

（一）测试目的

测试学生下肢肌肉爆发力及身体协调能力的发展水平。

（二）测试方法

受试者两脚自然分开站立,站在起跳线后,脚尖不得踩线（最好用线绳做起跳线）。两脚原地同时起跳,不得有垫步或连跳动作。丈量起跳线后缘至最近着地点后缘的垂直距离。每人试跳一次。以厘米为单位,不计小数。

（三）注意事项

（1）发现犯规时,可再给予一次试跳机会。再次试跳均无成绩者,再跳至取得成绩

为止。

（2）可以赤足，但不得穿钉鞋、皮鞋、凉鞋测试。

六、坐位体前屈

（一）测试目的

测试学生在静止状态下的躯干、腰、髋等关节可能达到的活动幅度，主要反映这些部位关节、韧带和肌肉的伸展性和弹性及学生身体柔韧素质的发展水平。

（二）测试方法

受试者两腿伸直，两脚平蹬测试纵板坐在平地上，两脚分开约 10～15 厘米，上体前屈，两臂伸直向前，用两手中指尖逐渐向前推动游标，直到不能前推为止。测试计的脚蹬纵板内沿平面为 0 点，向内为负值，向前为正值。记录以厘米为单位，保留一位小数。测试两次，取最好成绩。

（三）注意事项

身体前屈两臂向前推游标时两腿不能弯曲。

七、引体向上（男生）

（一）测试目的

测试学生上肢肌肉力量的发展水平。

（二）测试方法

受试者跳起双手正握杠，两手与肩同宽成直臂悬垂。静止后，两臂同时用力引体（身体不能有附加动作），上拉到下颌超过横杠上缘为完成一次。记录引体次数。

（三）注意事项

受试者应双手正握单杠，待身体静止后开始测试。引体向上时，身体不得做大的摆动，也不得借助其他附加动作撑起。两次引体向上的间隔时间超过 10 秒停止测试。

八、仰卧起坐（女生）

（一）测试目的

测试腹肌耐力。

（二）测试方法

受试者全身仰卧于垫上，两腿稍分开，屈膝呈 90° 角左右，两手指交叉贴于脑后。另一同伴压住其踝关节，以便固定下肢。受试者起坐时两肘触及或超过双膝为完成一次。仰卧时两肩胛必须触垫。测试人员发出"开始"口令的同时开表计时，记录 1 分钟内完成次数。1 分钟到时，受试者虽已坐起但未达到双膝者不计次数，精确到个位。

（三）注意事项

（1）如发现受试者借用肘部撑垫或臀部起落的力量起坐时，该次不计数。

（2）测试过程中,观测人员应向受试者报数。

（3）受试者双脚必须放于垫上。

九、50 米跑

（一）测试目的

测试学生速度、灵敏素质及神经系统灵活性的发展水平。

（二）场地器材

50 米直线跑道若干条,地面平坦,地质不限,跑道线要清晰。发令旗一面,口哨一个,秒表若干块(一道一表)。秒表使用前应用标准秒表校正,每分钟误差不得超过 0.2 秒。标准秒表的选定,以北京时间为准,每小时误差不超过 0.3 秒。

（三）测试方法

受试者至少两人一组测试,站立起跑,受试者听到"跑"的口令后开始起跑。发令员在发出口令同时要摆动发令旗。计时员视旗动开表计时。受试者躯干部到达终点线的垂直面停表。记录以秒为单位,精确到小数点后一位。小数点后第二位数按非零进一原则进位,如 10.11 秒读成 10.2 秒,并记录之。(1000 米、800 米方法相同)

（四）注意事项

（1）受试者测试最好穿运动鞋或平底布鞋,赤足亦可。但不得穿钉鞋、皮鞋、凉鞋。

（2）发现有抢跑者,要当即召回重跑。

参考文献

1. 唐宏贵:《体育健身原理与方法》,湖北人民出版社,1999 年。

2. 贺淑曼:《健康心理与人才发展》,北京世界图书出版公司,1999 年。

3. 任建生:《常见病康复体育运动处方》,武汉出版社,2000 年。

4. 王惠丽:《游泳健身法》,北京体育大学出版社,2003 年。

5. 涂相仁等:《运动处方》,江西高校出版社,2004 年。

6. 毛振明:《学校课外体育改革新视野》,北京体育大学出版社,2005 年。

7. 陈荣等:《健康体育》,江西高校出版社,2005 年。

8. 阳国诚,宋涛,巫文辉:《体育与健康教程》,江西高校出版社,2006 年。

9. 王志斌:《体育与健康》,北京体育大学出版社,2012 年。

10. 阳国诚,林敏,巫文辉:《高校体育》,江西人民出版社,2015 年。

11. 陈荣,曹社华,罗小平:《高校体育指导教程》,江西人民出版社,2016 年。

12. 王志斌,严红玲,李梁华:《高校体育与健康教程》,江西人民出版社,2017 年。

13. 李梁华,宋涛,张丹:《高校体育与实践》,江西人民出版社,2018 年。

14. 王志斌,张扬,陈荣:《高校体育理论教程》,江西人民出版社,2019 年。

15. 邓卫权,蔡科,巫文辉:《大学体育健康与实践教程》,江西人民出版社,2020 年。

16. 罗玲红:《论高校体育教育与终身体育教育》,《北京体育大学学报》,2002 年第 6 期。